www.united-pc.eu

Ina Herms

Seoul, I will miss you

Seoul, I will miss you

„Rose, beeil dich, wir kommen zu spät!", hetzte mich Anna. Anna war meine ältere Schwester. Mit ihren 19 Jahren war sie zwar irgendwo klug, jedoch in schulischen Angelegenheiten übertrieben faul. Entweder musste ich ständig ihre Hausaufgaben für sie erledigen oder diese korrigieren. Vom Optischen her, war sie sehr hübsch, groß und besaß einen trainierten Körper, für den sie sich die größte Mühe gab. Man könnte sagen, sie wäre besessen von jeglicher Art an Sport und Fitness. Vier bis fünf mal die Woche hing sie im Fitnessstudio ab und powerte sich dort aus. Wenn sie schlechte Laune oder Probleme in der Schule hatte, war das der Ort, an dem sie sich frei von allem machen konnte. Annas langes Platinblondes Haar, ihre grünen Augen und ihr kantiges Gesicht ließen die Jungs schon von Kindesalter verrückt nach ihr werden. Nur die wenigsten konnten ihrem Aussehen widerstehen. „Warte doch bitte, ich suche mein Handy. Ah, hab es gefunden. Jetzt können wir können los!" Es war ein ganz besonderer Tag für meine Schwester Anna und mich, denn nach diesem Tag würden nicht nur die Sommerferien beginnen, sondern es war der letzte Schultag für mich in der 10ten Klasse. In derselben Schule, in der Anna zu dem Zeitpunkt ihr Abitur machte, plante ich nach den Sommerferien auch mein Abitur zu starten. Die Freude auf diese Sommerferien war ganz besonders groß, weil wir gemeinsam mit unseren Freundinnen Stella, Lola und Jennie in den Harz fahren wollten. Stella und Lola waren schon von der Grundschule auf mit mir in derselben Klasse. Die beiden waren wie ich 18 Jahre alt. Am Anfang unserer Bekanntschaft fiel es mir schwer, sie von einander zu unterscheiden, denn sie waren Zwillinge. Nachdem wir uns besser kennenlernten und sie sich mir gegenüber öffneten, wurde es einfacher sie von einander zu unterscheiden. Lola und Stelle hatten dunkelblondes, dünnes, schulterlanges Haar und Ozean blaue Augen. Von der Größe her erreichten sie gerade mal die 155cm. Deren Figur war eher so der Standard, weder zu dünn noch zu dick. Sportlich konnte man beide nicht nennen. Sie gefielen mir vom Charakter sehr, locker, offen und ehrlich. Jennie ging in meine Schwesters Abi Klasse. Selbstverständlich war sie im selben Alter wie Anna. Jennie hielt sich sehr an meine Schwesters Stil, was die schulische Leistung anbetraf. Doch in Sachen Sport und Fitness lebten die beiden auf verschiedenen Planeten. Anna, die Sport besessene und Jennie, die sich zu schade war einen Finger zu krümmen. Vielleicht lag es auch daran, dass es ihr einfach nur schwer fiel, sich zu bewegen, weil sie von der Figur her eher pummeliger war. Ihr kurzes brünettes Haar und ihre braunen Augen schmeichelten ihrer runden Gesichtsform. Zu meiner Wenigkeit, muss ich gestehen, besaß ich auch nicht gerade die super Größe, um genau zu sein läppische 160cm. Auf mein langes, Po langes dunkelbraunes Haar war ich überaus stolz, denn für diese Länge musste ich hart arbeiten. Meine starken dunkelbraunen Augen fand ich eher blöd und trug deshalb des öfteren farbige Kontaktlinsen. Von der Figur her war ich der sportliche Typ. Mich begeisterten sämtliche Spiele wo ein Ball mit im Spiel war, Volleyball, Basketball, Fußball, Tennis, einfach alles. Meine Schwester und ich lebten bei unserer Tante in Deutschland. Unsere Mutter und mein Vater, Annas Stiefvater, lebten in Korea, Seoul. Anna und ich hatten verschiedene Väter. Ihr biologische Vater verließ unsere Mutter, als sie ihm beichtete, das sie von ihm schwanger war. So wie er verschwand, so ließ er sich in all den Jahren nicht blicken. Mein Vater, Kim Jong-Hun war ein überaus bekannter und einflussreicher Chefarzt in Seoul. Ihm gehörte das größte und beste Krankenhaus der Stadt. In seiner Klinik gab es alles an Behandlungen und Methoden zu finden, von normal bis sehr ungewöhnlich. International sehr beliebt waren jedoch seine plastischen Operationen. Mein Vater konnte echt alles am Körper verändern. Die Patienten, die mal bei ihm gewesen sind, sagten, Kim Jong-Hun hatte Hände aus Gold. Jeder einzelne war hin und weg von ihm. Für diesen Ruf gab er sich auch äußerst viel Mühe. In seiner Jugend schon besaß er den Traum, Chirurg in der plastischen Chirurgie zu werden. Darauf hin arbeitete er mit all seiner Kraft, mit Schweiß und Tränen, bis er endlich sein Ziel erreichte. Dieses Krankenhaus gehörte mal einem anderen Koreaner, dessen Ruf jedoch nicht der Hit war, später kaufte mein Vater ihm das Krankenhaus ab. Mit größter

Mühe und Sorgfalt suchte er sein Personal aus. Mit ihm konnten lediglich die besten und erfahrensten Leute arbeiten. Vom Typ her konnte man meinen Vater einen Perfektionisten nennen, äußerst stur, sehr seriös und überaus fleißig. Durch den Erfolg meines Vaters konnten sich meine Mutter und er einen unglaublichen Luxus leisten, von dem manche Menschen nur träumen könnten. Kennengelernt hatten sich die beiden in Deutschland, als mein Vater aus Beruflichen Gründen nach Deutschland reiste. Es war Liebe auf den ersten Blick. Sie trafen und verliebten sich über beide Ohren. Da sich deren Nationalitäten unterschieden, mein Vater Koreaner und meine Mutter Deutsche, waren meine Großeltern, beider Seiten, gegen deren Hochzeit. Meine koreanischen Großeltern sagten damals zu Vater, wenn er die koreanischen Traditionen und seine Eltern ehrte, dürfe er keine Ausländerin heiraten. Es musste unbedingt eine koreanische Frau sein. Meine deutschen Großeltern waren bloß dagegen, weil sie mitbekamen, wie die koreanischen Großeltern negativ über die ganze Sache eingestellt waren. Charakterlich waren meine Mutter und mein Vater sich sehr ähnlich. Wenn sie sich eine Sache in den Kopf gejagt hatten, so zogen sie es bis zum Ende durch, ganz besonders ins Sachen Liebe. Sie wollten und konnten einander nicht aus solchen läppischen Gründen aufgegeben. Meine Mutter war eine sture, intelligente und ziemlich hübsche Frau. Als sie dann mit mir schwanger wurde, zogen wir alle nach Seoul. Natürlich kamen meine

Großeltern, von Vaters Seite, nicht zu meiner Geburt, auch von den aus Deutschland hörten wir nichts. Somit verloren wir völlig den Kontakt zu denen. In Seoul arbeitete sich Mutter soweit hoch, dass sie den Posten der Leitung in einer Bank übernahm. Zudem leitete sie sämtliche Spenden- und Hilfsaktionen. Zusammen sind Mutter und Vater ein unschlagbares Team. So viel, wie ich damals, als Kind mitbekam, waren einige Menschen ziemlich neidisch auf deren Erfolg und den Zusammenhalt zwischen den beiden. Viele Männer beneideten meinen Vater, weil er so eine hübsche und kluge Frau abgekommen hatte, und die Frauen beneideten meine Mutter. Anna und ich besuchte hier den Kindergarten und gingen auch hier zur Grundschule. Dadurch, dass bei Mutter und Vater der Erfolg im Beruf anstieg, blieb wenig, bis gar keine Zeit mehr für uns. Wir wuchsen mit unserer Haushälterin Sumi auf. Sie kochte für uns, half uns bei den Hausaufgaben und las uns vor dem Schlafengehen etwas vor. Sie unternahm so gut wie alles mit uns. Genau aus diesem Grund krachte es an Annas 13ten Geburtstag gewaltig zwischen Anna und unseren Eltern. Vor Wut wünschte sich Anna dann als Geburtstagsgeschenk von unseren Eltern, die Erlaubnis zu unserer Tante, von meiner Mutters Seite, nach Deutschland ziehen zu dürfen. Vater und Mutter überlegten und diskutierten lange und besprachen auch viel mit unserer Tante. Im Endeffekt bekam Anna die Erlaubnis und das Einverständnis. Als meine kleinen Ohren dies hörten, war ich außer Rand und Band. Ein Leben ohne meine große Schwester in der Nähe? Ne, dass ging gar nicht! Also ergriff ich die Chance und bettelte wie eine verrückte danach, mit Anna mit zu dürfen. So zogen wir beide zu meiner Tante nach Deutschland, die echt happy darüber war, weil sie selbst keine Kinder hatte. In Finanzieller Hinsicht unterstützten Mutter und Vater uns unglaublich. Sie unterstützten Tante so sehr, dass sie nicht einmal mehr arbeiten müsste, doch sie tat es trotzdem. Anna und mir mangelte es nie an irgendetwas. Jedenfalls in der Schule ging es chaotisch her. Die Schüler platzten fast vor Aufregung und berichteten einander von ihren Plänen für die Sommerferien. Unsere Klassenlehrer verabreichten uns die Abschlusszeugnisse, dafür versammelten sich alle Schüler wie auch die Lehrer in der Schulaula. Der Direktor hielt eine kurze Rede und dann wurden die Abschlussschüler festlich verabschiedet. Viele der Eltern brachten selbstgemachtes Essen mit, wir Schüler wollten uns selbst um die Getränke kümmern. Die Feier in der Schulaula wurde kurz gehalten. Danach versammelten sich die meisten in Gruppen und feierten wo anders weiter. Stella, Lola und ich trafen uns mit Anna und Jennie in unserem Stammcafé. Von außen sah das Gebäude des Cafés, durch das Wandgekritzel und das Sprayern eher alt aus. Draußen, vor dem Café standen Tische mit Stühlen und man konnte es sich dort bequem machen. Von innen fand ich es sehr hübsch, denn die Atmosphäre war bombastisch. Man fühlte sich dort so Wohl, wie im eigenen Heim. Die Wände waren mit einem warmen grau gestrichen, die

Tische und Stühle weiß lackiert. Es hingen viele Bilder von bekannten Persönlichkeiten, die das Café mal besucht hatten, an der Wand. An jedem Tisch standen Vasen mit frischen Blumen drin. An diesem Abend war es nicht so voll wie sonst gewesen. „Lasst uns auf uns anstoßen! Darauf, dass wir alle bald dieselbe Schule besuchen und unser Abitur erfolgreich absolvieren!", erhob Jennie ihr Glas mit Rotwein drin. „Auf uns! Das wir uns demnächst selbst in den Pausen sehen können.", fügte Lola hinzu. Die Stunden vergingen und wir aßen und tranken so viel, sodass mir hätte der Magen platzen können. Während wir fröhlich unseren Urlaub planten, unterbrach uns mein Handy. „Da muss ich ran gehen, es ist meine Mutter!" Ich stand von meinem Stuhl auf und ging an die frische Luft. Da zwischen Deutschland und Korea ein gewaltiger Zeitunterschied lag, musste es bei Mutter etwa 7 Uhr morgens gewesen sein. „Hallo Mama, wie geht's dir ?" „Hallo Liebes. Wie ist dein Abschlusszeugnis? Ich hoffe doch, dein Vater und ich dürfen stolz auf dich sein?" „Was für eine Frage! Ihr dürft mehr als nur stolz auf mich sein. Ich bin, als die Jahrgangsbeste von der Schule abgegangen!" „Das freut mich zuhören! Weswegen ich dich so spät störe ist, ich möchte gerne mit dir etwas wichtiges besprächen! Dein Vater hat dir ein Flugticket nach Seoul gebucht. Du müsstest den heute per E-Mail bekommen haben. Übermorgen geht dein Flieger. Es ist wirklich wichtig, dass du kommst! Es handelt sich um eine ernste Familiäre Angelegenheit, über die ich nicht mit dir am

Telefon sprechen möchte. Ich muss mich leider kurz fassen, da ich jetzt noch ein wichtiges Meeting habe. Bitte, mach dich auf den Weg zu uns.", forderte Mutter mich auf. Ihre Stimme klang seriös. Sofort verstand ich, das es wirklich ernst sein musste. Denn würde es um eine Kleinigkeit gehen, hätte sie es nicht in diesem Ton gefordert. Selbstverständlich folgte ich ihrer Anweisung, packte meinen Koffer und flog nach Incheon los. Von dort aus, würde mich der Chauffeur meiner Eltern mit dem Auto abholen. Der Flug an sich war für meinen Körper überaus anstrengend. Obwohl mein Vater für mich ein Erste Klasse Ticket buchte, fand ich einfach keinen Schlaf. In all den Stunden versuchte ich mich in Filme, die ich mir davor heruntergeladen hatte, zu vertiefen. Total verstrahlt und mit dicken Augenringen landete endlich das Flugzeug. Ich holte meinen Koffer ab und suchte draußen den Chauffeur, der genau vor meinen Augen stand. Da ich zu übermüdet war, erkannte ich ihn nicht auf den ersten Blick. „Fräulein Kim Rose? Hier bin ich!", lächelte er mich freundlich an. Er hielt mir die Autotür auf, ich setzte mich herein und wir fuhren nach Seoul los. Der Verkehr war der Wahnsinn um diese Uhrzeit. Jeder musste irgendwohin fahren. Vor dem Haus meiner Eltern öffneten sich die schwarz gefärbten Tore, die mit kringeligen Mustern verziert waren. Der Chauffeur parkte vor der Garage. Früher kam mir das Haus nie so riesig vor wie dieses mal. Von außen hatte die Villa wohl einen neuen weißen Anstrich bekommen. Im Garten blühten die verschiedensten

Blumen und Pflanzen, weiße, rote und gelbe Rosen. Erdbeerbüsche, Apfelbäume, Pflaumenbäume, weiße und rote Amaryllis. Im Teich schwammen mehrere verschieden farbige Fische. Vor der Eingangstür angekommen, öffnete mir die Haushälterin Sumi eiligst die Tür „Willkommen Daheim, Rose." Wie immer ist Sumi freundlich und gut gelaunt gewesen. Meine Mutter erwartete mich schon im Wohnzimmer. „Hallo Mama, schön dich zu sehen." „Meine Kleine, willkommen Zuhause! Ich hoffe, du hattest einen angenehmen Flug. Du bist bestimmt sehr müde von der langen Reise. Gerne kannst du in dein Zimmer hoch gehen, ein Bad nehmen und dich erst einmal etwas ausruhen! Deine Koffer sind schon oben." „Wo ist Vater? Ist er noch auf der Arbeit?" Nein, dein Vater ist in seinem Zimmer und ruht sich auch etwas aus! Später werden wir über alles wichtige sprechen!" Mein müder Körper verdiente sich wirklich ein warmes Bad und etwas ruhe. Mein Zimmer sah immer noch so aus wie früher. Es wurde echt nichts verändert. In meiner Kindheit liebte ich die Farbe Pink abgöttisch. Dementsprechend ließ Mutter damals mein Zimmer pink-weiß streichen. Dort hatte ich ein pinkes Himmelbett stehen, daneben eine weiße, kleine Nachtkommode mit einer Nachtlampe. Gegenüber von meinem Fenster stand mein Lerntisch, mit all meinen Lieblingsbüchern und meinem damaligen Krimskrams. Mein Kleiderschrank stand rechts von meinem Bett. An den Wänden hingen unsere alten Familienfotos, die mich jedes mal aufs neue emotional berührten.

Mein Zimmer besaß auch ein eigenes Badezimmer, mit einer großen Badewanne, einem luxuriösen Waschbecken, darüber ein langer Spiegel, der über die komplette Wand ging und zu guter Letzt die Toilette. Nachdem ich ein Bad genommen hatte, wollte ich mich für wenige Minuten hinlegen und fiel in Tiefschlaf. „Rose? Liebes? Das Abendessen ist fertig, komm runter!", weckte Mutter mich mit ihrer sanften Stimme auf. Mein Vater saß schon am Tisch. Mit einer Umarmung begrüßte ich ihn. „Lasst uns mit dem Essen beginnen! Rose, nimm ein bisschen mehr vom Bibimbap." Wie immer achtete Mutter fürsorglich darauf, dass ich gut und genug aß. „Was möchtest du morgen Unternehmen? Hast du irgendwelche Pläne?" „Nein, Papa, ich habe keine genauen Pläne. Wahrscheinlich gehe ich etwas spazieren, die Gegend ein bisschen erkunden und nebenbei etwas shoppen. Aber in erster Linie, erklärt ihr mir vielleicht, weswegen ich so eilig hierher kommen musste?" „Okay, aber gerate jetzt nicht in Panik und mache dir nicht allzu große Sorgen, in Ordnung?" Ich ahnte schlimmes. Wenn in dieser Familie ein Gespräch mit diesem Satz begann, war die Katastrophe los. „Gut, schließt los!" „Es geht darum, dass dein Vater ernste gesundheitliche Probleme bekommen hat. Zwar sind diese Probleme schon seit einiger Zeit da, wird es jedoch von Tag zu Tag immer schlimmer. Er hatte schon zwei Herzinfarkte! Der Arzt hat gesagt, dass er zu viel Stress auf der Arbeit hat. Sein Körper ist nicht mehr der Jüngste und das zeigt sich auch. Der nächste Herzinfarkt könnte tödlich enden!" Meine Mutters Stimme wurde immer ruhiger und ruhiger, als ob sie gleich anfangen würde zu weinen. Vater fuhr das Gespräch fort. „Es geht um das Krankenhaus Rose! Ich möchte, dass du nach meinem Tod meinen Platz einnimmst. Ich weiß, dass du intelligent genug bist, um meinen Platz zu besetzten! Ungern möchte ich es an fremde weiter reichen. Ich habe mein ganzes Leben dafür gearbeitet, den Ruf zu bekommen, den das Krankenhaus jetzt hat. Ich bitte dich Rose, schlag mir diesen Wunsch nicht ab!" „Wieso habt ihr nicht Anna gefragt? Sie hat nur noch ein Jahr Schule und dann wäre es die perfekte Zeit, sich einzuarbeiten und das Medizinstudium zu beginnen." „Wir alle wissen, wie Anna zum Thema lernen steht. Sie wird den Druck und den Stress nicht ertragen können! Du Rose, bist jedoch wie ich. Wenn du etwas anpackst, dann ziehst du es bis zum bitteren Ende durch!" „Papa, wenn ich mich dazu entschließe, dir diesen Wunsch zu erfüllen, wie wird das alles aussehen?" „Ich werde dich von deiner Schule aus Deutschland abmelden und dich hier an der Schule für Hochbegabte anmelden! Du wirst zwei Jahre lang diese Schule besuchen und einen Abschluss machen. Stell dir das so vor, wie dein Abitur, bloß in der koreanischen Hochbegabten Schule. Nachdem du diese erfolgreich beendet hast, beginnst du dein Medizinstudium. Während deines Studiums wirst du in deiner Freizeit bei mir im Krankenhaus aushelfen und nebenbei etwas dazu lernen. Und wenn alles nach Plan verläuft, werde ich dich nach deinem Studium als meine Nachfolgerin ernennen!" So sah also meine berufliche Zukunft in Mutters und Vaters Augen aus. In unserer Mentalität war es nicht angebracht, den Wunsch der Eltern abzuschlagen, doch eine klare Zusage konnte ich ihnen nicht sofort geben. Für mich wäre es eine gewaltige Umstellung. Um einen klaren und neutralen Gedanken fassen zu können, ging ich einen kleinen Spaziergang machen. An der frischen Luft dachte es sich besser. Im großen und ganzen hörte sich deren Wunsch realistisch an. Koreanisch konnte ich fließend sprechen, ohne einen einzigen Fehler und ohne jeglichen Akzent. Meine Intelligenz würde ausreichen, um mit den Schülern hier mit halten zu können. Die große, und aller wichtigste Frage war, möchte ich es überhaupt? Wünschte ich mir so ein Leben zu führen? Eigentlich wäre es der Wunsch meiner Eltern und nicht meiner! Würde ich in der Zukunft mit diesem Leben zufrieden sein können, oder würde ich es bereuen, diesen Weg gegangen zu sein? Ich hatte nie vor gehabt, in die Fußstapfen einer meiner Eltern zu treten. Im Grunde wusste ich selbst noch nicht, was ich genau mit meiner Zukunft anstellen sollte, aber... was sollte ich bloß tun? In den ganzen Gedanken versunken, lief ich die Straßen entlang mit dem Blick auf die Sterne. Plötzlich knallte es gewaltig. Aus Versehen lief ich gegen einen Menschen. Da ich mein Handy die ganze Zeit über in meiner Hand hielt, fiel dieses beim Zusammenprall auf den Boden. „Es tut mir so leid, entschuldigen Sie mich bitte!", flehte ich die

Person um Vergebung an. Er bückte sich und hob mein Handy vom Boden auf. Ein Junge, ungefähr in meinem Alter war. Groß, schlank, dunkel braune strahlende Augen, die einem direkt ins Auge fielen. Sein dunkel braunes, gestyltes Haar, dass von der Länge her bis zu den Ohren ging, stand ihm überaus gut. Seine Oberlippe war schmal, seine Unterlippe etwas dicker, diese perfekte Nase, nicht zu groß, nicht zu klein, alles in seinem Gesicht sah optimal aus. Auf den ersten Blick haute mich dieser Junge vollkommen aus den Socken mit seiner Schönheit. „Ist mit dir alles in Ordnung? Hast du dir wehgetan?", erkundigte sich der fremde Junge freundlich. „Nein. Alles gut, danke!" Ich verspürte wie die Hitze in meinem Gesicht anstieg. Sein kurzes Lächeln ließ mein Herz dahin schmelzen. „Na, dann pass beim nächsten mal besser auf wo du hinläufst! Lauf nicht mit geschlossenen Augen durch die Weltgeschichte. Du kannst doch nicht jeden, der dir über den Weg läuft so umhauen!" Und plötzlich änderte sich sein Ton von lieb auf arrogant und unhöflich. Mit schockiertem Gesichtsausdruck starrte ich ihn an. „Was ist denn mit dir los? Du bist genauso in mich rein gerannt, wie ich in dich! Also bleib mal locker, ja! Es tut mir natürlich leid, dass ich nicht auf die Straße geachtet habe, jedoch bist du genauso schuld wie ich. Also benimm dich nicht so unhöflich und arrogant, klar!" Ihm schnellen Tempo ging ich weiter und dachte mir nur: wie konnte so ein hübscher Mensch so einen dreckigen Charakter haben? Wie konnte ein Mensch so schnell von charmant und freundlich auf arrogant und unhöflich umschalten? Was dachte er sich, wer er wäre? Ich hatte mich doch höflich bei ihm entschuldigt. Okay, es war zum Teil meine Schuld, ich hätte besser aufpassen müssen, aber auf der anderen Seite, hätte er auch besser aufpassen müssen, schließlich rannten wir ineinander und nicht anders. Nach einigen intensiven Überlegungen suchte ich das Gespräch mit meinem Vater. „Darf ich herein kommen?", klopfte ich an der Schlafzimmertür meiner Eltern. „Bitte, komm herein, Rose!" „Papa, ich habe über alles gründlich nachgedacht und bin zu einem Entschluss gekommen. Ich bin bereit, dir deinen Wunsch zu erfüllen, jedoch nur unter einer Bedingung! Du stellst jemanden ein, eine sogenannte rechte Hand, der dir die meiste Arbeit, zum Beispiel den Papierkram, abnimmt. Du sollst so wenig Stress wie nur möglich haben. Du wirst dich schonen und mehr auf deine Gesundheit achten! In dieser Zeit verspreche ich dir, mit voller Kraft und vollem Einsatz die Schule hier zu beenden und einen erfolgreichen Abschluss zu absolvieren." „Abgemacht! Aber sei dir bewusst, die Hochbegabten Schule wird kein Zuckerschlecken für dich werden! Die anderen Schüler sind nicht ohne Grund dort." „Ich verstehe es und werde kämpfen, bis ich mein Ziel erreicht habe!" „In Ordnung. Gleich morgen werde ich alles in die Wege leiten!" Vater und ich hatte nun einen Deal. Nach unserem Gespräch ging ich in mein Zimmer und nahm ein heißes Bad. Gleich danach legte ich mich auch schlafen. Die Nacht kam mir viel zu kurz vor. Durch den enormen Zeitunterschied zwischen Deutschland und Korea kam ich nicht so ganz klar. Dies würde wohl noch eine Weile so weiter gehen. Wie jedes mal, übertraf Sumi sich selbst. Für mich alleine bereitete sie ein Frühstück vor, das womöglich für Zehn Personen gereicht hätte. Brötchen, Croissants, Toast, Frühstücksflocken, Tee, Saft, Wasser, Früchte und Obst standen vor mir auf dem Esstisch. „Rose, ich wusste nicht genau, was du jetzt gern frühstückst." „Sumi, ich bitte dich, mach dir bloß nicht so viel Mühe! Ich esse einfach alles, was du mir zubereitest." Über meine Komplimente freute sie sich am meisten, denn sie wusste, das ich sie niemals anlügen würde. Kurz vor der Mittagszeit entschied ich mich einen Spaziergang zu machen. Nebenbei schlenderte ich an alten Orten vorbei, an denen Anna und ich früher gewesen waren. Zuerst ging ich nach Myeongdong, eine Straße die sehr bekannt war, ganz besonders bei Touristen. In dieser Straße konnte man alles bekommen, sei es Kosmetik, Bekleidung, K-Pop Artikel oder sonstiges, in Myeongdong war man gut aufgehoben. Außerdem gab es dort unglaublich leckeres Street Food, was ich sehr gerne futterte. Zu jeder Uhrzeit waren die Straßen in Myeongdong voll von Menschen. In Myeongdong zu sein und nichts einzukaufen wäre total unrealistisch. Denn dort gab es einfach alles, was das Menschenherz begehrte. Zuerst schaute ich in einigen Bekleidungs- und Kosmetikläden herein. Im Bekleidungsgeschäft gefiel mir ein schwarzer A-

Linien Rock aus dünnem, sommerlichem Stoff. In meiner Garderobe fehlten neue weiße, wie auch schwarze T-Shirts. Zu guter Letzt kaufte ich mir noch einen cremefarbigen Cardigan. In den Kosmetikgeschäften hinterließ ich so einiges von meinem Geld. Es war schon lange her, das ich in meinen Lieblingskosmetikläden so richtig, aus vollem Herzen einkaufen konnte. Ich schnappte mir eine Gesichtscreme, eine Creme extra für die Augen, einen neuen Toner, denn gerade ging meiner zu ende, und einige Gesichtsmasken. Die Geschichtsmasken aus Korea waren meine absolut liebsten. Das Personal in den Läden war ungeheuer freundlich und überhaupt nicht aufdringlich. Schon lange wurde ich nicht mehr so gut beraten worden. Da ich so viel bei ihnen im Geschäft kaufte, legten sie mir einige Geschenke und Proben in die Tüte. So machte mir Shoppen Spaß. „Ich bin wieder Zuhause! Jemand da?" „Rose. Ich bin im Wohnzimmer!" „Was machst du da, Mama?" „Ich packe meine Handtasche! Ich dachte, wir beide verbringen den Rest des Tages zusammen. Was hältst du davon? Außerdem habe ich eine Überraschung für dich." „Ja, sehr gerne! Was für eine Überraschung? Du weißt doch, ich mag keine Überraschungen!" So etwas wie Überraschungen mochte ich noch nie, denn Situationen oder Dinge, die ich nicht unter Kontrolle hatte, konnte ich nicht leiden. „Kein Kommentar! Lass dich einfach überrasche. Es wird dir wirklich gefallen." Was hatte meine Mutter jetzt schon wieder vor? Ein mulmiges Gefühl tauchte in meinen Magen auf.

Zuerst schleppte sie mich in ein Spa, dann zur Maniküre und Pediküre. Als nächstes brachte sie mich zu den edelsten Bekleidungsgeschäften Seouls, in denen sie selber ständig einkaufte. Dies artete vollkommen aus. Aus ein bisschen Shopping wurde ein kompletter Großeinkauf. Sie überredete mich Kleidung zu kaufen, in denen ich mich nicht wirklich wohl fühlte. Mein Kleidungsstil bezog sich mehr auf schlichtes und unauffälliges. Desto weniger ich auffiel, desto mehr gefiel es mir. Doch das war hier überhaupt nicht der Fall. In Korea war es vollkommen normal sich auffällig und luxuriös zu kleiden. Zum Schluss gingen wir in einen Laden herein, der, wie es aussah, nur Uniformen verkaufte. „Was wollen wir hier?" „Ich hatte doch gesagt, dass ich eine Überraschung für dich habe! Dein Vater telefonierte heute morgen mit der Direktorin der Hochbegabten Schule. Sie möchte dich mit Freude an ihrer Schule aufnehmen. Deswegen müssen wir jetzt deine Schuluniform abholen!" Dass war etwas, was ich vollkommen vergaß. In Korea war es nämlich so, jede Schule besaß ihre eigene Schuluniform. In der Grundschule konnte man noch in normaler Straßenkleidung auftauchen, ab der Mittelschule musste man eine Schuluniform tragen. „Guten Tag! Ich bin Kim Sarah, wir haben heute morgen miteinander telefoniert." „Hallo Frau Kim Sarah! Ja natürlich, ich erinnere mich. Ich bringe Ihnen Ihre Schuluniform. Ihre Tochter ist wirklich ein bezauberndes Mädchen. Ich wünsche dir ganz viel Erfolg in der neuen Schule!", umgab mich die

Dame mit Komplimenten. Mein Gesicht lief knallrot an. Jedes mal, wenn mir jemand ein Kompliment machte, geschah genau das. Wahrscheinlich lief mein Gesicht so rot an, weil ich es nicht gewohnt war solche Worte zu hören. Wir bedankten uns höflich, indem wir uns verbeugten, und verließen den Laden. Von dem ganzen Einkaufsbummel knurrten unsere Mägen. Für Mutter war dies die Chance, mir ihr Lieblingsrestaurant zu zeigen. Sie sprach so oft von diesem Restaurant, dass ich ganz neugierig war. Gerade als wir bestellen wollten, entdeckten Mutters Freundinnen uns. Selbstverständlich bat Mutter ihre Freundinnen sich zu uns an den Tisch zu setzten. Jede der drei Damen war schlank, eher nicht besonders groß, aber sie alle waren hübsch. Ihre Gesichter waren makellos und perfekt. Deren Kleidung und ihre Accessoires sahen übelst teuer aus. Alle drei starrten mich mit neugierigen Augen an. „Sarah, möchtest du uns die junge Lady nicht vorstellen?" „Oh, selbstverständlich. Das ist Rose, meine jüngste Tochter! Sie wird von nun an wieder in Seoul leben und auch hier demnächst zur Schule gehen." Natürlich lächelten sie mir alle höflich zu, doch ihre Augen sprachen etwas anderes. Die Frauen hatten viele Fragen an mich, wie ich in Deutschland lebte, welche Schule ich besuchte, wie meine Noten waren ect. Für sie stand es schon fest, dass ich in Korea scheitern würde. Über Anna hatte weder meine Mutter noch ihre Freundinnen ein Wort verloren. Da klingelte von einer der Frauen das Telefon. Es schien wohl ihr

Sohn zu sein. „Ja Yeol, dann musst du her kommen! Wir sind in unserem üblichen Restaurant.", sagte sie streng und beendete das Gespräch. Kurz bevor wir das Dessert bestellen wollte, da tauchte ihr Sohn auf. Ich traute meinen Augen nicht. Es war derselbe unhöfliche und freche Junge von vor einigen Tagen. Aus Peinlichkeit drehte ich mein Gesicht in Richtung Fenster, in der Hoffnung, er würde mich nicht erkennen. „Yeol, ich möchte dir Rose vorstellen! Das ist die jüngste Tochter von Kim Sarah und Kim Jong-Hun. Rose, das ist mein zweiter Sohn Chung Yeol.",stellte sie uns einander vor. Von uns beiden kam nur eine stumpfe Verbeugung, mehr nicht. Es schien, dass nicht nur er mir unsympathisch war, sondern auch ich ihm. Sein Gesichtsausdruck sah verdammt abgeturnt aus. Dann musste meine Mutter einen Satz heraus hauen, der mich halb sterben ließ. „Chung Yeol wird auch immer hübscher, findest du nicht auch Rose? Ein sehr attraktiver junger Mann!" Meine Hautfarbe im Gesicht änderte sich innerhalb von Sekunden von weiß auf knallrot. „Bring Rose doch nicht so in Verlegenheit, Sarah." Alle lachten um mich herum. Am liebsten wäre ich in diesem Moment geflüchtet. Natürlich baten sie ihn auch noch, sich zu uns an den Tisch zu setzten. Ich schämte mich in Grund und Boden. Um mich noch mehr in Verlegenheit zu bringen, lehnte er seinen Kopf an seine Hand und begann mich wie bescheuert anzustarren. Wäre das alles in Deutschland gewesen, hätte ich schon längst gefragt, was er mich so hässlich anstarrte, nur leider war das hier nicht angebracht. Die Zeit verging viel zu langsam, um genau zu sein, wie in Zeitlupe. Sie quatschten über die Hochbegabten Schule, die Chung Yeol ebenfalls besuchte, was für perfekte Noten er bekam, und wie toll er im großen und ganzen eigentlich war. Irgendwann hielt ich es nicht mehr aus. „Mama, ich fühle mich nicht so gut, ich werde nach Hause gehen! Es hat mich sehr gefreut Sie alle kennenlernen zu dürfen." So schnell wie ich verschwand, mussten sie sonst was über mich gedacht haben, aber das war mir schnurz piep egal. Zuhause probierte ich aufgeregt die neue Schuluniform an. Sie bestand aus einer weißen, am Körper eng anliegenden Bluse, einer Schwarzen Fliege für Mädchen, einem grauen Blazer, einem kurzen grauen Rock, lange schwarze Overknee Socken und schwarze, vorne offene Schuhe. Dazu gab es für den Sommer eine weiße Bluse mit kurzen Ärmeln. Und für kalte Tage noch einen weißen Pullover mit einem V- Ausschnitt. Die Schuluniform sah an mir verdammt gut aus. Darin konnte ich mich wohl fühlen. Erschöpft von dem anstrengenden Tag sprang ich in mein kuscheliges Bett. Bald würde die Schule los gehen. Wie schnell die Zeit doch verging. In meinem Kopf häuften sich die Fragen. Wie würden wohl die anderen Schüler auf mich reagieren? Was würden sie über mich denken oder sagen? Würde ich es schaffen, neue Freundinnen zu finden? Wie würde wohl der Unterricht aussehen? Für die Anfangszeit müsste ich mir bestimmt einen Nachhilfelehrer besorgen. Ich wusste zwar, wie es in der Grundschule aussah, jedoch hatte ich absolut keinen Plan von der Oberschule. War mir überhaupt bewusst, worauf ich mich da einließ? Könnte ich mich an das Leben hier gewöhnen? Bei uns Zuhause mussten weder meine Eltern noch ich etwas selber machen, alles erledigten entweder die Haushälterin, der Gärtner oder sonst noch jemand. Früher war es für mich kein Problem, weil ich hier nie länger als drei Wochen verbrachte. Jetzt fühlte sich das alles so komisch an. Ich persönlich war ein Mensch, der gerne alles selber erledigte. Dieses Luxusgirl, dass keinen Finger krumm machen musste, dass war nicht ich. Auch am nächsten Morgen ließ mich die Unruhe und die Ungewissheit nicht in Ruhe. Um mich abzulenken, nahm ich mir vor, meinen Vater im Krankenhaus zu besuchen. „Hallo! Wo finde ich Kim Jong-Hun?", erkundigte ich mich bei einer der Schwester. „Hallo. Er ist gerade in seinem Büro! Haben Sie einen Termin bei ihm? Oder kann ich Ihnen irgendwie weiterhelfen?" „Ich bin seine Tochter Kim Rose." „Ah, verstehe! Sie können einfach hoch gehen, er wird sich freuen. Wissen Sie, wo sein Büro ist? Wenn nicht, ich kann Sie gerne hin führen!" „Danke, ich weiß, wo sich sein Büro befindet!" Aus dem Büro meines Vaters kam ein Mann heraus, der meiner Meinung nach, eine sehr unsympathische Aura ausstrahlte. „Hallo Papa, ich wollte dir mal einen Besuch abstatten! Mit was beschäftigst du dich gerade? Wer war der Mann, der aus deinem Büro heraus gekommen ist?" „Es freut mich sehr dich hier zu sehen! Der Mann ist, wie du gerne sagst, meine rechte Hand, Kang Joon-

Ho." Mein Vater und ich hielten einen kleinen Plausch und schon musste er wieder zurück zu seinen Patienten. So würde wohl auch später mein Leben aussehen, ein Leben für die Arbeit. Die nächsten Tage vergingen wie im Flug, Vorbereitungen hier und dort. Meinem Vater schien es jeden Tag besser zu gehen, durch die Entlastung auf der Arbeit. In wenigen Stunden würde der erste Schultag starten. Um frisch auszusehen nahm ich ein schönes heißes Bad, machte mir eine Feuchtigkeitsmaske auf mein Gesicht, legte mir meine Schuluniform zurecht und packte in meine Tasche Stifte und Hefte herein. Meine Bücher würde ich erst am ersten Schultag bekommen. In dieser Nacht bekam ich kein Auge zu. Meine Nervosität, die Aufregung und die Gedanken machten mich fertig. Erst einige Stunden vor dem aufstehen schlief ich ein. Das klingeln meines Weckers ließ mich erschrocken aufspringen. Schnell putzte ich meine Zähne, wusch mein Gesicht und zog die Schuluniform an. Meine Haare lies ich offen. In der Küche hatte Sumi für mich schon eine Lunchbox für die Schule fertig gemacht. „Kleines, iss eine Kleinigkeit, bevor du zur Schule gehst!" „Sumi? sehe ich so aus, als würde ich nur einen kleinen Bissen herunter bekommen? Meine Aufregung steht mir bis zum Hals!" „Rose, mach dir keine Sorgen, es wird alles gut gehen, vertrau mir! Du hast keinerlei Grund, um nervös zu sein. Du hast so eine schöne, aufrichtige Aura. Die Mädchen werden sofort mit dir Freundschaft schließen wollen." Sumis nette Worte gaben mir etwas Kraft. Anscheinend gingen viele Schüler, die in meiner Gegend wohnten, in dieselbe Schule wie ich, weil sie alle die gleiche Schuluniform an hatten. Die Sache mit den Uniformen war gar nicht mal so schlecht. So konnte man von Anfang an sehen, wer zu welcher Schule gehörte. Die anderen Schüler waren direkt in ihre Klassen herein gegangen, ich musste in Richtung Lehrerzimmer. „Guten Morgen! Du musst Kim Rose sein?", sprach mich einer der Lehrer an. „Guten Morgen!", verbeugte ich mich. „Genau. Heute ist mein erster Tag an dieser Schule." „Das ist schön. Ich bin Lee Sun-Chul, dein Klassenlehrer! Komm mit, ich bringe dich in deine Klasse." Gemeinsam gingen wir in meine neue Klasse. Die anderen Mitschüler standen in Gruppen aufgeteilt und plauderten über ihre Erlebnisse in den Ferien, wer wo war, mit wem und was alles unternommen wurde. „Setzt euch bitte auf eure Plätze!", legte Lehrer Lee Sun-Chul sein Buch auf den Pult. „Ich möchte euch eure neue Klassenkameradin vorstellen! Sie ist neu an unserer Schule, also seid freundlich zu ihr. Stell dich bitte vor!" Alle Augen, sowie Aufmerksamkeit richtete sich nur auf mich. Die Neugier hatte ich förmlich an meinem Körper gespürt. „Hallo, ich bin Kim Rose und bin 18 Jahre alt. Ich hoffe, wir werden uns gut verstehen. Bitte kümmert euch um mich!", verbeugte ich mich vor ihnen. Ihnen fiel das Zittern in meiner Stimme direkt auf. „Rose, setz dich bitte ganz hinten hin, beim freien Platz!" Mit gesenktem Kopf ging ich in die Richtung, in die mir der Lehrer mit dem Finger zeigte. Von allen Seiten

alles mögliche. „Hallo Rose. Es freut uns sehr, dich kennen zu lernen! Ich bin Mika und das ist Juna. Wollen wir Freundinnen sein? Hast du Lust mit uns zusammen nachher in die Cafeteria zu gehen und dort zu essen?" Mika war ein super süßes Mädchen, von der Körpergröße war sie ungefähr 150cm groß, hatte langes dunkel braunes Haar, das sie jeden Tag zu zwei Köpfen band. Von der Figur her, war sie nicht so schlank wie die anderen Mädchen aus der Klasse, aber auch nicht dick, eher so eine normale Standard Figur. Das erste, was mir an ihr ins Auge sprang, waren ihre großen Brüste. Die Jungs geierten wie die bescheuerten auf ihren Busen, aber irgendwo konnte ich es ihnen nicht verübeln, ich musste selber ständig drauf schauen. Vom Charakter her, war sie eher die ruhigere und auch sehr schüchtern, sich durch zusetzten gehörte nicht zu ihren Stärken. Juna war das Gegenteil von Mika, eher eines des frecheren Typ Mädchen. Wenn ihr etwas nicht passte, dann sollte man sich gut festhalten. Sie sagte immer alles direkt ins Gesicht und sie kümmerte es nicht, was die Leute davon hielten. Sie ließ sich absolut nichts gefallen. Ich konnte den Grund, weshalb die beiden so gute Freundinnen waren sehr gut nachvollziehen, denn bekanntlich zogen sich Gegensätze an. Durch diese Gegensätze glichen sie einander völlig aus. Vom Aussehen her war Juna mehr der lässige Typ. Lockere Kleidung bevorzugte sie, obwohl sie es mit ihrer schlanken Figur gar nicht bräuchte. Sie könnte echt alles an Kleidung tragen und es würde super an ihr aussehen. Ihr Seitenpony verdeckte zur Hälfte ihre Stirn. Ihre hellbraunen Haare trug sie meistens offen, damit man ihre leicht unauffälligen Karamelligen Strähnchen sehen konnte. „Ich würde mich freuen, mit euch in der Cafeteria zu essen!" Mir fiel ein Stein vom Herzen, dass wenigstens zwei meiner Klassenkameradinnen mich nicht verurteilten, sondern eher Interesse an mir zeigten. Jedoch wusste ich auf der anderen Seite nicht genau, ob dieses Interesse an mir positiv oder negativ war. Was wäre, wenn hinter diesem Interesse, eine hinterhältige Aktion stecken könnte? Diese Welt war für mich eine unbekannte. Die Schüler hier, konnte man unter keinen Umständen mit denen, aus meiner alten Klasse, in Deutschland vergleichen. Doch selbst in Deutschland musste mich Anna in der Anfangszeit vor so einigen Idioten beschützen. Hier war ich ganz auf mich alleine gestellt. Wenn ich Freundinnen finden wollte, musste ich ihnen blind und naiv vertrauen und schauen, wohin dies führen würde. Unser Klassensprecher, Jeong Min-Ho, stellte sich vor den Lehrerpult hin. „Hey, alle mal herhören! Wir haben die nächsten zwei Stunden Zeit, um uns selbstständig zu beschäftigen. Unser Englischlehrer hat ein spontanes, wichtiges Gespräch mit der Direktorin. Ich würde vorschlagen, dass wir diese Zeit nutzen und lernen! Dies könnten wir in Gruppen aufgeteilt machen. Dafür habe ich schon etwas vorbereitet. Es sollen spontan zusammengestellte Gruppen werden. Es kommt bitte einer nach dem anderen nach vorne und zieht aus diesem Karton einen farbigen Zettel heraus!

Alle mit der gleichen Farbe gehören in eine Gruppe. Let's go!" Der Karton war aus Pappe, nicht gerade groß, und man konnte definitiv nichts durch sehen. Nach und nach ging ein Schüler nach dem anderen nach vorne. Einige waren mit dieser Idee nicht zufrieden, weil sie mit Schülern in derselben Gruppe gewesen waren, die in dem Fach eher durchhingen. Wahrscheinlich war genau das der Sinn von Min-Hos Idee. Mich verwundert es, dass, obwohl die anderen mit dieser Idee nicht zufrieden waren, machten sie trotzdem mit. Klassensprecher Min-Ho behielt seine Klasse voll im Griff. Nun war ich an der Reihe. Mit einer Hand griff ich in den Karton und hoffte, in eine gute Gruppe zu kommen, in der ich kein Außenseiter sein würde. „Gelb!" Nach mir zogen noch weitere Mitschüler und als letztes zog Min-Ho. Er zog einen gelben Zettel. „Wer ist noch alles in der gelben Gruppe?" Voller Freude, Min-Ho in meiner Gruppe zu haben, stand ich als erstes auf. Nach mir zwei weitere Jungs. Neugierig schaute ich zu den beiden Jungs. Einer von ihnen saß in der zweiten Sitzreihe, bei dem anderen fiel mir fast das Gebiss aus dem Mund heraus. „Das kann doch nicht wahr sein! Ich bin mit ihm in einer Klasse? Der schlafende Junge war er?", flüsterte ich vor mich hin. Meine Laune rollte in Blitzgeschwindigkeit den Bach herunter. Die beiden Jungs setzten sich zu Min-Ho und mir an den Tisch. „Hey? Sag mal stalkst du mich oder so? Egal, wo ich auch auftauche, ständig bist du auch dort!", stellte sich Chung Yeol besonders wichtig dar. „Als hätte ich es nötig dich zu stalken! Wer bist du überhaupt? Denkst du, du bist ein Idol? Fame oder wie? Nein, das bist du nicht! Du bist ein einfacher, kleiner Schüler genauso wie ich. Also stell dich nicht so wichtig dar!", platzte es aus mir heraus. „Oh! Was für eine Überraschung. Ihr beide kennt euch?" „Nein Jae-Min. Dieses Mädchen scheint einfach nur verrückt nach mir und meinem verführerischen Charme zu sein." Jae-Min, der andere Junge aus unserer Gruppe, schüttelte den Kopf und lachte nur über Chung Yeols Gelaber. Mir war in diesem Moment überhaupt nicht nach lachen zumute. Min-Ho öffnete sein Englischbuch. „Weniger Diskutieren, mehr lernen, wenn wir besser sein wollen als die anderen Gruppen!" Verträumt und verknallt, verharrte mein Blick bei Min-Ho. Diese männliche und zugleich sanfte Stimme, die Art wie er sprach, wie er etwas erklärte, die Wortwahl, diese Intelligenz, alles an diesem Jungen ließ mein Herz höher schlagen. Tief versunken in den Augen meines Traumprinzen, verspürte ich einen Tritt gegen mein Fuß. „Chung Yeol! Was soll das?" „Wisch dir das Sabber aus dem Mundwinkel! Du bist so damit beschäftigt, Min-Ho mit deinen Augen aufzufressen, dass du gar nicht mitbekommst, dass du wie ein Hund sabberst! Darauf wollte ich dich lediglich aufmerksam machen. Denn, wenn es so weiter geht, schwimmen unsere Bücher noch drauf los. Kim Rose, ich bin bloß fürsorglich." Ich traute meinen Ohren nicht. Was tat dieser Idiot mir da bloß an? Min-Hos Wangen erröteten leicht und ihn packte das Grinsen. „Gefalle ich dir wirklich so sehr?" „Äh, nein, nein, doch, also nicht in dem Sinne, ähm... Chung Yeol, du bist echt nicht ganz klar im Kopf!" „Ist okay, Rose, ich verstehe schon!", senkte Min-Ho sein Kopf in Richtung des Englischbuches. Mein Gesicht wurde roter und roter, sodass mir von dieser Hitze schlecht wurde. Ich wusste nicht, wie ich diese Situation noch retten konnte, also ließ ich es so stehen. Ohne weitere Ablenkungen überlebte ich die Hölle des Tages. Gemeinsam mit Mika und Juna liefen wir in die Cafeteria. Chung Yeol und Min-Ho schienen sehr beliebt bei den Mädchen in der Schule zu sein. Die beiden Jungs waren umzingelt von ihnen. Doch mir entging auch nicht, dass Min-Ho und Chung Yeol einander nicht ausstehen konnten. Das machte sich ganz besonders während der Gruppenarbeit bemerkbar. Vielleicht war es wegen dem Konkurrenz Kampf, um die besten Noten. Vielleicht war es der Optische Konkurrenz Kampf oder auch etwas völlig anderes. In der Cafeteria stellten sich die Schüler mit ihren Tabletts brav in eine Reihe. Eine Gruppe von fünf Mädchen drängelten einfach vor. Alle anderen nahmen es so hin und taten glatt so, als wäre es ihnen nicht aufgefallen. „Entschuldigung? Wie wäre es, wenn ihr euch genauso anstellt, wie wir alle auch!", schlug Juna es ihnen in normalem Ton vor. Sie drehten sich in unsere Richtung. „Wer zum Teufel bist du, dass du meinst, uns etwas vorschreiben zu können? Weißt du überhaupt, wer wir sind? Wir sind die Schulschönheiten! Uns ist hier alles erlaubt!" „Mich interessiert nicht, wer ihr seid!

Schulschönheit hin oder her, wir haben alle Hunger und begrenzte Zeit! Also stellt euch gefälligst hinten an." Juna sprudelte vor Wut. In dem selben Moment ging ein Junge, aus unserer Nebenklasse, vorbei. Er war groß und muskulös, braunes kurzes Haar, kantige Gesichtszüge. Er sah verdammt gut aus, jedoch nicht so gut wie mein Prinz Min-Ho. „Na, wer weiß, ob ihr auch weiterhin die Schulschönheiten bleibt. Also ich persönlich, finde Rose um Hunderttausende Male hübscher als euch alle zusammen genommen!" Der Typ haute den Satz heraus und verließ stumpf die Cafeteria. In meinem Kopf machte es Klick. Woher kannte er meinen Namen? Wer war dieser Junge? Ich konnte mich nicht erinnern, ihn jemals zuvor gesehen zu haben. Durch seinen Spruch, den alle hörten, fühlten sich die Schulschönheiten blamiert und bloßgestellt. So verschwanden sie aus unserem Blickfeld. Mika, Juna und ich waren so gut wie fertig mit dem Essen, da kippte jemand Milch über mein Kopf aus. Alle, die in der Cafeteria saßen, machten riesig große Augen. Mich schockte die Handlung des Mädchens, mit der Juna vorher in einen Konflikt geraten war. „Das unterstreicht nur noch mehr deiner königlichen Schönheit! Legt euch nie wieder mit uns an, ist das klar! Ansonsten wird es beim nächsten mal nicht so harmlos ausgehen.", meinte das Mädel uns zu drohen. Ich verkniff mir voller Kraft meine Tränen. Unter keinen Umständen wollte ich vor ihnen los heulen. Diese Genugtuung hätte ich ihnen nicht gegönnt. Das musste wohl Eifersucht gewesen sein, oder einfach nur gekränkter Stolz. Aber wieso musste es ausgerechnet so kommen? Wieso wurde man für die Gerechtigkeit bestraft? Was konnte ich für mein Aussehen? Wir hätten auch einfach die Klappe halten sollen, wie die anderen Schüler auch. Feinde, dass war das letzte, was ich brauchte. Schnell begab ich mich auf die Toilette, um den ganzen Mist aus den Haaren zu bekommen. So gut es ging, bekam ich das meiste aus meinen Haaren heraus gewaschen. Meine Uniform bliebt voller Flecken. „Toll, jetzt werden meine Klassenkameraden noch mehr zu tratschen haben.", begutachtete ich mich im Spiegelbild. Vor der Klassentür erwischte mich Chung Yeol. „Neuling? Was ist mit dir geschehen? Wolltest du einer Kuh die Milch stehlen?" „Ach, hau einfach ab! Ich habe keinen Nerv für deinen Schwachsinn." Er griff mich an meinem Handgelenk, und drückte mich gegen die Wand. Damit ich nicht abhauen konnte, lehnte er seinen Arm in der Höhe meiner Schultern gegen die Wand. Sein Gesicht kam dem meinem näher. „Ich frage noch einmal, was ist passiert? Wer war das?" Sein Stimmenklang wurde tiefer und sein Gesichtsausdruck ernster. Um weitere Probleme zu vermeiden, blieb ich still und drehte meinen Kopf zur Seite. „Das waren unsere School Queens!", und da tauchte wieder der fremde Junge aus der Cafeteria auf. „So ist das also!" Herr Lee Sun-Chul kam uns entgegen und bat alle in die Klasse zu gehen. Plötzlich machte Chung Yeol die Biege. Der Koreanisch Unterricht begann und es fehlte immer noch jede Spur von ihm. „Hey, schaut

36

mal aus dem Fenster! Was tun die da?" „Das sind doch Yeol und Nam-Joon!" „Was haben die vor?" Jetzt kannte ich wenigstens den Namen des Fremden. „Und da sind die Schulschönheiten!" „Streiten sie etwa miteinander?" „Oh mein Gott! Seht nur was die Jungs mit ihnen anstellen!" Erstmal führte Chung Yeol alleine ein Gespräch mit den Schulschönheiten. Anscheinend kamen diese nicht auf den selben Nenner. Chung Yeol drehte sich zu Nam-Joon und die beiden Jungs begannen die Mädchen mit Eiern zu bewerfen. Stumpf öffnete Jae-Min das Fenster, damit wir deren Gespräch einiger maßen besser hören konnten. Herr Lee Sun-Chul verbat es und rannte zu den beiden Jungs herunter. „Und, gefällt es euch, wenn man mit euch so einen Mist abzieht?", brüllte Chung Yeol die Mädchen an. Nam-Joon blieb ebenfalls nicht ruhig. „Findet ihr es angenehm? Unterstreicht dies auch eurer Schönheit?" Einige Minuten später kam auch Lehrer Lee bei ihnen an. Lehrer Lee schimpfte und schrie so laut, sodass wir oben im Klassenraum jedes einzelne Wort problemlos mitanhören konnten. Nam-Joon und Chung Yeol wehrten sich mit Argumenten und ließen sich nicht unter kriegen. Dann kamen sie alle wieder hoch und blieben vor der Klassentür stehen. „Rose, komm bitte raus!", forderte der Lehrer. „Ist das wirklich wahr, was die Jungs mir erzählt haben? Haben die fünf Mädchen über dich Milch gekippt?" Mein Blick wanderte in Richtung Boden. „Das sehen Sie doch.", mischte sich Chung Yeol wieder ein. „Verstehe. Geht bitte zurück in die

Klasse!" Ich setzte mich auf mein Platz. „Chung Yeol, was sollte das? Wieso habt ihr das getan?" „Niemand legt sich mit unserer Klasse an! Es ging weniger um dich, als darum, dass sie jemanden gedemütigt haben, der in unsere Klasse geht. Bilde dir nichts darauf ein!", antwortete er eiskalt. Nach dem der erste Schultag vorbei war, fiel mir eine fette Last von den Schultern. An einem einzigen Tag war so viel geschehen. Bei jedem Gedankengang wusste ich, ich muss da jeden Tag wieder und wieder hin gehen. Ein Gefühlschaos überkam mich und mir fielen die Tränen herunter. Es löste eine schreckliche Sehnsucht nach Anna, nach meinen Freunden aus Deutschland und vor allem nach meinem alten Leben aus. Warum musste ich Vater so ein Versprechen geben? Wie sollte ich das bloß durchhalten? Dies war gerade mal der erste Tag gewesen. Diese ganzen schrecklichen Gefühle powerten mich so aus, dass ich auf meinem Bett einschlief. Am nächsten Morgen, auf dem Weg zur Schule, traf ich meine zwei neuen Freundinnen. „Die Jungs scheinen Hammer hart hinter dir zu stehen! Dass, was Chung Yeol gestern gesagt hat, war eine komplette Lüge. Es gab schon öfters Vorfälle, wo jemand aus der Klasse angemacht wurde, und keiner von den beiden hatte daran gedacht zu helfen, geschweige denn zu beschützen. Zu Hundert Prozent ging es ihnen nur um dich!" „Was? Chung Yeol kann mich nicht ausstehen! Er würde mich nicht mal in den schlimmsten Fällen beschützen. Das kann nicht sein! Was ist eigentlich zwischen Chung Yeol und

Min-Ho? Ich hatte den Anschein, als ob die beiden nichts mit einander zu tun haben wollen und sich nicht leiden können?! Und was hat es mit diesem Jungen auf sich? Diesen Nam-Joon?" Die Mädels kicherten. „Das ist zum Teil richtig! Min-Ho und Chung Yeol sind halb Brüder. Deren Vater war untreu. Er war mit Min-Ho seiner Mutter verheiratet, und hatte nebenbei eine Geliebte, die Mutter von Chung Yeol. Beide wurden zur selben Zeit schwanger. Nach Chung Yeols Geburt nahm der Vater ihn zu sich. Wie du ja selber weißt, ist das normal, dass die Kinder beim Vater leben und aufwachsen. Min-Hos Mutter musste sich damit abfinden. Die beiden Jungs können sich wirklich nicht ausstehen! Es herrscht Zuhause auch großer Druck wegen den Noten. In der Schule sind sie knallharte Konkurrenten. Mal hat Chung Yeol bessere Noten und mal Min-Ho. Und zu deinem anderen Beschützer, Choi Nam-Joon. Er ist ebenfalls 18 Jahre alt, ist an unserer Schule ein Stipendium Kind. Seine Eltern sind weder Reich noch sonst irgendwie erfolgreich. Sie besitzen ein ganz kleines Restaurant, 15 Minuten von hier entfernt. Mehr wissen wir auch nicht, nur halt diese kurze Information. Nam-Joon gibt in der Schule nicht viel von sich Preis. Es haute uns von den Socken, als er den Spruch in der Cafeteria brachte." Ich verstand nicht, weshalb die beiden Jungs das taten. Und was mir am meisten Kopfzerbrechen bereitete, war Chung Yeol. Wir beide konnten uns von Anfang an nicht leiden, wieso beschützte er mich dann? Noch vor der ersten Unterrichtsstunde entschied ich mich, vor dem Klassenraum auf Chung Yeol zu warten, um noch einmal mit ihm über das Geschehene zu sprechen. „Hey Chung Yeol? Können wir reden?" „Was willst du wieder, Neuling?" Wir gingen um die Ecke, wo sich keiner mehr aufhielt. „Ich wollte mich noch einmal bei dir bedanken für gestern! Mir ist bewusst, dass du eine menge Ärger hättest kriegen können, und ich bin dir wirklich sehr dankbar, aber ich möchte nicht, das du so etwas noch einmal tust. Und eins verstehe ich nicht ganz. Wieso hast du es überhaupt getan? Du hast die Konsequenzen dafür gekannt und hast es trotz allem gemacht, warum? Ich habe eher das Gefühl, dass wir beide uns nicht ausstehen können!" „Erstens, erlaube ich dir, mich einfach nur Yeol zu nennen! Zweitens, wer hat dir denn gesagt, dass ich dich nicht ausstehen kann? Ich stehe nicht auf dich, aber das heißt noch lange nicht, dass ich dich nicht leiden kann. Drittens, ja, ich kenne die Konsequenzen! Nichtsdestotrotz werde ich nicht zu lassen, dass man jemanden fertig macht, der neu in unserer Schule ist und niemanden hat oder kennt. Sie es mal so, meine Mutter ist mit deiner befreundet. Wie soll das aussehen, wenn deine Mutter davon Wind bekommt, dass ich in dieselbe Klasse gehe, und nichts unternommen habe? Es fällt negativ auf mich zurück! Viertens, bilde dir nichts darauf ein. Ich werde zwar immer ein Auge auf dich haben, aber sobald du dich hier eingefunden hast, bist du mich los!" So beendete Yeol unser Gespräch und ging zurück in die Klasse, wo die Mädchen in wieder umzingelten. Ich fühlte eine Erleichterung, als ob mir tonnenschwere Steine vom Herzen gefallen waren. Die Doppelstunde Mathe hatte begonnen. Während des Unterrichts schob mir Min-Ho einen Zettel rüber:

Was läuft zwischen dir und Yeol? Ich möchte nicht, dass du mit ihm zu tun hast! Glaub mir, er ist kein guter Junge!

Die beiden waren doch Brüder, zwar nur halb, aber trotzdem Brüder. Warum hatte er so eine schlechte Meinung von ihm? Obwohl, er müsste Yeol in und auswendig kennen. Vielleicht war an seiner Meinung doch etwas dran? Bis auf diese Beschützerseite an ihm, gab es nichts positives über ihn zu sagen.

Nichts läuft zwischen ihm und mir! Er hat mich gestern ausnahmsweise beschützt, weil unsere Mütter Freundinnen sind, mehr nicht.

Während der fünf Minutenpause übergab mir eine Klassenkameradin eine Geburtstagseinladung. „Ich habe am Samstag Geburtstag, alle aus unserem Jahrgang werden kommen, da darfst du nicht fehlen! Es wird ein Dresscode geben, elegant aber auffällig. Die Adresse steht auf der Einladung drauf." „Danke, ich werde auf jeden Fall kommen." Was sollte ich bloß anziehen? Wie meinte sie es: elegant aber auffällig? Mutter, sie müsste es wissen! Unsere nächste Unterrichtsstunde war Sport. Der Sportlehrer erwartete uns bereits auf dem Fußballfeld. Die Aufwärmübungen waren die Härte gewesen. Er ließ uns mehrere Runden um das Fußballfeld rennen. Joggen gehörte zwar zu einer meiner Lieblingsbeschäftigungen, jedoch tat ich dies mit kleinen Unterbrechungen. Hier ließ er uns keine Unterbrechung durchgehen, wir mussten so durchziehen. Keuchend und nach Luft schnappend, lag ich auf dem Rasen. „Teilt euch in zwei Mannschaften auf, Fußballzeit!", befahl der Lehrer. Die Mannschaften bildeten sich relativ schnell. In meiner Mannschaft war unterdessen Jae-Min und Min-Ho. Der Anfang des Spiels kam langsam in Schwung. Plötzlich standen sich Min-Ho und Yeol gegenüber und dann legten sie richtig los. So viel Energie, so viel Wut und Aggressivität in einem Spiel hatte ich schon lange nicht mehr gesehen. Der Ball flog in meine Richtung und ich lief mit ihm zum gegnerischen Tor los. Im Ausweichen bin ich ein wahres Ass gewesen. Keiner vermutete, dass ich ein so guter Spieler war. Die meisten der Mitspieler blieben mit schockierenden Gesichtern stehen und beobachteten mich. „Tooor!" „Wow, Rose ist bombastisch im Fußball! „Wahnsinn, habt ihr das gesehen?" „Rose, beim nächsten mal gehörst du zu meiner Mannschaft!" Meine Tore wurden von vielen positiv kommentiert. Selbstverständlich freute ich mich saumäßig darüber. Vielleicht wäre es möglich, durch den Sportunterricht einige Freundschaften mehr schließen zu können. „Wie ich gehört habe, hast du dich noch für keinen Club eingetragen. Wie wäre es mit Fußball, oder Basketball? Wir haben in beiden Vereinen gute Leute, dort würdest du super rein passen!" „Herr Lehrer, ich weiß noch nicht genau, wo ich mich eintragen werde. Ich dachte eher an den Kunstclub." „Denk nicht zu lange nach! Mit deinem Talent solltest du etwas mit Sport nehmen. Es würde gut in deinem Zeugnis aussehen!" „Juna, Mika! In welche Clubs seid ihr beigetreten? Ich bin so Planlos." „Wir sind beide im Theaterclub." „Ich bin noch zusätzlich im Tanzclub. Wenn du Talent zum tanzen hast, komm auch!", schlug Juna vor. „Hm, Theater ist nicht so mein Ding, tanzen kann ich auch nicht so gut. Wenn ich tanze, dann sieht es eher aus, als wenn ein Stein versucht sich zu bewegen. „Dann wird es wohl doch einer der Sportclubs!" „Wenn du Interesse hast, kannst du nach Unterrichtsschluss mit mir zur Mathe Nachhilfe mitkommen. Uns unterrichtet einer der besten Lehrer aus ganz Seoul.", sprang Min-Ho zu unserem Gespräch dazu. „Oh, ja gerne. Nachhilfe in Mathe wäre gar nicht mal so schlecht. Ich bin dabei!" Eigentlich waren meine Noten in Mathematik ziemlich gut, doch die Vorstellung mit Min-Ho auch nach der Schule Zeit zu verbringen, machte mich ganz verrückt. Man sagt doch, desto öfter man einen Menschen sieht und mit ihm Zeit verbringt, desto höher ist die Wahrscheinlichkeit, dass man sich in einander verliebt. Dafür lohnte es sich, sich auf dumm zu stellen. Wie vereinbart gingen wir nach Unterrichtsschluss gemeinsam zur Mathe Nachhilfe. Der Raum, in dem wir die

Nachhilfestunde hatten war voll. Viele aus unserem Jahrgang gingen dort hin. Der Lehrer wirkte auf mich sehr streng und seriös. Bei ihm durfte man sich keine Scherze erlauben, ansonsten würde man hochkantig den Unterricht verlassen müssen. Seine Liste von interessierten Schülern war nämlich ziemlich lang, und jeder, der den Unterricht nicht ernst nahm, musste gehen. Um Min-Hos Aufmerksamkeit zu bekommen, stellte ich mich ein bisschen unbeholfen an. „Hier guck mal, mach das lieber so! So kommst du schneller und einfacher zum Ergebnis." Wir saßen sehr nah nebeneinander. Unsere Schultern berührten sich einige Male. Er roch so gut. Jedes mal, wenn er mir etwas erklärte, leckte er seine Lippen an. So landete meine Aufmerksamkeit ständig bei seinen Lippen. Die Art, wie er mich ansah, wenn er mir etwas erklärte, so ernst und voll im Thema drin, ließ mich dahinschmelzen. Am liebsten hätte ich ihm erklärt, wie er zum schnellsten Ergebnis kommen könnte, doch diesen Moment wollte ich mir selbst nicht ruinieren. Oft erwischte ich mich bei dem Gedanken, ihn küssen zu wollen. Seine Lippen wirkten so weich und anziehend auf mich. Wie konnte ein Mensch bloß so sexy sein? So wunderschön, so unwiderstehlich! Es gab oft Jungs, die ich attraktiv fand, jedoch war ich noch nie so verknallt. Bei jedem Klang seiner Stimme, bei jeder Berührung meiner Schulter oder meiner Hand ließ mein Puls rasen. „So das war's für heute!", beendete der Lehrer den Unterricht. „Rose, hast du Lust mit mir essen zu gehen?" „Ja klar! Also ich meine, ja, gerne." Er lachte laut. „Alles klar, los geht's!" Von großem Hunger überwältigt, entschieden wir uns etwas einfaches und schnelles zu essen. In einem Kiosk kaufte Min-Ho sich und mir Instant Ramennudel. Draußen, vor dem Kiosk machten wir es uns bequem und genossen das köstliche Essen. „Wen haben wir denn da? Das erste Date?", tauchten Yeol und Nam-Joon wie von Zauberhand auf. „Nein, und selbst wenn, ich wüsste nicht, was es dich angehen würde." Eiskalt und mit scharfer Stimme konterte Min-Ho. „Lasst euch bloß nicht von uns stören!" Die beiden Jungs setzten sich genau hinter uns hin. Mich überkam das Gefühl, das es volle Absicht war. Die Atmosphäre wurde anstrengend. „Min-Ho ich denke, ich sollte langsam nach Hause. Meine Eltern machen sich bestimmt schon Sorgen, wo ich stecke." „Ich werde dich bringen!" „Oho, was für ein Gentleman: Rose ich werde dich bringen. Da erwartet wohl jemand einen Gute Nacht Kuss.", hänselte Yeol seinen Halbbruder. „Halt bloß deine Fresse! Im Gegensatz zu dir, besitze ich Anstand und sorge mich um Menschen, die mir wichtig sind! Irgendwann wird deine Macho Maske fallen und dann wird jeder deinen verdorbenen Charakter erkennen." Auf dem Weg zu mir, ergriff ich die Gelegenheit, um etwas mehr über die beiden zu erfahren. „Was ist bloß mit euch beiden los? Wieso seid ihr so zu einander? Verhaltet ihr euch Zuhause etwa auch so?" „Ich habe dir doch schon einmal gesagt, Yeol ist ein schlechter Mensch! Er schlägt sich, hängt mit komischen Leuten ab, sucht ständig

Streit, nimmt sich ein Mädchen nach dem anderen und schmeißt sie dann wie Müll weg. Er hat nicht einmal richtige Freunde. Zum ersten mal habe ich ihn heute mit diesem komischen Nam-Joon gesehen. Wahrscheinlich sind sie jetzt, seid ihrer letzten gemeinsamen Aktion miteinander befreundet. Yeol mag Menschen, die nach seiner Nase tanzen und genauso drauf sind wie er. Dieser Nam-Joon sucht bloß seine Aufmerksamkeit und seine Freundschaft. Was anderes kann ich mir da nicht vorstellen. Ich kenne dich zwar noch nicht so lange, aber du bedeutest mir jetzt schon eine Menge, deswegen möchte ich nicht, dass du zu viel Kontakt zu Yeol hast. Er ist ein schlechter Einfluss! Du bist ein reines Mädchen, du sollst nicht leiden, nicht wegen diesem Dreckskerl." Ich bedeutete ihm eine Menge, sagte er. Mein Herz machte Freudensprünge. Vor dem Eingangstor standen wir einige Sekunden sprachlos herum und starrten blöd durch die Gegend. „Ich werde mal rein gehen." „Ähm, Rose!" Aus heiterem Himmel gab er mir einen sanften Kuss auf die Wange. Mit weit geöffneten Augen blieb ich erstarrt stehen und konnte gar nicht fassen, was gerade geschehen war. Dieser Moment kam für mich überrascht, denn ich hätte nie vermutete, dass ich ihm genauso gefalle, wie er mir. Im siebten Himmel schwebte ich in mein Zimmer herein. An meiner Wange füllte ich immer noch seine weichen, sanften Lippen. „Oh mein Gott, wie soll ich ihm morgen in die Augen schauen, ohne rot zu werden? Sobald ich ihn sehe, werde ich doch rot anlaufen wie eine Tomate."

46

Seitdem ich ihn Seoul angekommen war, war dies, eines der schönsten Tage für mich. Im Hof hörte ich ein Auto parken, dass musste wohl Mutter gewesen sein, die gerade von der Arbeit zurück kam. „Mama, Mama! Ich brauche deine Hilfe! Was verstehst du unter elegant aber auffällig? Eine Klassenkameradin hat am Samstag Geburtstag und sie hat mich eingeladen. Dresscode ist: elegant aber auffällig." „Das ist doch eine tolle Neuigkeit! So hast du die Gelegenheit deine Mitschüler besser kennenzulernen! Für diesen Anlass, habe ich schon die Perfekten Kleider im Auge. Ich werde morgen bei einem Bekleidungsgeschäft anrufen und dir einige Kleider raus hängen lassen, welche zu dem Dresscode passen. Die Adresse des Ladens schicke ich dir dann per SMS." „Danke, Mama. Du bist die Beste!" „Ich habe Vater schon lange nicht mehr gesehen. Arbeitet er wieder so viel?", erkundigte ich mich. „Ja Kleines, er hat wieder viel zu tun! Leider ist es nun mal so in diesem Beruf, das wirst du früher oder später auch erkennen und verstehen. Er kann nicht einfach verschwinden, nur weil er Feierabend hat." „Wofür ist denn dann dieser Kang Joon-Ho da? Seine Aufgabe ist es doch, Vater stressige Arbeit abzunehmen! Vater verfällt wieder in seinem vergangenen Muster. Was ist, wenn sich sein Gesundheitszustand dadurch wieder verschlechtert?" „Kleines, ich verstehe deine Sorge, aber leider können wir nichts dagegen unternehmen. Wir müssen die Entscheidungen deines Vater akzeptieren und ihn so gut wir können unterstützen. Ich rechne jeden Tag damit, dass sich sein Gesundheitszustand verschlechtern könnte, und ich habe verdammt große Angst vor diesem Tag! Aber seine Arbeit gehört zu seinem Leben, er kennt nichts anderes und wenn er plötzlich ganz aufhören würde, könnte dies genauso für seine Gesundheit schädlich sein. Seine Psyche könnte dadurch einen gewaltigen Knacks nehmen. Du solltest dich erst mal ganz auf dich konzentrieren und einen perfekten Schulabschluss hinlegen!" Wie immer hatte meine Mutter Recht gehabt, ich musste mich auf mich konzentrieren, um Vaters Wusch später erfüllen zu können. Sehr früh legte ich mich schlafen, damit ich frisch für den nächsten Tag aussah. Wie von Mutter versprochen, schickte sie mir die Adresse des Bekleidungsgeschäftes. Nach der Schule schnappte ich mir Mika und Juna und zusammen gingen wir zum Laden. „Guten Tag, mein Name ist Kim Rose. Meine Mutter Kim Sarah hat bei Ihnen angerufen." „Hallo junges Fräulein, ich habe schon einige Kleider für Sie heraus gehängt." Sie zeigte mir ein Kleid nach dem anderen. Eins war schönes als das andere. Es waren so richtige Prinzessinnenkleider, aber auch sehr elegant gehalten, ohne viel Glitzer und Krimskrams. Als erstes probierte ich ein rosafarbenes Kleid, dass Schulterfrei war, viel Tüll umgab dieses Kleid. Juna lehnte dieses Kleid direkt ab. Dann ein weißes, kurzes Kleid mit kurzen Ärmeln. Das gefiel beiden Mädels. Als letztes, ein Sandfarbenes, beiges, langärmeliges Kleid aus dünnem, leichten Stoff. Es erreichte von der Länge her gerade so meine Knie. Obenrum hatte es ein

Schiffsausschnitt, an der Taille eine kleine Schleife. Am Rockteil waren noch leichte Kreise als Muster. „Aw, das ist ideal! Perfekt! Du wirst sie alle umhauen.", waren Mika und Juna vor Begeisterung hin und weg. Die Verkäuferin brachte mir noch weiße Perlenohrringe, eine Kette, weiße, matte High Heels und eine weiße, matte Klatsch. Das Outfit war perfekt für den Geburtstag, wie meine Klassenkameradin es haben wollte, elegant aber auffällig. Ob ich den anderen gefallen würde oder nicht, war mir irrelevant. Meine einzige Sorge war, ob ich Min-Ho gefallen würde. Eine ganz besondere Sache, wusste ich jedoch noch nicht. Nachdem wir das Kleid für mich gekauft hatten, besorgte ich noch ein Geburtstagsgeschenk für Su-Bin. Da ich sie nicht gut kannte und somit auch nicht wusste, was ihr gefiel oder was sie mochte, dachte ich an eine Handtasche. Jede Frau würde sich über eine Handtasche freuen. Bei Chanel entdeckte ich eine Limitierte Edition von einer Handtasche. Sie war schwarz-braun und würde zu jeden Outfit passen. Diese würde ihr mit Sicherheit gefallen. In der Schule trat ich dem Mädchen Basketballclub bei. Erstmal waren die anderen Mädchen nicht begeistert, dass ich beitreten wollte, doch nachdem sie mich spielen sahen, wollten sie mich nicht mehr gehen lassen. Der Samstag stand nun vor der Tür. An diesem Tag schlief ich aus, frühstückte in aller Ruhe und ging in mein Zimmer zurück. Die Zeit raste wie verrückt an mir vorbei. Die Vorbereitungen für den Abend starteten. Zuerst nahm ich ein Bad, steckte danach meine Haare zu einer Hochsteckfrisur zusammen und begann mit meinem Abend Make-Up. Mit einem flüchtigen Blick schmiss ich ein Auge auf die Uhr. Ich war spät dran. Eiligst schlüpfte ich in mein Kleid, zog die Accessoires an, griff mir meine Klatsch und schnappte mir noch das Geschenk. Draußen erwartete mich schon mein Chauffeur. Das Haus meiner Klassenkameradin, Su-Bin, war auch groß, sah aber schon älter aus. Ich nahm an, das Haus gehörte einst ihren Großeltern. Vor ihrer Eingangstür stand ein Security, dem jeder einzelne, der dort rein wollte, seine Einladungskarte zeigen musste. Drinnen, in ihrem Haus sah es sehr hübsch aus. Schlichte weiße Wände, ein paar Familienfotos und ein ganz großes gemaltes Porträt von Su-Bin. Die Feier fand in ihrem riesigen Wohnzimmer statt. Dieser war so groß, sodass man genügend Platz zum tanzen und zum herum stehen hatte. Außerdem gab es ein überaus großes Buffet. Es waren unglaublich viele Leute da. Einige kannte ich vom sehen aus der Schule. „Happy Birthday Su-Bin! Das ist mein Geschenk für dich. Nochmal vielen Dank für die Einladung!" Obwohl es Su-Bins Geburtstag war, wirkte sie auf mich nicht gerade glücklich. Sie verhielt sich noch kälter als in der Schule, ihr Benehmen ließ auch zu wünschen übrig. „Danke. Du kannst es zu den anderen Geschenken stellen, drüben an den Tisch!" Ihr Desinteresse an meinem Geschenk konnte ich kaum übersehen. Der Tisch mit den Geschenken war voll gestellt. Es lagen dort Geschenke jeglicher Form und Größe. Min-Ho entdeckte mich schneller

als von mir erwartet. „Wow! Du siehst fantastisch
aus, Rose! Mir fehlen die Worte." „Oh, vielen
Dank! Es freut mich sehr, dass dir mein Outfit
gefällt." Durch Min-Ho hindurch, entdeckte ich, in
einer weiten Ecke, Yeol sitzen, der von dort aus
alles beobachtete. Wie immer kreisten um ihn
herum alles nur Weiber. „Rose, Rose, wir sind
hier!", winkten mir Juna und Mika zu. „Endlich!
Hatte schon Angst, dass ihr nicht kommt." „Hier,
nimm etwas zu trinken!", übergab mir Juna ein
Glas mit Saft, da in Su-Bins Haus Alkohol tabu
war. Juna trug ein braunes, glitzerndes Kleid, das
ihren ganzen Körper verdeckte. Dazu hatte sie
schwarze High Heels an. Sie sah überragend aus.
Mika war auch nicht ohne gewesen. Sie trug ein
Bodenlanges, dunkelblaues, A Linien Kleid, das ein
V-Ausschnitt hatte, und mit Perlen besetzt war. Ihre
großen Brüste kamen darin super zur Geltung. Nur
kurze Zeit verging, da wurden die beiden von zwei
Jungs zum tanzen aufgefordert. Ich stellte mich in
die Nähe der Tür hin und beobachtete alles. Rein
zufällig hörte ich ein Gespräch zwischen zwei
Mädchen und einem Jungen. „Du hast dich für den
heutigen Tag richtig schick gemacht! Wie kannst du
dir denn so einen teuren Smoking leisten? Wie wir
wissen, sind deine Eltern doch arme Menschen
oder nicht?" „Meine Eltern sind nicht arm!",
flüsterte der Junge. „Ich arbeite neben der Schule."
„Erzähl doch nicht! Ich denke nicht, dass du so viel
Geld von einer Halbstelle kriegst. Sei doch ehrlich,
der ist doch geliehen. Geliehene Kleidung ist echt
widerlich! Was soll man von einem Stipendium

Kind auch erwarten." Bei dem Wort 'Stipendium Kind' musste ich mich einfach dahin drehen und schauen, wer diese Personen waren. Die zwei Mädchen waren aus unserer Schule gewesen und der Junge war, wie ich schon annahm, Choi Nam-Joon. In dieses Gespräch musste ich einfach meine Nase reinstecken. An meinem ersten Schultag hatte mich Choi Nam-Joon vor den Schulschönheiten beschützt und nun war ich an der Reihe ihn zu beschützen. „Was erlaubt ihr euch überhaupt? Wo ist der Unterschied, ob reich oder arm? Wir sind alle gleich! Geld ist lediglich Papier, es kommt und geht. Wer hat eigentlich gesagt, das Nam-Joons Eltern arm sind? Was bildet ihr euch ein, über Menschen zu urteilen, die ihr gar nicht kennt?!" Selbstverständlich hielten die Mädchen nicht ihre Klappe. „Wer hat dich eigentlich nach deiner Meinung gefragt? Gehörst du nicht auch zu den super reichen? Geld kommt und geht? Was ist das für eine Aussage? Was würdest du denn ohne das Geld deines Vaters tun? Du bist einfach nur erbärmlich! Stellst dich dar wie Mutter Teresa und bist nicht besser." „Und du denkst, du würdest mich kennen? Du weißt absolut nichts über mich! Ich kenne beide Seiten, sowohl die reiche als auch die arme. Und ihr habt kein Recht so über Choi Nam-Joon zu sprechen! Wer erbärmlich ist, seid ganz alleine ihr! Ohne Geld wärt ihr ein nichts! Choi Nam-Joon ist ein wundervoller, ehrlicher Mensch. Er hat wenigstens Persönlichkeit und ein aufrichtiges Herz, im Gegensatz zu euch Hexen! Komm Choi Nam-Joon, wir verlassen dieses dumme Gespräch!" In der Wut vertieft, vergaß ich vollkommen, dass man hier gewisse Berührungen ernster nahm, als bei uns in Deutschland, so griff ich seine Hand und zog ihn von den Mädchen weg. „Warum hast du dich da eingemischt, Rose? Du hättest es nicht tun müssen! Ich bin an so etwas schon gewohnt und mir macht es nichts mehr aus." „Bist du verrückt? Wie kann man sich an so etwas gewöhnen? Ich werde dich immer beschützten, genauso wie du mich an meinem ersten Schultag beschützt hast! Damals hast du dich für mich eingesetzt, obwohl du mich nicht einmal gekannt hast." In seinen Augen sah ich die Dankbarkeit und die Freude darüber, dass ihn jemand in Schutz genommen hatte, mehr als nur deutlich, denn seine Augen strahlten, und ich könnte schwören, er hatte Tränen in den Augen. „Choi Nam-Joon? Ist bei dir alles in Ordnung? Was war da los?", interessierte sich urplötzlich Yeol für die Angelegenheit. „Wo warst du überhaupt? Wieso hast du ihn nicht verteidigt? Du bist doch sein Freund oder tust du bloß so? Für nichts zu gebrauchen ein Freund wie du!", überkam es mich. „Du hast meinen Platz ziemlich gut eingenommen!", und schon ging er beleidigt davon. „Würdest du mir die Ehre erweisen, Rose, und mit mir tanzen?" „Ja, sehr gerne. Aber ich warne dich, ich bin ein grottenschlechter Tänzer!" In Wahrheit hatte ich den ganze Abend darauf gewartet, dass Min-Ho mich zum tanzen auffordern, oder wenigstens ein Gespräch zu mir suchen würde, jedoch passierte nichts davon. Er beschäftigte sich die ganze Zeit mit anderen Mädchen, suchte das Gespräch zu jeder anderen, nur nicht zu mir, im Gegensatz zu Choi Nam-Joon, der mir nicht einmal von der Seite wich. Selbst, wenn ich zum WC ging, stand er vor der Tür und wartete auf mich. Das wurde mir allerdings etwas zu viel. Ein Gefühl des Unwohlseins überkam mich. „Choi Nam-Joon, es ist relativ spät, ich werde mich auf den Weg nach Hause machen! Wir sehen uns in der Schule. Wünsche dir noch einen angenehmen Abend." „Warte! Darf ich dich nach Hause begleiten? Du solltest so spät nicht alleine nach Hause gehen, dass ist gefährlich!" „Ist nicht nötig! Mein Chauffeur holt mich ab. Aber danke, dass du dir Sorgen um mich machst! Bis dann." Mir tat es leid, ihn anlügen zu müssen, denn in Wahrheit holte mich mein Chauffeur nicht ab. Ich wollte lediglich alleine nach Hause gehen. Kurz vor meinem Haus traf ich auf Yeol. „Was suchst du hier?" „Ich habe auf dich gewartet! Können wir reden?" „Ja, aber lass uns ein bisschen weiter weg gehen! Ich möchte nicht, dass uns jemand von meiner Familie hier zusammen sieht." „Ich finde nicht, dass man sich für mich schämen müsste. Aber ich komme mal direkt zur Sache! Das mit Nam-Joon heute, hast du eigentlich überlegt, was du da tust? Machst du dir keine Gedanken darüber, dass er das alles in den falschen Hals bekommen kann? Du hast ihn so energetisch und voller Kampfgeist verteidigt, es erweckt glatt den Anschein, als wärst du in ihn verliebt." „Nein, ich bin nicht in ihn verliebt! Ich mag jemand anderen. Für mich persönlich gab es keinen Grund, sich darüber Gedanken zu machen! Er beschützt mich und ich ihn. Das ist meine Art sich bei ihm zu bedanken. Du kannst dich nicht in seine Situation hinein versetzten, an dir kleben die Mädchen von morgens bis abends! Du bist beliebt, reich und gutaussehend, was sollst du davon verstehen?! Er ist das komplette Gegenteil, er sieht zwar gut aus, aber das er, seine Familie nicht reich ist, macht viel aus, in unserer Schule. Denkst du, es ist schön für ihn, Stipendium Kind genannt zu werden? Du bist sein Freund, wie es den Anschein macht, wieso lässt du so welche Geschehnisse zu? Was ist das für eine Freundschaft? Oder bist du so egoistisch, und denkst nicht an die Gefühle von anderen?" „Rose, ich bin sein Freund, aber nicht so wie du denkst! Wir sehen uns in der Schule, begrüßen uns, haben Kurse zusammen und haben uns einmal nach der Schule getroffen, mehr auch nicht. Warum sollte ich jemanden beschützen, den ich kaum kenne? Außerdem, du weißt gar nichts über mich und meine Persönlichkeit! Im Grunde, wollte ich dich nur warnen, nicht das deine ganze Mühe nach hinten los geht! Pass auf dich auf!" Vielleicht hatte Yeol nicht ganz unrecht. Was wäre, wenn Choi Nam-Joon meine Taten wirklich falsch interpretiert? Allerdings lieferte ich ihm keinerlei Gründe, um falsche Züge daraus ziehen zu können. Diese Nacht fühlte sich für mich unendlich lang an. Jedes mal, wenn ich einschlief, wachte ich genau eine Stunde später wieder auf. So ging es die ganze Nacht über. Zum Frühstück bereitete Sumi Pancakes zu, dazu gab es noch Früchte und Obst.

Mutter und Vater hatten einen freien Tag von der Arbeit. Vater überkam die Lust, die Zeit mit uns Zuhause zu verbringen und Spiele zu spielen. Solche fantastischen, gemeinsamen Zeiten hätten Anna und ich uns in der Kindheit gewünscht. Nach einigen Spielen wurde mein Vater etwas blass im Gesicht. Er legte sich hin. Sein Gesundheitszustand verschlechterte sich wieder. Es fühlte sich schrecklich an, mit anzusehen wie es deinen liebsten Menschen schlecht ging und du konntest absolut nichts dagegen unternehmen. Ich fühlte mich in solchen Momenten schwach, machtlos und nutzlos. Es war wieder Montag. Auf dem Gang zu meiner Klasse tuschelten die Schüler. Irgendetwas musste wieder los sein. Auf meinem Tisch stand ein wunderschöner Strauß Rosen mit Pralinen daneben. In dem Strauß steckte eine kleine Karte:

Rose, ich bin dir für gestern überaus dankbar! Mit diesen Rosen möchte ich dir meine Gefühle offenbaren. Du bist Mitabstand das tollste Mädchen, dass ich kenne. Möchtest du mein Mädchen sein?
Ich liebe dich!

Was zum Teufel war nun los? Das konnte doch nicht wahr sein, das er meine Handlungen doch falsch verstand. Mit den Rosen und den Pralinen in der Hand machte ich mich auf den Weg zu Choi Nam-Joons Klasse. „Hey Choi Nam-Joon, komm mal bitte mit raus! Ich möchte mit dir reden." Er grinste voller Freude, weil er sowohl die Blumen wie auch die Pralinen in meiner Hand sah. „Ich hoffe, sie gefallen dir! Rose, möchtest du mit mir zusammen sein? Ich meine es wirklich ernst! Ich bin seit deinem ersten Schultag in dich verliebt. Das mit uns muss Schicksal sein. Seit dem du hier bist, fühle ich mich wie ein ganz anderer Mensch. Lass uns zusammen sein! Ich weiß, dass du mich auch gern hast. Gestern hast du meine Hand genommen, als du mich weg gezogen hast. Das hatte doch etwas zu bedeuten, denn ich spürte förmlich deine Gefühle zu mir." „Nein Nam-Joon! Das hatte nichts zu bedeuten. Ich wollte dich dort einfach nur weg holen, mehr auch nicht. Bitte nimm die Blumen und die Pralinen zurück! Tu so etwas nie wieder, das hat mich sehr in Verlegenheit gebracht und ich fühle mich gerade nicht wohl. Lass uns einfach Freunde bleiben, nicht mehr und nicht weniger!" Mit diesen Worten legte ich ihm die Blumen und die Pralinen in die Arme und ging weg. „Ich hab es dir doch gesagt! Man, bin ich gut. Ich sollte Hellseher werden.", stand Yeol angelehnt an der Wand und belauschte uns von der Ecke aus. „..ich hat niemand gefragt! Außerdem, es ist eine schlechte Angewohnheit fremde Menschen zu belauschen! Dir sollten die Ohren abfallen!" Vom Mathe Unterricht bekam ich kaum etwas mit. Meine Gedanken kreisten um die Sache mit Nam-Joon. Ich fühlte mich schlecht und hoffte, dass ich nicht zu hart und streng zu ihm gewesen bin. Folgend hörte ich, wie es die anderen belustigte, dass er einen Korb kassiert hatte. Zu Anfang der

Pause brachte mir ein Junge, aus Nam-Joons
Klasse, einen Zettel:

*Komm bitte auf das Dach hoch! Ich
muss mit dir reden. Wenn du nicht
kommst, wirst du es ein Leben lang
bereuen!*
Choi Nam-Joon

Das hörte sich nicht nach Nam-Joon an. Diesen
drohenden Ton kannte ich nicht von ihm. Um
genaueres zu erfahren, ging ich hoch auf das Dach.
Die Dächer von den Schulen Seouls waren flach,
sodass man dort hinauf konnte. Von den Lehrern
aus, war es verboten dort hoch zu gehen, die
meisten Schüler jedoch taten es trotzdem. Dort
konnte man seine Ruhe finden, wenn man sie
brauchte, sich verkriechen, manche aßen sogar auf
dem Dach. Nam-Joon stand dort alleine. „Was ist
los? Warum muss unser Gespräch ausgerechnet hier
oben stattfinden?" „Ich möchte dich nochmal
bitten, bitte Rose, sei mein Mädchen, meine feste
Freundin! Du kannst mir nicht einfach einen Korb
geben! Seit dem ich dich kenne, ist mein Leben viel
besser geworden. Ich bin endlich glücklich, so ein
Gefühl hatte ich noch nie in meinem Leben. Dank
dir, komme ich endlich aus mir heraus. Ich weiß
genau, dass du mich auch liebst. Du hast es mir
gestern vor allen Menschen auf der
Geburtstagsfeier von Su-Bin bewiesen. Jeder hat
verstanden, dass du und ich Gefühle für einander
haben. Du hast mir doch gestern gesagt, du

beschützt mich und ich dich. Das sagen nur Menschen zu einander, die sich wahrhaftig lieben! Weißt du eigentlich, wie mein Leben vor dir aussah? Es war die Hölle! Niemand hat sich für mich interessiert, niemand hat sich je in meinem Leben so für mich eingesetzt. Plötzlich bist du da und es haben einige Schüler angefangen sich mit mir zu unterhalten. Weißt du, wie es ist, nicht mal einen Namen zu haben und nur das Stipendium Kind zu sein? Weißt du, wie es ist, in eine Schule zu gehen, wo es von reichen Kindern nur so wimmelt? Sie schmeißen mit Geld um sich als wäre es bloß Papier mit dem sie die Welt regieren. Als heraus kam, dass ich nicht reich bin und meine Eltern niemand bekanntes sind, war ich durch bei allen Schülern. Und dann sah ich dich das erste mal. Innerlich spürte ich so eine starke Kraft in mir, so eine Selbstsicherheit. Ich habe Selbstbewusstsein bekommen, Stärke, und mir war es plötzlich egal, was die anderen von mir hielten. Ich wollte lediglich, dass du mich bemerkst. Von Anfang an, wusste ich, du bist nicht wie die anderen Mädchen. Du bist etwas besonderes. Deswegen habe ich mich damals in diesen Konflikt eingemischt! Deswegen bin ich mit Yeol mit gegangen, um dich vor den Mädchen zu beschützen. Du warst in diesem Moment meine Stärke, meine Kraft." „Nam-Joon, ich verstehe deine Situation! Was denkst du, was ich für eine schwere Zeit hatte, als ich mit meiner Schwester, in jungen Jahren, zurück nach Deutschland gekommen waren und dort das erste mal zur Schule gingen. Es war auch nicht besser als das, was dir widerfahren ist. Es gab auch Kinder, die uns gehänselt haben, aber wir haben uns nicht unterkriegen lassen, weil wir an uns selbst geglaubt haben! Ich bin dir wirklich sehr dankbar, dass du mich verteidigt hast und ich danke dir für deine ehrlichen Gefühle, aber ich erwidere diese nicht. Es tut mir leid! Bitte lass uns dabei stehen bleiben und einfach nur Freunde sein." „Du willst es also auf die normale Art und Weise nicht verstehen, dann halt anders!" Er machte kleine Schritte in Richtung Dachende und in mir eine tauchte höllische Angst auf. „Rose... wunderschöne Rose... willst du ernsthaft dafür verantwortlich sein, dass ein junger Mensch Suizid begeht? Wenn du nicht mit mir zusammen sein willst, dann werde ich springen müssen!" Mein ganzer Körper fing an zu zittern. Die Angst stieg immer höher, in mir tauchte Panik auf. „Nam-Joon macht keinen Blödsinn! Ich flehe dich an, geh da weg! Lass uns erst einmal uns emotional beruhigen und später weiter reden. Es gibt genügend Menschen um dich herum, die dich lieben und brauchen. Du kannst doch nicht ernsthaft wegen einem Mädchen, das deine Gefühle nicht erwidert, dein einziges und kostbares Leben aufs Spiel setzten." „Nein! Wir werden es hier und jetzt klären! Die Liebe von anderen brauche ich nicht, ich will deine Liebe. Wenn du nicht willst, dass ich sterbe, dann musst du mit mir zusammen sein. Gib mir die Chance, dir meine unendlichen Gefühle zu beweisen! Ich liebe dich mehr als alles andere auf dieser Welt. Ohne dich hat mein Leben keinen Sinn! Sei meine feste Freundin. Du und ich sind für einander bestimmt!" „Okay, okay, aber kommt da bitte runter!" „Auf diese Weise versuchst du die Frau, die du über alles liebst, für dich zu gewinnen? Willst du das ernsthaft wahre Liebe nennen? Wie erbärmlich! Spring doch! Wenn du wirklich sterben willst, dann tu es doch! Wieso willst du es auf Rose Gewissen hängen? Bist du wirklich so ein Arschloch, dass du deiner geliebten Rose das Leben ruinieren möchtest? So viel ist dir ihr Glück wert? Deine Taten und Handlungen haben nichts mehr mit Liebe zu tun! Das ist lediglich purer Egoismus., erschien der Retter in der Not. „Was weißt du schon über meine Gefühle zu Rose, Yeol?" „Ich weiß rein gar nichts darüber. Das, was ich weiß ist, dass das was du da tust egoistisch ist! Hast du dich mal in Rose Situation hinein versetzt? Wie fühlt sie sich in dieser Sekunde? Du drohst ihr mit deinem Leben! Denkst du, Rose ist das Typ Mädchen, die du damit beeindrucken kannst? Wenn du so über sie denkst, dann kennst du sie falsch! Rose ist ein Mädchen, die nicht jeden nimmt, sie muss einen Mann erst mal richtig kennenlernen, und das läuft für sie am besten durch Freundschaft. Den Mann, den sie sich an ihrer Seite wünscht, muss gleichzeitig ihr bester Freund und ihr fester Freund sein. Sieh sie dir mal an! Sie ist voller Angst und Panik. Denkst du, nach dieser Aktion wird sie überhaupt noch mit dir befreundet sein wollen? Sie wird dich aus reiner, verständlicher Angst nicht einmal mehr begrüßen wollen! Los, sieh sie dir genau an, schau in ihre

61

verängstigten Augen!" „Yeol, du bist so ein falscher Typ! Du willst sie doch nur ganz alleine für dich haben, ist es nicht so? Du versuchst sie mir weg zu nehmen mit deiner Besserwisserei, deinem Geld, und deinem Aussehen." „Soll ich dir etwas verraten? Rose gehört schon längst mir! Genau aus diesem Grund kann sie deine Gefühle nicht erwidern. Unsere Eltern haben das schon lange arrangiert. Nachdem wir die Schule beenden werden, wird sie meine Frau!" „Du liebst sie doch gar nicht! Ständig bist du von anderen Frauen umgeben." „Ich liebe Rose! Vertrau mir, ich liebe meine zukünftige Frau. Was denkst du, warum ich sie ständig beschütze? Warum ich mich ständig in ihrer Nähe aufhalte? Keiner fängt Probleme mit meiner Frau an! Ich werde sie immer beschützen, auch wenn ich nicht immer in Sichtweite bin, bin immer in ihrer Nähe. Das sieht man zum Beispiel daran, dass ich jetzt hier bin, und sie wieder einmal vor Idioten beschützen muss. Nam-Joon, ich sage dir das von Mann zu Mann, mach dich nicht lächerlich, komm da runter und die Sache ist vergessen! Wir können sowieso nichts daran ändern, unserer Eltern haben es schon abgemacht." Ich war schockiert über das, was aus Yeols Mund kam. Liebte er mich wirklich? War das alles wahr, was er sagte? Mich überkamen fremde Gefühle, die ich noch nie zuvor gespürt hatte. Was war das? „Was ist mit dir, Rose, liebst du ihn? Willst du wirklich so einen Ehemann wie Yeol an deiner Seite haben?" Für lange Überlegungen blieb mir keine Zeit. „Ja, ich liebe Yeol! Er ist der Mann, mit

dem ich mein Leben verbringen möchte! Ich weiß
nicht genau, ob du es verstehen wirst, aber Yeol
und ich sind wie Seelenverwandte. Wir brauchen
nicht mit einander zu sprechen, um zu wissen, was
der andere fühlt oder denkt. Wir sind eins, wenn
der andere Hilfe benötigt, oder in Not ist, spürt es
der andere. Ich kann nicht ohne Yeol, genauso wie
er nicht ohne mich kann. Yeol hat keinen einfachen
Charakter, ich aber auch nicht! Wir ergänzen uns in
allem." Bei jedem einzelnen Satz, den ich von mir
gab, schaute ich Yeol tief in die Augen. Nam-Joon
verstand wohl, das es keinen Sinn machte weiter zu
kämpfen, und wollte gerade wieder von dem
Dachende heruntersteigen, da rutschte er mit einem
Fuß ab. Yeol besaß eine unglaubliche Reaktion. Er
packte Nam-Joon am Arm und hielt ihn voller Kraft
fest. Ich schloss mich an und nahm Nam-Joons
anderen Arm. Gemeinsam besaßen wir die Kraft
ihn wieder hoch zu ziehen. „Fasst mich nicht an,
lasst mich einfach in Ruhe!", lief Nam-Joon
wütend davon. Vor Angst, dass er hätte wegen mir
sterben können, sammelten sich in meinen Augen
die Tränen. Yeol nahm mich sanft in den Arm.
Seine Körperwärme ließ mich langsam wieder
beruhigen. Die nächsten Unterrichtsstunden
schwänzten wir auf dem Dach. Wir legten uns auf
dem Boden und schauten zum Himmel hoch. „Sag
mal Yeol, das, was du vorhin zu Nam-Joon gesagt
hast, im Bezug auf deine Gefühle zu mir, war das
die Wahrheit?" Yeol antwortete nicht sofort, er
zögerte aus irgendeinem Grund. „Was ist mit dir?
War das, was du gesagt hattest, im Bezug auf deine

Gefühle zu mir, die Wahrheit? Deine Worte kamen mir so erst rüber, sodass ich sie dir fast abgekauft habe." „Nein, es war nicht die Wahrheit. Ich wollte nur, dass Nam-Joon es denkt und mit diesem Mist aufhört. Jetzt deine Antwort!" „Warum Min-Ho? Was ist an ihm so toll? Du bist doch Hals über Kopf in ihn verliebt." Er überraschte mich aufs neue. „Woher weißt du das?" „Du bist zu auffällig! Ich sehe, wie du ihn anhimmelst, wie du versuchst ihm zu gefallen, wie du ihm hinterher schmachtest. Ich sehe alles!" „Warum er, möchtest du wissen? Er sieht fantastisch aus, er ist nett und höflich. Er war noch nie gemein zu mir, ganz im Gegenteil, er versucht mir immer zu helfen. Er hat Manieren, er ist das perfekte Boyfriend Material. Wieso beantwortest du eigentlich nicht meine Frage?" „Hm, ich verstehe! Ähm, nein natürlich war das nicht die Wahrheit, was ich zu Nam-Joon gesagt hatte." Komischerweise wurde seine Stimme bei dieser Antwort etwas leiser, nicht so selbstbewusst wie er sonst sprach. Irgendwie kam es mir so vor, als hätte ich etwas falsches zu ihm gesagt, was ihm nicht gefallen hatte. Nach der Schule ging ich mit Min-Ho zur Nachhilfe. Während der Lehrer uns eine Aufgabe erklärte, schrieb er mir auf seinem Heft eine Nachricht.

Wo warst du die letzten Unterrichtsstunden? Warst du mit Yeol? Er war nämlich auch nicht anwesend.

*Ja, ich war mit Yeol! Wir hatten etwas
zu klären.*

Eins war mir klar, desto öfter ich mit Yeol war,
desto wütender wurde Min-Ho. Oder war es
Eifersucht?

*Lass uns ins Kino gehen! Samstag
Abend? Damit es verständlich ist, es
soll ein Date sein.*

Bäämm, so war es also möglich Min-Ho
herumzukriegen. Was trieb ihn zu dieser
Einladung? Es konnte nicht einfach nur deswegen
gewesen sein, weil Yeol angeblich ein schlechter
Mensch sein sollte. Ich war in dieser Sekunde das
glücklichste Mädchen auf Erden. Der Junge, den
ich so sehr begehre, lud mich endlich auf ein Date
ein. Meine Hände schwitzten und zitterten,
während ich versuchte ihm eine Antwort zu geben.
Mein Herz pochte so laut, ich dachte, es würde die
ganze Klasse hören.

*Ja, Samstag ist super. Ich freue mich
drauf!*

Wir schauten uns grinsend in die Augen. Hatten wir
in diesem Moment dieselben Gefühle? Es machte
zumindest den Anschein. Den Weg nach Hause
hüpfte, tanzte und sang ich vor Glücksgefühlen.
Gerade sah es noch so aus, als wäre mein Leben ein
totaler Müllhaufen und dann tauchte ein Licht am

ende des Tunnels auf. „Hallo Mama, du bist ja Zuhause." „Hallo Liebes, setz dich! Ich habe wundervolle Neuigkeiten." Was kam nun auf mich zu? Könnten ihre Neuigkeiten meine Stimmung gefährden? „Ich habe heute mit Anna telefoniert. Sie hat sich den rechten Arm beim Sport gebrochen. Sie ist nun für die nächsten Wochen Krankgeschrieben. Da gerade die Möglichkeit besteht, wollte sie hierher kommen um dich zu besuchen. Sie hat starke Sehnsucht nach ihrer kleinen Schwester! Übermorgen geht ihr Flieger." „Wahnsinn, dass ist echt toll. Ich vermisse sie auch so sehr! Dann kann ich ihr meine Schule zeigen und meine Freunde vorstellen." „Genau, dann könnt ihr einander wieder in die Arme schließen, zwar nur für eine kurze Zeit, aber besser als gar nichts!" Nun hatte mein Tag den Höhepunkt an Freude erreicht. Ein Date mit meinem Traummann und meine geliebte Schwester würde hierher kommen. Konnte es noch besser werden? Mit einem Lächeln im Gesicht schlief ich ein. Den nächsten Schultag konnte ich kaum abwarten. „Guten Morgen Rose!" „Guten Morgen ihr zwei!" „Wo warst du gestern in den letzten beiden Stunden?" „Ich hatte eine Sache zu klären." „Lehrer Lee hat gestern verkündet, dass nächste Woche ein Basketball Turnier ansteht. Ihr spielt gegen unsere gegnerische Schule." „Mika! Das sagst du mir erst jetzt? Wieso hast du mich gestern nicht angerufen? Dann muss ich mich jetzt echt ins Zeug legen, um unsere Schule gut aussehen zu lassen." „Fighting, Rose!" Im Unterricht lief alles glatt. In der kurzen Zeit kam ich vom Unterrichtsstoff hervorragend hinterher. Min-Ho und ich quatschten und kicherten den ganzen Unterricht lang. Öfters sah ich, wie Yeol zu uns rüber schaute. Ich bin froh darüber gewesen, dass ich mit jemanden über meine Gefühle zu Min-Ho sprechen konnte. Falls ich mal über ihn etwas wissen wollte, konnte ich einfach seinen Bruder fragen, der alles über ihn wusste. „Jeong Min-Ho, Kim Rose! Ruhe dahinten!", warf Lehrer Lee Kreide in unsere Richtung. „Für das Basketball Turnier brauchen wir einige Dekorationen, damit unsere Schule positiv ins Auge fällt. Rose, du bist aus dem Team, du wirst dich darum kümmern! Such dir noch eine Person aus, die dir dabei helfen soll.", befahl mir Lehrer Lee. Nachdem er das Klassenzimmer verließ, stellte ich mich vorne neben den Lehrerpult hin. „Hey Leute? Wer möchte sich mir anschließen?" Plötzlich war das Klassenzimmer wie leergefegt. Keiner von ihnen wollte mir helfen, nicht mal Mika oder Juna. „Gut, dann erledige ich es selber!", führte ich Selbstgespräche. Im Supermarkt suchte ich nach hübschen Dekorationen, die zum Thema passen könnten. Viel fand ich nicht, lediglich ein paar Pompons, Ballons in Form von Basketbällen, Luftschlangen, und große selbstklebende Basketballstecker für die Tribüne. An der Kasse bezahlte ich vom Geld, das mir Lehrer Lee gab. Völlig ausgehungert spazierte ich nebenbei an einem Kiosk vorbei. Mich überfiel die Lust auf Kimchi Ramen. In den meisten Kiosks konnte man sich das Essen an Ort und Stelle zubereiten, und zwar mit einer Maschine und es dann dort verspeisen. Wie man sich das vorstellen sollte? Die Kimchi Ramen sind Instant Nudeln und in manchen Kiosks stehen extra sogenannte Ramen Maschinen. Man kauft sich diese Instant Nudeln, scannt den Barcode an der Maschine, drückt auf „Kochvorgang starten" und es beginnt die Arbeit. Es wird automatisch gekocht. Das einzige, was man selber machen müsste, wäre die Nudeln ein wenig zu rühren, und fertig wäre das Essen. Für jemanden, der es schnell mochte, war es super bequem, lecker und total einfach hergerichtet. In dem Kiosk saß ich mit dem Gesicht zum Fenster. „Min-Ho?" Ich sah ihn durch das Fenster. Er stand auf der anderen Straßenseite und das nicht alleine. Ein unglaublich hübsches Mädchen war mit ihm. Es schien, als würden sie diskutieren. Er nahm ihre Hand und sie zog sie wieder weg. Was war da los? Tief versunken in diesem Bild, das ich sah, bemerkte ich nicht, dass sich jemand neben mir hingesetzt hatte. „Schockiert dich das, was du da siehst? Dein Traumprinz mit einem unbekannten Mädchen unterwegs." „Hä, oh... ähm nein! Wieso sollte es mich schockieren? Es ist ja nicht so, dass wir zusammen wären oder so. Er kann tun und lassen, was er möchte!" „Oh, doch so kalt, aber irgendwie riecht es hier nach Eifersucht." „Yeol, lass den quatsch bitte! Wer ist sie?" „Keine Sorgen, sie ist eine gute alte Freundin von ihm. Sie hat am Samstag Geburtstag und er hat ihr abgesagt. Nun ist sie sauer auf ihn." „Was? Er hat ihr abgesagt?

68

Was hat er gesagt, hat er vor?" „Er hat gesagt, dass er etwas sehr wichtiges zu tun hat. Ich denke, du kennst den Grund, weswegen er ihr abgesagt hat?" „Beim Nachhilfeunterricht hatte er mich gefragt, ob ich mit ihm ins Kino gehe. Es soll ein Date werden, kannst du dir das vorstellen?" Mir stand das Glück im Gesicht geschrieben und noch mehr freute es mich, dass er seiner guten alten Freundin wegen mir abgesagte. Er hatte definitiv Gefühle für mich, denn, wäre ich nur ein Mädel von vielen, hätte er seine alte Freundin nicht an ihrem Geburtstag stehen gelassen. Mit meinen Einkäufen ging ich nach Hause. In meinem Zimmer lernte ich bis in den späten Abend. An dem kommenden Tag, in der Nacht, sollte Annas Flugzeug landen. Mutter ließ Annas Zimmer frisch beziehen und Sumi bereitete einige Leckereien für sie vor. Anna liebte Süßes. Vor Schulbeginn traf ich mich mit den Mädels vom Basketballverein, um fleißig zu üben und beim Spiel zu siegen. Wir trainierten in jeder freien Minute, die wir besaßen, vor dem Unterricht, in der Pause und in der Freizeit. Es gab keinen Zweifel, wir waren super vorbereitet. In der Nacht fuhr ich mit unserem Chauffeur meine Schwester Anna vom Flughafen abholen. „Aaaannnaaa!" „Roooseeee!" Wir fielen übereinander her wie kleine Kinder. Umschlungen standen wir da und weinten vor Freude. „Was ist mit deinem Arm passiert? Wie geht es dir im Großen und Ganzen? Wie läuft die Schule? Was machen Stella, Jennie und Lola? Wie geht es Tante?" Ich war so neugierig und dabei fühlte ich, wie sehr mir mein altes Leben doch fehlte. „Ich habe es beim Sport ein bisschen übertrieben und den Arm gebrochen. Den Mädels geht es bestens. Stella hat jetzt einen Freund, mit dem sie Tag und Nacht abhängt. Lola ist immer noch die Alte, hat jetzt angefangen neben der Schule zu arbeiten. Jennie hockt nur noch am lernen. Wir sehen uns in der Freizeit seltener als früher, wo du noch da warst. Bei mir läuft die Schule ganz in Ordnung, nur leider habe ich niemanden mehr, der meine Hausaufgaben für mich erledigt.", zwinkerte sie mir zu. „Was läuft hier bei dir? Wie lebt es sich in Seoul? Hast du einen Freund? Wie ist die neue Schule? Was hat sich in unserem Elternhaus alles verändert? Sind sie immer noch besessen von ihrer Arbeit, oder kriegst du sie ab und zu zu Gesicht?" „Die neue Schule ist super cool, nur du fehlst hier! Ja, Mutter und Vater arbeiten immer noch viel. Vater geht es Gesundheitlich nicht gut, aber ich denke, Mutter hat dir schon davon erzählt. Ein Freund habe ich nicht, aber ich möchte dir jemanden vorstellen. Er ist einfach wundervoll und sieht traumhaft aus!" „Oh, ich bin ganz gespannt auf Mr. Unbekannt!" Solange wir nach Hause fuhren, erzählten wir uns alles, was bisher in unserem Leben geschehen war. Zuhause aßen wir mit der ganzen Familie, danach gingen alle zu Bett. Kurz nach Sonnenaufgang weckte mich Anna energisch auf. Wie litt sie nicht am Jetlag? Heute war der Tag, an dem Min-Ho und ich unser erstes offizielles Date haben würden. Anna und ich frühstückten gemeinsam und gingen etwas nach Draußen. Sie war froh wieder in Seoul zu sein, da sie das Essen hier sehr mochte und vermisst hatte. Wir aßen so viel, sodass mir der Bauch hätte platzen können. Jede einzelne Bewegung danach war eine Zumutung. Am Nachmittag begann ich mit meinen Vorbereitungen für den Abend. Anna half mir meine Haare zu Glätten und mehr Volumen hinein zu bekommen, ebenfalls machte sie mein Make-up und suchte das passende Outfit für mich heraus. Ich hatte ihr nicht erzählt gehabt, das es ein Date sein würde. Sie suchte mir einen kurzen, schwarzen, glatten Rock aus, mit einem Bauchfreien, rosafarbenen Top, der das Dekolletee verdeckte. Für einen Kinobesuch sah es ideal aus. „Was soll ich in der Zeit machen, solange du nicht da bist?" „Mach einen Spaziergang! Seoul hat viel zu bieten." „Darf ich vielleicht mit dir mit kommen? Ich werde auch mucksmäuschenstill sein, bitte,bitte, bitte?" Bei ihrem Hundeblick konnte ich ihr einfach nicht absagen. „Okay, aber sei unauffällig und still, klaro?" „Geht klar, Chef!" Sie machte sich etwas frisch und wir gingen los. Min-Ho stand schon vor dem Kino. „Hi, Min-Ho! Wartest du schon lange hier?" „Hallo Ro... Anna?", sein Gesichtsausdruck veränderte sich rasend schnell. „Min-Ho? Jeong Min-Ho?" Die beiden starrten sich wie eingefroren an. Min-Ho bemerkte mich nicht einmal mehr. Aber wichtiger war es, woher kannten sich die beiden? „Ihr seid einander bekannt?" „Du erinnerst dich nicht? Wir haben als Kinder gemeinsam gespielt. Auf dem Spielplatz, wenn du und ich uns gestritten haben, hat Min-Ho mich immer auf seinem Rücken nach Hause getragen." Das war wie ein Schlag mitten ins Gesicht. „Ja, und erinnerst du dich noch daran, als wir mit den Nachbarskindern gekämpft haben?" „Ja natürlich erinnere ich mich! Ich erinnere mich an jede noch so kleinste Kleinigkeit." In ihren Erinnerungen schwelgend, vergaßen sie mich komplett. Anstatt ins Kino zu gehen, wie es eigentlich geplant war, gingen wir spazieren. Die beiden liefen vor mir, lachend, kreischend, erzählten sich irgendwelche vergangenen Kindheitsgeschichten. Eine Bande von Jungs liefen an uns vorbei und streiften Anna dabei an der Schulter. „Hey, kannst du nicht aufpassen?" Min-Ho wurde so wütend und aggressiv, diese Seite von ihm kannte ich gar nicht. „Es tut mir leid, junge Dame." Hinter dem Typen kam ein anderer hervor, dessen Gesicht uns allen bekannt war. „Bleib mal locker, Bruderherz! Was gehst du so auf ihn los? Das war doch nicht mit Absicht!" Anna fiel um Yeols Hals. „Kleiner Freund, du bist so groß geworden!" Er nahm ihre Arme sofort von sich weg und machte einen Schritt zurück. „Kennen wir uns?" Yeol warf einen Blick hinter Anna und entdeckte mich. „Rose? Wer ist dieses aufdringliche Mädel?" Anna grinste ihn an. „Darf ich dir meine ältere Schwester Anna vorstellen! Du erinnerst dich ganz bestimmt an sie, genauso wie Min-Ho." An meiner Stimme konnte man sofort verstehen, dass ich beleidigt war. „Ne, ich erinnere mich nicht! Hey Jungs, geht vor, ich komme später nach!" Yeol schickte seine Freunde weg und ging mit uns mit. Er wich mir nicht einmal von der Seite. „Hast du nicht eigentlich ein Date mit Min-Ho?" „Ja, Eigentlich, aber siehst du ja was daraus entstanden ist! Meine Schwester wollte unbedingt mitkommen. Ich hatte keine Ahnung, dass die beiden sich kennen. Diese Situation habe ich bis jetzt noch nicht richtig ganz realisiert." Anna bekam Hunger, so lud uns Min-Ho in ein nettes kleines Restaurant ein. Yeol und ich saßen mit offenen Mündern, schockierten Gesichtern dar und beobachteten, wie Min-Ho Anna fütterte und ihr dazu etwas zu trinken gab, weil ihr rechter Arm mit einem Gips umhüllt war. Sie sahen wie ein altes, aber immer noch frisch verliebtes Ehepaar aus. Mein Herz brach von Sekunde zu Sekunde. Eigentlich sollte ich doch an ihrer Stelle sein! Was war nun mit mir und ihm? Dieses Theater konnte ich mir irgendwann nicht mehr mitansehen. Es interessierte weder ihn noch sie, als ich aufstand und die Flucht ergriff. Die beiden waren so sehr miteinander beschäftigt, sodass es ihnen nicht einmal auffiel, dass ich weg war. „Rose, warte doch mal auf mich!" „Lass mich in Ruhe, ich will alleine sein!" Yeol packte mich am Handgelenk und zog mich an sich heran. Da er mich mit so viel Kraft an sich zog, prallte ich volle Wucht gegen seinen Körper. Er umarmte mich fest, sehr fest. Es war fast so, als würde er mit mir fühlen. „Wein, wenn dir danach ist! Ich kann deine Gefühle gut nachvollziehen. Ich weiß genau, wie dir zumute ist." Noch bevor er den Satz beenden konnte, flossen die Tränen aus meinen Augen. „Wieso musste es so kommen? Warum sie und nicht ich?", schluchzte ich. „Vielleicht hast du die Situation nur anders interpretiert. Was ist, wenn die beiden einfach nur Freunde sind? Sie haben sich viele Jahre nicht gesehen und haben sich einfach gefreut. Überlege mal, wie hoch ist die Wahrscheinlichkeit, dass sie sich daten würden? Mach dir nicht solche negativen Gedanken! Warte ab, was er dir bei eurem Wiedersehen sagen wird." Im Endeffekt hatte Yeol recht. Ich müsste geduldig abwarten und schauen, wie es zwischen ihm und mir weiter gehen würde. Es wäre auch eine Möglichkeit Anna einfach zu beichten, dass ich für Min-Ho etwas empfand. „Danke für solche aufbauenden Worte! Du bist ein wahrer Freund." „Ja... genau... Freund... Ich werde immer für dich da sein, merk dir das!" Er begleitete mich bis nach Hause. In Annas Zimmer wollte ich auf sie warten. Es wurde spät und immer noch keine Spur von ihr. Erst gegen Mitternacht kam sie zurück. Sie wirkte auf mich so glücklich, wie schon lange nicht mehr. „Oh, was machst denn in meinem Zimmer?" „Ich habe auf dich gewartet. Wie war euer Abend?" „Der Abend war himmlisch! Wir hatten so viel Spaß. Min-Ho ist, wie in meiner Erinnerung, noch immer derselbe Typ, bloß noch besser. Meine Güte sieht er gut aus! Rose, kann ich dir etwas anvertrauen?" „Natürlich, danach muss ich dir auch etwas wichtiges beichten!" „Okay, ich fange an! Als wir noch kleine Kinder waren, waren Min-Ho und ich sehr ineinander verliebt. Damals schworen wir einander, dass wir mal heiraten, wenn wir erwachsen sind. Heute Abend sind meine alten Gefühle zu ihm hochgekommen. Ich schwebe nicht nur auf Wolke sieben, eher auf Wolke siebzehn! Wir gehen morgen ins Museum, unser so gesagtes erstes Date. Und was wolltest du mir beichten?" Diese Information gab mir endgültig den Rest. Was sollte ich nun tun? Sollte ich meiner schwer verliebten Schwester das Herz brechen und alles knall hart auf den Tisch legen? Oder sollte ich meine Klappe halten und sehen, was sich zwischen ihnen entwickeln würde? Aber was wäre dann mit meinen Gefühlen? Könnte ich das alles ertragen, ohne daran zu zerbrechen? „Was ich dir beichten wollte? Ähm... ach, ist nicht so wichtig. Ich bin müde und werde schlafen gehen. Gute Nacht!" „Warte mal! Rose, wann stellst du mir eigentlich deinen Freund, von dem du mir am Flughafen erzählt hast, vor? Wenn er für dich so eine wichtige Persönlichkeit ist, sollte ich ihn kennenlernen." „Wenn der richtige Zeitpunkt gekommen ist, werde ich euch einander vorstellen."

Am Tag vor dem Basketballturnier trainierte ich wie eine verrückte, aber nicht, weil ich Angst hatte zu verlieren, sondern, weil ich mich Zuhause nicht aufhalten konnte. Annas verliebten Geschichten trieben mich noch in den Wahnsinn. Ich ging so früh wie möglich aus dem Haus und kam so spät ich konnte zurück. Das Wetter spielte auch nicht mit, es begann zu Regnen. Doch das störte mich kein bisschen. „Neuling, was treibst du da im Regen? Du erkältest dich noch! Oder ist es dein Plan, um nicht am Turnier teilnehmen zu müssen?" „Hm? Mach dir mal um mich keine Sorgen, ich bin schon ein großes Mädchen! Ha, genau wegen dem

Turnier mache ich das alles doch." „Gut! Brauchst du vielleicht einen Gegner? Alleine zu spielen ist doch langweilig." „Okay, zeig mir, was du drauf hast!" Aus welchem Grund wurde Yeol plötzlich so nett zu mir? Hatte er etwa Mitleid mit mir? Wir spielten Basketball wie richtige Gegner, wir fielen, wir schubsten und drängelten. Es bereitete mir wahnsinnig viel Spaß. Endlich konnte ich mich so richtig auspowern. Meiner Wut und den restlichen Gefühlen in mir freien lauf lassen. Der Regen ließ nicht nach. Es goss wie aus Eimern. Komplett klitschnass machten wir eine kleine Pause. „Erzähl mir, was mit dir los ist? Wieso bist du ständig hier? Egal um welche Uhrzeit ich hier vorbei gehe, du bist immer da. Ich weiß genau, dass du nicht wegen dem Basketballturnier so hart arbeitest!" „Ich kann nicht nach Hause, dort ist Anna. Ich versuche ihr aus dem Weg zu gehen, denn ich kann ihre Geschichten über Min-Ho und sie nicht mehr länger mit anhören. Weiß du, als meine Mutter mir erzählte, dass Anna her kommt, habe ich mich übelst gefreut, doch jetzt wünschte ich, sie wäre niemals hierher gekommen. Na ja, außerdem ist das extra Training gut für mich, bald ist das Spiel." Yeol war ein wundervoller Kumpel, der immer da war, wenn ich ihn brauchte oder wenn es mir schlecht ging. Es war, als ob er ein Engel wäre, der mich ständig bewachte, der mir sein Ohr leite, an dessen Schulter ich mich aus heulen konnte. „Ich verstehe, wollen wir weiter machen?" „Klar!" Wieder zu Kräften gekommen ging das Training weiter. Yeol fehlten nur noch zwei Punkte zum

Sieg. Ich hatte den Ball, er rannte auf mich zu und wollte ihn mir weg nehmen. Ich wollte an ihm vorbei und knickte mit dem Fuß unglücklich um. Yeol wollte mich halten und fiel mit mir zu Boden. Er lag auf mir drauf. Dieser Moment fühlte sich seltsam an. Unsere Münder waren nur zwei Millimeter von einander entfernt. Wir spürten den Atem des anderen. So blieben wir eine gefühlte Ewigkeit, doch dann stand er eiligst auf. „Hast du dich verletzt?" „Ich weiß nicht genau." Langsam versuchte ich aufzustehen, doch es funktionierte nicht. Mein Fußknöchel schmerzte heftig. Yeol kniete sich auf den Boden mit dem Rücken zu mir. „Los, komm hoch, ich trage dich!" Ich stieg auf seinen Rücken. Er fühlte sich so warm. Mein Herz schlug doll, ich war sehr nervös. Im Krankenhaus meines Vaters wurde mein Fuß geröntgt. Es war eine Prellung. „Mist, dass hat noch gefehlt!" Mich ärgerte meine Dummheit und Tollpatschigkeit grün und blau. „Rose, das tut mir so leid! Ich wollte nicht, das so etwas passiert. Jetzt habe ich ein sehr schlechtes Gewissen." Yeol schien wirklich besorgt um mich zu sein. „Alles gut, du hast keine Schuld, ich hätte besser auf mich aufpassen müssen. Wird schon alles gut gehen!" Der Arzt gab mir Krücken mit. Mit einem Taxi fuhren Yeol und ich zu mir nach Hause. „Wenn du etwas brauchst, oder ich dir bei irgendetwas helfen kann, bitte sag mir Bescheid! Hier hast du meine Handynummer." „Yeol, es ist wirklich alles gut. Das ist bloß eine Prellung und kein Bruch. Bald bin ich wieder Top fit!" Was blieb mir anderes übrig, als über die

Situation zu lachen? Auch ich schrieb ihm meine Handynummer auf, für den Fall der Fälle. Leise wie ein Kätzchen schlich ich mich in mein Zimmer und schloss die Tür ab. Wie sollte ich morgen den Mädchen von Basketballverein erklären, dass ich nicht spiele? Sie würden ausflippen!

So schnell klopfte auch der nächste Morgen an die Tür. Gott sei Dank trugen wir eine Schuluniform mit Overknee Socken, so sah man nichts von meinem Verband am Knöchel. Vor der Halle stand ich dann dar. Ich traute mich gar nicht rein zu gehen. „Rose, wir sind da! Wir drücken dir ganz fest die Daumen! Sind schon ganz gespannt auf dein Spiel." Auf Mikas und Junas Unterstützung war immer verlass. Im Umkleideraum sprachen alle Mädels davon, wie aufgeregt sie waren. Ich konnte es einfach nicht über mich bringen, ihnen zu erzählen, dass ich nicht spielen konnte. Deshalb schwieg ich. Von einem Moderator wurden die Teams Aufgerufen. Die Mädchen von der gegnerischen Mannschaft sahen ernst zu nehmend aus. Mir blieb nur die Wahl zu beten und zu hoffen. Das Spiel begann...

Die gegnerische Mannschaft hatte den Ball. Ich versuchte mein Knöchel nicht allzu sehr zu belasten. Ein Mädchen aus meiner Mannschaft schnappte sich den Ball und warf ihn mir zu. Ich lief los, mein Fuß schmerzte so sehr, dass mir der Schweiß von der Stirn lief. „Los Rose, hau ihn rein! Ich glaube fest an dich!", hörte ich Yeols Stimme von der Tribüne zu mir herüber schreien. Mit seinem Zuruf zauberte er mir ein Grinsen in mein Gesicht. Seine Anwesenheit und sein Glaube an mich, verleite mir so viel Kraft und Energie, sodass ich den Schmerz wegdenken konnte. Mit zwei Punkten Vorsprung gewannen wir das Spiel. Viele der Zuschauer gratulierten uns zum Sieg. „Herzlichen Glückwunsch, Neuling! Ich bin stolz auf dich!" „Danke Yeol. Heute warst du meine Stütze, deine Worte haben in mir eine unglaubliche Kraft erweckt! Danke dafür, dass du da warst." Er wurde knallrot und super verlegen. „Rose, Herzlichen Glückwunsch!" „Oh Min-Ho, Dankeschön." „Hier nimm die, als Geschenk zu deinem großartigen Sieg." Er übergab mir einen dicken, bunten Strauß Blumen. Selbstverständlich freute ich mich über diese Geste, jedoch fühlte ich in diesem Augenblick gemischte Gefühle. Min-Ho hatte das Spiel verpasst, er hatte mich nicht spielen gesehen, im Gegensatz zu meinem guten Freund Yeol, der immer zum richtigen Zeitpunkt auftauchte. Doch auf der anderen Seite freute es mich, dass er mich nicht vollkommen vergaß. „Da unser Date letztens gescheitert ist, hast du vielleicht Lust und Zeit es jetzt nachzuholen?" „Natürlich, sehr gerne!" „Ist nicht dein ernst? Du willst wirklich, nach allem was geschehen ist, noch mit ihm auf ein Date?" Yeol wurde sauer. „Ja! Ich denke, dass ist beim letzten mal so gewesen, weil er Anna so lange nicht gesehen hat und sich einfach freute, sie wieder zu treffen." „Eben, genauso ist es gewesen! Das verstehst du sicherlich. Aber verrate mir eine Sache Yeol, wieso wirst du so sauer, wenn Rose mit mir auf ein Date geht?" „Ich sauer?

Weswegen sollte ich? Geht doch auf euer Date! Das interessiert mich kein Stück!" Wieder kam Yeols kalte Seite zum Vorschein und er zog wütend davon. Zuerst lud Min-Ho mich zum Essen ein. Ich hatte So-Bulgogi bestellt. Min-Ho hatte Kimchi-Bokumbab. Das Essen war einfach herrlich und wir haben uns fantastisch Unterhalten. Später machten wir einen kleinen Spaziergang durch den Park. „Ich stelle dir jetzt mal eine direkte Frage und hoffe, das du sie mir offen und ehrlich beantwortest. Was ist zwischen dir uns meiner Schwester?" „Zwischen Anna und mir? Hm, es ist kompliziert! Als Kinder waren wir beide ineinander verliebt. Ich wollte jede Sekunde mit ihr teilen, das klingt bescheuert, weil wir noch Zwerge waren und was verstanden wir damals schon von Liebe. Wir haben uns damals versprochen, dass wenn wir groß sind, einander heiraten werden. Weißt du, für mich war das ein sehr ernstes Versprechen gewesen, aber nachdem Anna von Seoul weg zog, ging für mich eine Welt kaputt. Ich hatte große Schwierigkeiten mich mit anderen Mädchen zu unterhalten, ihnen zu glauben oder mich ihnen zu öffnen. Jetzt wo sie wieder da ist, auch wenn nur für eine kurze Zeit, meine Gefühle sind dieselben geblieben. Für mich wird es immer Anna sein, egal ob wir mal zusammen kommen sollten oder nicht. Sie wird immer meine Traumfrau bleiben. Doch dich finde ich auch ganz süß! Du gefällst mir mit dieser Art, wie du jetzt bist." „Wie kann das denn sein? Man kann doch nicht zwei Menschen gleichzeitig mögen!" „Bei dir ist es doch auch so! Du bist in mich verliebt, aber

Yeol gefällt dir auch." „Das stimmt nicht! Yeol und ich sind wirklich nur Freunde." Seine Aussagen gaben mir zu denken. Wie konnte es sein, dass Min-Ho Anna und mich wollte? Sie würde immer seine Traumfrau bleiben und mich fand er lediglich süß? Außerdem waren meine Schwester und ich zwei verschiedene Charaktere. Und wieso dachte er, dass mir Yeol gefiel? Verhielt ich mich etwa so, sodass man den Eindruck hatte es wäre so? „Angenommen, ich würde dich jetzt auf den Mund küssen... Hättest du etwas dagegen?" Was zum Henker war das für eine Frage? „Versuch es doch, dann wirst du es sehen!", provozierte ich es. Er kam mir näher, sehr nah, legte eine Hand um meine Taille und zog mich zu sich heran. Mein Herz pochte immer schneller, meine Wangen wurden rot, ich wurde nervös. Steif wie ein Brett stand ich da. Seine Lippen waren nicht mehr weit von den meinen. Dann, unsere Lippen berührten sich. Seine Lippen waren weich, etwas feucht und geschmeckt hatte er nach Sprite, welches wir vorhin getrunken hatten. Es war ein schöner Moment, doch zugleich fühlte es sich so verdammt falsch an. Was war bloß mit mir gewesen? Mein Traum wurde endlich wahr, Min-Ho hatte mich geküsst! Ein Kuss auf den Mund bedeutete für mich, dass wir jetzt ein Paar waren. Doch wieso war dieses schreckliche Gefühl in mir? Hatte ich Schuldgefühle Anna gegenüber? Oder waren meine Gefühle zu Min-Ho nicht echt? In diesem Moment war ich glücklich und unglücklich zugleich. Ich brach den Kuss ab und machte mit gesenktem Kopf einen Schritt zurück.

Anschließend brachte er mich nach Hause. „Rose, kann ich dich um einen Gefallen bitten?" „Selbstverständlich, schieß los!" „Erzähl bitte Anna nichts von unserem Treffen! Sag ihr nicht, dass du mich heute gesehen hast, okay?" „Oh, okay." Ohne mir großartig darüber den Kopf zu zerbrechen tat ich, was er von mir verlangte. Wieder Daheim nahm ich ein heißes Bad und träumte vor mich hin. Im Grunde war dieser Kuss der Wahnsinn, weshalb brach ich diesen ab? Was lief bloß falsch mit mir? Ich stellte mir oft die Situation mit dem Kuss vor, jedoch war die Realität besser wie jede Vorstellung, die ich je davon haben könnte.

Am nächsten Morgen, in der Schule, wechselte Yeol weder mit mir ein Wort noch mit sonst jemandem. Die Mädchen, die sonst ständig um ihn herum flogen, scheuchte er von sich. War er immer noch wütend auf mich gewesen? In der Pause aßen Mika, Juna und ich draußen. Das Wetter spielte voll mit, schön sonnig und es gab keine einzige Wolke zu sehen. Aus heiterem Himmel rannten viele Jungs in eine bestimmte Richtung. „Was ist denn da los?", erweckte es Junas Neugier. „Keine Ahnung." „Lasst uns mal hin gehen und gucken!" Juna fand keine Ruhe, jedes Ereignis in der Schule interessierte sie. Wir packten unsere Lunchboxen zusammen und gingen auch hin. Sehr viele Schüler bildeten einen Kreis um irgendetwas. Es wurde geschubst und gedrängelt. „Los mach ihn fertig!" „Yeol, Yeol, Yeol!", schrien die meisten. Sobald ich seinen Namen hörte, musste ich mich einfach da durch quetschen und sehen, was da geschah. Durch die Menge hindurch, sah ich, wie Yeol sich mit einem anderen Jungen heftig prügelte.

Selbstverständlich musste ich Yeol da raus holen. Ich ging auf ihn zu und kassierte von dem anderen Jungen eine Faust. Sofort lag ich auf dem Boden und blutete aus dem Mund. Als Yeol mich so sah, drehte er richtig durch. Er schlug auf den Jungen wie verrückt ein, bis einer der Lehrer dazwischen kam. Juna und Mika brachten mich zur Krankenstation in der Schule. Yeol und der andere Junge wurden zur Direktorin geschickt. „Meine Güte, wer hat dich so zugerichtet?", schaute mich die Krankenschwester erschrocken an. „Alles gut, ist halb so wild!" Sie verarztete mich und ich konnte gehen. Sie meinte, es könnte noch doll anschwellen und das ich meine Wange gut kühlen solle. In der Klasse hatten die Schüler nur über diese Schlägerei gesprochen. Dann kam Yeol endlich wieder, in direkter Richtung zu mir. „Ist alles okay mit dir? Tut es doll weh?" „Nein, alles gut! Warum hast du dich geschlagen? Wieso verhältst du dich so?" „Kümmere dich beim nächsten mal um deinen eigenen Mist, kapiert!" Er nahm seine Schultasche und ging wieder fort. Wie ich von den anderen Schülern hörte, wurden beide Jungs von der Schule suspendiert und ihre Eltern wurden zu einem Gespräch eingeladen. So ein Verhalten wurde an dieser Schule nicht geduldet. Ich machte mir große Sorgen. Was wäre, wenn sie Yeol jetzt von der Schule schmeißen würden? Die ganze Zeit spürte ich ein stechen im Herzen, als ob man eine Nadel ins Herz pickte. Auch am Abend ging es nicht weg. Meine Gedanken kreisten nur noch um diesen dummen Jungen. So überwand ich mich und schrieb ihm eine Nachricht.

Hallo Yeol!
Ich mache mir Sorgen um dich,
ist bei dir alles in Ordnung? Gab es
Zuhause großen Ärger? Bitte melde
dich!
Rose.

Selbst nach Stunden kam keine Nachricht von ihm zurück. Ich versuchte ihn anzurufen, doch er ging nicht an sein Telefon. Mich ließ es nicht ihn Ruhe, das ich nicht wusste, wie es ihm ging, ob mit ihm alles in Ordnung war. „Anna? Hast du die Handynummer von Min-Ho?" „Ja, wozu brauchst du sie?" „Ich wollte ihn etwas wichtiges fragen." „Ja, hier nimm." Ich rief Min-Ho an, um von ihm Auskunft über Yeol zu erhalten. „Hallo Min-Ho, hier ist Rose. Tut mir leid für die späte Störung, aber ich wollte wissen, wie es Yeol geht. Ich habe versucht ihn anzurufen, aber er geht nicht an sein Handy. Kannst du mir etwas berichten?" „Wie soll es ihm gehen? Er hat die Strafe bekommen, die er verdient hat! Meiner Meinung nach, war das noch zu wenig. Er hat sich geschlagen, wie auch unvernünftig Verhalten und dafür soll er jetzt gerade stehen!" Ich konnte nicht fassen, was ich da hörte. Hatte Min-Ho denn absolut kein Mitleid mit ihm? Wie konnte er so voller Hass über seinen Bruder sprechen? „So ist es also. Kommt er denn morgen wieder zur Schule?" „Nein, er ist für eine Woche suspendiert. Danach wird noch geklärt, ob er bleibt oder geht." „Danke für die Information. Wir sehen uns morgen." Ich legte mein Telefon weg und überlegte, wie ich Yeol bloß helfen könnte. Viele verschiedene Ideen gingen mir durch den Kopf, jedoch würde ihm keine davon helfen. In der Schule sprach ich mit meinen beiden Mädels darüber und Mika machte mir einen Vorschlag. „Wieso bittest du nicht Min-Ho um Hilfe? Er ist sein Bruder und der Klassensprecher. Er könnte ihm helfen, indem er bei der Direktorin ein gutes Wort einlegt. Er könnte auch vorschlagen Yeol zu bestrafen, indem er einen Monat lang die komplette Schule säubert oder sonstiges." „Würde das denn etwas bringen?" „Natürlich! Min-Ho ist noch nie bei den Lehrern negativ aufgefallen, sie lieben ihn. Wenn er das tun würde, würde Yeol zwar eine Strafe bekommen, jedoch würde er nicht von der Schule geschmissen werden." Während des Unterrichts nahm ich meinen Mut zusammen und fragte ihn.

Würdest du mir einen Gefallen erweisen? Bitte, sprich mit der Direktorin, damit sie Yeol nicht von der Schule schmeißt! Bitte leg ein gutes Wort für ihn ein!

Warum sollte ich das tun? Er muss für seine Taten gerade stehen! Ich werde es nicht machen! Das geschieht ihm recht, wenn er so einen Scheiß macht.

Jedes mal aufs neue schockierte mich diese Art an Min-Ho. Wie sollte ich ihn davon überzeugen, Yeol doch zu helfen. Plötzlich traf mich ein Geistesblitz.

Ich habe dir doch auch einen Gefallen getan! Wenn du Yeol nicht hilfst, werde ich Anna von unserem Treffen und vom Kuss erzählen! Entscheide!

Wenn er seinem Bruder nicht auf die normale Art helfen wollte, dann auf diese! Meine Gefühle ihm gegenüber musste ich in diesem Augenblick abschalten. Für mich war es wichtiger, dass Yeol an unserer Schule bleiben konnte.

Soviel zum Thema, er bedeutet dir nichts! Gut, ich werde ihn da raus holen, aber danach will ich seinen Namen nicht mehr aus deinem Mund hören.

Für mich war es kein Problem, mit Min-Ho spach ich eh nicht über Yeol. So wie Min-Ho es mir versprach, so tat er es auch. Yeol musste vierzehn Tage lang die Schule sauber halten und weitere vierzehn Tage unsere Klasse. Außerdem durfte er in keinen weiteren Zwischenfall geraten. Eine falsche Bewegung und für ihn würde es das Aus bedeuten. Weder Min-Ho noch ich erzählten ihm davon, wie es dazu kam, dass er immer noch an unserer Schule sein konnte. In der Zwischenzeit standen bei uns in der Schule die Prüfungen an. Jeder einzelne

Schüler lernte wie und wann er nur die Möglichkeit dazu fand. Ich verbrachte die meiste Zeit, so wie viele andere, in der Bibliothek. Bis in den späten Abend büffelte ich. Auch Zuhause hatte ich für nichts anderes mehr Augen. Ich musste schließlich die Nummer eins werden. Mein Vaters Wunsch stand ständig vor meinen Augen. Die Tage vergingen wie im Flug und schon musste Anna wieder zurück nach Deutschland. Bei ihrem Abschied übergab sie mir einen Brief für Min-Ho, den sollte ich ihm übergeben.

Kurz vor den Prüfungstagen war in der Schule noch mehr los. Viele standen unter einem enormem Druck durch ihren Eltern, jeder wollte die Nummer eins an der Schule sein. Von dem ganzen lernen wurde mir schon fast schwindelig, so machte ich eine Pause. An einem Fenster angelehnt, schaute ich nach draußen. „Hm, wer ist er denn?" Die Mädchen aus meiner Klasse hörten es und kamen auch zum Fenster rüber. „Oh mein Gott, er ist wieder da!", kreischten sie alle drauf los. Alle, wirklich alle Mädchen aus unserer Schule rannten nach draußen um diesen Jungen zu sehen. „Hey Mika, wer ist der Typ? Warum sind sie alle so scharf auf ihn?" „Das ist Chang Yong-Ho. Er ist ein Idol, singt in einer Boyband, die Gruppe nennt sich F.S.S - First Seventh Sky. Die sind sehr beliebt in ganz Asien. Er kommt immer kurz vor den Prüfungen zur Schule und nach den Prüfungen sieht man ihn hier eher seltener. Dieses Jahr macht er seinen Abschluss." „Wow, nicht schlecht! Aussehen tut er auch gar nicht mal so schlecht."

„Rose?! Gar nicht mal so schlecht? Hast du keine Augen im Kopf? Der Typ ist heiß! Du müsstest ihn mal mit blonden Haaren sehen.", schwärmte selbst Mika von ihm. Auch Juna war ihm verfallen. Chang Yong-Ho war vom Aussehen her tatsächlich sehr hot. Schwarzes, längliches Haar, schöne große Augen, so weiße Zähne, man könnte sich darin spiegeln, groß, muskulös, volle Lippen, und sein Kleidungsstil war der Hammer. Klar, was sollte man sonst von einem Idol erwarten?! Zu meinem Vorteil hatten nun die anderen Mädchen Schwierigkeiten sich zu konzentrieren. Würde dies so bleiben, müsste ich in den Prüfungen nur noch besser abschneiden als die Jungs. In der Cafeteria waren außer den männlichen Schülern keiner da. Alle hockten draußen bei ihrem Idol. „Lasst uns auch raus gehen! Komm schon Rose!" „Ihr nervt! Geht selber." Juna nahm Mika an die Hand und die beiden rannten nach draußen zu den anderen, nach dem Idol schmachtenden Mädchen. „Und du bist nicht fasziniert von dem Typen?" „Nein ganz bestimmt nicht. Er ist nicht mein Fall." „Ach ja? Wer ist denn dein Fall? Ach, lass mich raten, Bruder Min-Ho?" „Hey Putzteufel, hast du deine Arbeit schon erledigt? Quatschst hier ziemlich viel!" Ich machte einen großen Bogen um seine Frage, weil ich meinen Gefühlen nicht mehr ganz bewusst war. In der letzten Zeit ließ mich Min-Ho zu viele negative Charakterzüge sehen, sodass ich nicht mehr wusste, ob ich immer noch dieselben Gefühle für ihn empfand wie davor. In meiner Vorstellung war Min-Ho ein anderer Mensch, ein lieber, positiver und hilfsbereiter Junge. Allerdings war es in der Realität nicht ganz der Fall. Zudem zog es mich nicht mehr so sehr in seine Nähe wie früher. Aufgrund des vielen Lernens, vergaß ich ganz Annas Brief an Min-Ho, den ich in meiner Schultasche mit mir herum trug. „Hier Min-Ho, den Brief hat mir Anna gegeben, bevor sie zurück nach Deutschland ist. Tut mir leid, dass ich ihn dir so spät gebe, ich habe es total vergessen." „So ist es also! Und ich dachte schon, sie ist wieder ohne ein Wort verschwunden." Er holte den Brief aus dem Briefumschlag heraus. Vom Seitenblick aus, konnte ich nicht viel lesen, bis auf die dekorativen Herzchen. Es musste ein Liebesbrief gewesen sein. Für mich schien es an der Zeit zu sein, Min-Ho zur Rede zu stellen, für wen er sich letztendlich entschied. Während die anderen weiter lernten, bat ich ihn, mit mir aufs Schuldach hoch zu gehen. „Min-Ho ich möchte nicht mehr Katze und Maus spielen! Du lädst mich auf ein Date ein und dann lässt du mich für Anna stehen. Du bittest mich um ein weiteres Date und küsst mich, jedoch sollte ich Anna davon nichts erzählen. Ich möchte nun eine Entscheidung von dir haben! Entweder sie oder ich!" „Kurz und schmerzlos, es ist Anna! Sie war es schon immer und sie wird es immer bleiben! Es tut mir leid, dass ich dich so an der Nase herum geführt habe, allerdings kann ich dir das erklären! Ich wollte nicht, dass du dich in Yeol verliebst! Ich habe gesehen, dass ihr beide euch schon kanntet, und am Anfang hatte ich wirklich Interesse an dir, bis ich Anna wiedergesehen habe. Trotz den

Gefühlen zu Anna wollte ich dich vor ihm beschützen. Hättest du dich in ihn verliebt, hätte er dir das Herz gebrochen. Du kennst ihn nicht so gut wie ich!" „Verarschst du mich? Rede nicht so über Yeol! Der, der mir mein Herz gebrochen hat, bist ganz alleine du! Du hast mich an der Nase herum geführt, hast zugelassen, dass ich mich immer mehr in dich verliebe, obwohl du wusstest, dass aus uns nichts werden kann! Wieso bist du so weit gegangen und hast mich geküsst? Du hast mir meinen ersten Kuss genommen! Der einzige, der mich ständig vor allem beschützt hat, war Yeol und nicht du! Rede nie wieder in meiner Gegenwart schlecht über ihn, klar! Und ich Idiot habe tatsächlich geglaubt, bin mit der Hoffnung hier hoch, dass du dich für mich entscheidest. Lass uns dabei stehen bleiben! Ich wünsche dir viel Glück mit Anna! Außerdem, wenn wir schon so offen sprechen, ich habe die ganze Zeit nur so getan, als bräuchte ich Nachhilfe in Mathe. Eigentlich läuft es genau in diesem Fach ziemlich gut bei mir. Deshalb werde ich dort auch nicht mehr auftauchen!" Kaum drehte ich mich um, liefen mir die Tränen herunter wie aus einem Wasserfall. Mit aller Kraft die ich noch besaß, versuchte ich diese zurück zu halten, doch ich schaffte es nicht. „Was bin ich doch für ein Idiot! Wie naiv, zu glauben, es würde anders laufen." Mitten auf der Treppe verlor ich die Kraft in den Beinen und setzte mich auf die Treppe hin. Irgendwie versuchte ich mich wieder in den Griff zu bekommen. „Neuling? Wo steckst du? Lehrer Lee sucht dich!" Yeol sah mich völlig fertig da sitzen. „Was ist passiert? Hat dir jemand etwas getan? Sag mir wer es war und ich bringe ihn um!" „Lass mich alleine! Bitte Yeol, geh! Geh einfach!", schrie ich mit der letzten Kraft, die sich noch in meiner Stimme befand. „Nein! Ich lasse dich nicht alleine, nicht in so einem Zustand. Ich bleibe bei dir!" Er nahm mich fest in seinen Arm. Mein Gesicht an seinem Hals vergraben, brach ich noch mehr zusammen. Ich spürte, wie er zitterte. Vielleicht war es die Sorge um mich. Vielleicht war es die Wut, weil er dachte, jemand hatte mir etwas angetan. Oder vielleicht war es etwas ganz anderes? Einige Minuten später kam Min-Ho die Treppen herunter spaziert. „Du? Du warst mit ihr oben? Was hast du mit ihr gemacht? Was hast du ihr gesagt?" Yeol war auf 360 Grad. Ich erschrak, versuchte Yeol von ihm fern zu halten, doch er hatte so eine Kraft, wo ich keine Chance hatte, ihn zurück zu halten. „Ich habe nichts mit ihr gemacht! Wir haben lediglich geredet. Was machst du so einen Fass auf? Du willst mich schlagen, los! Tu es doch! Dann bist du endlich raus aus dieser Schule. Wie ich dich hasse, das kannst du dir nicht vorstellen!" „Yeol. Bitte hör auf, bitte, tue es für mich! Min-Ho geh! Dich will hier keiner sehen!" Yeol wurde langsam ruhiger, als er spürte, dass ich ihn von hinten umarmte. Er nahm meine Hände in die seine und drehte sich zu mir um. „Egal um was du mich je bitten wirst, ich werde alles für dich tun!" Diese Aussage sprengte alles in meiner Gefühlswelt. „Yeol!" „Rose, weißt du noch, wo wir auf dem Dach mit Nam-Joon standen? Wo ich über meine Gefühle zu dir gesprochen habe?" „Ja?" „Es war nichts davon gelogen! Ich habe alles ernst gemeint, von Anfang bis Ende. Ich liebe dich! Ich liebe dich seit unserem ersten Zusammenprall auf der Straße. Mit jeder Stunde, mit jedem Tag liebe ich dich mehr und mehr. Ich liebe dich so sehr, das es schon fast weh tut. Ich war ständig auf Min-Ho eifersüchtig, weil er deine Aufmerksamkeit hatte. Zu hören, dass ich nur ein Freund für dich bin, hat mir den Rest gegeben. Doch ich wollte und konnte nicht aufgeben. Zu wissen, dass du in meinen Bruder verliebt bist, machte mich noch verrückter. Ich will dich für mich alleine! Ich will mit dir zusammen sein, mit dir die Schule beenden, dich meinen Eltern vorstellen, mit dir eine Zukunft aufbauen! Für mich gibt es nur dich! Ich weiß, das du nicht so fühlst und ich nehme es so hin. Ich wollte nur, dass du es weißt." „Sie fühlt doch genauso wie du! Sie versteht es nur noch nicht!", belauschte Min-Ho unser Gespräch. „Man, verpiss dich endlich!", schrie Yeol ihm entgegen. War es tatsächlich so wie Min-Ho es sagte? War es nicht die ganze Zeit er, in den ich verliebt war, sondern Yeol? Wollte ich es wirklich einfach nicht wahr haben? Hatte ich versucht meine Gefühle zu Yeol zu unterdrücken und fokussierte mich stattdessen auf Min-Ho? Es war schon was dran, wenn ich zurück dachte. Ständig nahm ich Yeol in Schutz, ständig machte ich mir Sorgen und versuchte alles, damit er nicht von der Schule flog. War Yeol der Grund für mein Herzstechen, als er suspendiert wurde? Hatte ich da so große Angst ihn zu verlieren? Er war immer meine Stütze! Jedes mal, wenn ich Probleme oder Schwierigkeiten hatte, war Yeol für mich da. War das, was ich zu Nam-Joon sagte, etwa auch wahr? Als ich über meine Gefühle zu Yeol erzählte, wieso schaute ich da nicht zu Nam-Joon sondern zu Yeol? War auch er der Grund, weshalb ich bei dem Kuss mit Min-Ho so ein schlechtes Gefühl hatte und diesem im Endeffekt abbrach? Wenn ja, wie konnte ich das alles unterdrücken? „Yeol, bitte lass mir etwas Zeit. Ich bin gerade in einem Gefühlschaos und verstehe nichts mehr! Es ergibt alles einen Sinn und Wiederrum klingt alles so verwirrend." „Rose, ich dränge dich zu nichts! Nimm dir so viel Zeit wie du brauchst! Ich werde auf dich warten! Du sollst noch wissen, ich werde dich nicht aufgeben, ich werde um dich kämpfen und wenn es sein muss, ein Leben lang!" „Yeol! Rose! Was tut ihr hier? Ich habe schon die ganze Schule nach euch abgesucht.", unterbrach Lehrer Lee unser Gespräch. „Rose, komm bitte mit, du hast ein Gespräch mit mir offen!" Lehrer Lee und ich gingen in das Lehrerzimmer. „Erzähl mir Rose, was hast du nach der Schule vor? Zu welcher Universität möchtest du gehen und welche Richtung möchtest du einschlagen?" „Mein Arbeitsleben ist schon durchplant, Lehrer Lee! Ich werde nach meinem Abschluss zur Universität gehen und Medizin studieren. Während des Studiums kann ich nebenbei einige Erfahrungen im Krankenhaus meines Vaters sammeln." „Das hört sich wirklich sehr durchgeplant an! Wenn ich fragen darf, ist es dein Traum oder das deiner Eltern?" „Das ist ein Wunsch meines Vaters, den ich respektiere und dem ich folgen möchte." „Okay, ich wünsche dir auf deinem Weg viel Erfolg! Falls du bei irgendetwas Hilfe benötigst, kannst du dich gerne an mich wenden." „Vielen Dank Lehrer Lee!" Verstrahlt setzte ich mich zurück an meinen Platz. Min-Ho saß still neben mir. Nach dem ganzen hin und her war er mir bis aufs übelste unsympathisch geworden. „Rose, wie soll dein Beruflicher Werdegang aussehen?", holte mich Mika aus meinen Gedanken heraus. „Ich möchte in mein Vaters Fußstapfen treten! Wie sieht es bei dir aus?" „Ich dachte, du möchtest Basketballprofi werden.", lachte sie und fuhr fort. „Ich möchte Schauspielerin im Theater werden. Im realen Leben bin ich schüchtern und zurückhaltend, jedoch sobald ich auf der Bühne stehe, verändert sich irgendetwas in mir und ich komme aus mir heraus, lasse alle Hemmungen fallen und kann meine Persönlichkeit neu gestalten." „Das hört sich fantastisch an, Mika! Was ist mit dir Juna? Für was hast du dich entschieden?" „Ich möchte Regisseurin werden! Auf der Bühne zu stehen macht zwar Spaß, doch ein Konzept für eine Szenenfolge zu entwickeln ist viel interessanter. Dann ein Stück mit Schauspielern zu besetzten, die Arbeit mit den Bühnen-und Kostümbildnern fasziniert mich. Im Grunde die komplette Tätigkeit finde ich toll." „Na, du bist wirklich voller Begeisterung!" Gerne hätte ich auch gewusst, für was Yeol sich entschieden hatte, doch ich traute mich nicht ihn zu fragen. Die nächsten Fächer, Englisch und Koreanisch war ich seelisch nicht anwesend. Egal wie sehr ich mich anstrengte abzuschalten, landete ich trotzdem wieder bei meinem Gefühlschaos. Wie ich Min-Ho versprochen hatte, tauchte ich nie wieder mehr beim Nachhilfeunterricht auf. So fand ich noch mehr freie Zeit für mich. Ausnahmsweise war Mutter mal sehr früh Zuhause. „Hallo Mama, ich bin wieder da!" „Rose, wir haben schlechte Neuigkeiten! Dein Vater liegt im Krankenhaus, ihm geht es wieder schlechter." Ich legte meine Tasche ab und lief direkt zu ihm hin. Konnte der Tag noch schlechter enden? „Hallo, ich bin Kim Rose, die Tochter von Kim Jong-Hun. Können Sie mir sagen, wie der Zustand meines Vaters ist?", kam mir seine Rechte Hand Kang Joon-Ho entgegen. „Ich war gerade bei ihm. Es geht ihm nicht gut. Er hatte wohl wieder zu viel Stress und das hat sich schnell auf sein Herz übertragen." „Für was sind Sie eigentlich da? Sie sollten ihm doch die stressige Arbeit abnehmen!" Innerlich kochte ich vor Wut. „Fräulein Kim Rose, ich gebe mein bestes! Die Aufgaben, die er mir überträgt, erledige ich Sorgfältig. Mir tut es sehr leid für Sie, jedoch kann ich nichts dran ändern. Ihr Vater könnte zum Beispiel auch zurücktreten und mir alles überlassen! Wenn er es aus gesundheitlichen Gründen nicht schafft, es selbst zu erledigen." „So etwas lasse ich mir nicht sagen! Das ist immer noch das Krankenhaus meines Vaters! Oder versuchen Sie an sein Posten zu kommen?" „Fräulein Kim, diese Diskussion sollte hier enden! Sie können gerne zu Ihrem Vater ins Zimmer rein gehen." Sein hinterhältiges Grinsen hinterließ ein schlechtes Gefühl in mir. Was war das bloß für ein merkwürdiger Typ? Mein Vater sollte zurücktreten? Der war doch nur scharf auf seinen Platz. „Papa, wie fühlst du dich?" „Hallo kleines. Ich bin in Ordnung, mach dir keine Sorgen!" „Papa,wie kommt es, dass du hier liegst? Du hast mir versprochen, dass du weniger arbeiten wirst!" „Ich weiß, ich weiß! Später, wenn du meinen Platz einnimmst, wirst du verstehen, dass man hier nicht einfach kommen und gehen kann, wann man will. Das ist ein harter Beruf, der viel Aufmerksamkeit benötigt." Obwohl mein Vater so ein kluger Mann war, konnte oder wollte er es nicht begreifen, dass sein Leben auf dem Spiel stand. „Ich freue mich, dass du mich besucht hast, aber geh jetzt nach Hause und lerne! Bald sind die Prüfungen, du musst sie erfolgreich bestehen." Ich folgte mein Vaters Anweisung und ging nach Hause lernen. Wie sollte ich lernen, wenn so viel Last auf meinen Schultern lag? Bis nach Mitternacht versuchte ich es trotzdem.

Die Tage vergingen wie in Zeitlupe. Mein Vater lag immer noch im Krankenhaus. Für mich standen nun die Prüfungstage vor der Tür. Als erstes stand die Mathe Prüfung an. Sie war für mich kein Problem, ich war sogar einer der ersten, die abgegeben hatten. Vor mir waren Min-Ho und Yeol fertig. Ich nahm mein Koreanisch Buch hervor und übte ein wenig, denn das sollte unsere nächste

Prüfung sein, gefolgt von Englisch und Chinesisch und dann der Rest. Der Druck und der Stress, der auf uns Schülern zu diesem Zeitpunkt lastete, war unbeschreiblich. In den deutschen Schulen kannte man so etwas nicht, dort war es entspannter. Klar, hatte man Stress, weil auch dort jeder mit einer Bestnote bestehen wollte, jedoch in Korea war es umso härter. Wir Schüler waren das Ansehen unserer Eltern, ebenfalls das Ansehen der Schule. Jede Schule wollte die beste sein, denn die Konkurrenz schlief nicht. Nachdem wir alle Prüfungen abgegeben hatten, wollte die Klasse gemeinsam feiern. Wir reservierten in einem Restaurant ein extra Raum für uns. Danach hatten wir vor, in eine Karaoke Bar zu gehen. Um lockerer zu werden und den Stress abzuschütteln bestellten wir uns Bier. Die Hälfte der Schüler wurden schnell davon angetrunken, für mich war es witzig dies mit anzusehen. In Deutschland tranken wir öfters Alkohol mit den Mädels, mal auf Geburtstagen, mal in der Disco, mal auf einer Hausparty. Die meisten koreanischen Jungs und Mädchen kannten so ein Leben nicht. Sie waren all die Jahre so sehr auf das lernen fixiert, dass sie keine wirkliche Zeit fanden für so einen Quatsch. Ich war sehr dankbar dafür, dass ich auch anderen Erfahrungen sammeln konnte. Meine Klassenkameraden waren überrascht, wie viel Alkohol ich vertragen konnte. Diese Feier war das erste, was wir wir als gemeinsame Klasse unternahmen. Yeol war der einzige, der absolut keinen Gramm Alkohol getrunken hatte. Ein paar Jungs versuchten ihn dazu zu überreden, doch er blieb standhaft bei seiner Meinung. Stunden vergingen, da mussten einige von meinen Klassenkameraden mit einem Taxi nach Hause gefahren werden, da sie zu betrunken waren und nichts mehr peilten. Es blieben nur noch Mika, Min-Ho, Juna, Jae-Min, Yeol und ich. Mika war so süß, wenn sie betrunken war. Sie verhielt sich wie ein kleines Mädchen. „Rose, kann ich dir etwas beichten?" „Erzähl, ich bin ganz Ohr!" „Ich habe mich in Nam-Joon verliebt! Wir treffen uns seit einigen Tagen. Ich wollte es dir eigentlich sofort erzählen, doch ich hatte Angst, dass du sauer auf mich wirst." „Bist du verrückt? Wieso sollte ich denn sauer werden? Ich bin froh, wenn du einen Jungen gefunden hast, der dir gefällt und dem du gefällst! Ich wünsche euch ganz viel Glück!" „Rose hat doch selber einen Freund! Wieso sollte sie dir Nam-Joon nicht gönnen?!" „Du hast einen Freund?" „Nein! Min-Ho, warum redest du von Dingen, von denen du keine Ahnung hast?" Yeol saß gelassen auf seinem Stuhl und verfolgte das Gespräch. Ich traute mich gar nicht in seine Richtung zu gucken, so unangenehm war mir das. „Lasst uns in die Karaoke Bar!", schlug Jae-Min vor. Dann kam mir ein Gedanke, Mika hatte Nam-Joon, Min-Ho hatte Anna, bloß Juna hatte keinen. Jae-Min war ideal für sie. „Psst, Yeol? Was denkst du, hält Jae-Min von Juna?" „Keine Ahnung! So viel ich weiß, hat er nichts gegen sie, eher im Gegenteil. Er findet sie klug und hübsch." „Meinst du, wenn wir die beiden verkuppeln würden, würde das hinhauen?" „Lass die Finger von fremden Angelegenheiten, Neuling!" Mich ließ dieser Gedanke nicht in Frieden. In der Karaoke Bar wurde es dann ziemlich lustig. Wir sangen, tanzten und waren einfach nur glücklich. Jeder von uns genoss diesen Abend. Jae-Min saß auf der Bank und trank einen Schluck, Juna hüpfte mit mir auf und ab. Angeblich aus versehen, schubste ich sie nach hinten. Sie fiel genau auf Jae-Mins Schoss. Beide liefen rot an. „Oh, sorry Juna, ehrlich, es war nicht meine Absicht!" Meiner Meinung nach, sah es nicht so aus, als hätte es den beiden nicht gefallen. Yeol saß nur dar und schüttelte grinsend den Kopf. Voll im Song vertieft zog mich jemand an meiner Hüfte nach hinten. Nun war ich diejenige, die auf dem Schoss von Yeol saß. „Und gefällt dir das, wenn man so etwas mit dir macht?" Mir platzte etwas heraus, wofür ich mich hätte erschlagen können. „Kein Problem, solange es dein Schoss ist und nicht der von jemand anderem!" Er hatte mit dem Spruch nicht gerechnet. Seine Augen öffneten sich, er ging mit dem Oberkörper ein bisschen zurück. „Ach was, echt jetzt? Dann kannst du auch gleich so sitzen bleiben! Und was wäre, wenn ich so rein zufällig dich küssen würde? Wäre das auch kein Problem für dich?" Ich kniff ihn an seiner Wange. „Denk nicht mal daran, kleiner!" Zwischen uns beiden stimmte die Chemie. Der Abend war echt gelungen. An Min-Hos Gesichtsausdruck konnte man erkennen, dass ihm die Situation zwischen Yeol und mir gar nicht gefiel. Später machten auch wir uns auf den weg nach Hause. In

dieser Nacht verfolgte mich ein schrecklicher Albtraum. Yeol und ich waren ein glückliches Paar. Hand in Hand liefen wir durch einen wunderschönen Garten voller Blumen. Dann wurde es ganz dunkel um uns herum, es öffnete sich am Boden ein tiefes Loch. Yeol hielt mich fest, doch dieses Loch zog mich zu sich nach unten. Es war so eine unheimliche Kraft. Irgendwann konnte Yeol mich kaum noch halten. Er streckte mir erneut seine Hände entgegen, dann verschwand er nach und nach in der Dunkelheit und ich fiel in das tiefe schwarze Loch hinein. Schweißgebadet und mit Tränen in den Augen wachte ich auf. „Scheiß Traum! Was hatte dieser Traum zu bedeuten?" Von dieser Nacht an tauchte dieser Albtraum ständig auf. Manchmal schrie ich sogar Yeols Namen laut auf. War es die Angst ihn verlieren zu können? Konnte es sein, das mich dieser Traum auf irgendetwas bestimmtes hinweisen wollte?
Juna und Jae-Min fingen nach und nach an sich zu daten. Da Mika nun offiziell mit Nam-Joon zusammen war, war er auch öfters mit in unserer Gruppe zu sehen. Irgendwie war es schon etwas merkwürdig, wie schnell sich Nam-Joon positiv verändert hatte. Das Wochenende rückte näher. In einem Gruppenchat diskutierten wir alle über unsere Pläne für das anstehende Wochenende. Jae-Min schlug vor, über das komplette Wochenende campen zu gehen. Mir und den anderen gefiel diese Idee sehr gut. Mal so richtig abschalten von dem ganzen Alltag war genau das richtige für uns. Wir erstellten eine Liste, wer was mit bringt. Ich war

für das Essen zuständig. Da meine Kochkünste nicht gerade die allerbesten waren, bat ich Sumi für uns etwas leckeres für den Weg vorzubereiten. Für jeden einzelnen von uns bereitete sie eine Lunchbox mit Reis, kleinen Tomaten, gebratener Ente und Gyeran Mari vor. Sumi hatte es einfach drauf, uns mit ihren Kochkünsten zu überraschen. Außerdem backte sie uns noch ihre köstlichsten Muffins. Bevor sie mir die Lunchboxen übergab, hielt sie mir noch eine Moralpredigt. „Sei vorsichtig, Jungs haben viele schlechte Sachen im Kopf, wenn sie mit hübschen Mädchen alleine sind! Kein Sex, keine Knutscherei und kein gefummelt, verstanden! Denn selbst eine kleine harmlose Knutscherei kann schlecht enden." „Ja Sumi! Ich bin doch kein kleines Kind, ich weiß, was ich tun darf und was nicht." Im Lebensmittelgeschäft kaufte ich noch etwas Rindfleisch, Reis, einige verschiedene Sorten an Ramen, Obst, Gemüse und ein paar Snacks, wie Chips und Schokolade. Nun sollten wir wirklich nicht verhungern. Gegen Nachmittag fuhren wir dann los. Mit dabei waren Jae-Min, Mika, Juna, Nam-Joon, Yeol und ich. Es machte den Anschein eines Pärchenaufluges. Wir fuhren mit zwei Autos dahin, Mikas Chauffeur und meiner brachten uns dahin und würden uns wieder abholen. Die Fahrt hin kam uns lang vor, aber wir fanden gute Unterhaltungsmöglichkeiten. Wir hörten laut Musik, sangen und quatschten über blödes Zeug. Ab und zu schaute mein Chauffeur belustigt zu mir herüber. Er konnte wohl kaum glauben, wie mein wahres ich aussah. Die Landschaft war der Hammer. So viel grün und so eine frische gute Luft. Die Jungs bauten die Zelte auf und wir Mädchen bereiteten das Essen vor. Romantisch vor einem Lagerfeuer machten wir es uns bequem. Juna schlug dann vor, Wahrheit oder Tat zuspielen. Mir war dieses Spiel schon immer nicht ganz geheuer. Da die Idee von ihr kam, durfte sie auch die erste sein, die die Flasche drehte. Die Flasche zeigte auf Nam-Joon. „Was nimmst du, Wahrheit oder Tat?" „Wahrheit!" „Gut! Würdest du sagen, du liebst Mika, oder bist du eher verknallt in sie?" Ich glaube jedem wurde schon bei der ersten Frage bewusst, das dieses Spiel es so richtig in sich hatte. „Mir hat mal jemand gesagt, dass man lieber erst mal klein anfängt, mit Freundschaft zum Beispiel, dann geht man Schritt für Schritt weiter, lernt einander kennen und dann kann man erst von Liebe sprechen. Also ist meine Antwort, ich bin verknallt in Mika!" Nach der Aussage von Nam-Joon trafen sich Yeols und mein Blick, denn uns war bewusst, wen Nam-Joon damit meinte. Dann war er an der Reihe die Flasche zu drehen. Sie blieb bei Jae-Min stehen, der sofort auf Tat setzte, wahrscheinlich aus Angst, das ihn eine ähnliche Frage treffen könnte. „Stell dich auf den Kopf und mache Tierlaute nach!" Wir mussten über Nam-Joons Fantasie lachen. Jae-Min erledigte seine Aufgabe mit Bravur, als hätte er Zuhause geübt. Er drehte an der Flasche und sie traf mich. Ich hatte vor der Wahrheit schiss wie auch vor der Tat. „Okay, Wahrheit!" „Von einer Skala von 1 bis 10, wie sehr liebst du Yeol? Das ihr beide in einander verknallt seid, weiß jeder von uns, doch bei euch geht es weit über das. Also wie hoch?" Ich habe mich sehr geschämt eine Antwort abzugeben. Yeol schaute mich an, seine Augen verrieten mir, dass er auf diesen Moment gewartet hatte. „Ihr habt recht, dass was zwischen Yeol und mir ist, geht weit über dem, was in euren Vorstellungen ist! Neben meinen Freundinnen ist Yeol einer der wichtigsten Menschen in meinem Leben. Zwischen uns ist es wahrlich schon lange kein verknallt sein mehr. Deswegen, ist es von meiner Seite aus eine..." „Iiih eine fette Spinne, macht die weg!", Mika sprang auf als hätte sie einen Dinosaurier gesehen. Ebenso wie Mika erschraken auch Juna und ich. Zwar fanden die Jungs die Spinne, jedoch wollte keiner von uns Mädchen länger dort sitzen. Uns Mädels war wohl nicht ganz bewusst, was alles in der Natur herumlungerte. Langsam war es auch schon Zeit, sich schlafen zu legen. Mika und Juna schliefen in einem Zelt, Yeol und Jae-Min in einem und Nam-Joon hatte ein Zelt für sich alleine sowie ich. Mitten in der Nacht öffnete sich der Reißverschluss meines Zeltes. "Psst, Rose! Rose, schläfst du?" „Willst du sterben, du Spanner?" „Rose, deine Antwort? Was wolltest du antworten? Ehrlich, ich kriege kein Auge zu und dich werde ich auch nicht schlafen lassen, wenn du mir deine Antwort nicht verrätst!" „Yeol, du wirst gleich zur Leiche! Raus mit dir!" Er hörte auf nichts von dem, was ich ihm sagte, eher im Gegenteil. Auf allen Vieren kroch er in mein Zelt rein. „Sag!" „Meine

Antwort war eine 10! Jetzt zufrieden? Geh raus!
Oder hast du wirklich vor, heute Nacht zu sterben?"
„Ehrlich? Eine 10?" Er strahlte wie ein kleines
Kind, dem man zum ersten mal einen Lolly
überreichte. Langsam rutschte er näher zu mir.
Unsere Schultern berührten einander, dann unsere
Hände, er legte seine Hand auf die meine. Er
rutschte noch näher an mich heran, bis unsere
Körper nur noch Millimeter von einander entfernt
waren. Unsere Wangen liefen rötlich an. Er biss
sich auf die feuchten, zarten Lippen. Mein Blick
wanderte auf sie. Mein Herz schlug immer
schneller und schneller, ich war nervös und meine
Hände schwitzten. Sein Gesicht kam dem meinen
näher, bis sich unsere Lippen trafen. Dieser Kuss
fühlte sich fantastisch an. Während des Kusses
wurde ich ruhiger und gelassener. Durch so viele
starke Glücksgefühle in mir, vergaß ich den Rest
der Welt. Es fühlte sich so verdammt richtig an, als
hätte ich meine zweite Hälfte gefunden. In diesem
Moment erkannte ich es, er ist es und kein anderer!
„Rose, hast du etwas dagegen, wenn ich hier, neben
dir bleibe, die ganze Nacht? Ich verspreche, nichts
unanständiges mit dir anzustellen!" „Ich fände es
wunderschön, wenn du bei mir bleiben würdest!"
Ich legte meinen Kopf an seine Schulter. So wohl,
so beschützt, so ruhig und so geliebt hatte ich mich
noch nie gefühlt. Yeol entfachte in mir Gefühle,
von denen ich keine Ahnung hatte, dass sie
überhaupt existierten. „Ich wünsche mir, dass wir
für immer Seite an Seite bleiben. Das wir jede
Schwierigkeit gemeinsam bewältigen, das unser

Zusammenhalt größer als alles andere ist, das unsere Liebe eine Ewigkeit hält. Ich möchte aufwachen und dein wunderschönes Gesicht sehen, ich möchte nach Hause kommen und wissen, meine wundervolle Frau Rose wartet sehnsüchtig auf mich. Ich möchte schlafen gehen und dich so fest umarmen, sodass du meine Gefühle zu dir, spürst. Ich möchte dich Tag und Nacht bei mir haben. Der Rest der Welt ist mir egal, nur du alleine zählst für mich!" „Yeol, ich wünsche mir, dass wir für immer zusammen bleiben, das unsere Liebe niemals aufhört. Das wir beide denselben weg gehen, das wir beide unsere bevorstehenden Erfahrungen gemeinsam sammeln. Das unsere Liebe so stark ist, dass niemand die Möglichkeit hat, uns je auseinander zu bringen. Das wir einander blind vertrauen, einander glauben und unterstützen. Ich möchte jeden einzelnen Tag und jede einzelne Nacht nur mit dir verbringen. Ich liebe dich!" „Ich liebe dich, meine Rose! Jetzt gehörst du nur mir, nur mir! Endlich bist du meins!" Arm in Arm schliefen wir nebeneinander ein. Yeol war nicht der einzige, der sich in das Zelt seiner Geliebten geschlichen hatte. Am frühen Morgen wachten wir auf und entdeckten, dass Nam-Joon im Zelt von Mika lag und Jae-Min in dem von Juna. „Hey ihr Turteltauben, erwischt! Wacht auf!" „Oha, Yeol! Nicht so laut! Ich bin so müde.", bekam Juna ihre Augen kaum auf. „Jaaa, hättet ihr nicht so lange unartige Sachen gemacht, wärt ihr jetzt nicht so müde!" Alle standen auf, putzten sich die Zähne, wuschen sich das Gesicht und setzten sich

frühstücken. „Was steht heute auf dem Plan?",
erkundigte sich Jae-Min. „Ich hatte im Internet
gesehen, dass die Gegend hier ganz hübsch zu sein
scheint. Lasst uns spazieren gehen und schauen,
was wir so finden." „Guter Vorschlag, Nam-Joon."
Unsere Zelte zurück gelassen machten wir uns auf
den Weg ins Unbekannte. Einige Meter von dem
Campingplatz entfernt fanden wir einen Wald. Dort
wuchsen wunderschöne bunte Blumen und
Pflanzen. Insekten und Tierchen, die ich noch nie
zuvor gesehen hatte. Wir schossen viele
Erinnerungsfotos von diesem Erlebnis. Der Wald
hatte es in sich. Yeol unterrichtete uns. In der Natur
kannte er sich wahnsinnig gut aus. Mit ihm, als
meinen festen Freund, hatte ich das Gefühl, einen
Sechser im Lotto gewonnen zu haben. Überaus
hübsch, unglaublich intelligent und so gefühlvoll.
Er überraschte mich mit seiner Intelligenz jeden
Tag aufs Neue. Am Nachmittag kamen wir zurück
zu unserem Campingplatz. Mika und Nam-Joon
wollten für uns kochen. Während die beiden
beschäftigt waren, überraschte uns Jae-Min.
„Schaut mal her, was ich mitgebracht habe!" Er
holte aus seiner Tasche Soju heraus. „Yeah, Jae-
Min, du weißt genau Bescheid!", grinste Yeol bis
über beide Ohren. Jae-Min goss uns allen etwas
ein. Niemand von uns bedachte, dass Alkohol auf
nüchternen Magen eine schlechte Idee war. Als das
Essen dann fertig geworden war, saßen wir schon
betrunken da. Jea-Min und Yeol sangen Lieder,
Juna und ich hörten begeistert zu. Was hatten wir
alle doch für ein Glück einander zu haben. „Diese

Nacht ist fürs erste unsere letzte gemeinsame Nacht. Ich wünschte, die Zeit würde genau jetzt stehen bleiben." Yeol und ich lagen umarmt draußen auf dem Rasen und beobachteten die Sterne. Es war eine klare, kühle Nacht. „Ich werde dich jeden Morgen, wenn ich aufwache vermissen. Es ist so wunderschön, dich in meinem Arm liegen zu haben. In diesem Moment kann ich mir nichts besseres vorstellen." Die Stimmung wurde äußerst sentimental. Keiner von uns sechs wollte zu unserem realen Leben, mit all den Regeln zurück. Denn keiner von uns sechs konnte in dem Elternhaus so sein, wie er sein wollte. Jeder von uns besaß die Maske des perfekten Kindes, der den Erfolg nach Hause bringen würde. Dieser Ausflug war für uns der Himmel auf Erden. Bei diesem Ausflug konnten wir sorgenlos mit unseren Liebenden zusammen sein, ohne jegliche Verbote oder Regeln. Unsere Chauffeure tauchten früher als besprochen auf, um uns abzuholen. Wahrscheinlich auf Befehl unserer Eltern, damit die Chauffeure nach dem Rechten schauen. Alles eilig zusammengepackt fuhren wir wieder zurück.„Ich vermisse jetzt schon deine sanften Lippen.", flüsterte Yeol in mein Ohr. Ich wurde ganz verlegen und rot im Gesicht. „Nachdem wir Yeol Zuhause abgesetzt haben, fährst du mich zu Vater?" „Natürlich, Kim Rose!" In dem Krankenzimmer meines Vaters saß eine Familie, die mir nicht bekannt war. Doch nach besserem Hinsehen, erkannte ich deren Sohn Chang Yong-Ho, der Idol. Was hatte seine Familie denn bei meinem Vater verloren? „Hallo Rose, schön dich zu sehen! Das ist Familie Chang, Herr Chang Soo-Ri und seine Frau Chang Ji-Soo. Wir sind alte Schulfreunde. Und das ist meine Tochter Rose. Sie wird meine Nachfolgerin im Krankenhaus. All meine Hoffnung steckt in ihr." Freundlich begrüßten wir einander mit einer Verbeugung. „Wenn du die Nachfolgerin deines Vaters werden möchtest, müssen wohl deine Noten sehr gut sein.", sprach mich der Vater von Yong-Ho an. „Ich gebe mein bestes, um Vater nicht zu enttäuschen." Ich schaute zu ihrem Sohn herüber. „Gehst du nicht auch in dieselbe Schule wie ich?" „Ja, ich habe dich dort schon mal gesehen." Deren Sohn wirkte auf mich höflich und freundlich. „Oh, du hast Besuch, Jong-Hun!", spazierte Mutter lächelnd zur Tür herein. „Freut mich euch wieder zu sehen!" Mutter schien die Familie Chang wohl auch gut zu kennen. „Wann kommt ihr mal auf eine Tasse Tee bei uns vorbei? Wir haben uns so lange nicht gesehen, da gibt es bestimmt eine menge zu erzählen!" „Du kennst das doch Sarah, Arbeit hier und dort, da bleibt einem kaum Zeit, um jemanden zu besuchen. Zurzeit sind wir etwas offener in unserem Zeitplan. Wie wäre es kommenden Freitag?" „Das trifft sich super, ich freue mich!" Deren Gespräche langweilten mich. „Ich geh mir etwas zu trinken holen." „Ich komme mit dir!", sprang Yong-Ho von seinem Stuhl auf. „Warst du auch so gelangweilt von den Gesprächen der Erwachsenen?" „So etwas von! Erzähl mal von dir, ich weiß lediglich, dass du ein beliebter Idol in Asien bist." „Von mir gibt es nicht viel zu erzählen.

Ich bin in einer Band, unser Bandname lautet First Seventh Sky abgekürzt F.S.S. Ich bin 19 Jahre alt, mein Hobby ist ebenso mein Beruf. Mehr gibt es nicht. Was ist mit dir, erzähl von dir!" „Also, wo soll ich anfangen, ich bin 18 Jahre alt, mein Hobby ist Sport jeglicher Art. Bis vor kurzem habe ich in Deutschland, bei meiner Tante gelebt, nun bin ich hier um in mein Vaters Fußstapfen zu treten." „Du bist ein hübsches Mädchen." Mich überraschte sein Kompliment, weil ich es nicht erwartete. „Ich hoffe, wir werden uns öfter über den Weg laufen!" „Klar, wenn du mal wieder in der Schule bist, sprich mich einfach an!" „Okay, abgemacht!" Wir gingen wieder in Vaters Zimmer herein, ich verabschiedete mich von allen und wollte nur noch in mein Bett und mich ausruhen. In der Schule hingen die Prüfungsergebnisse an der Wand. Mein geliebter Yeol bekam die Höchstpunktzahl, Min-Ho lag auf Nummer zwei und ich auf Nummer drei. Für jemandem, der vor kurzen erst hergezogen war, war mein Ergebnis die volle Granate. Voller Freude über unsere Ergebnisse fielen Yeol und ich uns in die Arme. Wir vergaßen vollkommen, dass wir uns in der Schule befanden. Nachdem es in unseren Köpfen klick machte, ließen wir einander los und blieben regungslos vor einander stehen. Grinsend behielten wir Augenkontakt. Diese Emotionen, diese Leidenschaft, dieses Knistern um uns herum, konnte keiner der anderen Schüler übersehen. Die ein oder anderen tuschelten über die stumpfe Umarmung von uns. Bei beginn der Pause wollten wir in die Cafeteria. „Guten Morgen Rose! Hier, ich hab dir etwas zu trinken gekauft." „Oh, guten Morgen Yong-Ho! So schnell sieht man sich also wieder. Danke fürs Getränk!" „Willst du mich deinem neuen Freund nicht vorstellen?" Sofort spürte ich Yeols Eifersucht. „Natürlich! Yong-Ho das ist Jeong Chung Yeol, mein Klassenkamerad, Yeol das ist Chang Yong-Ho. Seine Familie ist eng mit meiner befreundet. Wir haben uns gestern im Krankenhaus kennengelernt." „Rose, wollen wir gemeinsam essen?" „Sehr gerne. Komm mit uns Yeol!" Für mich war es selbstverständlich Yeol mit mir mitzunehmen, jedoch schien er selber davon nicht sonderlich begeistert gewesen zu sein. Mir war auch bewusst, dass ich Yeol nicht als meinen festen Freund vorgestellt hatte, sondern nur als einen Klassenkameraden. Dies tat ich aber aus Angst, weil ich nicht genau wusste, in wie weit durfte ich Yong-Ho vertrauen. Er könnte alles meinen Eltern ausplaudern und das wäre schlecht für Yeol und mich. Am Esstisch herrschte merkwürdige Atmosphäre. Die beiden Jungs starrten einander grimmig an. Ich verstand nicht, wo genau das Problem lag. Gefühlt Hunderte von Mädchen Augen hatten Auge auf uns geschmissen. Sie beobachteten uns genau. „Bist du eigentlich am Freitag beim Essen auch dabei?" „Bestimmt, kommst du auch?" „Wenn du dabei bist komme ich! Wenn nicht, dann bleibe ich lieber Zuhause. Die Geschichten der Erwachsenen sind tot langweilig, das tue ich mir nicht alleine an." Yeol hielt sich zurück und hörte uns lediglich zu. Im Klassenzimmer sprach er mich dann an. „Ihr trifft euch zum Essen? Seid ihr nun best Friends oder wie? Warum hast du mich als deinen Klassenkameraden vorgestellt und nicht als deinen festen Freund? Bist du jetzt auch scharf auf ihn?" „Yeol! Bleib mal ruhig! Nicht wir haben uns verabredet sondern unsere Eltern. Wir sind einfach rein Höflichkeitshalber dabei. Und außerdem, bist du auf den Kopf gefallen oder wie? Ich stehe nicht auf ihn, er ist nicht mein Typ! Du weißt genau, dass ich dich liebe und nur Augen für dich habe! Der Grund,, weshalb ich dich nicht als meinen festen Freund vorgestellt habe, ist, dass ich ihm nicht vertraue, und vorsichtig bin, wem ich einen Einblick in mein tiefstes Privatleben gebe. Was wäre, wenn er es meinen Eltern verrät? Wenn sie diese Neuigkeit von einem fremden Jungen erfahren, wirft es ein schlechtes Licht auf mich. Meine Eltern sollen es schon von mir persönlich erfahren, und das zu dem richtigen Zeitpunkt." Meine Erklärung schien zu wirken und er beruhigte sich wieder. „Ich bitte dich nur um eins, hänge nicht zu oft mit ihm ab! Das würde mir nicht gefallen und es würde mich verletzten, dich ständig mit einem anderen zu sehen." „Ich verstehe es vollkommen!" Von diesem Tag an tauchte Yong-Ho jeden Tag in der Schule auf. Jeden Tag saßen wir zusammen und aßen. Ich hatte große Angst, dass Yeol es irgendwann reicht, und Yong-Ho konnte ich auch nicht abweisen, weil es sich vielleicht auf die Freundschaft von unseren Eltern auswirken könnte. So oft ich konnte versuchte ich Yeol sowohl zu zeigen, als auch zu sagen, wie sehr ich ihn liebe

111

und wie viel er mir bedeutete. All die Zeit blieb er stark, obwohl es in ihm innerlich brodelte.

Am Freitag Abend kam die Familie Chang zu Besuch. Sumi hatte den Tisch voller verschiedener Gerichte gedeckt. Unsere Eltern erzählten viele Geschichten von ihrer Jugend. Wie sie sich kennengelernt hatten, wie sie Freunde wurden und was sie damals alles für Quatsch anstellten. Yong-Ho und ich saßen bloß still dar und aßen. „Sarah wie wäre es, wenn die Kinder hoch gehen? Wir möchten mit dir etwas besprechen!" „Rose, zeig Yong-Ho dein Zimmer!" Wir folgten ihrer Aufforderung. „Weißt du, worüber sie sprechen möchten? Muss etwas ernstes sein, wenn wir nicht dabei sein dürfen." „Keine Ahnung! Bestimmt geht es ums Geschäftliche. Du hast ein nettes Zimmer, richtig girly like." „Danke." „Dieser Junge, der ständig an dir klebt, ist das dein Freund?" „Ähm, diese Frage ist sehr persönlich, ich finde nicht, dass wir so gute Freunde sind und ich dir über mein Privatleben erzählen könnte." „Ich verstehe! Dann muss ich also darauf hoffen, einer deiner engsten Freunde zu werden, um an deinem Privatleben teil haben zu dürfen?" „Genau! Ich habe wenige Freunde, aber dafür wahre. Wer weiß, vielleicht werden wir in der Zukunft doch enge Freunde werden, keiner kann in die Zukunft vorhersehen." Wir unterhielten uns noch lange, bis meine Mutter uns endlich wieder herunter rief. Seine Eltern wollten gehen. Die Stimmung zwischen ihnen war nicht mehr so fröhlich wie zuvor. Was geschah zwischen ihnen? Hatten sie eine

Meinungsverschiedenheit? „Und wie war dein Date gestern?" „Oh Yeol, sprich nicht so! Das macht mich wütend!" „Entschuldige meine hübsche! Wie war das Essen?" „Es war komisch! Wir hatten gemeinsam gegessen, dann hatten die Erwachsenen uns gebeten in mein Zimmer zu gehen, weil sie etwas zu besprechen hatten. Als wir wieder runter kamen, war deren Stimmung dahin. Keine Ahnung, was zwischen ihnen vorgefallen ist." „Yong-Ho hat dein Zimmer gesehen? Ich müsste der erste sein, der dein Zimmer sieht! Jetzt hast du mich zutiefst verletzt." „Hey, hör auf! Wie wäre es, wenn du heute Nacht vorbei kommst, wenn meine Mutter eingeschlafen ist?" „Ist das dein ernst?" „Nur wenn du dich traust!" „Geht klar, ich werde kommen!" Gegen 10 Uhr Abends kam Yeol zu mir. Damit er nicht klingeln musste, stand ich bereits an der Haustür, um ihn abzufangen. „Hi, komm herein, aber sei leise!" „Okay! Schlafen schon alle?" „Die Haushälterin ist schon in ihrem Zimmer und meine Mutter schläft schon." Leise schlichen wir uns in mein Zimmer, das ich danach abschloss. „Wow, ein richtiges Mädchenzimmer hast du. Süß!" „Falls es dir noch nicht aufgefallen ist, bin ich auch ein Mädchen." Yeol zog mich an meiner Taille zu sich heran. Wir ließen uns auf mein Bett fallen. „Mir haben deine Lippen gefehlt!" „Wenn sie dir gefehlt haben, sollten wir etwas dagegen tun!" Mit meiner Aufforderung küsse er mich leidenschaftlich. Langsam ging er mit seinen Lippen weiter zu meinem Ohrläppchen, von dort aus weiter zu meinem Hals. Sobald er anfing mich an meinem

Hals zu küssen, entfachte er unglaubliche Gefühle in mir. Ich begann leise zu stöhnen, meine Atmung wurde schwerer, ebenso wie die seine. Er zog mein Shirt hoch und wanderte von meinem Hals runter zu meinem Bauch. Ich wollte ihn in diesem Moment, ich wollte ihn so sehr. Er küsste meinen kompletten Bauch. Weiter herunter an meinen Hüften angekommen, wurde es noch schöner. Während er mich zart küsse, versuchte er mit einer Hand meinen Hosenknopf zu öffnen. „Yeol, nein, nicht heute! Lass uns damit Zeit lassen!" Wieso ich ihn stoppte, konnte ich mir selbst nicht erklären. „Rose, ich will dich! Ich will, dass ich dein erster bin! Lass es uns machen!", bat er mich mit stöhnender, erregter Stimme. „Ich will dich auch, sehr sogar, jedoch ist es nicht der richtige Zeitpunkt. Lass uns bitte damit noch etwas warten!" Er zog mein Shirt wieder herunter und legte sich neben mich. War er sauer oder beleidigt, weil ich warten wollte? „Alles okay zwischen uns?" „Ja, selbstverständlich! Komm zu mir!" Wir lagen lange still nebeneinander. Irgendwann schaute ich zu ihm hoch und er war tatsächlich eingeschlafen. Ich schloss auch meine Augen und vergaß vollkommen den Wecker zu stellen.
„Rose? Wach auf, du hast verschlafen! Yong-Ho ist gekommen um dich abzuholen." Yeol und ich erschraken und sprangen beide vom Bett auf. „Rose, ich bin es Yong-Ho! Ich warte draußen, vor der Eingangstür auf dich, okay?" „Ja, natürlich, bin gleich fertig!" „Ist das dein ernst? Er holt dich schon zur Schule ab? Was ist das für ein Mist?"

114

„Yeol, es ist das erste mal, dass er das tut, wirklich!" „Jetzt spreche ich mal Klartext, entweder du sagst ihm, dass du mit mir zusammen bist, oder ich garantiere für nichts! Such aus, du hast die Wahl!" Jetzt war eindeutig klar, dass er mehr als nur sauer gewesen war. Ich musste mich für etwas entscheiden. „Ich werde vor gehen, warte auf mein Handzeichen." Ich ging die Treppe runter und schaute mich um. Sumi hielt sich wie immer in der Küche auf, Mutter war schon weg. „Komm!" Schnell rannten wir bis zur Eingangstür.
„Warte hier, bis Yong-Ho und ich weg sind, dann kannst du raus kommen!" „Los, geh!" Yong-Ho und ich stiegen ins Auto ein. „Wie kommt es, dass du mich abholst?" „Ich dachte mir, dann musst du nicht alleine zur Schule." „Die Schule ist lediglich einige Meter von meinem Zuhause entfernt. Hör mal Yong-Ho, ich muss dir etwas beichten! Du kennst doch meinen Klassenkameraden Yeol, er ist nicht nur mein Klassenkamerad, sondern auch mein fester Freund. Ihm gefällt es nicht, wenn wir beide so oft miteinander abhängen. Deswegen bitte ich dich, dies zu minimieren! Es tut mir wirklich leid, aber ich kann ihn verstehen, wäre ich an seiner Stelle, würde ich genauso reagieren." „Es ist in Ordnung! Ich kann ihn auch verstehen. Wärst du meine Freundin, würde ich auch keinen anderen Typen an dich heran lassen." Es freute mich, dass Yong-Ho es so locker hinnahm und so viel Verständnis dafür aufbrachte. Mir fiel ein Stein vom Herzen, jetzt würde Yeol keinen Grund mehr haben so eifersüchtig zu sein. In der Pause

berichtete ich ihm von meinem Gespräch mit Yong-Ho. Er zeigte keine emotionale Reaktion darauf. Vielleicht glaubte er mir nicht. Ich entschied mich, ihm Zeit zu lassen, um selbst zu sehen, dass ich nicht log.

Dieses Schuljahr verging meiner Meinung nach schnell. Wir verabschiedeten die Abschlussklassen und freuten uns auf unser letztes Schuljahr.

In den Sommerferien lud Mika Juna und mich zu sich nach Busan ein. Dort hatte ihre Familie ein großes Ferienhaus stehen. Es war wunderschön dort, Strand, ruhe, frische Luft und nicht allzu viele Menschen in der Nähe. Mikas Ferienhaus war von außen weiß gestrichen. Es hatte draußen einen Pool mit Liegen. Im inneren des Hauses wenig Dekoration, lediglich ein paar Familienfotos. Es hatte fünft Zimmer, ein Wohnzimmer und vier Schlafzimmer. Es war ein zwei Etagen Haus. Die Zimmer waren schlicht eingerichtet. Bett, Kommode, Stuhl, Schrank, Minikühlschrank und ein Schreibtisch. Jeweils in der ersten und zweiten Etage ein Badezimmer mit Waschbecken, Spiegel, Badewanne und Toilette ausgestattet. Nachdem wir unsere Taschen abgelegt hatten, gingen wir kurz einige Lebensmittel sowie Getränke einkaufen. In der Nähe gab es nur ein Kiosk, das relativ groß gewesen ist. Man konnte dort alles kaufen, was man so brauchte. Mit vollen Tüten latschten wir zurück. „Sagt mal, stört es euch, dass ihr ohne eure Jungs hier seid?" „Also mir fehlt Jae-Min schon etwas!" „Mir fehlt Yeol auch! Eigentlich dachte ich, dass wir uns in den Ferien öfter sehen würden, aber sein Vater hat ihn mit Arbeit überhäuft. Als ich ihn versuchte anzurufen, um ihm Bescheid zu geben, das ich nach Busan mit euch fahre, nahm er nicht einmal das Telefon ab." „Scheint wohl schwer beschäftigt zu sein." „Mika, was ist eigentlich mit dir? Fehlt dir Nam-Joon nicht?", grinste Juna. „Doch schon! Eigentlich wollte er mit kommen, aber als ich sagte, dass nur wir Mädels fahren, meinte er, es wäre besser, wenn er nicht mit kommt." „Oh, tut mir leid für dich! Von mir aus, wäre es gar kein Problem, wenn er mitgekommen wäre.", versicherte ich ihr. „Echt? Ihr hättet nichts dagegen? Auch wenn eure Jungs nicht hier sein können?" „Nein, absolut!" Während der Vorbereitungen für das Abendessen, schrieb Mika ihrem Freund von unserem Gespräch. Zu Essen gab es Reis mit Spiegelei und scharfes, gebratenes Rindfleisch. Zu trinken hatte wir uns für den heutigen Abend Soju gekauft. Jede von uns wollte einfach nur abschalten und sich etwas lockerer fühlen. „Mädels, Nam-Joon sagt, er versucht Morgen, spätestens Übermorgen her zu kommen." „Das freut uns! Desto mehr Leute, desto lustiger." Nach dem Essen spielten wir einige Spiele wie Domino, Karten und Schach. Erst spät nach Mitternacht legten wir uns hin. Gegen Mittag standen wir auf und frühstückten, danach gingen wir im Pool schwimmen. Das Wetter war der Hammer, Sonne soviel man ertragen konnte. An diesem Tag kam Nam-Joon nicht. Mika wirkte auf uns traurig, weil jeder gemeinsam verbrachte Tag für sie zählte. Ihren Eltern könnte sie nicht

beichten, dass sie einen festen Freund hatte, der auch noch kein reicher Junge war. Für ihre Eltern stand es fest, dass sie nur einen bekannten, gebildeten und sehr reichen Jungen heiraten muss, den sie für Mika aussuchen würden. Deswegen waren solche Ausflüge, wie diese, die Chance, die sie ergreifen mussten. Den nächsten Vormittag verbrachten wir am Stand. Wir plantschten im Wasser und spielten Volleyball. Unsere Handys ließen wir im Ferienhaus liegen. Dadurch, dass wir keine Uhr mit uns hatten, vergaßen wir auch die Zeit. Vor dem Ferienhaus stand dann unsere Überraschung. Nam-Joon, Jae-Min und Yeol hockten vor dem Haus. Mikas Freund hatte es tatsächlich geschafft, die ganze Bande zusammen zu trommeln. „Ow, seid ihr schon lange hier?" „So zusagen! Seit Mittag ungefähr. Wo seid ihr so lange gewesen?" „Wir waren am Strand."
Jede einzelne von uns freute sich ihren geliebten Freund wieder zu sehen. Wir umarmten einander zur Begrüßung und gingen in das Haus herein. Die Zimmeraufteilung musste nicht besprochen werden, es war für jeden sonnenklar. Da die Jungs eine lange Fahrt hinter sich hatten, bereiteten wir ihnen eine Kleinigkeit zu essen vor. Am Esstisch erzählten wir einander, was bis jetzt in den Ferien erlebt wurde. Yeol aß nur und starrte den kompletten Abend auf sein Handy. „Ist alles okay bei dir?", machte ich mir Sorgen. „Ja natürlich!" Die Art, wie er sich benahm war seltsam, irgendetwas stimmte nicht mit ihm. Yeol versank ständig in Gedanken, wenn ihn einer von uns

ansprach, wusste er nicht, worum es ging. Irgendwo verletzte mich seine abwesende und kalte Art. Hatte ich etwas falsch gemacht? Wollte er nicht hier sein? War er immer noch sauer wegen Yong-Ho? So oft ich ihn auch ansprach, dieses Geheimnis behielt er für sich. Alle um uns herum waren glücklich mit ihren Partnern, doch wir verhielten uns wie zwei fremde. Im laufe des Abends bekam er mehrere Nachrichten und Anrufe. Ständig verschwand er in einem anderem Raum. Selbst als wir im Bett lagen, umarmte er mich lediglich auf eine kalte Art und Weise und schlief auch direkt ein. Die nächsten Tage verliefen gleich. Yeol kapselte sich ab und ich bespaßte mich mit den anderen, als fünftes Rad am Wagen.

Die anderen beiden Jungs wussten auch nicht, weshalb er sich so verhielt.

So schnell vergingen auch die Sommerferien. In dem ersten Schulhalbjahr hatten wir alle nichts anderes zu tun, außer für die nächsten Prüfungen zu lernen. Wir rissen uns förmlich den Arsch auf. Denn nun ging es um unsere Zukunft und darum, welche Universität uns annehmen würde. Jeder verfolgte seinen eigenen Weg. Für Freizeit blieb keine Zeit. Wir vergaßen sogar die Bedeutung des Wortes Freizeit. Auf jedem einzelnen Schüler lag so viel Stress , sodass manchen stumpf die Nase anfing zu bluten, andere bekamen Magenkrämpfe, andere Kreislaufprobleme. Dies kam davon, dass kein Schüler mehr Wert auf normalen festen Schlaf legte oder auf vernünftige Ernährung. In unserer Gruppe war alles beim alten. Mika und Nam-Joon waren immer noch ein Paar, Juna und Jae-Min wie auch Yeol und ich. Mittlerweile wussten meine, sowohl auch Yeols Eltern von unserer Beziehung Bescheid. Seit meinem letzten Gespräch mit Yong-Ho hörte ich nichts mehr von ihm. Min-Ho und Anna waren nun auch in einer Beziehung. Zwar war es noch eine Fernbeziehung, doch die beiden hielten ihren Kontakt sehr gut aufrecht. Sie sahen sich jeden Tag per Videotelefonie. Bald würde Anna wieder nach Seoul kommen und ich denke, dann für immer. Meinem Vater ging es gesundheitlich mal besser mal schlechter. Für eine kurze Zeit konnte er wieder arbeiten, dann lag er wieder im Krankenbett. Ein ziemliches hin und her. Da seine Gesundheit sich täglich veränderte, klärte meine Mutter mit meinen Lehrern ab, dass ich mein Handy auf lauten Ton geschaltet lassen durfte. Da es schon vorkam, dass meine Mutter im Meeting war und es Vater plötzlich schlechter ging. So konnte das Krankenhaus wenigstens mich erreichen.

An einem sonnigen Schultag genossen wir Mädchen unser Mittagessen draußen. „Mädels, ich muss euch etwas erzählen... Mir ist ein schlimmer Fehler... nein, einen Fehler kann man es nicht nennen... ich weiß nicht, wie ich es nennen soll!", verbreitete Juna Angst. „Was ist los? Was ist passiert? Sag jetzt nicht, du hast dich von Jae-Min getrennt!" „Nein, wir sind nach wie vor zusammen. Ihr werdet mir nicht glauben, was ich jetzt von mir geben werde! Haltet euch fest!" Junas Stimme klang überaus ernst und irgendwo sehr verängstigt.

Vor zwei Monaten waren meine Eltern übers Wochenende bei meinem Großeltern zu Besuch gewesen. Ich hatte somit Sturmfrei. Jae-Min wusste es und kam vorbei. Wir haben miteinander geschlafen..." „Oh mein Gott, ich ahne schlimmes!" „Ist es das, was wir befürchten?" „Ja! Ich bin schwanger! In meinem Kopf dreht sich alles. Ich habe absolut keine Ahnung, was ich tun soll, wie ich es meinen Eltern erklären soll, oder wie es überhaupt mit Jae-Mins und meiner Zukunft aussehen soll! Ihr könnt euch nicht vorstellen, was für eine fürchterliche Angst ich habe!" „Was ist mit Jae-Min? Weiß er schon Bescheid?" „Nein, ich habe es ihm noch nicht erzählt. Ich weiß es selbst erst seit einigen Tagen." „Willst du das Kind denn behalten, oder...?" „Das Kind ist von dem Mann, den ich über alles liebe, mit dem ich mir sehr wohl eine Zukunft vorstellen kann. Doch ich habe keine Ahnung, wie er darauf reagieren wird, ob er es auch behalten will, ob er sich überhaupt bereit dafür fühlt." „Das ist mal ein harter Fall! Da habt ihr etwas angestellt! Auf der anderen Seite, Juna, wenn er mit dir ohne Verhütung schläft, dann weiß er sicherlich, worauf er sich da einlässt!" Ich versetzte mich in ihre Situation. Was würde ich an ihrer Stelle tun? Wie würde Yeol auf so eine Nachricht reagieren? Ich musste mir zwar um solche Sachen keine Gedanken machen, da wir noch keinen Sex mit einander hatten, doch interessant fand ich es trotzdem. Wie stünden wir beide zu dieser Angelegenheit? Nach der Schule nahm Juna ihren ganzen Mut zusammen und verkündete die Neuigkeit ihrem Freund. Wie sie mir dann Abends am Telefon berichtete, war Jae-Min überglücklich. Er wäre sehr dafür, dass sie das Kind behalten. Eine Abtreibung kam für ihn nicht mal annähernd in Frage. Er bestand auch darauf, es so schnell wie möglich ihren Eltern zu beichten, damit die beiden noch vor der Geburt des Kindes heiraten konnten. Am Wochenende wollten sie es ihren Eltern erzählen. Jae-Min verkündete den Jungs voller Freude, dass er bald Vater wird. Die Jungs freuten sich mit ihm. Wir alle machten uns aber auch Sorgen um die beiden jungen Eltern. Was wäre, wenn deren Eltern es nicht akzeptieren würden? Was würden Juna und Jae-Min dann tun? Der Klingelton meines Handys brachte mich aus meinem Gedankenkarussell heraus.

Rose, ich muss für ein paar Tage nach Incheon fahren. Ich hoffe, du kommst klar. Falls sich der Zustand deines Vaters verschlechtert, melde dich sofort bei mir!
Ich hab dich lieb
Deine Mama

Noch nie war ich ganz alleine in dem Haus meiner Eltern. Zwar war Sumi den ganzen Tag da und die Zimmermädchen bis zum Nachmittag, trotzdem fühlte es sich für mich irgendwie gruselig an. Bei jedem Geräusch zuckte ich zusammen. Nachts fanden meine Albträume immer noch kein Ende. Direkt am frühen Morgen rief mich der

122

behandelnder Arzt meines Vaters an. Ich sollte zu einem Gespräch vorbeikommen. „Fräulein Kim Rose, ich bat Sie hierher zu kommen, weil ich ihre Mutter nicht erreichen konnte. Es geht um Ihren Vater! Es geht ihm jeden Tag schlechter und er hat mich darum gebeten, Ihnen zu sagen, dass Sie bitte einen Termin mit einem Notar vereinbaren. Bitte kümmern Sie sich so schnell wie möglich darum! Falls Sie keinen kennen, kann ich Ihnen meinen Empfehlen." „Herr Kang Joon-Ho, ich danke Ihnen vielmals für Ihre Mühe, doch wir haben unseren eigenen Notar. Ich werde ihn heute noch kontaktieren." „Gut, wer ist Ihr Notar? Vielleicht haben wir denselben." „So aus dem Kopf weiß ich seinen Namen nicht." Was hatte es ihn zu interessieren, wer unser Notar war? Diese Frage schien mir sehr merkwürdig. Auf dem Weg zur Schule rief ich den Notar an und verabredete für meinen Vater einen Termin für morgigen Mittag. Mir war bewusst, aus welchem Grund mein Vater um ein Treffen mit ihm gebeten hatte. Es würde mit größter Sicherheit um das Testament gehen. Da ich mitten im Unterricht auftauchte, ließ Lehrer Lee mich nicht in die Klasse herein. Vor der Klassentür stand ich gelangweilt herum. „Kim Rose, du kannst nicht einfach kommen, wann es dir passt! Wenn du Termine hast, oder es um deinen Vater geht, musst du mich vor Unterrichtsbeginn in Kenntnis setzten!" „Ja Lehrer Lee, es tut mir sehr leid! Es ist mir aus dem Kopf gefallen. So etwas wird nicht mehr vorkommen!" Als ich in die Klasse wieder herein durfte, starrten mich meine Mitschüler

neugierig an. „Warum bist du zu spät gekommen?",
flüsterte Yeol in meine Richtung. „Erzähle ich dir
nachher!" Für den Rest des Tages hatten wir freies
Feld und konnten in aller Ruhe lernen. Yeol setzte
sich vor mich hin. „Erzähl!" „Der Arzt meines
Vaters hatte mich gebeten zu kommen, weil mein
Vater sich wohl schlechter fühlt. Mein Vater
möchte seinen Notar sehen. Bestimmt um sein
Testament zu machen." „Das hört sich nicht gut an!
Kennst du euren Notar? Wenn nicht, meine Eltern
wissen Mitsicherheit Bescheid." „Ich kenne ihn.
Meine Mutter hat mich für solche Fälle vorbereitet.
Doch weißt du, was ich total merkwürdig fand?
Dieser Arzt, der war voll neugierig, wer genau
unser Notar ist." „Wieso interessiert es ihn? Das
kann ihm doch egal sein." „Ja, so dachte ich
nämlich auch! Dann wollte er mir seinen Notar
anbieten." „Komischer Typ, dieser Arzt." „Pscht!
Könnt ihr mal ruhig sein! Hier versuchen einige
Leute zu lernen!", keifte uns Su-Bin an. Wir hielten
unseren Mund und setzten uns auch an unsere
Bücher ran. Es war Wochenende, ein regnerischer
Sonntag Abend. Ich saß in meinem Zimmer vor
meinen Büchern. Da klopfte es an meiner Tür. „Tür
ist offen!" Juna stand klitschnass mit einem
verheulten Gesicht im Zimmer. „Kleines, was ist
passiert? Was machst du so spät noch unterwegs?
Wieso weinst du?" „Wir sind durch... durch mit
allem!" Sie weinte schrecklich. So am Boden hatte
ich sie noch nie gesehen. „Sie wollen, dass ich das
Kind los werde! Kannst du dir das vorstellen?
Meine Mutter wird für mich morgen einen Termin

beim Gynäkologen machen. Jae-Min und ich haben uns hunderte Male bei ihnen für diesen Fehler entschuldigt. Sie haben uns nicht einmal mit einem Auge angeschaut. Mein Vater hat geschrien, meine Mutter ebenfalls. Seine Eltern waren fassungslos. Beide Seiten sind von uns enttäuscht. Und wenn wir das Kind nicht abtreiben, sind wir bei ihnen unten durch! Sie werden uns alle Kreditkarten sperren, werden die Schule nicht mehr bezahlen, und wir sollen von Zuhause ausziehen. Doch wenn wir nach deren Pfeife tanzen, wird alles still und leise geregelt, als wäre nichts gewesen. Von nun an dürfen Jae-Min und ich uns nicht mehr sehen. Seine Eltern überlegen, ihn ins Ausland zur Schule zu schicken. Ich werde ihn nie wieder sehen! Verstehst du das? Das Kind, was wir jetzt schon so sehr lieben, wird es niemals geben!" Sie weinte noch doller als zuvor. Ich konnte mir nicht mal ansatzweise vorstellen, wie sie sich fühlte. „Juna setz dich erst mal! Ich hole dir ein Handtuch und trockene Kleidung. Ansonsten erkältest du dich noch. Vielleicht war es von euren Eltern nur so daher gesagt, vielleicht wollten sie euch Angst einjagen. Ich denke nicht, dass sie dich zur Abtreibung schicken. Was ist, wenn du danach nie wieder mehr schwanger wirst? Deiner Mutter sind die Risiken sicherlich bekannt." „Denkst du, das interessiert jemanden von ihnen? Ihnen wäre es doch recht, wenn es so kommen würde! Sie interessieren sich doch nur für das Ansehen der Familie! Wie es Jae-Min und mir dabei geht, ist denen vollkommen egal." Diese Nacht verbrachte

Juna bei mir. Wie seine Eltern es drohten, tauchte Jae-Min in den folgenden Tagen nicht in der Schule auf. Juna ebenfalls nicht. „Lehrer Lee, wissen Sie was mit Jae-Min und Juna ist? Weswegen sie seit Tagen nicht zur Schule kommen?", setzte ich meine Hoffnungen auf Lehrer Lee. „Dazu wollte ich kurz vor ende des Unterrichts etwas sagen! Wenn du schon so fragst, werde ich es euch jetzt erzählen. Juna wird voraussichtlich bis nächste Woche krank sein. Jae-Min wurde heute von seinem Vater persönlich von unserer Schule abgemeldet. Sein Vater erzählte stolz, dass Jae-Min im Ausland einen Studienplatz bekommen hat und diesen jetzt schon beginnen darf. Leider konnte uns die Möglichkeit nicht gegeben werden, uns von Jae-Min persönlich zu verabschieden. Drücken wir ihm einfach die Daumen, das alles in seinem Leben gut laufen wird." Seine Eltern taten es tatsächlich, sie hatten ihn ins Ausland geschickt. Dann bedeutete dies, dass Junas Schwangerschaft nun der Vergangenheit angehörte. Wie könnte ich bloß an sie heran kommen? Während ich mir Gedanken um die beiden machte, überhörte ich das Klingeln meines Telefons. „Rose, Rose! Dein Handy klingelt!", stupste Min-Ho mich leicht an. „Lehrer Lee? Darf ich kurz raus gehen?" „Selbstverständlich." „Hallo Kim Rose hier." „Hallo Frau Kim Rose! Hier spricht Doktor Kang Joon-Ho. Ich habe schlechte Neuigkeiten für Sie! Ihr Vater ist vor einer Stunde verstorben. Sein Herz hat aufgehört zu schlagen! Leider konnte ich Ihre Mutter nicht erreichen, deshalb bitte ich Sie, hierher zu kommen." „Ich werde es ihr selber sagen. Ich mache mich auf den Weg ins Krankenhaus! Bis gleich." Mich traf diese Nachricht wie ein Stromschlag. Mein Hirn schaltete vollkommen ab. Ich realisierte nichts mehr um mich herum. Total verstrahlt lief ich in den Klassenraum herein, schnappte mir meine Tasche und rannte los. Hinter mir hörte ich Lehrer Lee meinen Namen rufen, doch ich reagierte nicht darauf. „Das darf nicht sein! Das kann einfach nicht wahr sein! Nicht jetzt! Ich bin dafür nicht bereit!" Durch meine Augen sah ich alles verschwommen, die Tränen stiegen und stiegen. „Wo ist mein Vater? Wo ist Kim Jong-Hun?" „Er befindet sich in der zweiten Etage." Die Augen der Krankenschwester waren voller Mitleid und trauer. Ich lief die Treppen hoch, da begegnete ich Kang Joon-Ho. „Wo ist er?", fragte ich ihn mit einem dicken Klos im Hals. Er brachte mich in einen Raum, wo mein Vater lag. Er war tatsächlich tot. „Papa, nein! Du kannst uns nicht verlassen, nicht jetzt! Ich bitte dich! Wach auf! Mach deine Augen auf!" Ich nahm seine Hand in die meine und flehte ihn an. „Kim Rose, das hat keinen Sinn, Sie müssen sich damit abfinden. Für ihn ist es vorbei, er muss nicht mehr leiden. Jetzt ist er an einem besseren Ort." „Gehen Sie raus! Was wissen Sie schon? Ich möchte kurz mit meinem Vater alleine sein!" „Papa, bitte wach auf! Wach endlich auf! Lass Mama und mich nicht alleine! Du kannst nicht einfach so von uns gehen!", langsam wurde ich sehr hysterisch. In diesem Moment kam meine Mutter zur Tür herein. „Komm her Kleines!

Beruhige dich Rose! Ich bin bei dir, gemeinsam werden wir es schaffen, diese schwere Zeit zu überstehen." Meine Mutter war so stark, sie hielt ihre Emotionen, ihre Tränen, bis wir Zuhause ankamen zurück. Sie meinte zwar zu mir, sie würde ins Zimmer gehen und sich hinlegen, weil es ein schwerer Tag gewesen war, doch ich hörte sie durch die Zimmertür weinen. Man konnte genau hören, wie sie sich die größte Mühe gab, leise zu weinen, damit ich es nicht hörte. Sie hatte den Menschen verloren, der ihr Lebenssinn war. Der ihr Halt, ihre Stütze, ihre einzige und große Liebe gewesen war. Er war nun weg, für immer. Die beiden führten eine Ehe, wie im Bilderbuch. Keiner von beiden ging jemals fremd, nie hatten sie einen anderen nur angeschaut. Sie hatten lediglich Augen für einander. Selbst in ihrem Alter waren sie immer noch wie kleine Teenies ineinander verliebt. Nun war sie alleine. Für mich war es nicht besser, zwar wohnte ich nicht lange mit ihnen, doch ich liebte meine Eltern. Anna und ich wussten, dass sie nur so viel arbeiteten, weil sie uns etwas bieten wollten. Doch im jungen Alter verstanden wir diese Tatsache nicht. Auf meinen Handy befanden sich zich verpasste Anrufe von Yeol, doch mir fehlte jegliche Kraft um über das Geschehene zu sprechen. Die Nacht war die Hölle, kaum schlief ich ein, tauchte mein Vater in meinen Träumen auf. Schließlich setzte ich mich vor mein Fenster hin, packte meine Kopfhörer in meine Ohren und hörte Musik. Als die Sonne dann aufging, rief mich meine Mutter zum Frühstück herunter. „Die

Beerdigung muss geplant werden. Hilfst du mir dabei?" „Natürlich Mutter! Sag einfach, was ich tun soll und es wird gemacht. Du kannst dich auf mich verlassen!" Drei Tage lang hatten Menschen, die ihn kannten, Freunde, Verwandte und Familie Zeit sich von Vater zu verabschieden. Über seinen Tod wurde in den Zeitungen und sogar im Fernsehen, wie auch in den Nachrichten berichtet. Wir trugen weiße Trauerkleidung. Mein Vater hatte eine Erdbestattung. Es war eine schöne, aber Herzzerreißend traurige Bestattung. Viele Menschen kamen. Menschen die wir kannten und die, die wir nicht kannten. Wahrscheinlich waren einige von diesen Menschen mal seine Patienten gewesen, und Menschen, die ihn kaum kannten, aber ihn sehr respektierten. Nach der Beerdigung, als ich nach Hause kam, stand Juna vor meiner Haustür. „Alles in Ordnung mit dir?" „Wie soll man so etwas nennen? Nichts ist in Ordnung, aber wir müssen es irgendwie akzeptieren. Das Leben muss weiter gehen! Wie ist es bei dir Juna?" „So ähnlich! Jae-Min lebt jetzt in Amerika. Ich habe eine Abtreibung hinter mir und bin innerlich am Boden zerstört." „Ja, Lehrer Lee hatte das mit Jae-Min erzählt. Mir tut es leid für dich! Ich weiß gar nicht, was ich dir aufbauendes sagen könnte." „Hast du Lust mit mir Essen zu gehen? Ich habe so was von keine Lust alleine zu essen." „Ja, sehr gerne!" Wir besuchten ein kleines Café, wo nicht so viele Menschen lauerten. Bestellt hatten wir jede menge Süßkram mit Tee. „Hast du dich schon bei Mika gemeldet?" „Nein! Mir ist bewusst, dass sie sich Sorgen um mich macht, aber ich kann noch nicht so offen mit ihr darüber sprechen. Mit dir ist es irgendwie leichter, ich weiß auch nicht warum, vielleicht weil du anders aufgewachsen und andere Erfahrungen gemacht hast." „Du musst darüber nicht reden. Lass dir mit allem Zeit! Du hast schlimme Erlebnisse hinter dir." Wir saßen lange in dem Café. Draußen wurde es schon dunkel. Nach Hause fuhr ich mit einem Taxi. Mutter saß am Esstisch und trank Soju. Das erste mal in meinem Leben bat sie mich mit ihr zu trinken. „Setz dich zu mir." Wir tranken wortlos unseren Soju. „Wenn ich ehrlich bin, weiß ich ohne deinen Vater nicht weiter. Ich weiß nicht, wie es weiter gehen soll mit dem Krankenhaus. Das erste mal in meinem Leben, weiß ich einfach nicht, wie es weiter gehen soll." Während des ganzen Gesprächs verlor sie nicht eine Träne, wahrscheinlich weil sie schon keine Kraft mehr hatte zu weinen. „Gemeinsam schaffen wir es! Du bist nicht alleine und ich bin kein kleines Kind mehr! Ich werde dich unterstützen wie und wo ich kann. Solange ich mit dem Studium nicht fertig bin, werden wir jemanden einstellen müssen. Danach werde ich Vaters Platz einnehmen. Ich werde mein Versprechen halten, Mama! Das Krankenhaus wird in unserer Familie bleiben!" „Ich danke dir, Rose! Dein Vater wäre sehr stolz auf dich gewesen. Du bist so ein starkes Mädchen." In der Schule wussten natürlich alle vom Tod meines Vaters Bescheid. Auch Juna ließ sich endlich in der Schule blicken. „Kleine, ist wirklich alles okay mit dir? Wenn du dich hier nicht aufhalten möchtest, wir können auch gehen und etwas unternehmen!", schlug Yeol besorgt vor. „Nein, es ist alles gut! Ich muss jetzt viel lernen, damit ich mein Versprechen, das ich meinem Vater gegeben hatte, halten kann!" „Wenn du Hilfe beim lernen brauchst, sag mir Bescheid!", bekam ich auch Unterstützung von Min-Ho. Mika, Yeol, Nam-Joon, Juna und ich gingen nach der Schule zum Kiosk. Wir wollten uns Ramen und etwas zu trinken kaufen. Mit meiner Kreditkarte wollte ich meinen Einkauf bezahlen, doch aus einem mir unverständlichen Grund, wurde meine Karte abgelehnt. Auch bei dem zweiten Versuch. Yeol übernahm es dann und bezahlte für mich. „Komisch, wieso funktioniert die Karte nicht?" „Vielleicht gibt es bei der Bank, bei der du bist ein Problem?" „Kann nicht sein, die Kreditkarte ist von meiner Mutters Bank." Mich überkam ein negatives Gefühl. In demselben Moment rief Mutter mich an. „Rose, wo bist du?" „Ich bin mit Freunden unterwegs, wieso?" „Komm bitte sofort nach Hause, wir müssen reden!" Eiligst machte ich mich auf den Weg. „Mama, was ist los?" „Wir haben ein Problem! Ein gewaltiges Problem! Ich bin heute Morgen zur Arbeit, dort wurden, in meinem Büro, all meine Privatsachen in einem Karton verstaut. Daraufhin wurde mir gesagt, dass mir diese Bank nicht mehr gehört. Es gibt nun einen neuen Leiter. Ich wollte wissen, wer dieser neue Leiter ist, doch keiner gab mir eine Antwort. Stumpf wurden mir die Entlassungspapiere in die Hand gedrückt und ich wurde aus der Bank

geschmissen." „Ach was, mir ist heute auch etwas komisches passiert! Ich wollte mit meiner Kreditkarte bezahlen und diese wurde abgelehnt. Wurden vielleicht unsere Kreditkarten gesperrt?" Genau im richtigen Moment rief der Notar meines Vaters meine Mutter an. Wir bekamen für heute Abend einen Termin bei ihm. Völlig verstört gingen wir hin, in der Hoffnung, er könnte uns über das, bis jetzt Geschehene aufklären.
Merkwürdigerweise waren wir nicht die einzigen, die der Notar eingeladen hatte. In seinem Büro saß Kang Joon-Ho. Was hatte er denn dort verloren? Was war los? Der Notar begann seine Arbeit. „Schön das wir jetzt vollzählig sind. Ich habe Sie alle hierher eingeladen, um über das Testament von Kim Jong-Hun zu sprechen. Bei diesem Termin geht es um sein Testament, das ich nun gerne vorlesen möchte. Ich, Kim Jong-Hun, geboren am 13. Mai 1972 in Seoul, Korea, setzte hiermit meinen Arbeitskollegen Kang Joon-Ho, geboren am 20. August 1971 in Incheon, Korea , als meinen Alleinerben ein. Ich vermache ihm mein Krankenhaus, die Bank, mein Haus und all mein Vermögen. Zu meiner Ehefrau Kim Sarah und meiner Tochter Kim Rose möchte ich sagen, es tut mir leid." Meine Mutter und ich waren schockiert bis auf die Knochen. Wie konnte Vater das nur tun? Wieso dieser Mann? Alles gehörte nun ihm. Wir saßen mit nichts da. Kein Geld, kein Heim und keine Arbeit mehr. Wie sollte es für uns weiter gehen? Sollten wir gegen das Testament irgendetwas unternehmen? „In Ordnung, sind wir

hier fertig?", stand Mutter vom Stuhl auf. „Ja, wir sind fertig. Vielen Herzlichen Dank fürs zuhören und Ihre kostbare Zeit!" Mutter zog mich an der Hand und wir verließen das Gebäude. „Mama, wie kann das sein? Glaubst du dem Notar? Denkst du, Vater hat es wahrhaftig so gewollt?" „Dein Vater hat dem Notar sehr vertraut, die beiden kennen sich schon eine lange Zeit, deshalb kann ich mir nicht vorstellen, dass der Notar uns hintergehen würde. Eine Sache frage ich mich jedoch, in welcher Beziehung standen dein Vater und dieser Kang Joon-Ho. Was wollte Jong-Hun damit bezwecken? Im schlimmsten Fall könnte ich es verstehen, dass er ihm das Krankenhaus vermacht, aber warum die Bank? Wir müssen uns schnell überlegen, Rose, wie wir weiter vorgehen wollen!" Zu unserem Glück hatte Mutter immer etwas Bargeld zurückgelegt. 1.940.000,00 Won, umgerechnet waren es ca. 1500,00 Euro. Nicht viel, aber wenigstens ein Anfang. Außerdem rief Mama meine Tante aus Deutschland an. Die beiden unterhielten sich stundenlang. Dann kam sie in mein Zimmer herein. „Rose, wir fliegen erst einmal zurück nach Deutschland. Da wir hier keine Wohnung haben, ist das die einzige Möglichkeit." „Mama, wie soll ich zurück nach Deutschland? Ich will nicht! Ich stehe kurz vor den Prüfungen und was ist mit dem Versprechen? Soll ich das so einfach vergessen?" „Rose, wo willst du wohnen, was willst du essen, wie willst du dein Studium bezahlen? Denk realistisch! Zudem gehört uns das Krankenhaus nicht einmal mehr." „Mutter, ich denke realistisch! Ihr wart diejenigen, die mich hierher geholt habt! Ihr habt mich hier in der Schule angemeldet. Ihr wolltet, dass ich hier studiere! Und jetzt, wo ich kurz davor bin, es zu erreichen, willst du mir das wieder nehmen? Mama, ich werde auch alleine hier klar kommen. Flieg du! Ich werde bei meiner Freundin Juna oder Mika für die erste Zeit schlafen. Dann suche ich mir einen Job und werde mein Studium selber bezahlen!" Selbstverständlich lehnte Mutter es ab. Schleunigst musste mir eine Idee einfallen. „Yeol!" Meine Mutter kannte seine Familie und sie waren gut mit einander befreundet. Was wäre, wenn ich bei ihnen einige Zeit leben könnte? Ich rief Yeol direkt an. „Hey Rose, was gibt es?" „Können wir uns treffen?" „Ja klar, bin gleich bei dir!" Wie von ihm zu erwarten war, kam er schnell rüber. Wir gingen einige Meter von meinem Haus weg. „Yeol, ich brauche deine Hilfe, oder besser gesagt, die Hilfe deiner Eltern! Wir waren heute beim Notar und er hat uns mit dem Testament meines Vaters bekannt gemacht. Mein Vater hat alles, einfach alles einem Kang Joon-Ho vermacht." „Wie hast du ihn genannt? Kang Joon-Ho? Das ist doch der Vater von Su-Bin!" „Was? Das ist ihr Vater? Wow! Auf jeden Fall haben wir nichts mehr, kein Geld, kein Haus, einfach nichts. Meine Mutter will mit mir zurück nach Deutschland." „Wie bitte? Nein! Du bleibst hier! Was ist, wenn du bei uns lebst? Wir haben genug Platz für dich und meine Eltern werden sicherlich nichts dagegen haben!" „Yeol du bist ein Hellseher! Genau dasselbe habe ich auch gedacht. Denkst du, deine Eltern wären damit einverstanden? Ich würde mir natürlich einen Job suchen, um nicht auf den kosten deiner Eltern zu leben." „Bleib mal ruhig! Du bist meine zukünftige Frau, entspann dich! Ich habe dir doch schon oft genug gesagt, ich werde dich immer beschützen, vor allem und jedem, und ich werde dich niemals alleine lassen! Solange es mich gibt, werde ich mich um dich kümmern! Du kannst dich auf mich verlassen! Ich würde gerne mit deiner Mutter sprechen. Schläft sie schon?" „Nein, sie ist noch wach und packt, glaube ich, die Koffer." Yeol klopfte an Mutters Schlafzimmertür. „Kim Sarah, hier ist Jeong Chung Yeol! Darf ich herein kommen?" „Komm rein!" Er schloss die Tür hinter sich. Meine Neugier war nicht zu stoppen. Mit meinem Ohr klebte ich an der Tür, um zu hören, worüber sie sprachen. „Kim Sarah, bei allem Respekt, ich möchte, dass Rose hier in Seoul bleibt! Außerdem möchte ich, dass sie bei mir einzieht! Sie und ich wissen, dass meine Eltern Rose mit offenen Armen empfangen würden. Was sagen Sie dazu?" „Ich verstehe deine Situation, Yeol! Du bist in Rose verliebt und möchtest sie nicht gehen lassen. Jedoch musst du verstehen, ich bin ihre Mutter und ich lasse sie hier nicht alleine zurück. Ich habe sie damals nach Deutschland gelassen, weil meine Schwester dort lebt und Rose hat in ihrem Haus gewohnt. Doch dies ist eine ganz andere Situation. Rose wird mit kommen! Damit ist das Gespräch beendet!" Yeol und mir blieb keine Wahl, wir mussten Mutters

Entscheidung so hinnehmen. „Damit ist das Gespräch mit deiner Mutter noch lange nicht beendet! Rose, ich werde mir etwas einfallen lassen, vertrau mir! Ich liebe dich, meine Kleine." Er gab mir einen Kuss auf die Stirn und ging weg. In dieser Nacht fand ich keine Ruhe. Morgen müsste auch ich meine Koffer packen und dann hieß es Goodbye Seoul. Am Frühstückstisch saß Mutter still und nachdenklich. „Rose, glaubst du diesem Testament?" „Nein, kein bisschen, wieso fragst du?" „Ich glaube, dass dieser merkwürdige Typ dahinter steckt." „Das könnte durchaus sein, er machte schon in der Vergangenheit so komische Andeutungen in meine Richtung." „Wir hätten eine einzige Möglichkeit! Willst du ernsthaft hier bleiben?" „Ja! Mama sag mir, über welche Möglichkeit ist hier die Rede?" „Vorerst muss ich dir eine Geschichte erzählen! Du erinnerst dich bestimmt an das Essen mit der Familie Chang? Damals baten wir dich und deren Sohn in dein Zimmer zu gehen. Bei diesem Gespräch mit seinen Eltern ging es um ihren Sohn Yong-Ho und dich. Der Junge ist über beide Ohren in dich verliebt. Er wollte dich zu seiner Ehefrau nehmen, nachdem du die Schule beendet hättest. Sie wollten von mir, dass ich dich ihnen verspreche. Wie du weißt, ist sein Vater Anwalt. Er ist so ein guter Anwalt, dass er jeden Prozess gewinnt, egal ob zu Recht oder nicht. Wenn wir auf die Heirat zwischen dir und deren Sohn eingehen, würde er uns vielleicht helfen, alles wieder zurück zu bekommen. Ich bin mir zu mehr als Hundert Prozent sicher, dass er dich immer noch als seine Frau will. Seine Mutter und ich hatten nach dem Gespräch öfters telefoniert und sie fragte mich ständig, ob ich es mir nicht anders überlegen würde. Was denkst du darüber?" „Ich soll Yong-Ho heiraten? Und was ist mit meinen Gefühlen zu Yeol? Was soll ich damit machen? Soll ich Yong-Ho ohne Gefühle heiraten und ein Leben lang ohne gegenseitige Liebe leben?" „Wenn du hier bleiben möchtest, hier leben und zur Universität gehen willst, dann ja! Überlege doch mal, wir müssen das, was uns gehört wieder zurückbekommen!" Mutter holte eine knallharte Seite zum Vorschein hervor. Irgendwo konnte ich sie aber auch verstehen. Sie wollte alles, was Vater und sie sich hart erarbeitet hatten, wieder zurück. Ich ging erst mal auf ihr Angebot ein. Sie buchte sich ein Flugticket nach Deutschland und mir gab sie die Adresse von Yong-Ho. Ihr Ticket hatte 517.007,38 Won (400,00 Euro) gekostet, sie gab mir die restlichen 1.421.770,31 Won (1100,00 Euro) für die erste Anfangszeit. Mutter flog von Incheon aus. Bei der Verabschiedung drückte sie mich fest an sich. „Pass gut auf dich auf! Wenn etwas schief geht, ruf mich an und ich schicke dir Geld für ein Flugticket." „Ist gut Mama! Pass du auch auf dich auf!" Heute mussten wir das Haus räumen. Ich verabschiedete mich von Mutter und ging nach Hause meine Koffer packen. Sumi war auch schon weg gewesen. Ich nahm meine Kleidung, wie auch einige Erinnerungsfotos von meinen Freunden mit. „Yeol, ich bleibe in Seoul! Holst du mich ab?" „Ich bin in fünf Minuten bei dir!" Er nahm meinen Koffer und wir gingen gemeinsam zu ihm nach Hause. „Mama? Ist es in Ordnung, wenn Rose einige Zeit bei uns wohnt?" „Wo ist deine Mutter, Rose?" „Sie ist heute zurück nach Deutschland geflogen. Nach Vaters Tod sind bei uns einige Schwierigkeiten aufgetaucht, deswegen musste sie fürs erste zurück." „So ist es also. Selbstverständlich kannst du hier bleiben. Warte, ich sage unserer Haushälterin, sie soll dir das Gästezimmer vorbereiten!" Deren Haushälterin bereitete eiligst das Gästezimmer vor und ich konnte meine Koffer auspacken. Yeol schaute mir beim auspacken zu. „Was hast du jetzt vor?" „Erstmal muss ich mir einen Job suchen, danach möchte ich der Angelegenheit mit dem Testament auf den Grund gehen. Hilfst du mir dabei? Alleine werde ich das nicht schlaffen!" „Du kannst dich auf mich verlassen!" Während wir uns unterhielten und Pläne schmiedeten, brachte uns die Haushälterin einige Häppchen. „Hast du schon irgendeinen Plan diesbezüglich?" „So in etwa. Ich dachte mir, dass wir in erster Linie mit dem Notar alleine sprechen. Wenn von ihm nichts kommt, müssen wir gucken, wie wir in das Büro des Krankenhauses kommen, vielleicht finden wir irgendwelche Dokumente." „Okay, hört sich nach einem guten Anfang an!" Nachdem in Yeols Haus alle zu Bett gegangen waren, setze er sich näher zu mir. „Was wird das, wenn ich fragen darf?" „Lass dich überraschen!" Mit den Armen am Bett abgestützt, legte er sich auf mich drauf. Wir schauten uns tief in die Augen. Es entstand eine romantische Stimmung. Sanft und

138

vorsichtig küsste er mich auf die Lippen. Dann steckte er seine Zunge in meinen Mund. Ich spürte seinen Herzschlag, der immer schneller schlug. Langsam arbeitete er sich von meinen Lippen zu meinem Hals. Mit einer Hand ging er unter meinen Pullover und zog mir diesen dann aus. Ich lag in einer Jeanshose und einem BH auf dem Bett. Yeol zog sein Shirt auch aus. Sein Körper war wunderschön und super sexy. Diese Bauchmuskeln machten mich total an. Ich berührte mit meinen Fingerspitzen seinen Oberkörper. Er legte eine Hand auf meine Brust und knetete sie. Es fühlte sich traumhaft an, wenn er mich anfasste. Er küsste meinen Busen und ging weiter runter zu meinem Bauch. Zwischen uns entfachte sich die pure Lust. Mit nur zwei Fingern schaffte er es meinen Hosenknopf zu öffnen. „Yeol, das ist eine schlechte.." „Pscht! Rede nicht so viel! Genieße es!" Seine Augen funkelten. Er zog mir die Hose runter. „Sexy! Du bist unglaublich hot, weißt du das?" Mein Gesicht lief rötlich an, weil er meinen Körper gierig von oben nach unten betrachtete. Yeol zog auch seine Hose aus, dabei sah ich, dass er einen gewaltigen Ständer hatte. „Hab keine Angst, ich werde sanft und vorsichtig sein." „Yeol warte! Lass es uns nicht tun! Wir sind im Haus deiner Eltern und ich bin hier zu Gast. Wenn uns jemand hört oder noch schlimmer, uns jemand erwischt, was dann?" „Entspann dich! Erstens, ist das auch mein Haus und zweitens, uns wir keiner erwischen oder hören, sie schlafen tief und fest. Lass dich einfach mal fallen!" „Wir können kein

Sex im Haus deiner Eltern haben, dass wäre falsch. Was ist, wenn uns genau dasselbe wie Juna und Jae-Min widerfährt? Was tun wir dann? Ich möchte es nicht riskieren!" „Uns wird nicht dasselbe widerfahren! Jae-Min hat nicht aufgepasst, ich aber werde aufpassen!" Yeol sprach mit so einer Selbstsicherheit darüber, als hätte er Erfahrungen im diesem Bereich. Konnte es sein, dass es nicht sein erstes mal wäre? Dies verunsicherte mich noch mehr und ich entschied mich bei meiner Meinung zu bleiben. „Lass uns warten! Wenigstens solange, bis ich meine eigene Wohnung habe. Ist das in Ordnung für dich?" „Ist okay, dein Wort ist für mich Gesetz!" Wir lagen noch einige Zeit nebeneinander dann verschwand Yeol in sein Schlafzimmer. Noch vor dem Sonnenaufgang stand ich auf und suchte im Internet nach aktuellen Jobangeboten. Einige Adressen schrieb ich mir auf. Der eine Job wäre in einem Restaurant, als Kellnerin. Das Restaurant sah von ihnen sehr niedlich aus. Es war klein und eher dunkler drinnen. Die Tische und Stühle waren aus hellem Holz, die Menükarte bestand eher aus Koreanischen traditionellen Gerichten. Wie es schien, hatten sie ihre Stammgäste. Beim Vorstellungsgespräch lief es gut. Eingestellt wurde ich schon für den nächsten Tag, zwar auf Teilzeit, doch für mich war es schon mal ein kleiner Anfang. Die nächste freie Stelle hatte ein Kiosk anzubieten, der rund um die Uhr geöffnet hatte. Sie nahmen mich zu sofort, für die Spätschicht an. Eine Last fiel von meinen Schultern. Ich hatte eines meiner

Ziele erreicht. Da die Zeit knapp wurde, musste ich zur Schule rennen. Fast war ich zu spät gekommen. Bei uns stand Englisch auf dem Lehrplan. Uns wurde einiges zum Auswendiglernen gegeben und ein Bogen zum ausfüllen. Da ich Englisch auch in der deutschen Schule hatte, kannte ich in diesem Fach keine Schwierigkeiten. Danach war Sport an der Reihe. Wie jedes mal in dieser Stunde, mussten wir um den Fußballplatz rennen, als Aufwärmübung. Später spielten wir Völkerball. Da ich mit meinen Problemen beschäftigt war , erfasste mich der Ball schnell und ich war raus aus dem Spiel. In dieser freien Minute rief ich heimlich den Notar an. „Hallo, hier ist Kim Rose. Dürfte ich um einen Termin bei Ihnen bitten?" „Sehr gerne Frau Kim Rose! Wie wäre es heute Abend gegen 18 Uhr?" „Das passt! Vielen Dank und bis später!" Nach Unterrichtsschluss brachen wir zu Yeols nach Hause auf. Wir zogen uns um, aßen eine Kleinigkeit und schlenderten zum Termin. Im Gegensatz zu Yeol war ich extrem angespannt. „Guten Abend, wir haben einen Termin! Kim Rose." „Ah, ja ich sehe es. Sie können zu ihm reingehen, er wartet schon." „Hallo Kim Rose, so schnell sieht man sich wieder! Was kann ich für Sie tun?" Yeol blieb an der Tür stehen wie ein Security. „Es geht um mein Vaters Testament! Ich werde mit Ihnen Klartext sprechen! Ich weiß, dass dieses Testament eine Fälschung ist. Wieso haben Sie meinen Vater hintergangen? Was hat Ihnen Herr Kang Joon-Ho gezahlt? Er hat Sie doch gekauft! Oder hat er Ihnen gedroht?" Der Notar war erschrocken über die harte Art, wie ich mit ihm sprach. Er stand auf und wollte an mir vorbei gehen. Mutig stellte ich mich ihm in den Weg. „Ist Ihnen bewusst, dass ich Beweise gegen Sie und Herrn Kang Joon-Ho habe? Soll ich damit zur Polizei oder wollen Sie mir hier und jetzt die Wahrheit sagen?" „Es gibt keine Beweise! Und jetzt raus hier! Ich dulde so ein Gespräch nicht!" Er schmiss uns beide aus seinem Büro. „Hast du das gehört? Mit seiner Antwort hat er unbewusst bezeugt, dass Beweise existieren!" „Genauso habe ich es auch verstanden." „Rose, was ist, wenn wir Su-Bin einen Besuch abstatten? In dem Büro ihres Vater gibt es vielleicht irgendwelche Anhaltspunkte!" „Das könnte gut möglich sein. Jedoch sollten wir nicht zu zweit da auftauchen, dass wäre auffällig. Aus welchem Grund sollte ich da auftauchen?" „Was ist, wenn du Freundschaft mit ihr schließen möchtest, so kurz vor den Prüfungen. Du möchtest mit allen Klassenkameraden in guter Erinnerung von der Schule Abschied nehmen." „Gute Idee Yeol! So ziehen wir es durch!" Somit war unser nächster Halt Su-Bins Haus. Ich klingelte an der Freisprechanlage. Eine Frau ging ran, wahrscheinlich die Haushälterin. „Hallo, hier ist eine Klassenkameradin von Su-Bin! Sie sie zufällig Zuhause?" Die Dame öffnete mir die Tür und lies mich herein kommen. „Su-Bin kommt sofort runter." „Rose? Was tust du hier?" „Können wir reden?" Sie lud mich in ihr Zimmer ein. „Ich bin hier, weil ich einige Missverständnisse zwischen uns aus der Welt schaffen wollte! Vermutlich hast du den Eindruck, dass ich dich nicht mag und eine Konkurrentin in dir sehe. Dies ist nicht so! Von Anfang an wollte ich mit dir einfach nur befreundet sein. Du bist hübsch und so klug. Ich freute mich extrem über die Einladung zu deinem Geburtstag, jedoch hatten wir dort keine Gelegenheit miteinander richtig zu sprechen. Hast du vielleicht Lust in guter Freundschaft das Schuljahr zu beenden?" „Denkst du, ich habe irgendein Interesse daran, mit dir befreundet zu sein? Mir ist es egal, wie wir beide von der Schule gehen!" „Su-Bin, ich unterbreche dich hier mal! Darf ich eure Toilette benutzen?" „Ja, den Gang gerade aus. Und dann kannst du eigentlich auch verschwinden! Ich sehe keinen Sinn in diesem Gespräch!" Sie setze sich vor ihren Laptop und surfte weiter im Internet. Ich ging aus ihrem Zimmer heraus und suchte leise das Büro ihres Vaters. „Da ist es!" Um zu erfahren, ob er sich drinnen befand, klopfte ich vorsichtig an der Bürotür. Kein Ton wurde gegeben. Ich schlich herein und durchsuchte sämtliche Dokumente, die auf seinem Schreibtisch lagen. In den Schubladen schaute ich auch nach, doch da lag nichts brauchbares. Dann fand ich sein Handy, das unter einigen Zetteln lag. „Ohne Passwort, yes!" Sofort durchsuchte ich seine Anrufer Liste. Er hatte einen Tag, nachdem der Notar den Termin mit meinem Vater hatte, mit ihm telefoniert. Plötzlich hörte ich Schritte, die auf mich zu kamen. Mit Lichtgeschwindigkeit versteckte ich mich in seinem Kleiderschrank, dass im Büro stand. „Es lag

143

Mitsicherheit auf meinem Schreibtisch! Su-Bin?
Warst du in meinem Büro?" „Nein Vater!" „Wo ist
es bloß?" Kang Joon-Ho verließ wieder sein Büro.
Auf seinem Handy befanden sich einige
Nachrichten auf, die zwischen ihm und dem Notar
gewesen waren.

Kang Joon-Ho	*Notar*
„Hast du alles erledigt?" *alles*	*„Ja, es ist* *erledigt!"*
„Ich hoffe, dass alles *sauber verlaufen* *wird!* *Ansonsten wirst du* *es bereuen!"*	*Mach dir* *keine Sorgen! Alles* *Läuft nach Plan."*

Diese Nachrichten fotografierte ich ab. Außerdem
fand ich noch eine Nachricht, die interessant
aussah. Sie war von Kang Joon-Ho an irgendeinen
Typen.

> *Falls etwas schief läuft, möchte ich,*
> *dass ihr ihn beseitigt! Ich werde euch*
> *mehr als nur gut bezahlen.*

In dieser Nachricht musste es um den Notar gehen.
Wie ich verstand, wenn der Notar etwas falsch
machen würde, sollte er sterben. Auch diese
Nachricht fotografierte ich ab und schrieb mir die

Nummer des Typen ab. Da im Büro stille herrschte, nahm ich an, dass sich niemand mehr dort befand. Ich stieg aus dem Schrank heraus und legte das Handy wieder an seinen ursprünglichen Platz zurück. Voller Angst in mir, wusste ich nicht genau, wie ich aus diesem Haus wieder verschwinden sollte. Von Ecke zu Ecke schlich ich mich näher an die Eingangstür. Wieder hörte ich laute Schritte. Blitzschnell versteckte ich mich hinter der Couch im Wohnzimmer. Su-Bins Vater suchte immer noch nach seinem Handy. Mir blieb keine andere Möglichkeit als Yeol um Hilfe zu bitten. „Yeol, hol mich hier raus! Ich stecke in der Klemme! Su-Bins Vater läuft hier herum.", flüsterte ich ins Telefon. Da klingelte es schon an deren Haustür. Kang Joon-Ho öffnete die Tür. „Hallo, ich bin ein Klassenkamerad von Su-Bin! Mein Name ist Jeong Chung Yeol. Ihre Tochter erzählte mal, dass Sie ein außergewöhnlich toller Chirurg sind. So wollte ich Sie treffen und um Rat bitten. Sehen Sie meine Nase? Ich mag sie nicht! Was könnte daran ändern werden? Ich hätte gerne eine kleinere Nase, nicht zu auffällig!" „Jeong Chung Yeol, kommen Sie doch mit in mein Büro! Dort können wir uns besser unterhalten." Beide gingen hoch in sein Büro. Dies war meine Gelegenheit zu verschwinden. Yeol verbrachte bestimmt eine volle halbe Stunde dort. „Na endlich, da bist du ja!" „Ja, hat länger gedauert als ich angenommen habe. Und, hast du irgendetwas gefunden?" „Nicht wirklich! Ich habe alle Dokumente durchsucht, aber es war nichts dabei. Dann fand ich sein Handy und sieh mal, was

ich da gefunden habe!" „Wahnsinn! Allerdings
wird die Polizei das nicht als Beweismittel gelten
lassen! Was ist, wenn wir noch versuchen in das
Büro vom Krankenhaus zu steigen?" „Das ist
unsere letzte Möglichkeit! Jetzt muss ich aber los!
Meine Schicht im Kiosk fängt bald an." Yeol
brachte mich hin und begab sich nach Hause. Der
erste Arbeitstag war anstrengend. Öfters musste ich
mit der Müdigkeit kämpfen. Der nächste morgen
begann mit der Schule. Dort paukte ich ohne Pause,
da meine Zeit danach vollgepackt mit anderen
Dingen war. Anschließend musste ich in der
Bibliothek noch einiges an Büchern suchen. Min-
Ho recherchierte dort auch etwas. „Hey, ich habe
gehört, du wohnst jetzt bei uns?" „Ja, das stimmt,
jedoch ist es nur eine Ausnahme und nur für eine
kurze Zeit." „Also von mir aus kannst du bleiben
solange du möchtest!" „Danke! Wie geht es Anna?
Habt ihr noch Kontakt?" „Natürlich! Ihr geht es
gut. Sie hatte erzählt, dass deine Mutter nun bei
ihnen wohnt." „Oh Min-Ho, hast du Anna gesagt,
dass ich bei euch wohne?" „Nein, noch nicht!
Wieso?" „Bitte verrate ihr nichts davon! Meine
Mutter denkt, ich bin bei einer Freundin. Wenn sie
wissen würde, dass ich mit meinem Freund unter
einem Dach wohne, würde sie durchdrehen!"
Leider musste ich ihn anlügen, damit meine Mutter
nicht die Wahrheit erfuhr. „Keine Sorge, ich werde
nichts verraten!" Die Zeit rückte näher und ich
musste schon zu meinem nächsten Job. Ich war so
überfordert mit all dem, sodass meine Kraft
langsam nach lies. Trotz dessen wusste ich, wofür

ich zu kämpfen hatte und zog es mit eisernem Willen durch. Vom Restaurant ging es weiter zum Kiosk, von dort aus zurück zu Yeols Heim. Ich fiel übermüdet auf mein Bett und schlief direkt ein. „Hey, wach auf! Wir wollten doch ins Krankenhaus." Yeol wecke mich um sechs Uhr morgens. Bis ich mich zurecht gemacht hatte, war es schon sieben Uhr. Dieses mal würde Yeol in das Büro steigen und ich würde die Assistentin ablenken. Zuerst ging ich herein, Yeol blieb hinter mir. „Guten Morgen! Ich hätte gerne einen Termin bei Doktor Kang Joon-Ho." „Sehr gerne, wie ist Ihr Name?" „Mein Name ist.. oh, irgendwie ist mir schwindelig!" „Warten Sie, ich bringe Ihnen ein Glas Wasser!" Solange sie das Wasser holte, lief Yeol in das Büro herein. „Hier, bitte, trinken Sie!" Ich trank das Glas Wasser komplett aus. „Geht es Ihnen besser?" „Ja, vielen Dank!" „So, wie war Ihr Name doch gleich?" „Mein Name ist Sung Su-Ji." Mit Absicht nannte ich ihr einen falschen Namen, damit Kang Joon-Ho nicht erfuhr, dass ich hier gewesen bin. Dieser Name, den ich ihr nannte, war der Name von einer Klassenkameradin. „Um was soll es bei dem Termin gehen?" „Ich möchte zur Beratung für eine Schönheitsoperation. Um genau zu sagen, geht es um meine Augenlider." „Gut, ich hätte nächsten Monat, am Donnerstag, den 15ten einen freien Termin!" Yeol lies kurz auf meinem Handy durchklingeln, als Signal, dass er fertig war. „Ja, den Termin..ups, schon wieder so schwindelig! Würden Sie mir noch ein Glas Wasser bringen?" Sie lief wieder los. Yeol kam heraus und verließ das

Krankenhausgebäude. „Frau Sung Su-Ji, vielleicht sollten Sie sich mal bei uns durchchecken lassen! Sie leiden wohl oft an Schwindelanfällen." „Ja, da haben Sie Recht! Das werde ich tun. Ich danke Ihnen, doch nun habe ich es sehr eilig. Auf Wiedersehen!" Einige Meter weiter trafen sich Yeol und ich. „Und?" „Nichts! Der Typ hat echt alles verschwinden lassen!" Dies war meine letzte Hoffnung. Nun wusste ich nicht mehr weiter.

Für uns Schüler wurde es langsam sehr ernst. Es waren nur noch zwei Tage vor den entscheidenden Prüfungen. Wir legten uns alle noch mehr ins Zeug. Jeder lernte in dem Fach mehr, wo die größte Schwäche lag. In der Pause erholten wir uns kurz, bevor es weiter ging. „Juna, wie geht es dir eigentlich? Irgendwie kamen wir im Moment nicht dazu, uns normal zu unterhalten. Hast du etwas von Jae-Min gehört?" „Mir geht es den Umständen entsprechend. So langsam vergisst sich alles, wirklich alles. Von Jae-Min habe ich nichts gehört. Wie geht es dir? Wie läuft es mit Yeol?" „In dieser kurzen Zeit ist viel geschehen und ich kann stolz sagen, dass ich den besten festen Freund auf der ganzen Welt habe. Er ist immer für mich da, macht jeden Quatsch mit mir mit und unterstützt mich bei allem. Ein Leben ohne ihn kann ich mir nicht mehr vorstellen. Er ist mein Fels in der Brandung, mein Retter in der Not, meine wahre große Liebe. Zwar ist in meinem Leben gerade totales Chaos, doch nichtsdestotrotz bin ich überglücklich und das nur seinetwegen. Nichts und niemand könnte uns je auseinander bringen. Wir sind eins, ohne den einen kann der andere nicht." „Hört sich romantisch an! Solche ähnlichen Sätze habe ich damals auch von Jae-Min gehört. Täusche dich nicht, mit – niemand kann euch je auseinander bringen -! Das geht schneller als du glaubst." Junas Worte gaben mir zu denken. Wieder in unserer Klasse setzte sich jeder zurück an seinen Tisch und lernte bis zum Unterrichtsende weiter. Von der Schule aus musste ich direkt zum Restaurant. Dort gab es nämlich viel zu tun. Nachts fand ich es ziemlich angenehm im Kiosk, da um diese Uhrzeit weniger Leute unterwegs waren, als am Tage. So ergriff ich die Gelegenheit um noch etwas für die Prüfungen zu lernen. Im Großen und Ganzen war ich gut auf die bevorstehenden Prüfungen vorbereitet. Ich lernte alles auswendig, was ich wissen musste und ging noch Stellen durch, die mir nicht in den Kopf wollten. Als ich von meinem Kollegen abgelöst wurde, war ich fix und fertig. Meine Augen schlossen sich sogar während des Gehens. Angestrengt versuchte ich mich auf den Weg zu konzentrieren.

An dem Tag, vor den Prüfungen, traf ich mich nach der Schule mit Mika und Juna. Unsere Klasse wollte nach den Prüfungen feiern und dafür sollte jeder etwas vorbereiten. Wir drei waren für die Location, sowie die Dekoration verantwortlich. In der Nähe von Myeongdong fanden wir ein Restaurant, dass nicht zu groß und nicht zu klein war. Von außen war das Gebäude Beige gestrichen. Vor dem Eingang standen Tische und Stühle draußen. Drinnen sah es sehr stylisch und modisch aus. Die Tische waren rund und weiß, die Stühle blau. Auf den Stühlen drauf lagen weiße, weiche Kissen. Der Boden glänzte. Die Menükarte hatte einiges zu bieten, wie Steak, Rindfleisch, Reis, Ramen, Koreanische Gerichte, Japanische Gerichte, Desserts und vieles mehr. Wir reservierten das komplette Restaurant. Der Inhaber erlaubte es uns zu dekorieren, wie wir wollten. Mika besorgte Ballons, Luftschlangen und Wanddekor mit der Aufschrift: Wir haben es geschafft! Juna schickte in der Zwischenzeit unseren Klassenkameraden die Adresse. Später brachten die Jungs Getränke mit, Saft, Wasser und jede menge Soju. Es sollte die Feier überhaupt werden. Denn für uns würde in wenigen Stunden ein neues Leben beginnen. Nun war der Tag der Tage gekommen. Vor dem Schuleingang versammelten sich unzählige Eltern, die während der Abschlussklausuren ihren Kindern die Daumen drückten und für sie beteten. Jeder von uns war nervös und aufgeregt bis aufs übelste. Die erste Prüfung begann mit Koreanischer Geschichte. Es folgte dann Koranische Sprache, Englisch und Mathematik. In allen Prüfungen konnte man 150 Punkte erreichen. In den folgenden Tagen wurden die Prüfungsergebnisse an die Aushängewand gehangen. Die Schüler drängelten und schubsten um ihre eigenen Ergebnisse zu finden. „Rose, sie mal! Da bist du und Yeol!" Yeol befand sich auf Platz eins, ich auf Platz zwei, Min-Ho auf dem dritten und Mika auf dem vierten. Juna schaffte es auf Platz sechs. Yeol und ich waren überglücklich.

Wir umarmten uns und sprangen im Kreis. „Geschafft! Geschafft!" Am Abend feierte unsere Klasse. Es wurde gegessen, getrunken, getanzt und gesungen. Wir erinnerten uns an die beste und lustigste, als auch an die schwerste und stressigste Zeit an dieser Schule. Plötzlich wurden wir an diesem Abend alle zu Freunden. Keiner nahm dem anderen irgendetwas übel, alle vergaßen die Streitereien und die Meinungsverschiedenheiten. Min-Ho bat mich auf gute, zukünftige Freundschaft mit ihm zu trinken. Nam-Joon und Mika kuschelten in einer Ecke. Die Feier endete erst gegen zwei Uhr morgens. Yeol, Min-Ho und ich torkelten betrunken zu ihnen nach Hause. Keiner von uns schaffte es bis in sein Zimmer. Min-Ho schlief auf der Couch, Yeol und ich Arm in Arm auf dem Boden. „Du meine Güte, was riecht hier so streng? Hey, steht auf! Was denkt ihr, wo ihr hier seid! Geht unter die Dusche, ihr stinkt wie eine Alkoholfabrik." Bo-Ram war überaus schockiert über unser Verhalten. Mit dollen Kopfschmerzen verzog sich einer nach dem anderen unter die Dusche. Min-Ho fühlte sich so schlecht, sodass er nichts frühstücken konnte. „Yeol du hast Besuch! Belle ist hier." Es spazierte ein wunderhübsches Mädchen herein. Super schlank, lange Beine, langes blondiertes Haar, geschminkt wie ein Model. Sie trug einen kurzen Lederrock, einen roten enganliegenden, dünnen Pullover und schwarze High Heels. Bei dem Anblick blieb mir fast das Essen im Halse stecken. Yeol stand auf und begrüßte sie mit einem High Five. „Siehst gut aus heute! Ich ziehe mich eben um und dann können wir los.", sagte er zu ihr. Er stellte uns einander nicht einmal vor. „Hi, ich bin Belle, die beste Freundin von Yeol! Du musst dann Rose sein, habe ich recht?" „Ja! Yeol hat mir nie von dir erzählt." „Das ist kein Wunder. Bestimmt wollte er nicht, dass du eifersüchtig wirst!" „Wieso? Gibt es denn Gründe, um eifersüchtig zu werden?" „Na ja, du musst es mal so sehen, wir sind gemeinsam aufgewachsen, wir waren und sind immer noch unzertrennlich. Später verliebten wir uns ineinander und wurden ein Paar. Ich bin seine erste große Liebe gewesen. So etwas würde er dir selbstverständlich nicht erzählen. Ich kann dir noch etwas verraten, wenn du möchtest! Ich war nicht nur seine erste feste Freundin, mit mir war auch seine erste Intime Erfahrung!" „Was? Ihr habt miteinander geschlafen?" Diese Neuigkeit war für mich ein Boom gewesen. „Ja, und das nicht nur einmal! Hier, siehst du diese Kette? Yeol hat dieselbe. Achte mal genauer auf seinen Hals! Er hatte sie für uns beide gekauft, und mir in der ersten gemeinsamen Nacht geschenkt. Die Beziehung mit dir, ist für ihn nicht dasselbe wie für dich. Auch ist dir bestimmt aufgefallen, dass Yeol schon immer sehr begehrt bei den Mädchen ist. Vor dir war er mit so einigen zusammen, doch im Endeffekt kam er immer wieder zu mir zurück. An deiner Stelle würde ich mir nicht allzu viel einbilden, zudem nimm seine romantischen Sprüche nicht all zu ernst. Ach... und noch eins, ich habe nicht vor Yeol dir zu überlassen!" Als Belle

Yeols Schritte auf uns zukommen hörte, tat sie wieder einen auf lieb und nett. „Rose, möchtest du mit uns kommen? Wir gehen in die Spielhalle." „Nein, ich muss zur Arbeit, ich habe nämlich Frühdienst!" Schnell machte ich mich vom Acker. Die Art, wie Yeol sie begrüßte, deutete alles darauf hin, dass sie sich wirklich schon eine halbe Ewigkeit kannten. Wie konnte er das alles vor mir verheimlichen? Mir war bewusst, dass ich nicht seine erste Freundin gewesen bin, doch eine von vielen? Laut Belles Worten machte es den Anschein, als würde Yeol seine Mädchen wie Unterhosen wechseln. Hatte er denn auch mit all seinen Exfreundinnen Sex? Wollte er deshalb mit mir schlafen, weil er es schon kannte und den drang dazu hatte? Wollte Belle mir das verklickern? Was war an ihren Worten dran? Sollte ich diesem, mir fremden Mädchen glauben schenken? Sie sagte, dass sie nicht vor hat ihn aufzugeben. Dies hieß, sie würde mit allen Mitteln um Yeol kämpfen. Wahrscheinlich war ich für sie nicht einmal eine Konkurrentin, wenn sie schon behauptete, dass er immer wieder zu ihr zurück kam. All die Stunden auf der Arbeit umkreisten mich ihre Worte. Am besten wäre es gewesen, wenn ich mit ihm darüber sprechen könnte. Dies wollte ich auch tun, jedoch kam er an diesem Abend so spät nach Hause, wo ich schon tief und fest schlief. Erst am Frühstückstisch trafen wir uns wieder. „Wie war die Arbeit gestern?" „Gut. Wie war dein Treffen mit Belle?" „War super! Wir hatten eine menge Spaß!" „Yeol, wir sollten reden! Wer ist sie für dich?

Wieso hast du sie mir gegenüber nie erwähnt? Warum hast du dich gestern, für euer Treffen so schick gemacht? War es wegen ihr?" „Also! Sie ist meine beste Freundin aus Kindeszeiten. Sie ist mir als Freundin sehr wichtig, weil wir einiges in der Vergangenheit durchgemacht haben. Ich habe sie nie erwähnt, weil es für mich irrelevant schien. Du hast schließlich auch Jungs als Freunde. Deshalb habe ich nicht gedacht, dass ich Belle vor dir erwähnen müsste. Hast du sie gestern gesehen? Wie bombe sie aussah, da musste ich doch mithalten, deshalb habe ich mich so schick gemacht." „Bombe? Mithalten können? Ah, okay! Was für Pläne hast du für heute?" „Da du arbeiten musst, gehe ich wieder mit Belle in die Spielhalle! Sie zockt besser als jeder Junge den ich kenne." „Ich wünsche euch viel Spaß!" Nach unserem Gespräch und dem, was Yeol mir sagte, ging es mir schlecht. Er verletzte mich ohne es überhaupt zu bemerken. Im Restaurant saß ich einige Zeit arbeitslos herum, da alle Gäste versorgt waren. Ich fummelte in meinem Handy herum, da entdeckte ich die Nummer des einen Typen, mit dem Kang Joon-Ho geschrieben hatte. Es entstand eine weitere Möglichkeit an Beweise heran zu kommen. Ohne großartiges hin und her, rief ich ihn an. „Hallo! Ich weiß, das du gemeinsame Sache mit Kang Joon-Ho machst! Ich möchte dir ein gutes Geschäft vorschlagen, bei dem du viel Geld kassieren kannst. Hast du Interesse?" „Wer bist du überhaupt? Woher hast du meine Nummer?" „Ich habe deine Nummer von Kang Joon-Hos Handy!"

154

„So ist das also! Worum geht es genau?" „Lass uns darüber persönlich sprechen! Kannst du heute gegen drei Uhr nachts?" „Okay, die Adresse werde ich dir per Nachricht zukommen lassen.", beendete er das Gespräch. In wenigen Stunden würde mir dieser Fremde vielleicht Beweise liefern, die mich weiter bringen könnten. Er schickte mir eine halbe Stunde vor dem Treffen eine Adresse. Das Treffen sollte in einer kleinen, engen Gasse stattfinden, wo zu dieser Uhrzeit kein Mensch dran vorbei ging. Selbstbewusst und voller Selbstsicherheit tauchte ich dort auf. Es stand dort ein Junge, circa Mitte 20, an der Wand angelehnt. Er rauchte eine Zigarette. „Du hast mich angerufen?", fragte er mich direkt. „Ja, das war ich!" „Worum geht es?" „Es geht um diese Nachricht, die Kang Joon-Ho dir einst schrieb. Ich bin mir sicher, du weißt mehr!" „Ich weiß nicht nur mehr, ich kenne die komplette Geschichte! Du bist Mitsicherheit die Tochter, des verstorbenen, ist so?" „Ah, ja, das bin ich. Erzählst du mir, was Kang Joon-Ho getan hat? Ich werde dich sehr gut bezahlen! Egal um welche Summe es gehen wird, ich werde zahlen." „Baby, von was willst du mich bezahlen? Du bist doch pleite!" Der Junge grinste mich gruselig an. Aus heiterem Himmel tauchten zwei weitere Jungs auf. „Sexy, die Kleine!", geierte mich einer von ihnen an. „Wenn ihr jetzt etwas falsches macht, wird das harte Konsequenzen haben!" Einer von ihnen machte kleine Schritte auf mich zu. „Sie ist süß! So Naiv!" „Denkst du, ich komme hierher ohne ein Wort mit Kang Joon-Ho zu sprechen? Mich hat es sehr wütend gemacht, dass er einfach so meine Nummer weiter gegeben hat." Jetzt saß ich in der Falle. Nun näherten sich mir alle drei. Einer packte mich von hinten und hielt meine Arme fest. Der andere zerriss mir meinen Pullover. Die Sache sah überhaupt nicht gut für mich aus. Ich hatte eine panische Angst, dass sie mich vergewaltigen würden, sodass ich laut anfing um Hilfe zu rufen. „Schrei nur Süße, dich wird hier bloß keiner hören!" Einer von ihnen trat mir volle Wucht mit dem Bein gegen meinen Bauch, und ich fiel zu Boden. Mit voller Kraft traten sie weiter auf mich ein. Nach kurzer Zeit spuckte ich Blut und bekam keine Luft mehr. Panisch versuchte ich nach Luft zu schnappen, dann verlor ich das Bewusstsein. Als ich wieder zu Bewusstsein kam, verstand ich, dass ich mich im Krankenhaus befand. Yeol saß neben mir auf einem Stuhl und weinte. „Was ist passiert? Warum bin ich hier?" „Rose? Gott sei dank! Du wurdest von zwei älteren Frauen in einer Gasse zusammengeschlagen aufgefunden. Die Damen haben dann den Krankenwagen gerufen. Erzähl mir lieber, was mit dir geschehen ist? Wurdest du überfallen? Wer hat dir das angetan?" Da kam meine Erinnerung langsam zurück. Die Jungs, und wie sie auf mich einschlugen. Und mir kamen Belles Worte wieder in den Kopf. Anstatt an mich zu denken, dachte ich wieder über ihre Worte nach. „Yeol, zeig mir deinen Hals!" Er zog sein T-Shirt runter, und dort hing tatsächlich eine Kette. „Zeig mal deine Kette!" Es war dieselbe Kette. Das selbe Puzzleteil wie bei Belle. „Wieso interessiert dich

diese Kette? Erzähl mir lieber, was passiert ist?"
„Ist eine hübsche Kette. Sie bedeutet dir bestimmt
eine ganze menge!" „Nicht wirklich, ist einfach nur
eine Kette. Dahinter steckt keine Bedeutung." Mir
wurde schlecht bei dem Anblick dieser Kette. Es
verdrehte mir den Magen. Sie hatte also die
Wahrheit gesagt. Zu wissen, dass sie nicht gelogen
hatte, zerstörte mich innerlich. Diese Kenntnis,
dass er mit einer anderen Intim war, kotzte mich an.
Seine lügen kotzten mich an. Meiner Meinung
nach, war Sex eine Sache, die nur zwei sich
ernsthaft Liebende taten. Sex war nichts, was man
mit irgendjemandem tat, sondern mit einem
Menschen, der entweder die zukünftige sein sollte,
oder nach der Eheschließung. Wenn er mit ihr das
erste mal Geschlechtsverkehr gehabt hat, musste
sie ihm immer noch viel bedeuten. Seine Gefühle
zu ihr mussten also noch da sein, sonst wären die
beiden nicht so eng miteinander befreundet
geblieben. Wahrscheinlich konnten sie nicht ohne
einander. Ich würde ihm nie so viel bedeuten wie
sie, denn sie war seine erste. Wieso konnte er mir
nicht einfach die Wahrheit sagen? Wenn er mich
anlog, musste etwas dahinterstecken. Mir tat es im
Herzen so sehr weh. Der einzige Mensch, bei dem
ich dachte, er würde mein Ehemann werden, mein
fester Freund, auf den ich so stolz war, hinterging
mich. Meine Welt brach in sich zusammen, und das
in kleine Einzelteile. So ein doller, furchtbarer
Schmerz umgab mich, sodass ich aus vollem Halse
schreien wollte. Als würde man mein Herz mit
bloßer Hand raus reißen. Er verletzte mich damit so

157

sehr, dass ich Yeol nicht einmal mehr ansehen konnte. Dieses Bild von den beiden hatte ich regelrecht vor meinen Augen, als wäre ich persönlich dabei gewesen. Der Mensch, dem ich vertraute, dem ich mich Gefühlsmäßig voll und ganz hingab, bei dem ich dachte, er würde mich niemals anlügen oder hintergehen, tat es doch. Für jemand anderes wäre es vielleicht halb so schlimm, es ging hierbei schließlich um seine Vergangenheit und nicht die Gegenwart, doch für mich hatte es eine Riesen Bedeutung. Ich dachte, wir würden dasselbe fühlen, gleichzeitig dieselben Erfahrungen sammeln, doch für ihn schien Sex einfach nur Sex zu sein. Für mich war es etwas heiliges. Ich hob mich für einen besonderen Menschen auf, wie Yeol es für mich war. Es handelte sich lediglich um eine kurze Zeit, bis ich mich ihm völlig hingeben wollte. Für Yeol war dieser besondere Mensch leider Belle. In mir lag ein schreckliches Gefühl. Mit eiserner Kraft kämpfte ich mit meinen Tränen. „Yeol geht bitte! Du hast hier so lange gesessen, du musst müde und erschöpft sein!" „Nein, ich bleibe hier, bei dir! Ich möchte dich nicht alleine lassen." Ein vorgetäuschtes, kleines Lächeln quetschte ich gerade so aus mir heraus. „Yeol geh! Was soll mir hier denn schon passieren? Ich bin an einem sicheren Ort. Geh und ruhe dich aus!" Er musste einfach gehen, denn ich spürte, wie mir die Tränen hoch stiegen. Mir fehlte länger die Kraft meine Gefühle zu unterdrücken. Yeol sollte dies nicht zu sehen bekommen, ansonsten würden zu viele Fragen auftauchen. Und kaum war er zur Tür raus, schoss es aus mir heraus, wie aus einer Pistole. Ich schrie, ich weinte, ich schlug mit meinen Fäusten gegen das Krankenbett, drehte mich von einer Seite zur anderen und weinte immer mehr. Der Schmerz, der in mir hoch kam, war nicht zu beschreiben. Wieso musste ich Yeol so sehr lieben? Ich liebte ihn so sehr, dass es mich vor Schmerz zerriss. Warum konnte ich das alles nicht einfach sein lassen, als mich Min-Ho gewarnte: verlieb dich bloß nicht in Yeol, sagte er damals. Er wusste es bestimmt die ganze Zeit über und wollte nicht, dass ich etwas wie das durchleben musste. Erst jetzt verstand ich die Absichten von Min-Ho. Die Verletzungen, die mir die komischen Typen zugefügt hatten, waren nichts im Gegensatz zu dem, was Yeol mir zu fühlen gab. Was sollte ich jetzt bloß tun? Wie sollte es für uns weiter gehen? Eins jedoch stand für mich fest, diese Lügen konnte ich ihm nicht verzeihen. Hätte er mir von Anfang an die Wahrheit erzählt, wäre es schlimm, aber nicht so schlimm, wie jetzt. Ich stand vor Belle dar, wie ein dummes, naives Mädchen, das mit einem Jungen zusammen war, der lediglich sein Vergnügen mit ihr haben wollte und danach wieder zu seiner wahren Liebe zurück gehen würde. Wie könnte ich ihm noch mit positiven Gefühlen gegenüber stehen? Was für eine Schauspielerin müsste ich sein, um das hinzukriegen? Ich bin schon immer ein ehrlicher Mensch gewesen, deswegen musste ich eine Entscheidung treffen. „Hallo Kim Rose! Wie geht es Ihnen? Alles gut?" Wie nicht anders zu erwarten war, war Kang Joon-Ho mein behandelnder Arzt.

„Wie Sie sehen, ist bei mir alles gut! Ich glaube, ich habe keine ernsthaften Schäden davon getragen, richtig?" „Es freut mich zu sehen, dass es Ihnen so gut geht! Lassen Sie mich Ihnen einen kleinen Tipp mit auf den zukünftigen Weg geben: passen Sie beim nächsten mal besser auf sich auf! Sie sollten Verabredungen nicht in irgendwelchen dunklen, gefährlichen Gassen veranstalten." Der Typ hatte ihm tatsächlich über unser Treffen Bescheid gegeben. Wenn es nicht so wäre, hätte er eher gedacht, dass ich überfallen worden bin, oder ähnliches. Doch er wusste es, denn er steckte mit den Typen unter einer Decke. Eine volle Woche lag ich im Krankenhaus und musste Kang Joon-Hos Sprüche ertragen. Am Tag meiner Entlassung waren meine Beine wie angewurzelt, als ich vor Yeols Haus stand. „Wieder aus dem Krankenhaus raus?", überraschte mich Belle von hinten. „Ja, wie du siehst! Wohin des Weges?" „Selbstverständlich zu Yeol! Wir wollten gemeinsam Essen gehen und danach ins Kino." Während es mir schlecht ging, vergnügte er sich mit ihr? War das sein ernst? In mir brannte es vor Wut. „Hey! Belle, es wäre nett, wenn du ihm nicht sagst, dass du mich vor seinem Haus gesehen hast, okay?" „Kein Problem! Ihn wird es auch nicht sonderlich interessieren, denke ich. In der Zeit, wo du im Krankenhaus lagst, verlor er kein einziges Wort über dich. Und glaub mir, wir sprechen über alles. Er hat mir sogar erzählt, wie er versucht hat im Haus seiner Eltern Sex dich zu verführen. An deiner Stelle hätte ich ihn nicht abgeblitzt. Als ob es eine Rolle spielt, wo du mit

deinem liebsten intim wirst..." Sie wollte noch
etwas sagen, doch sie ließ es bleiben. Mir platzte
der Kragen. Es brodelte in mir, weil Yeol mit ihr,
ausgerechnet mit ihr über unser Privatleben sprach.
Warum ausgerechnet mit ihr? Ich verabschiedete
mich von Belle und ging ein Stückchen weiter. Von
dieser Ecke aus hatte ich alles gut im Blick, wo sie
mich nicht sehen würden. Yeol kam sehr schick
gekleidet aus dem Haus. Er trug einen schwarz-
weißen Anzug. Zur Begrüßung umarmten sie sich
und dann küsste sie ihn auf den Mund. Anstatt
irgendetwas dagegen zu unternehmen, wenn er dies
nicht wollte, öffnete er ihr stattdessen nach dem
Kuss die Tür zu seinem Auto. Als wäre es
selbstverständlich und alltäglich. Mit bitteren
Tränen in den Augen stand ich da und fühlte mich
vollkommen verarscht. Hatte er die ganze Zeit nur
mit mir gespielt? Waren sie heimlich in einer
Beziehung? Eine tiefe Leere tauchte in mir auf. Im
inneren starb ich in diesem Moment. Von da an
konnte ich weder Menschen vertrauen, ihnen
glauben, noch mich ihnen öffnen. Mein Herz hatte
sich in dieser Sekunde verschlossen. Nun war mir
alles egal geworden. Mein Leben war mir egal. Wie
es weiter ablaufen würde, was damit geschehen
würde, und wer darin auftauchen würde. Alles war
mir scheiß egal geworden. Ich sah keinen Sinn
mehr darin. Ohne lange zu überlegen, packte ich
meinen Koffer. Ich wollte unter keinen Umständen
länger in diesem Haus bleiben. An seine Eltern
schrieb ich ein Dankesbrief.

Herr und Frau Jeong,
vielen Dank für die Gastfreundschaft, dass
Sie mich so großherzig aufgenommen
haben, dass Sie sich so wundervoll um mich
gekümmert haben. Leider muss ich weg! Es
tut mir sehr leid, dass ich mich nicht
persönlich von Ihnen verabschieden konnte!
Ich wünsche Ihnen für die Zukunft nur das
Beste.
Kim Rose

Den Brief für seine Eltern legte ich auf den Tisch,
damit sie ihn auch hundertpro entdeckten. Für Yeol
hinterließ ich einen extra Brief, den ich auf sein
Bett legte. In diesem Brief verabschiedete ich mich
von ihm und beendete alles zwischen uns.

Lieber Yeol,
wo soll ich bloß Anfangen? Ich bin dir sehr
dankbar, für die gemeinsam verbrachte
Zeit. Ich danke dir für die Erfahrungen, die
du mir geschenkt hast und für deine
Unterstützung! Mit diesem Brief möchte ich
mich von dir verabschieden. Das, was
zwischen uns gewesen ist, war
wunderschön, doch sind meine Gefühle zu
dir niemals echt gewesen. Du warst mein
Ersatz für Min-Ho! Dich als Typ würde ich
niemals lieben können, und das tut mir leid.
Ich wünsche dir auf deinem Weg viel Erfolg.
Leb' dein Leben und ich werde meins
Leben! Sollten wir uns das nächste mal auf

*der Straße begegnen, lass uns einfach an
einander vorbei gehen, als
hätten wir uns nie gekannt.
Liebe Grüße an Belle ;)
Kim Rose*

Am meinem Arbeitsplatz, im Kiosk hockte ich
herum und wusste nicht, wohin mit mir. In meinem
Portmonee besaß ich nur noch wenig Geld. Da fand
ich die Adresse von Chang Yong-Ho. Meine
Erinnerung an Mutters Worte kamen wieder hoch.
Mit einem mulmigen Gefühl machte ich mich auf
den Weg zur Familie Chang. Sie besaßen zwei
Häuser, die auf einem riesigen Grundstück standen.
Das vordere Haus war größer als das hintere. In der
Einfahrt gab es drei Garagen, womöglich besaß
jeder von ihnen ein eigenes Auto. Ich drückte an
der Klingel ohne zu wissen, was mich dort
erwarten würde. Eine ältere Dame öffnete mir die
Tür. „Guten Tag!" „Guten Tag, ist Herr Chang
Daheim?" „Ja, bitte, kommen Sie herein!" Ich blieb
im Flur stehen und wartete auf ihn. „Was für ein
besonderer Gast! Hallo Rose." „Hallo Herr Chang.
Haben Sie kurz Zeit für mich? Ich würde gerne mit
Ihnen sprechen!" „Komm ruhig herein, hab keine
Angst! Setz dich!" Wir machten es uns im
Wohnzimmer, auf der schwarzen Ledercouch, auf
der viele violette Kissen lagen, bequem. Deren
Wohnzimmer war sehr groß und stilvoll
eingerichtet. Die Wände waren weiß. Es standen
einige Pflanzen in den Ecken. Ihr Couchtisch war
eckig und aus Glas. Ein Schwarzer Teppich lag

mitten im Wohnzimmer. „Ich habe eine kleine Vorstellung von dem, was dich beschäftigt, aber sprich los, vielleicht irre ich mich." „Ich brauche Ihre Hilfe! Wie Sie vermutlich mitbekommen haben, haben Mutter und ich nach Vaters Tod alles verloren, was wir besaßen. Mit Hundertprozentiger Sicherheit kann ich Ihnen sagen, dass ein gewisser Mann hinter all dem steckt. Würden Sie mich als Anwalt vertreten? Ich habe leider kein Geld um Sie zu bezahlen, aber vielleicht können wir uns irgendwie, auf irgendetwas einigen." „Liebe Rose, ich könnte dir helfen. Ich weiß auch, wer dahinter stecken mag. Doch wie du vielleicht weißt, hatte ich damals deine Mutter auch um einen Gefallen gebeten und sie hatte mir diesen abgelehnt." „Ich weiß, wovon Sie sprechen! Es ging dabei um die Heirat zwischen Ihrem Sohn und mir?" „Stimmt genau! Also für mich hört es sich gerade so an, als wärst du bereit sehr weit zu gehen, um alles wieder zurück zu bekommen. Habe ich recht?" Da es für mich nun keine Rolle mehr spielte, wen ich heiraten würde, und ob mit oder ohne Liebe, wo lag schon der Unterschied?! Auf einer Seite, wäre ein Leben ohne Liebe vielleicht einfacher. Darin wäre kein Schmerz oder Leid zu finden. „Als meine Mutter dieses Angebot ablehnte, war es ihre Entscheidung und nicht meine! Sie hatte mich nicht nach meiner Meinung gefragt." „Wie sieht deine Meinung dazu aus?" „Sie haben mich richtig verstanden, ich bin bereit alles dafür zu tun, um das wieder zu bekommen, was mein Vater und meine Mutter sich hart erarbeitet haben. Ich möchte Ihren

Sohn heiraten, wenn er es auch immer noch möchte! Jedoch, wenn ich ihren Sohn heirate, helfen Sie mir alles wieder zu bekommen?" „Sich alles wieder zurück zu holen, wäre kein Problem für mich! Ich habe Quellen, ich habe gute Leute, und das wichtigste, ich kenne den Mann, der Chaos in euer Leben gebracht hat. Glaub mir, mein Sohn ist so verknallt in dich, der würde dich jeder Zeit heiraten. Eins muss ich dir lassen, du triffst gerade sehr erwachsene Entscheidungen. Weißt du, um zu heiraten und eine gute Ehe zu führen, muss man einen Menschen nicht unbedingt lieben, es reicht manchmal aus, wenn man diesen einfach nur attraktiv und anziehend findet. Denn mit der Zeit gewöhnt man sich aneinander und danach spielt so eine Kleinigkeit wie Liebe keine Rolle mehr." „So denke ich auch! Also haben wir einen Deal?" „Wir haben einen Deal! Du brauchst dir um nichts mehr Sorgen machen, ich werde mich um alles kümmern!" „Ach und ich habe noch eine Bitte... Ich hatte keine Gelegenheit mich an meiner Wunschuniversität anzumelden, da ich im Krankenhaus lag. Könnten Sie daran etwas machen?" Er lachte herzlich. „Selbstverständlich Rose! Für meine zukünftige Schwiegertochter tue ich alles. Ich nehme an, du hast auch keinen Schlafplatz, oder wo lebst du zurzeit?" „Leider stehe ich mit absolut nichts da." „Ich werde das Zimmermädchen damit beauftragen, dein eigenes Zimmer herzurichten. In welchem Gebäude möchtest du wohnen? In dem hinteren wohnt Yong-Ho, meine Frau und ich wohnen hier." „Das spielt

165

für mich keine Rolle. Dort, wo Sie ein Zimmer frei haben, dort werde ich wohnen." „Du gefällst mir jetzt schon! Mein Sohn kommt morgen früh von seiner Tour wieder, er wird sich freuen, dich hier anzutreffen." „Die Freude ist ganz meinerseits." Ich wusste, dass ich diese Entscheidung irgendwann bereuen könnte, den mein Herz gehörte trotz allem Yeol. Doch auch zu seinem Glück ließ ich ihn gehen. In der vergangenen Zeit bereitete ich ihm nur Schwierigkeiten und mit Belle schien er glücklich zu sein. Mit ihr gab es keine Sorgen, keine Probleme und keine Schwierigkeiten. Yeol sollte ein unbeschwertes und fröhliches Leben führen. Wie Herr Chang gesagte: manchmal braucht man keine Liebe, es reicht aus, wenn man einander attraktiv findet und sich nach einer Zeit aneinander gewöhnt. Jetzt zählte nur eins für mich, dass meine Mutter alles zurück bekommt. „Ye-Jin? Das ist Kim Rose. Sie wird demnächst ein Teil unserer Familie. Bereitest du bitte für sie ein Zimmer in Yong-Hos Gebäude vor?", rief Herr Chang das Zimmermädchen. „Wird erledigt!" „Ich habe noch ein Meeting und muss jetzt los. Du kannst dich erholen und etwas essen. Unsere Haushälterin wird dir etwas leckeres vorbereiten. Sag ihr einfach was du gerne isst!" Ich bedankte mich bei ihm und verbeugte mich anstandsgemäß. Eun-Mi war die Haushälterin. Sie war 46 Jahre alt und hatte eine ungeheuer nette Persönlichkeit. Als sie mich sah, meinte sie, ich würde ausgehungert aussehen. Eun-Mi kochte für mich Kimchi Jjigae. „Du wirst also die Ehefrau von Yong-Ho?"

„Genau!" „Kennt ihr euch schon lange? Wie habt ihr euch in einander verliebt?" Ihre Fragen überforderten mich, da ich nicht wusste, was ich ihr erzählen sollte. „Wir kennen uns von der Schule. Yong-Ho ging eine Klasse über mir." „Oh eine klassische Schulromanze. Ich wünsche euch vom Herzen alles gute! Yong-Ho ist ein wundervoller Junge, er wird sich gut um dich kümmern!" Das hatte ich auch nicht bezweifelt, jedoch war er nicht Yeol. „Hallo alle zusammen! Wie ich gehört habe, haben wir Besuch?", erschien die Frau von Herrn Chang." Frau Chang, hallo!" „Rose, schön dich wiederzusehen! Mein Mann hat mir schon erzählt, dass du demnächst unsere Schwiegertochter wirst. Mich freut es sehr, das du es dir doch anders überlegt hast." Anscheinend wusste die Frau von Chang Soo-Ri nicht über unser komplettes Gespräch Bescheid. Sie setzte sich zu mir an den Esstisch. Chang Ji-Soo begann mir über ihren Tag zu erzählen. Unerwartet klingelte mein Handy. Es war eine SMS von Anna.

Hey Rose, ich bin wieder in Seoul!
Wollen wir uns treffen?
Anna

Sie war wieder hier, aber weshalb? Etwa wegen Min-Ho? Ich ignorierte diese Nachricht. Später rief sie mich an. Ich wusste genau, dass sie mich über die Trennung von Yeol ausfragen würde, deswegen ignorierte ich auch die Anrufe. „Hast du irgendeine Vorstellung, wie eure Hochzeit aussehen soll? Ich muss doch vorwarnen, sobald Yong-Ho von seiner Tour zurück ist, wird er eine Pressekonferenz geben müssen, bezüglich der Hochzeit. Diese Nachricht wird in allen Zeitschriften, Zeitungen und auch im Fernsehen zu sehen sein. Du wirst mit ihm überall dabei sein müssen! Das ist keine einfache Sache, denn seine weiblichen Fans werden dich garantiert vorerst nicht akzeptieren, schließlich ist er deren Bias, und sie sind vernarrt in ihn. Sein Fandom ist ungeheuer groß. Mach dich auf stressige Situationen gefasst!" „Daran habe ich auch schon gedacht! Nicht, dass seine Karriere schaden dadurch nimmt." „Nein, unser Yong-Ho wird es auf seine Weise klären." Wenn diese Neuigkeit im Fernsehen, in der Zeitung und in allen Zeitschriften zusehen sein wird, dann wird Yeol davon Wind bekommen. Mein Herzschlag wurde schneller. Eine Hitzewelle überkam mich. „Über die Hochzeit habe ich mir noch keine Gedanken gemacht. Sie möchten sicherlich, dass es eine traditionell Koreanische Hochzeit wird, oder?" „Schön wäre es natürlich! Im Endeffekt ist es aber eure Entscheidung. Unser Sohn macht eh was er will und wie es ihm gefällt. Wir unterstützen ihn einfach bei seinem Vorhaben." Unfassbar solche Worte von reichen Koreanischen Eltern zu hören. Normalerweise machten die Kinder das, was die Eltern verlangten und hier lief es umgekehrt ab. Dies machte mich etwas stutzig. „Frau Kim Rose, ich bin jetzt fertig mit der Einrichtung Ihres Zimmers." Ye-Jin, das Zimmermädchen, führte mich zu meinem Zimmer.

Das Zimmer lag in der Mitte des Flures, auf der zweiten Etage. Yong-Hos Zimmer befand sich in der ersten Etage. Neben meinem Zimmer war das Badezimmer und ein Spielraum. In dem Spielraum stand ein großer Billardtisch, eine Konsole, ein runter Tisch mit Stühlen, worauf Spielkarten lagen. An der Wand hing noch ein Basketballkorb. So verbrachte er wohl seine Freizeit. In meinem Zimmer stand ein großes Bett, daneben ein Nachttisch mit einer Lampe darauf. Gegenüber des Bettes hing ein Fernseher, ein Schreibtisch mit einem bequemen Stuhl, ein Kleiderschrank und in der Ecke ein Ganzkörperspiegel mit Beleuchtung. Hübscher hätte ich mir das Zimmer nicht vorstellen können. Mit aller Kraft hoffte ich, dass ich mich hier eines Tages wohl fühlen würde. Nachdem ich meinen Koffer ausgepackt hatte, nahm ich eine kalte Dusche und legte mich schlafen. In dieser Nacht träumte ich von Yeol. Ich sah Belle in einem weißen, wunderschönen Hochzeitskleid und ihn im Smoking. Sie waren so unglaublich glücklich. Er schaute zu mir rüber und lächelte. „Danke, dass du mir die Chance gegeben hast, meine wahre Liebe zurück zu erobern!", sagte Yeol zu mir im Traum. Ich stand vor ihm und weinte bittere Tränen. Seine Worte taten mir sehr weh. Neben mir tauchte Yong-Ho auf. Er nahm mich in den Arm, doch ich währte mich. Schweißgebadet wachte ich auf und ging zum Fenster rüber. Es war noch dunkel draußen. Am Himmel waren viele Sterne zu sehen. „Denkst du ab und zu an mich, Yeol? Wie gerne würde ich dich noch ein einziges mal wiedersehen." Ich setzte mich auf das Fensterbrett und schaute stumpf nach Draußen. Von hier hatte man eine schöne Aussicht auf den Namsan Tower. Zwar war er von hier aus sehr klein, jedoch trotzdem schön. Wie gerne wollte ich mit Yeol dorthin. Der Namsan Tower war eines der romantischsten Orte in Seoul. Mit meinen Gedanken schlief ich auf der Fensterbank ein. Aufgewacht bin ich durch das Tür klopfen. „Bist du wach? Ich bin es Yong-Ho. Rose?" „Einen Moment Yong-Ho!" Blitzschnell zog ich mich um und legte meine Haare zurecht. „Kannst rein kommen!" „Hey! Entschuldige die frühe Störung. Mutter hat gesagt, dass du hier bist. Ich komme gerade vom Flughafen." Obwohl er müde Augen hatte, sah er verdammt gut aus. Er trug eine schwarze Lederjacke, darunter ein weißes T-Shirt mit einer Aufschrift, und eine helle Jeans. Seine Frisur ließ ihn so erwachsen wirken. Oder hatte ich ihn einfach zulange nicht gesehen? „Willkommen zurück! Entschuldige, dass ich so aussehe, bin gerade erst aufgestanden." „Keine Sorge, du siehst immer wunderschön aus! Wollen wir gemeinsam frühstücken?" „Sehr gerne!" Er legte seine Tasche in seinem Zimmer ab und folgte mir. „Hat dein Vater schon mit dir gesprochen?" „Ja, gestern noch. Er war am Telefon so fröhlich, was mir äußerst verdächtig vorkam. Ich quetschte die Neuigkeit praktisch aus ihm heraus. Rose, du kannst dir nicht annähernd vorstellen, wie mich deine Entscheidung glücklich macht! Nachdem du mir von dir und Jeong Chung Yeol gebeichtet hattest, hatte ich eigentlich schon die Hoffnung aufgegeben. Und nun diese Wende. Hast du Lust nach dem Frühstück in die Stadt zu gehen? Einen kleinen Spaziergang machen?" „Wieso nicht! Ich mache mich nur schnell fertig, dann können wir los." Wir fuhren mit Yong-Hos Auto in Richtung Hongdae. Dies war eines der bekanntesten Straßen in Seoul. Dort gab es fantastische Bekleidungsgeschäfte, viele Cafés. In der Nacht füllten sich die Straßen mit Leuten die Musik machten und tanzten. Ein einzigartiges Erlebnis, voll von positiven Atmosphären. „Yong-Ho lass uns hier nicht so lange bleiben, ja? Ich muss noch zur Arbeit!" „Wie zur Arbeit? Du brauchst nicht mehr arbeiten! Ich verdiene genug für uns beide zusammen. Wir können natürlich bei deiner Arbeit vorbei fahren, jedoch nur, damit du dort kündigst. Ich lasse nicht zu, dass meine zukünftige Frau sich abschuftet!" Wir schauten uns in der Gegend um und gingen in einige Geschäfte herein. Da entdeckten uns ein paar von seinen Fans. „Sieh, da ist Oppa Yong-Ho! Wer ist das Mädchen neben ihm? Ist das etwa seine Freundin? Lass ihn uns ansprechen gehen!" „Nein, lieber nicht. Wir sollten die Privatsphäre von unserem Oppa respektieren, wie auch ihn selbst. " „Yong-Ho, ich denke, wir sollten gehen, bevor uns noch mehr von deinen Fans erwischen!" „Mir macht es nichts aus. Sie werden es demnächst eh erfahren." „Für mich ist es unangenehm, lass uns bitte gehen!" Er zeigte sich von seiner verständnisvollsten Seite, so fuhren wir von dort weg in Richtung zu meiner Arbeitsstelle. Mir tat es leid, dort kündigen zu müssen, denn ich hatte mich sehr an diese Jobs

171

gewöhnt. Die Inhaber, sowohl vom Restaurant als auch vom Kiosk verstanden meine Situation und wünschten mir viel Glück. Zwei Tage später knipste ich im Fernseher den Musikkanal an. „Die Fans von F.S.S drehen vollkommen durch. Ihr geliebter Chang Yong-Ho wird demnächst heiraten und zwar nicht irgendjemanden, sondern die Tochter vom verstorbenen Kim Jong-Hun! In den Netzwerken hagelt es nur von Hate-Kommentaren an die Gruppe. Viele Fans sind enttäuscht, und am Boden zerstört. Chang Yong-Ho jedoch versprach eine Pressekonferenz zu geben. Es wird spannend, bleiben Sie dran!" Mich erschrak dieser Bericht. Was wird nun mit seiner Karriere? Wie will er das wieder gerade biegen? Ich ging rüber in das andere Gebäude, um mit Frau Chang Ji-Soo darüber zu sprechen. „Frau Chang sind Sie hier?" „Rose, nenn mich bitte beim Namen, einfach nur Ji-Soo! Schließlich sind wir bald eine Familie! Was bist du so verstört? Hast du die Nachrichten im Fernsehen gesehen, oder was?", amüsierte sie sich. „Ja, ich mache mir Sorgen um seine Karriere!" Sie schob mir eine aktuelle Zeitung rüber. Auf dieser war ein Bild von Yong-Ho und mir. 'Hochzeitsfieber' lautete die Überschrift. „Oh mein Gott, woher haben diese Menschen mein Foto her? Wie sind sie da ran gekommen? „Sei nicht so verstört! Das ist in dieser Branche normal. Paparazzi und Journalisten kommen an alles heran, wenn es um Klatsch und Tratsch geht. Früher oder später muss jeder Idol da durch. Sei froh, dass du noch nicht schwanger bist, dies würde es noch toppen." Sie amüsierte sich köstlich über diese Situation. Irgendwie beruhigte mich ihr Lachen. Sie nahm es so gelassen und humorvoll auf, sodass es auch auf mich übersprang. Was war sie bloß für eine tolle Frau. „Rose bist du hier?", suchte mich Yong-Ho. „Ja, im Wohnzimmer!" „Du hast es also schon gesehen! Ich hoffe, du bist nicht allzu sehr schockiert und verängstigt!" „Deine Mutter ist einfach der Hammer, weißt du das? Sie hat voll den Durchblick, wie man einen Menschen beruhigt." Er lachte laut. „Ja, so ist meine Mutter! Für jeden Spaß zuhaben. Wir müssen heute Abend eine Pressekonferenz abgeben und ich würde mich freuen, wenn du dabei sein könntest." „Ich werde zwar mitkommen, aber ich möchte nichts dazu sagen müssen. „Keine Angst, nur unser Manager, meine Bandmitglieder und ich werden reden. Du musst nur anwesend sein!" „Okay, das sollte ich hin kriegen." Ji-Soo suchte mir ein passendes Outfit heraus und wir fuhren los. Als erstes stellte Yong-Ho mich seiner Gruppe und seinem Manager vor. Die Presse, die Kameraleute, sowie die Paparazzi saßen schon bereit. Vor dem Gebäude wimmelte es nur von Fans. Die Gruppe F.S.S und ich saßen an einem Tisch vorne auf der Bühne. Der Manager begann die Konferenz. „Wir haben uns alle heute hier versammelt, um etwas zu klären und eine Neuigkeit bekannt zu geben! Falls jemand Fragen hat, darf dieser sie jeder Zeit stellen!" „Yong-Ho, wie kommt es zu dieser Verlobung? Sie haben sich mit Ihrer Verlobten nie zusammen gezeigt?", stellte einer von der Presse die Frage.

Ein anderer wollte wissen: „Wissen Sie, dass sich durch Ihre Verlobung viele Fanseiten im Netzwerk, sowie auch viele Fanclubs geschlossen haben?! Das ist ein Schaden, den die ganze Gruppe nimmt. Wissen Sie auch, dass viele Ihrer Fans nun möchten, dass sie die Gruppe F.S.S verlassen?! Wie stehen Sie dazu?" Yong-Ho grinste, dann stand er auf. „Ich kann verstehen, das viele Fans sauer und enttäuscht sind, aber ich möchte euch eine Sache sagen! Kennt es jemand von euch, wenn ihr ein Leben lang eine innerliche Leere fühlt, dort wo eigentlich das Gefühl von Liebe zu spüren sein sollte? Wenn ihr es geschafft habt, euer Hobby zu eurem Beruf zu machen, aber in eurem Privatleben totale Flaute herrscht? Erinnert ihr euch an das Gefühl, sich das erste mal im Leben in einen Menschen zu verlieben? Erinnert ihr euch an diese starken Emotionen, wenn ihr so sehr verliebt seid, dass ihr dadurch den Kopf verliert? Wenn ihr diese Glücksgefühle in euch spürt, die Schmetterlinge im Bauch und diese vollkommene Zufriedenheit? Wenn euch eine dieser Situationen bekannt ist, dann werdet ihr mich verstehen. Ich liebe meine zukünftige Ehefrau! Sie macht mich zu einem noch besseren Menschen. Nachdem ich Kim Rose das erste mal gesehen habe, schrieb ich den Song 'you're so beautiful', den wir auch publiziert hatten. Dieser Song landete in mehreren Ländern direkt auf Platz eins in den Charts. Versteht ihr, worauf ich hinaus möchte? Kim Rose ist meine Muse! Sie ist die Liebe meines Lebens. Die Gefühle, die wir zu einander haben, erfüllen uns innerlich. Wenn ihr

174

meine wahren Fans seid, werdet ihr mich verstehen, meine Entscheidung akzeptieren, uns unterstützen, sowie Glück wünschen! Wenn dies jedoch nicht der Fall ist, werde ich die Band verlassen, sofern es der Wunsch der Mehrheit wird. Ich bedanke mich hiermit für eure Aufmerksamkeit!" Mich rührten seine Worte so sehr, dass mir die Tränen hoch kamen, und nicht nur mir, viele andere weibliche Fans begannen zu weinen. Selbst die Presse war gerührt. „Yong-Ho, Oppa wir lieben dich! Wir werden euch beide unterstützen! Du musst in der Band bleiben!", schrie eines der weiblichen Fans durch die Fensterscheibe. Der Rest applaudierte dem Mädchen. Die Konferenz verlief eins A. In meinem neuen Zuhause wurden wir schon von Ji-Soo und Soo-Ri erwartet. „Oh Mutter, Vater! Selten sieht man euch zur selben Zeit Zuhause." „Wir haben uns die Pressekonferenz im Fernsehen angeschaut. Mein Sohn, dass hast du gut geklärt!" Yong-Hos Vater war sehr stolz auf seinen Sohn. „Mein Sohn, du hast eine so wundervolle Rede gehalten und hast selbst mich zu Tränen gerührt! Einfach fantastisch!", strahlte seine Mutter vor Begeisterung. „Ich habe nichts außergewöhnliches gesagt, ich habe lediglich das gesagt, was ich ihn Wahrheit fühle." Während sie sich unterhielten und ich zuhörte, bekam ich erneut eine Nachricht von Anna.

Schwesterchen!
Ich hoffe, es geht dir gut. Da du meine

175

Nachrichten, wie auch meine Anrufe ignorierst, und ich deine neue Adresse nicht kenne, muss ich dir die erfreuliche Neuigkeit so überbringen! Min-Ho und ich werden in zwei Wochen heiraten! Hiermit möchten wir dich herzlich zu unserer Trauung am 05. Juli einladen. Wenn du nicht kommst, werden wir sauer auf dich sein! Du fehlst mir sehr.
Anna

Diese Nachricht haute mich von den Socken. Die beiden hatten es echt eilig sich zu vermählen. Bei der Hochzeitsfeier würde selbstverständlich auch Yeol anwesend sein. Wie sollte ich damit umgehen? Sollte ich überhaupt dort hin gehen? „Rose, ich habe grandiose Neuigkeiten für dich! Die Universität, an die du dich bewerben wolltest, hat eine Zusage geschickt! Ab Anfang nächsten Monat beginnt dein Studium.", erfreute mich Herr Chang Soo-Ri. „Vielen Dank, Herr Chang! Das freut mich wirklich sehr." „Wegen der anderen Angelegenheit, bin ich gerade dabei es zu klären! Wird also nicht mehr lange dauern." Yong-Hos Vater war mein Superheld. In diesem Moment merkte ich, wie sehr mir doch mein Vater fehlte. Wie gerne würde ich Vater noch einmal umarmen, mit ihm sprechen, mit ihm Spiele spielen oder ihn einfach nur sehen. Yong-Ho und ich gingen rüber in unser Gebäude. „Yong-Ho, ich muss dir etwas erzählen. Meine Schwester Anna hat mir eine Nachricht geschickt, besser gesagt, eine Einladung zur Hochzeit von ihr und Jeong Min-Ho. Ich weiß nicht genau, was ich ihr antworten soll. Würdest du mich dort hin begleiten?" „Ich verstehe, wieso du verunsichert bist! Jeong Chung Yeol ist doch sein Bruder, stimmt's? Er wird auch unter den Gästen sein?" „Ja wird er!" „Ich werde dich nicht alleine gehen lassen! Wir sind jetzt verlobt und unternehmen alles gemeinsam. Sag ihr, dass wir mit Freude kommen werden." Irgendwo war ich erleichtert nicht alleine hingehen zu müssen, aber auf der anderen Seite, würde Yeol mich und Yong-Ho zusammen sehen. Obwohl, er wird sicherlich auch in Begleitung von Belle kommen. In den nächsten Tagen versuchten Ji-Soo und ich ein passendes Kleid für mich zu Annas Hochzeit zu finden. Die Auswahl war groß, jedoch gefiel mir eher wenig. In einem der Geschäfte schauten wir uns deren Katalog an. Dort fand ich ein elegantes Burgunderrotes Kleid. Es war Schulterfrei, hatte lange Ärmel, Spitze und Perlenstickerei. Der Stoff bestand aus Tüll. Von der Länge her, würde es mir etwas bis unter die Knie gehen. Mir gefiel das Kleid auf Anhieb. Ji-Soo ließ es für mich anfertigen. Bis ende der Woche sollte es ankommen. Als Geschenk zu deren Hochzeit würden wir den beiden Geld schenken, was hier üblich war. Kurz spazierten wir noch in ein Café herein. Ji-Soo bestellte sich einen Espresso mit einem Käsekuchen. Ich hatte Lust auf Kaffee mit einem Schokoladenkuchen. „Rose? Lange nicht gesehen!", entdeckten mich Juna und Mika. „Hallo ihr zwei! Ja, sehr lange nicht gesehen und nicht gehört. Setzt euch doch zu uns!", lud ich die beiden ein, ohne zu überlegen. Sie bestellten sich beide Kakao mit Schokoladenmuffins. „Wir haben dich und Yong-Ho letztens im Fernsehen gesehen. Seid ihr nun wirklich so richtig verlobt?" „Stimmt genau! Wir sind offiziell verlobt." „Wow! Also stimmt es doch! Was ist mit dir und..", Juna schaute die Frau, die mit uns am Tisch sah an, und ließ ihre, mir vorhersehbare Frage stecken. „Rose, lass uns doch mal die Tage treffen und über alte Zeiten plaudern! Wir müssen jetzt leider weiter. Auf wiedersehen." Man musste kein Hellseher sein, um zu wissen, dass deren Neugier, was die Trennung zwischen Yeol und mir anging, riesig war. Auch Ji-Soo musste zurück zur Arbeit. Ich blieb noch ein Weilchen im Café sitzen. „Hast du ihr nicht im ernst gesagt?" „Doch, genauso! Sie soll wissen, das mich diese Situation verärgert hat." Eine dieser Stimmen ließ mir einen Schauer über den Rücken laufen, mich umzudrehen traute ich mich aber nicht. „Wie laufen die Vorbereitungen für die Hochzeit?" „Die werden niemals rechtzeitig fertig! Deren Sonderwünsche sind zum verrückt werden, mal dies, dann doch etwas anderes. Die beide haben sich gesucht und gefunden, so eine Ähnlichkeit ist unglaublich." „Gehst du mit oder ohne Begleitung hin?" „Ich denke, ich gehe mit Belle. Sie ist von Min-Hos Seite eingeladen." Die beiden saßen wohl einige Tische hinter mir, weil ich jedes Wort von ihnen hören konnte. Fand hier der Tag, der alten Bekannten statt, oder was? Wie sollte ich da nun weg kommen ohne entdeckt zu werden? „Entschuldigung? Gibt es hier einen anderen Ausgang?", flüsterte ich der Kellnerin zu. „Nein, nur den hinter Ihnen!" Mir fiel nichts besseres ein, als die Menükarte zu nehmen und mein Gesicht damit zu verdecken. So schnell wie der Wind rannte ich heraus. Hauptsache er hatte keine Gelegenheit mich anzusprechen, wenn er es denn tun wollen würde. Wie lange hatte ich Yeol nun nicht gesehen, und dann so eine Situation. Wussten Juna und Mika, dass sich Yeol auch in diesem Café befand? Zum Glück war Ji-Soo zum richtigen Moment gegangen. Yeols Stimme entfachte in mir starke, sehr starke Sehnsucht nach ihm, und zugleich fügte es mir schmerzen zu, zu wissen, dass er, wie ich es vermutet hatte, mit ihr zusammen ist. Ich würde lügen, wenn ich sagen würde, ich wünsche ihnen Glück. Mein Gefühl damals täuschte mich also nicht. Das zwischen den beiden musste wohl Schicksal sein. Nun war es Fakt, ich hatte Yeol für immer verloren. Jetzt war es an der Zeit ihn und die Gefühle zu ihm endgültig loszulassen. Doch wieso, wenn ich daran dachte, musste ich weinen? Ich hatte fürchterliche Angst vor Annas und Min-Hos Hochzeit. Dort würden wir es garantiert nicht schaffen einander aus dem Weg zu gehen.

Die Tage vergingen und ich begann langsam mit den Vorbereitungen für die Universität. „Rose, dein Kleid ist da!" Mit dem Paket in der Hand spazierte Ji-Soo ohne anzuklopfen in mein Zimmer herein. In der Realität sah das Kleid noch besser aus. „Probier es mal an!", bestand sie darauf. Ich zog es an und fand mich darin wunderschön, nur noch die Frisur musste stimmen. „Du wirst sie alle umhauen!" „Wissen Sie, was Yong-Ho zur Hochzeitsfeier anzieht?" „Ich weiß es nicht! Zumindest habe ich nichts gesehen. Ich nehme an, wenn er etwas hätte, würde er es dir vorführen." In dieser Nacht ließ sich Yong-Ho nicht Zuhause blicken. Seine Mutter meinte, es wäre normal. Es kam sogar schon mal vor, dass er sich Tage lang nicht Zuhause hat blicken lassen. Da ich kein Auge zu kriegen konnte, rief ich Juna an. „Hey Juna, schläfst du schon?" „Nein, ich bin noch wach." „Hast du und Mika morgen Zeit?" „Für dich haben wir immer Zeit! Schließlich haben wir einander viel zu erzählen." „Okay, das freut mich! Dann bis Morgen." „Bis morgen!" Endlich mal wieder Zeit mit den Mädels verbringen. Wir hatten uns so lange nicht gesehen, was sich wohl in deren Leben verändert hatte. Zum Mittagessen trafen wir uns in einem kleinen bescheidenen Restaurant. Wir umarmten einander und freuten uns, endlich wieder vereint zu sein. „Ihr habt mir so sehr gefehlt!" „Du uns auch! Es war nicht dasselbe ohne dich!" Wir bestellten eine große Tunapizza mit stillem Wasser. „Berichtet mir beide von eurem Leben, was gibt es neues?" Mika schaute bei dieser Frage auf den Boden. „Ah, Mika möchte also anfangen?" „Du hast dich kein bisschen verändert, Rose! Wo soll ich beginnen? Ich wurde für ein renommiertes Theaterstück genommen, bald beginnen die Proben. Mit Nam-Joon ist es seit ungefähr einer Woche vorbei! Der Grund für die Trennung war seine überdimensionale Eifersucht. Ich durfte keine anderen Jungs angucken, mit keinem anderen sprechen und erst recht nicht zusammen arbeiten. Er hatte so eine Angst mich zu verlieren, sodass er mich im Endeffekt doch verlor. Ansonsten ist alles beim alten." „Ach, was für ein Mist! Das tut mir so leid für euch. Ich fand, ihr habt so ein gutes Paar abgegeben." „Gut, genug von traurigen Neuigkeiten! Kommen wir mal zu mir! Jae-Min hat sich bei mir gemeldet. Ihm geht es in Amerika gut, jedoch vermisst er mich. Er hat sich für das Geschehene bei mir entschuldigt und hofft, dass, wenn er wieder zurück nach Seoul kommt, wir einen Neuanfang starten können. Meine Gefühle zu ihm haben sich in keinster Weise verändert, ganz im Gegenteil, als ich seine Stimme am Telefon hörte, tauchten all meine vergangenen Gefühle wieder auf. Er sagte auch, dass er mich zu seiner Frau nehmen möchte, selbst wenn seine und meine Eltern dagegen sein werden. Sobald er sein Studium beendet hat, werden wir heiraten. Also seid darauf vorbereitet meine Trauzeugen zu werden!" „Das ist doch mal eine Neuigkeit! Unfassbar, dass er es nach so langer Zeit doch wagen möchte.", verwunderte es mich. „So hab ich auch gedacht, aber Jae-Min hat sich verändert, er ist psychisch stärker geworden und ich wäre diesen Schritt damals schon gegangen, wäre er nicht so schnell verschwunden." „Das mit euch war aber auch eine heftige Geschichte! Ich wünsche euch vom Herzen, das ihr gemeinsam alles meistert!" „Los, jetzt zu dir Rose!", klatschte Mika in die

Hände. „Ja, was bei mir alles passiert ist, da werden euch die Augen aus dem Gesicht fallen! Nach dem Tod meines Vaters haben Mutter und ich alles, was wir besaßen verloren. Mutter lebt zurzeit wieder in Deutschland bei meiner Tante. Ich bin hier geblieben, weil ich herausfinden wollte, was mit dem Testament meines Vaters falsch lief. Ein Kollege meines Vaters hatte das Testament gefälscht, wie und warum weiß ich jedoch noch nicht. Yong-Hos Vater arbeitet gerade an diesem Fall. Eine kurze Zeit habe ich bei Yeol gewohnt. Mit ihm unter einem Dach zu wohnen war wie ein Traum. Dann erfuhr ich so einiges über seine Vergangenheit, und das nicht von ihm selber, sondern von seiner angeblichen besten Freundin. Yeol und sie waren in der Vergangenheit ein Paar. Sie standen sich sehr nah, so nah, dass sie miteinander intim waren." „Wie bitte? Er war mit dir zusammen und traf sich immer noch mit diesem Mädchen?" Den Mädels fiel fast das Gebiss aus dem Munde. „Ja! Dann passierte mir eine dumme Sache und ich landete für einige Zeit im Krankenhaus. Das Mädchen von Yeol hatte mir eine Kette, die sie am Hals trug gezeigt. Es war ein Puzzleteil, und sie meinte, Yeol hätte es ihr in der besagten Nacht geschenkt. Wie dem auch sei, als ich im Krankenhaus lag, bat ich ihn mir seine Kette zu zeigen, und wie zu erwarten war, war es dasselbe Puzzleteil. Er trägt es immer noch. Mich verletzte dies so sehr, dass ich ihn weg schickte, ohne es zu klären. An meinem Entlassungstag wollte ich zu ihm. Dort sah ich die beiden, wie sie vor Glück strahlten. Zur Begrüßung küsste sie ihn auf den Mund und dann sind sie in sein Auto stiegen. So entschied ich mich ihn zu verlassen. Die Sache mit Yong-Ho begann damit, dass mir meine Mutter damals verschwieg, dass Yong-Ho den Wunsch hatte, mich zur Frau zu nehmen. Seine Eltern wollten, dass Mutter mich ihnen verspricht, doch sie lehnte es ab. Nach der Bekanntgabe des Testamentes, bat sie mich zu Yong-Hos Vater zu gehen und ihn um Hilfe zu bitten. Im Gegenzug würde ich ihren Sohn heiraten. So ist bis jetzt der Stand der Dinge!" „Wie? Du heiratest ihn, ohne Gefühle zu ihm zu haben? Nur damit deine Mutter alles wieder zurück bekommt?" „Wisst ihr, mir hat ein Mensch gesagt, dass man für die Ehe nicht unbedingt Gefühle zu einander haben braucht. Es reicht aus, wenn man einander attraktiv und anziehend findet." „Das ist doch nicht dein ernst? Rose, das ist ein ziemliches Opfer, was du da vor hast zu bringen! Willst du wirklich ein Leben lang mit einem Mann verheiratet sein, den du nicht liebst?" „Ich mag Yong-Ho, er ist ein grandioser Mann und er kümmert sich äußerst gut um mich. Er würde niemals zulassen, dass mich irgendjemand verletzt!" „Erinnerst du dich an letztes Wochenende, Juna? Wo wir Yeol mit einem Mädchen gesehen haben? Wir dachten erst mal, dass wärst du Rose, doch dann erkannten wir, dass es ein anderes Mädel war. Das muss diese Freundin gewesen sein!" „Ja, ich erinnere mich! Sie ist ein nichts im Gegensatz zu dir Rose!" „Mädels, ihr seid echt süß, aber seid ehrlich, sie ist heiß wie eine

183

Rakete!" Nun schauten beide zu Boden. „Na ja, dann kommt noch die Sache, meine Schwester Anna wird Min-Ho heiraten. Yeol und Belle werden selbstverständlich auch da sein. Ich werde mit Yong-Ho hingehen. Was meint ihr, wie das alles ablaufen wird? Vom Gefühl her habe ich schlechte Vorahnungen." „Oh, dass ist mal ein Ding! Dabei wird Mitsicherheit nichts gutes heraus kommen! Du solltest damit rechnen, dass es ungeheuer weh tun wird, ihn mit ihr zu sehen.", bezeugte Juna meine Gedanken. „Meine ich auch! Ich weiß nicht mal, wie ich im Nachhinein damit umgehen soll. Ich habe nur die Hoffnung, dass wenn ich die beiden gemeinsam sehe, dass meine Gefühle zu ihm dadurch verschwinden. Wie man so schön sagt, von Liebe zu Hass ist es nur ein einziger Schritt." „Dann lass dich überraschen! Vielleicht wird auch alles gut gehen. Wer weiß, stell dir mal vor, im Endeffekt werdet ihr noch gute Freunde." „Oho, dies kann ich mir nicht mal ansatzweise vorstellen!" Wie abgehärtet müsste ich sein, um mit Yeol nur befreundet zu sein? Dafür müsste man meine kompletten Erinnerungen aus meinem Kopf löschen. Wir beendeten unseren Plausch und jeder ging wieder seinen Weg.

Annas Hochzeit würde in genau 24 Stunden stattfinden. Sie rief mich an, um sicher zu gehen, dass Yong-Ho und ich auch tatsächlich erscheinen. Ich wusste nicht genau, ob er noch mit kommen würde oder nicht. Das letzte mal sahen wir uns vor einigen Tagen. Er war so sehr im Studio beschäftigt, sodass er spät in der Nacht nach Hause kam und sehr früh wieder ging. Dementsprechend verpassten wir uns ständig. Am Tag der Hochzeit stand ich früh auf, damit Ye-Jin mir in aller Ruhe meine Haare machen konnte. Sie schlug mir vor, sie offen zu lassen und oben eine süße Schleife zu befestigen. Sie war der Meinung, dass würde mit dem Kleid super aussehen. Ye-Rin machte mir leichte Wellen in die Haare rein. Nach dem sie fertig war, kam auch schon die Kosmetikerin. Sie trug mir ein leichtes, unauffälliges Make-up rauf und einen leicht rosanen Lippenstift, der den ganzen Tag über halten müsste. Dies liebte ich sehr an Korea, deren Kosmetik gefiel mir bombastisch gut. Selbst als ich noch in Deutschland wohnte, bestellte ich mir meine Kosmetik immer aus Korea. Später half mir die Kosmetikerin mit meinem Kleid, denn es alleine anzuziehen, ohne die Frisur und das Make-up zu ruinieren, war praktisch unmöglich. Es klopfte an meiner Zimmertür. „Rose, bist du fertig?" „Ja, einen Moment noch!" Ich öffnete die Tür und Yong-Hos Aussehen übertraf alles. Ein eleganter, dunkel blauer Anzug, eine dunkel blaue Weste, ein weißes Hemd und alles von Dolce & Gabbana. Seine Haare gelte er nach hinten. „Wow Rose, du siehst umwerfend aus!" „Das Kompliment gebe ich gerne zurück!" Er sah einfach fantastisch aus. Mich wunderte es kein bisschen, dass sein Fandom so riesig war. Wir fuhren mit seinem Auto zu Kirche. Min-Ho und Anna heirateten nicht traditionell, sondern eher modern. Vor der Kirche versammelten sich unzählige Gäste. Anna war nicht zu übersehen. Sie hatte ein Bodenlanges, Rückenfreies weißes Brautkleid an. Der Chiffon war Elfenbein farbig, Der Stoff bestand aus Tüll und Charmeuse. An Verschönerungen gab es an der rechten Kleiderseite kleine weiße Blumen, Rüschen und Perlenstickerei. Min-Ho trug einen grauen Hochzeitsanzug mit einer schwarzen Krawatte und einem weißen Hemd. In der Jacketttasche war eine weiße Blume ran gesteckt. Yong-Ho parkte sein Auto, stieg aus und öffnete mir Gentleman like die Tür. Er nahm meine Hand und wir gingen gemeinsam zu den anderen Gästen. Mein Herz pochte wie sau. Meine Hände begannen zu zittern. „Hallo Rose, hallo Yong-Ho! Schön euch hier zu sehen!", begrüßte uns meine Mutter. Mutter trug ein langes, leuchtendes, dunkel blaues Kleid mit einem Bolero. „Hallo Mama, schön dich wiederzusehen." Wir begrüßten noch ein paar der anderen Gäste, die uns bekannt waren. Einige der Gäste waren sogar Fans von Yong-Hos Band. Yeol und Belle waren nicht in Sichtweite. Nachdem sich alle, bis auf Yeol und Belle, versammelt hatten, gingen wir in die Kirche herein. Yong-Ho und ich setzten uns in der letzten Reihe hin. Die Zeremonie sollte gerade beginnen, da öffnete sich die Kirchentür. Mein Herz hörte auf zu schlagen. Yeol und Belle traten hinein. Sie hielt ihn am Arm, wie ein Hund seinen Knochen. Sein erster Blick fiel auf mich. Reflexartig drehte ich mich sofort um. Belle trug ein schlichtes kurzes rotes Kleid, mit langen Ärmeln und Rückenfrei. Yeol trug einen eisgrau farbenen Anzug, mit einem weißen Hemd und einer pinken Krawatte. Der

186

Anzug stand im sehr gut. Sie setzten sich einige Reihen vor uns hin. Die Zeremonie dauerte ungefähr eine halbe Stunde. In dieser ganzen Zeit bekam ich nichts von der Zeremonie mit, ich war nur damit beschäftigt seinen Hinterkopf anzustarren. Mir ging es schlecht ihn mit ihr zusehen. Nach der Trauung fuhren wir alle zur Hochzeitshalle, wo die eigentliche Feier stattfand. Die Halle war sehr hübsch geschmückt. Die Decke war mit Lichterketten verziert. Deren Dekofarben bestanden aus Beige und Pink. Die Tischdekoration war in Beige. Auf jedem Tisch stand eine große Vase mit Perlen und Pinken Rosen. Jeder besaß einen, ihm zugewiesenen Platz. Der Tisch des Brautpaares war auch dekoriert mit Lichterketten, einigen gemeinsamen Fotos von den beiden, und Perlen waren überall auf dem Tisch verteilt. Außerdem gab es ein großes Buffet an verschiedenen Kalt- und Warmspeisen, Desserts und Früchten. Es war alles mit viel Mühe hingelegt. Auf der Bühne stand ein Dj der für die Musik verantwortlich war. An unserem Tisch saß meine Tante, und drei alte Schulkameraden, mit denen weder Yong-Ho noch ich Kontakt hatten. Mutter saß mit Min-Hos Familie an einem Tisch. Yeol und Belle saßen mit irgendwelchen Verwandten von Min-Hos Seite. Das Brautpaar stand auf und der Dj brachte Min-Ho ein Mikrofon. „Liebe Gäste, vielen dank, dass sie alle so zahlreich erschienen seid an diesem besonderen Tag. Wir wünschen euch allen viel Spaß und einen wundervollen Tag, amüsiert euch gut!" Die Gäste standen auf und begaben sich nach und nach zum Buffet. Nachdem alle eine Kleinigkeit gegessen hatten, wurde das Brautpaar von den Gästen gratuliert. Jeder, der etwas zu ihnen sagen wollte, musste nach vorne gehen. Nach der Mutter von Min-Ho und meiner, wollt ich ihnen gratulieren. Yong-Ho kam mit mir nach vorne mit. „Meine geliebte große Schwester! Als wir noch klein waren, warst du für mich ein Vorbild. Du warst immer so taff, stark und voller Positivität. Keiner konnte es mit dir aufnehmen. So war das auch in unserer Schulzeit. Als wir zu Tante zogen, hast du dich immer um mich gekümmert, hast immer gut darauf aufgepasst, dass ich mein Schulbrot esse, dass ich nicht zur Schule verschlafe, und dass mich bloß keiner in der Schule ärgert. Du warst meine Heldin. Eine bessere Schwester als dich könnte ich mir niemals vorstellen. Durch einen Zufall hast du Min-Ho nach langer Zeit wiedergetroffen. Ich kann mich noch ganz genau daran erinnern, als du nach eurem ersten Treffen nach Hause gekommen bist, hast du gestrahlt wie die Sonne. Ich habe dich schon oft glücklich gesehen, jedoch nicht so, wie an diesem Tag. Das Schicksal hat euch wieder zueinander geführt, und ich wünsche euch ein langes und glückliches gemeinsames Leben. Das ihr euren Weg gemeinsam geht, dass eure Ziele dieselbe Richtung haben. Ganz viel Glück wünschen wir euch." Anna und mir liefen die Tränen herunter. „Anna, Min-Ho! Es ergab sich leider nicht die Gelegenheit, sich besser kennenzulernen, aber ich hoffe, dass es sich in der Zukunft ändern wird!

Auch ich möchte euch alles Glück der Welt wünschen! Ihr seht nebeneinander wirklich klasse aus.", gab auch Yong-Ho ein Wort von sich, womit keiner von uns gerechnet hatte. Nun war Yeol an der Reihe. Er ging ohne Belle nach vorne. Min-Ho! Wir hatten nie ein sonderlich gutes Verhältnis zu einander und ich denke, dass ist für niemanden hier ein Geheimnis, doch lass mich dir eins sagen! Seit dem du Anna getroffen hast, bist du ein vollkommen anderer Mensch geworden. Sie macht dich zu einem besseren Menschen, sie hat eine Seite an dir geöffnet, die du bisher verschlossen gehalten hast. Ich wünsche euch beiden auf eurem zukünftigen Weg, dass ihr weiterhin so eine starke und aufrichtige Liebe zu einander empfinden werdet, dass ihr gemeinsam alle Hindernisse überwindet. Denn glaubt mir, einen Seelenverwandten zu finden, was ihr seid, ist extrem schwer zu finden. Ihr habt einander gefunden und solltet euch glücklich schätzen!" Bei seinem letzten Satz schaute er nicht zum Brautpaar sondern in meine Richtung. Yong-Ho entfiel dies nicht. Sofort legte er seinen Arm um mich. „Wir danken euch für die vielen Glückwünsche! Die ein oder anderen machten mich äußerst sentimental. Jetzt ist die Aufmerksamkeit an die unverheirateten Damen gerichtet. Wer wird den Brautstrauß fangen?", verkündete Anna. „Los geht es Rose, fang ihn!", schubste Yong-Ho mich nach vorne. Belle und viele andere Mädchen stellten sich auch dazu. Anna drehte sich um und warf den Strauß. Den Strauß zu fangen hatte Belle das Vergnügen.

„Yeol, deine Zeit ist wohl bald gekommen!", lachte Min-Ho. Dann kam der Eröffnungstanz von Braut und Bräutigam. Ich fühlte mich irgendwie nicht so wohl. „Yong-Ho, ich gehe kurz frische Luft schnappen, ja?" „Soll ich dich begleiten?" „Nein, bleib ruhig sitzen." Vor der Tür standen einige der älteren männlichen Gäste und rauchten eine Zigarette. Ich ging um die Ecke um niemandes Aufmerksamkeit auf mich zu ziehen. „Boah, was für ein Mist!", erschöpft lehnte ich mich gegen die Wand. „Ich finde, wir sollten reden!" „Wir haben nichts worüber wir reden sollten!" „Ich finde schon. Rose, ich glaube nicht, dass das, was du in dem Brief geschrieben hast, der Wahrheit entspricht! So welche Gefühle, die zwischen uns waren, kann man nicht einfach vortäuschen. Das, was wir hatten war echt!" „Ach, wirklich? War es das? Genau für dein Talent sollte man dir einen Oscar verleihen!" „Ich verstehe nicht, was du meinst?" „Nein? Ich erkläre es dir! Belle ist nur eine Freundin, ja? Was für ein Mist hast du mir da erzählt, oder besser gefragt, was hast du mir nicht erzählt? Wie kannst du sie deine beste Freundin nennen, wenn ihr mit einander schläft? Die Kette, die du anhast, ihr habt doch dieselbe! Hast du sie ihr nicht in der besagten Nacht geschenkt? Wie kannst du mit ihr befreundet sein, wenn du mit mir zusammen bist? Würde es dir gefallen, wenn ich mit einem anderen Mann vor dir Sex gehabt hätte und so tun würde, als wäre es nie passiert? Man kann seinen besten Freund nicht gleichzeitig Freund nennen, wenn man mal Sex miteinander gehabt hat! Was läuft bei dir schief?" „Was erzählst du da? Bist du verrückt? Ich hatte nie Sex mit Belle! Ich hatte noch nie Sex mit irgendjemandem, ich schwöre es dir! Belle war damals mit Min-Ho ein Paar, sie hatten was miteinander, und nicht ich. Was die Kette angeht, wir drei, Min-Ho, Belle und ich haben dieselbe Kette. Unsere Eltern hatten sie uns geschenkt, als wir noch Kinder waren." „Ich glaube dir kein Wort! Du versuchst jetzt von dir auf Min-Ho abzulenken!" „Was ist denn mit dir? Ein kleines Missverständnis und zu ziehst los und willst einen anderen heiraten?" „Missverständnis nennst du das? Yeol, wo warst du am Tag meiner Entlassung aus dem Krankenhaus? Ich habe euch mit eigenen Augen gesehen! Wie ihr euch geküsst habt, wie ihr glücklich in dein Auto gestiegen seid. Hier ist nichts ein Missverständnis! Was für ein scheiß Spiel hast du mit mir gespielt? War es wenigstens witzig, mich so zu verarschen?" „Sie hatte mich geküsst und nicht ich sie! Dieser Kuss hatte nichts zu bedeuten! Dieser Kuss war nicht ernst gemeint." „Wie nicht ernst gemeint? Wie geht das denn? Wenn ich jemanden küsse, dann ist es schon ernst gemeint! Dann stecken dort Gefühle dahinter. Außerdem, du warst nicht abgeneigt. Hättest du diesen Kuss nicht gewollt, hättest du irgendwie anders darauf reagiert! Aber was hast du getan? Du bist mit ihr trotzdem ins Auto gestiegen." „Du hast das komplett falsch verstanden! Aber sag mir, warum du ihn heiraten willst? Wieso ausgerechnet er? Wo ist er besser als ich? Ich weiß ganz genau, dass du ihn nicht liebst,

191

weil du immer noch Gefühle für mich hast! Heirate ihn nicht, Rose, ich bitte dich!" „Du willst, dass ich ihn verlasse? Dann verlasse du Belle!" „Versteh es doch, sie ist nur eine Freundin! Das kannst du nicht vergleichen. Ich kann keine Freundschaft, die von Kindesalter an hält, nicht einfach so nehmen und weg schmeißen. Diese Freundschaft bedeutet mir viel!" „Ach? Sie bedeutet dir also mehr als die Beziehung mit mir? Na ja, ich kann es verstehen, dass sie dir viel bedeutet. Jemandem, dem man sich so hingegeben hat, den will man natürlich nicht verlieren. Lasst es euch gut gehen!" Gerade wollte ich gehen, da haute er etwas heraus. „Ich weiß, wieso du ihn heiraten willst! Es ist nicht, weil du ihn liebst oder Gefühle für ihn empfindest. Du tust es doch nur, weil sein Vater dir versprochen hat, dass wenn du ihn heiratest, deine Mutter und du alles, was ihr damals verloren habt, wieder zurück bekommt! Ist es nicht so? Du hast eine Abmachung mit seinem Vater! Mika hat mir alles erzählst!" Mich schockierte der Hinterhalt von Mika. Wie konnte sie mir so in den Rücken fallen? „Du willst die Wahrheit? Die kriegst du! Ja, Yeol, ich liebe dich! Ich liebe dich so sehr, dass ich an jenem Tag, an dem ich euch beide zusammen sah, innerlich gestorben bin. Du hast keine Ahnung, wie tief die Leere und der Schmerz in mir sitzen! Dank dir, werde ich nie wieder irgendeinem Menschen vertrauen. Ich werde nie wieder einen anderen Menschen lieben können, wie ich dich liebe. Weißt du, wie es weh getan hat, dich mit ihr heute wieder zu sehen? Wie sie an dir geklebt hat. Von einer

Sache kannst du dir sicher sein, ich werde nie wieder zu dir zurück kommen! Das, was du mir angetan hast, war für mich das schlimmste überhaupt. Ich dachte, wir wären eins, ich dachte, ich könnte dir vertrauen, dir glauben, aber alles war eine Lüge! Du möchtest den Unterschied zwischen dir und Yong-Ho wissen? Er liebt mich wahrhaftig! Er belügt mich nicht und erzählt mir keine Märchen. Er ist echt!" „Wirklich? Ist das so? Gut, dann geh zu deinem Idol! Geh, und werdet glücklich miteinander. Und eins noch! Wie du in deinem Brief geschrieben hattest, beim nächsten mal, wenn wir uns zufällig begegnen sollten, sollten wir wirklich so tun, als würden wir einander nicht kennen!" Seine Worte killten mich. Dieser Schmerz fraß mich innerhalb von Millisekunden auf. „Du hast dich an seinen Vater verkauft!" Das, was ich nicht wusste, war, dass Yong-Ho die ganze Zeit in der Ecke stand und unser Gespräch mitanhörte. In dem Moment, wo Yeol schrie, ich hätte mich an seinen Vater verkauft, kam Yong-Ho von der Ecke heraus und schlug Yeol volle Wucht ins Gesicht. Daraus entstand eine Schlägerei. Die beiden schlugen sich heftig. „Hört jetzt alle beide auf!", schrie ich erschrocken. Yong-Ho und Yeol lagen lauf dem Boden. Ich zog Yong-Ho von Yeol weg. „Jetzt ist Schluss damit! Spinnt ihr? Yong-Ho komm mit!" Ich nahm ihn mit und verarzte sein Gesicht. „Lass uns zur Feier zurück gehen!" „Kannst du es denn? Wir können auch wieder zurück nach Hause fahren, das ist kein Problem." „Nein, wir lassen uns die Feier nicht von deinem

Exfreund verderben!" Einige der Gäste waren schon gut angetrunken und tanzten. „Da ist er! Yong-Ho, Sing doch einen deiner Songs für das Brautpaar!", forderten die Gäste von ihm. Er lächelte freundlich und erfüllte ihnen den Wunsch. Yeol setzte sich wieder zurück an seinen Tisch. Belle hatte ihn wohl verarztet, denn über seiner Augenbraue klebte ein Pflaster. Zum ersten mal sah ich Yong-Ho live auf der Bühne. Er sang einen älteren Song, den seine Gruppenmitglieder und er gemeinsam schrieben. Der Song trug den Titel 'don't let me go'. Die Bühne ließ ihn noch schöner und anziehender wirken. Während Yong-Ho sang, jubelten ihm alle anderen zu. Für mich wurde es unerträglich dort zu sitzen, denn ich konnte meine Augen nicht von Yeol lassen, genauso wie er von mir. Warum mussten wir uns so streiten? Wieso mussten wir einander solche schmerzhaften Worte an den Kopf knallen? Es lag an unserem Gefühlschaos, an dem Schmerz, der alles verschlimmerte. Wir liebten einander zu sehr. Ich verstand sehr wohl, dass ich ihm nicht vollkommen egal gewesen sein musste, jedoch wieso konnte er Belle nicht einfach abschreiben? Yong-Ho war damals auch nur ein Freund, und ich schrieb ihn doch auch für Yeol ab. Wieso konnte er nicht dasselbe für mich tun? Waren wir, und unsere Gefühle doch so verschieden? Es schien nicht unser Schicksal zu sein, ein gemeinsames Leben zu führen. Ich ließ kein Auge von den beiden. Sie schienen über irgendetwas zu diskutieren. Belle wollte Yeol umarmen, doch plötzlich sprang er von seinem Stuhl auf und ging weg. Was war zwischen ihnen geschehen? Yong-Ho sag seinen Song zu ende und wir fuhren wieder nach Hause. Dieser Tag war für uns beide anstrengend genug. Yong-Ho begleitete mich bis zu meinem Zimmer, vor dem wir stehen blieben. „Ist es wahr, dass du mich nur wegen der Abmachung mit meinem Vater heiraten möchtest?" „Yong-Ho, es tut mir wirklich sehr leid!" Mir blieb keine andere Wahl, als dazu zu stehen, denn ich wollte mich nicht noch weiter in die Lügen verstricken. Das hatte er nicht verdient. „Eigentlich ist mir der Grund, weswegen du mich heiraten willst, nicht sonderlich wichtig. Für mich zählt nur eins, dass du demnächst meine Frau wirst!" „Liebst du mich so sehr, dass es dir egal ist, ob ich die Gefühle zu dir erwidere oder nicht?" „Weißt du, bevor ich dich kennengelernt habe, war mein Leben für mich ein Dreck wert. Bis auf meine Musik, hat mir in meinem Leben nichts Freude bereitet. Doch, obwohl ich meine Musik hatte, litt ich unter starken Depressionen. In der Vergangenheit habe ich öfters versucht mir das Leben zu nehmen. Ich schnitt mir die Pulsadern auf. Meine Mutter fand mich blutend in meinem Zimmer auf. Aus Angst mich verlieren zu können, tun Vater und Mutter alles, damit ich glücklich bin. Doch egal, was sie taten, ich wurde es nicht, bis zu dem Tag, an dem ich dich das erste mal in der Schule sah. Ich wusste nichts über dich, doch dein Wesen veränderte schon damals alles in meinem Leben. Durch dich sprudelten die Ideen aus mir heraus und es entstanden neue Ziele in meinem

Leben, die ich unbedingt erreichen wollte. Verstehst du, du alleine warst dafür verantwortlich. Und als ich vorhin hörte, wie Jeong Chung Yeol dich darum bat, mich zu verlassen, bekam ich Angst. Ich habe befürchtet, dass du darauf eingehen wirst." „Yong-Ho! Hiermit verspreche ich dir, ich werde dich niemals im Stich lassen! Ich werde immer an deiner Seite sein. Aber eine Sache musst du mir versprechen! Sei nie eifersüchtig. Eifersucht ruiniert einfach alles in einer Beziehung. Du brauchst auch keine Angst davor haben, dass ich dich jemals verlassen würde. Wir beide werden heiraten, und das ist Fakt! Nichts und niemand wird daran etwas ändern können." In seinem Gesicht tauchte Erleichterung auf. Er hatte meinen Worten geglaubt. Während ich ihm diese Sicherheit gab, litt ich Höllenqualen. Denn auch mir wurde bewusst, dass es nun endgültig zwischen Yeol und mir vorbei war. Es gab kein zurück mehr. „Rose, was würdest du dazu sagen, wenn wir beide aus Seoul weg ziehen? Ich habe ein hübsches Haus in Busan gefunden. Ich bin mir sicher, es würde dir dort gefallen." „Hör mal auf! Wir brauchen doch nicht von hier wegziehen. Außerdem, mein Studium fängt nächste Woche erst an, und deine Eltern sind hier. Wenn du mal nicht da bist, ist mir wenigstens nicht langweilig." „In Ordnung. Falls du es dir anders überlegen solltest, gib mir Bescheid!"

Am nächsten Mittag war bei mir ein Mutter-Tochter-Treffen angesagt. Wir quatschten über Annas Hochzeit, wer was an hatte, wer was schenkte, und wie die Stimmung im Großen und

Ganzen war. „Was hast du getrieben, seit dem ich nicht mehr in Seoul bin? Bo-Ram hat mir verraten, dass du bei ihnen gewohnt hast und dich dann stumpf vom Acker gemacht hast. Du bist meiner Bitte nicht von Anfang an gefolgt, habe ich recht? Du wolltest einfach nur um jeden Preis bei Yeol bleiben?! Ich hoffe, dass du deine Hochzeit mit Yong-Ho nicht gefährden wirst! Zieh es bitte durch, Rose! Ich möchte wieder in mein altes Haus zurück. Meine Arbeit fehlt mir so sehr. Meine Seele schreit nach Seoul." „Mach dir keine Sorgen Mutter, ich werde es durchziehen. Die Hochzeit wird stattfinden!" „Da bin ich beruhigt. Hast du bei Annas Hochzeit Yeols neue Freundin gesehen? Die beiden passen wie Faust aufs Auge zueinander. Ein hübsches Pärchen, wie aus dem Bilderbuch." „Mama, können wir dieses Thema sein lassen? Du brauchst mir nicht absichtlich weh zu tun, nur damit ich Yong-Ho heirate. Ich habe gesagt, ich ziehe es durch, also wird es auch so sein!" Die letzten Monate veränderten meine Mutter arg. Sie machte mir Druck, der mir nicht gut tat. Ich fühlte mich extrem unter Stress gesetzt. Selbst die Atmosphäre zwischen Mutter und mir änderte sich. Wir hatten einander nicht viel zu sagen, also ging ich nach dem kurzen Gespräch zu meinem neuen Zuhause. In meinem Zimmer lag auf dem Schreibtisch ein Zettel.

In zwei Tagen ist der Gerichtstermin.
Um 10:30 Uhr müssen wir beide dort
erscheinen.

Es machte den Eindruck, dass die Angelegenheit mit dem Testament bald ein Ende fand. Nun war es interessant, ob es ein gutes oder ein schlechtes Ende nehmen würde.

Im Wohnzimmer saß Ji-Soo alleine auf der Coach und schaute sich eine Zeitschrift an. „Oh Rose. Du kommst rechtzeitig! Wir müssen so langsam einen Termin für eure Hochzeit festlegen. Was hältst du von August, den 15ten?" „Mir soll es recht sein! Schaffen wir es denn, alles so schnell zu organisieren? Wie soll, Ihrer Meinung nach, die Hochzeit aussehen?" „Natürlich schaffen wir es! Wir werden einen Hochzeitsplaner organisieren. Sie erledigen solche Sachen Blitzschnell. Und meine liebe Rose, es ist eure Hochzeit! So wie eure Vorstellung davon ist, so wird diese auch aussehen." „Wäre es für Sie in Ordnung, wenn es keine traditionelle Hochzeit wird, sonder eher eine moderne europäische? Die Hochzeit von meiner Schwester hat mir vom Stil her sehr gefallen." „Eine traditionelle Hochzeit wäre für Soo-Ri und mich schöner gewesen, doch wenn ihr eine europäische Hochzeit wünscht, soll es so sein. Ich möchte, dass der Start in eure Ehe nach euren Vorstellungen verläuft!"

„Ich danke Ihnen, Ji-Soo!" „Ach ja, Yong-Ho hat wohl vergessen, dir gegenüber zu erwähnen, dass ihr morgen ein Termin beim Fotoshooting, für eine renommierte Zeitschrift habt. Ihr werdet auf dem Titelblatt zu sehen sein, in Hochzeitskleidung. Du solltest dich heute früher schlafen legen, damit du morgen ausgeschlafen aussiehst, denn es wird früh los gehen." Obwohl ich es nicht wollte, musste ich es tun. Schließlich fragte mich keiner nach meiner Meinung. So wie Ji-Soo es mir riet, legte ich mich früh schlafen. Leider konnte ich bis nach Mitternacht kein Auge zu bekommen. Die neue Welt, in der alles öffentlich präsentiert wurde, war mir etwas unheimlich. Ich stand noch nie so viel in der Öffentlichkeit, und an sich, wollte ich es auch nicht. Um fünf Uhr morgens musste ich aufstehen, duschen und mich etwas zurecht machen. Anschließend fuhren wir zum Fotoshooting. Dort wurde Yong-Ho und mir das Make-up, sowie die Frisur gemacht. Etwas später wurde uns die Kleidung gebracht, in der wir fotografiert werden sollten. Für mich wurde ein bodenlanges, weißes Meerjungfrauen Hochzeitskleid bereitgestellt. Für Yong-Ho wurde eine schwarze Weste mit einem weißen Hemd, eine schwarze Hochzeitshose und eine schwarze Krawatte bereit gelegt. Für ihn war es pure Routine vor der Kamera zu stehen und zu posen, für mich eher ungewohnt und unangenehm. Dieses ganze gepose war nicht mein Ding. Auf einem Foto sollte er mich von hinten umarmen, und ich sollte zu ihm hinauf schauen. Auf einem anderen, standen wir uns umarmt gegenüber. Yong-Ho musste meine Taille umarmen und ich legte meine Arme auf seine Schultern. Das nächste musste so aussehen, als wäre er kurz davor meine Stirn zu küssen. Auf dem letzten Foto standen wir Rücken an Rücken und Hand in Hand. Nachdem der Fotograf seine Arbeit gemacht hatte, schauten wir uns gemeinsam die Fotos an. Um ehrlich zu sein, wurden die Fotos besser als ich vermutete. Alle gleicher Meinung, entschieden wir uns für das Foto, wo Yong-Ho und ich Rücken an Rücken standen. Ich war überaus froh, als das Shooting ein Ende nahm. Den restlichen Tag verbrachte ich Zuhause und suchte im Internet nach einem Hochzeitskleid für mich. Jede Kleinigkeit lenkte mich ab, denn besonderes Interesse bestand nicht darin, ein passendes Kleid zu finden. So schlief ich angelehnt an meinem Schreibtisch ein. Von dem Zimmermädchen Ye-Jin wurde ich erst am nächsten Morgen aufgeweckt. „Rose, wach auf!" „Ye-Jin?" „Ja, du Schlafmütze." „Mist, wie spät ist es?" „Es ist kurz vor neun!" In Blitzgeschwindigkeit putzte ich meine Zähne und rannte zum anderen Gebäude rüber. Soo-Ri legte seine Papiere, die er für den Gerichtstermin brauchte in seine Tasche. Vor dem Gerichtssaal traf ich auf die Jungs, die mich damals zusammen geschlagen hatten. Kang Joon-Ho stand auch davor. Wenn sein Blick töten könnte, wäre ich in diesem Moment gestorben. Voller Verachtung und Hass schaute er zu uns hinüber. Einige Minuten später kam auch der Notar dazu. Der Richter rief uns durch einen Lautsprecher auf. Soo-Ri und ich setzten uns vorne nebeneinander hin. Rechts von uns saß der Mistkerl Kang Joon-Ho mit seinem Anwalt. „Hiermit ist das Verfahren eröffnet! Herr Chang Soo-Ri, Sie dürfen beginnen!" „Sehr verehrter Richter, verehrte Anwesende! Wir haben uns heute hier versammelt, weil gegen das gegen das Gesetz verstoßen wurde. Der Vater meiner Mandantin, Kim Yong-Hun hatte vor seinem Tod ein Testament hinterlassen, dass sein Notar mit ihm gemeinsam erstellte. Sehen Sie sich bitte das originale Testament an, und bitte vergleichen Sie es mit dem, was meiner Mandantin vorlegt wurde." Mir fielen die Augen heraus. Wie konnte er an das Original heran kommen? Yeol und ich hatten doch alles durchsucht. Es war doch nichts zu finden. Der Richter begutachtete beide Papiere. „Fahren Sie fort!" „So, nach dem Tod von Kim Jong-Hun, bestellte der Notar meine Mandantin und ihre Mutter zu einem Termin zu sich in die Kanzlei. Beide Damen erschienen. Er lass ein Testament vor, jedoch war es die Fälschung, die gerade vor Ihnen liegt! Der Angeklagte, Kang Joon-Ho war als Kim Yong-Huns rechte Hand im Krankenhaus der Kims tätig. Warum wurde ausgerechnet er seine rechte Hand? Obwohl das Krankenhaus mehrere, viel Qualifiziertere Ärzte zur Verfügung hatte? Der Grund sieht folgendermaßen aus... Die beiden Männer kannten sich von der Universität, denn damals waren die Freunde. Nachdem Kim Jong-Hun erfolgreich das Krankenhaus übernommen hatte, wollte der Herr Kang Joon-Ho schon mal an den Chefposten heran, dies ist nun sechs Jahre her. Kim Jong-Hun lehnte alle Bewerbungen von Herrn Kang ab. Kang Joon-Ho verschwand dann aus diesem Krankenhaus. Vor einem Jahr tauchte er wieder auf, und komischerweise begann da auch die Krankheit von Kim Yong-Hun. Das Krankenhaus verfügt über Kameras auf jeder

Etage, in jeder Ecke. Einige spezielle Aufnahmen davon wurden gelöscht. Jedoch wurde der Archiv vergessen. Lassen sie uns diese Aufnahmen einmal gemeinsam anschauen!" Auf einem Laptop waren Aufnahmen zu sehen, wo Kang Joon-Ho irgendwelche Tabletten aus dem Medizinschrank heraus nahm und sie sich in die Tasche legte. „Herr Kang Joon-Ho kannte die Krankengeschichte von Kim Yong-Hun. Die Tabletten, die er da aus dem Schrank nimmt, sind welche, die das Herz beeinträchtigen. Mit jeder Tablette, die Herr Kim unbewusst bekommen hat, wurde sein Herz schwächer und schwächer, bis Kim Yong-Hun einen Herzinfarkt bekam. Für eine kurze Zeit ging es Herrn Kim etwas besser. Sehen wir uns mal die nächste Aufnahme an. Hier ist nun zu sehen, wie er in das Büro von Kim Yong-Hun geht, und wieder heraus kommt. Nun kommt der Chefarzt wieder, und nach einiger Zeit rennen die Krankenschwestern in sein Büro." Soo-Ri überraschte mich von Aussage zu Aussage. Er machte den Mistkerl so richtig fertig. Für jede Kleinigkeit hatte er einen Beweis in der Hand. Der Anwalt von Kang Joon-Ho kam nicht mal zur Sprache. „Herr Richter, dann kam es dazu, dass meine Mandantin sich in das Private Büro von Kang Joon-Ho herein schlich und auf seinem Handy Nachrichten fand. Sie fotografierte diese, und traf sich dann mit einem Mann, der anscheinend etwas zu wissen schien. Diesem jungen Mann wurde beauftragt, Rose bis auf das übelste zu schlagen. Dieser war selbstverständlich nicht alleine, sondern besaß Komplizen. So schlugen die Männer meine Mandantin bis zur Bewusstlosigkeit. Hier habe ich ein Foto, wie Kang Joon-Ho sich mit diesen Jungs getroffen hatte, an dem selben Tag, an dem meine Mandantin zusammengeschlagen wurde. Sehen Sie, auf dem Foto übergibt er ihnen einen Umschlag. In diesem Umschlag ist Geld, sehr viel Geld gewesen." Der Prozess ging eine Stunde lang so weiter. Chang Soo-Ri holte einen Ass nach dem anderen aus der Tasche. Er war wahrhaftig ein Wahnsinns Anwalt. Mir war schon klar, dass Kang Joon-Ho die Arschkarte gezogen hatte. Soo-Ri zerfetzte ihn in diesem Prozess. Dann wurden die Jungs, einer nach dem anderen, als Zeuge aufgerufen. Sie bestätigten das, was Soo-Ri zuvor sagte. Nach ihm kam dann der Notar als Zeuge dran. Er erzählte, wie Kang Joon-Ho ihm damals gedrohte. Würde der Notar ihm nicht helfen, würde Joon-Ho sich an seiner Familie vergreifen. Aus Angst tat der Notar alles, was er ihm befahl. Ebenso wurde Kang Joon-Ho selbst in den Zeugenstand gerufen. Soo-Ri stellte ihm solche heftigen Fragen, wo er keine Möglichkeit mehr Fand zu lügen. Im Endeffekt kam die Wahrheit ans Licht. „Ja, ich habe Kim Yong-Hun die Tabletten untergejubelt! Er sollte sterben! Ich hasste ihn. Er besaß das, was eigentlich mir zustand. Er nahm mir schon in der Jugend ständig alles weg. Egal um was es sich handelte, ich wollte etwas und er bekam es. Ich schmiedete diesen Plan schon lange, doch erst da überwand ich mich. Ich wusste genau, was ich zu tun hatte, damit

er an Herzversagen stirbt. Es sollte ein langsamer
Tod werden, seine Familie und er sollten leiden!
Jede Sekunde davon genoss ich mit anzusehen. Als
er mit seinem Notar fertig war, erwischte ich ihn
und drohte ihm. Er fälschte das Testament und lud
die Familie des verstorbenen ein. Später kam mir
dieses Mädchen Kim Rose in die Quere. Sie bekam
die Nummer der Jungs heraus und traf sich mit
ihnen. Ich hatte ihnen im voraus gesagt, was sie mit
ihr anstellen sollen. Mit einer Sache hatte ich nicht
gerechnet, dass sie dich als ihren Anwalt nimmt,
Soo-Ri!" Zwischen den beiden sprühten die Funken
des Hasses. Kang Joon-Ho wurde wegen Mord,
Dokumentenfälschung und Bedrohung verurteilt.
Es würde etwa eine Woche dauern, bis Mutter und
ich alles, was uns gehörte, wieder zurück
bekommen. „Soo-Ri, ich weiß nicht, wie ich Ihnen
danken soll! Sie waren unglaublich! Mir lief ab und
zu der Schauer den Rücken herunter. Kein Wunder,
dass Sie so erfolgreich sind." „Rose du brauchst
mir nicht danken! Das gerade eben war für mich
eine Kleinigkeit. Eigentlich muss ich dir dafür
danken, dass du meinen Sohn jeden Tag glücklich
machst und ihn zu deinem Ehemann nimmst. Ich
weiß ehrlich gesagt nicht, wann ich ihn das letzte
mal so hab strahlen gesehen. Mehr möchte ich
nicht." „Ich werde Sie nicht enttäuschen! Verraten
Sie mich bitte noch eins, woher haben Sie das
originale Testament her?" „Du hast am falschen Ort
gesucht. Es lag in dem Safe des Notars." Ich schlug
mir mit der Handfläche gegen mein Gesicht. „Wie
dumm von mir! Ich hätte schlauer denken müssen."

„Siehst du, deswegen bin ich Anwalt und du wirst Ärztin." „Mutter wird vor Freude ausflippen, wenn sie die Neuigkeiten hört." Als ich Zuhause ankam, rief ich sie direkt an und verkündete ihr die bombastische Neuigkeit. Sie schrie und kreischte vor Freude am Telefon. „Ich werde für die kommende Woche sofort ein Ticket nach Seoul buchen. Rose, ich danke dir, dass du es für mich, nein..., für uns gemacht hast!" Sie hatte jeden Grund zur Freude, im Gegensatz zu mir.

Zwei Tage später erschien die Zeitschrift, für die Yong-Ho und ich, in Hochzeitstracht, fotografiert wurden. Wie ich mitbekam, war diese schnell ausverkauft. Noch vor dem Mittag standen bei mir Termine in einigen Brautmodegeschäften an. Es wurden mir viele Brautkleider gezeigt, die mir optisch auch gefielen, jedoch fühlte ich mich in keinem von ihnen wohl. Eine Sache aber fand und kaufte ich direkt, und zwar meine Hochzeitsschuhe. Es wurden weiße, matte High Heels. Eine der Verkäuferinnen holte ein Kleid heraus, das gerade erst geliefert wurde. Das Brautkleid war schneeweiß. Der Schnitt war eine A-Linie, mit Schnüren am Rücken und ohne Ärmel. Der Stoff bestand aus Tüll und besaß eine lange Schleppe. Es sah schlicht und elegant aus. Zu dem Kleid gab es noch einen schneeweißen Gürtel. Mir fiel das Kleid ins Auge. Die Verkäuferin musste es noch etwas nach meinen Massen zurecht schneiden. Sobald sie damit fertig wäre, müsste ich noch einmal zur Anprobe, und wenn alles perfekt sitzt, würde es mein Hochzeitskleid werden. Eine Sache war schon mal abgehakt. Da mir noch etwas Zeit zur Verfügung stand, ging ich zum Namsan Tower. Zu Fuß lief ich dort langsam hoch. Aus heiterem Himmel fing es stark an zu regnen. Es regnete so doll, dass ich in wenigen Sekunden klatschnass wurde. Beim Namsan Tower blieb ich vor den Zäunen, wo die Liebesschlösser hingen, stehen. Außer mir war dort keine Menschenseele gewesen. Wie gerne hätte ich, mit Yeol gemeinsam, ein Liebesschloss mit unseren Namen dort hingehängt. Leider könnte dieser Wunsch nie in Erfüllung gehen. Ich wurde so traurig, dass mir die Tränen runter kullerten. Zu meinem Glück regnete es und niemandem würden meine Tränen auffallen. Ich drehte mich um und wollte gerade gehen. Da entdeckte ich noch eine arme Seele, die wohl im Regen nichts anderes Zutun hatte, außer hierher zu kommen. Durch den Regen konnte man nur schwer erkennen wer es war. Als wir uns einander näherten, wurden meine Beine ganz weich und sie begannen zu zittern. War es wegen dem Regen oder weil Yeol plötzlich vor mir stand? In seiner Hand hielt er die Zeitschrift, wo Yong-Ho und ich auf dem Cover drauf zusehen waren. Wir gingen an einander vorbei wie zwei Fremde, die sich nie gekannt haben. Er schaute mich nicht einmal an. Sein Blick ging an mir vorbei. Der Schmerz, den ich in diesem Moment fühlte, konnte ich kaum in Worte fassen. Als würde mir jemand mein Herz ohne Narkose, bei vollem Bewusstsein mit einem Skalpell aufschneiden. So in etwa fühlte sich dieser Schmerz an. Und das war noch harmlos beschrieben. Meine Tränen fanden kein Ende. Sie flossen wie aus einem Wasserfall. Diese Begegnung war die Hölle für mich. Zuhause schmiss ich meine Tüte, mit den Hochzeitsschuhen, in die Ecke und ließ mich weinend auf mein Bett fallen. Warum musste diese Situation auf uns zukommen? Wie sehr musste er mich hassen, dass er mich nicht eines Blickes würdigte? War ich ihm schlagartig so egal geworden? Selbst wenn wir beide nun andere Partner hatten, mussten wir uns gegenüber einander doch nicht so verhalten. Als ich ihm in dem Brief schrieb, dass wir am besten so tun sollten, als wären wir Fremde, war es doch nicht wirklich so gemeint. Ich konnte mir niemals im Leben vorstellen, dass ich eines Tages so an ihm vorbei gehen könnte, ohne eine Begrüßung, ohne miteinander zu sprechen, wenn auch nur kurz. Seine Gefühle zu mir schienen verschwunden zu sein, wenn er je welche für mich hatte.

„Rose, was ist passiert? Warum weinst du?" Wie immer spazierte Ji-Soo ohne anzuklopfen in mein Zimmer. „Nein, nichts ist passiert! Ich bin heute einfach nur sehr sentimental." „Das verstehe ich! Vor meiner Hochzeit mit Soo-Ri fühlte ich auch ein auf und ab. Ich habe mich heute um die Hochzeitseinladungen gekümmert. Mit den Einladungen von unserer Seite der Familie bin ich fertig. Wen möchtest du einladen?" „Meine Schwester mit ihrem Ehemann Jeong Min-Ho, meine Freundinnen Juna und Mika, dann einen Klassenkameraden Choi Nam-Joon und selbstverständlich Mutter und Tante. Mehr an

Bekannten habe ich hier nicht." „Ich werde es heute noch erledigen und dann wegschicken. Den Hochzeitsplaner habe ich auch bestellt. Er kommt morgen Mittag, um über unsere Ideen und Vorstellungen von der Hochzeit zu sprechen." Ji-Soo nahm mich mit zum Abendessen. Zum Essen gab es Tteokbokki. „Bald ist deine Mutter wieder da, freust du dich?" „Ja, klar freue ich mich." „Es ist sehr schade, dass du wieder von uns weg gehst. Ich habe mich so sehr an dich gewöhnt, dass es mir leicht weh tun wird. Für mich bist du jetzt schon wie meine eigene Tochter." „Ich werde Sie, euch alle auch sehr vermissen. Ihr seid mir sehr ans Herz gewachsen. Bald sind wir aber offiziell eine Familie. Und bevor dies der Fall ist, werde ich euch ganz oft besuchen kommen." „Ich habe damit etwas gezögert, aber eigentlich dürftest du die Schlüssel von eurem Haus jetzt schon abholen. Der Notar hatte heute angerufen gehabt, wo du nicht Zuhause warst. Die Papiere sind fertig, du kannst sie jeder Zeit abholen. Die Arbeitsstelle deiner Mutter wird bis ende der Woche freigeräumt. Bis dahin ist sie auch sicherlich schon da. Die Stelle von deinem Vater müsste man neu Besetzten. Ich denke, darum sollte sich deine Mutter selbst kümmern." Mich überwältigte diese Neuigkeit. Endlich konnte ich in meine eigenen vier Wände zurück. Nun hatte ich endlich wieder Geld und musste nicht mehr auf der Tasche von anderen sitzen. „Vielen dank, dass Sie mir davon erzählt haben. Gleich morgen früh werde ich zu ihm gehen und die Schlüssel abholen. Denken Sie bitte nicht, dass ich es eilig hätte, von euch weg zu kommen. Es geht einfach um mein altes Zimmer. Dort befinden sich all meine Erinnerungen an meine Kindheit, und natürlich die Erinnerung an meinen Vater." „Keine Sorge, ich verstehe es." Voller Aufregung auf den morgigen Tag, legte ich mich früh zu Bett, da fiel mir ein. „Ich muss Sumi anrufen und ihr erzählen, dass wir unser Haus wieder haben. Vielleicht kommt sie zu uns zurück." Wie von mir geplant, startete ich den Tag. Zuerst rief ich Sumi an. Sie freute sich sehr wieder für uns arbeiten zu dürfen. Sie besaß zwar einen Job als Haushälterin, doch die Leute, für die sie arbeitete, waren ihr nicht sonderlich sympathisch. Als nächstes stattete ich dem Notar einen Besuch ab. „Guten Morgen!" „Schönen guten Morgen Frau Kim Rose. Schön Sie so schnell hier zu sehen. Zu Anfang möchte ich mich in aller Form bei Ihnen für die ganzen Probleme und Unannehmlichkeiten entschuldigen! In Wahrheit wollte ich das alles nicht tun, doch mir blieb keine andere Wahl. Ich habe ihren Vater sehr respektiert, und mir tat es zutiefst leid, ihn zu hintergehen." „Das gehört der Vergangenheit an! Was geschehen ist, können wir nicht mehr rückgängig machen. Der Schuldige sitzt in Haft und damit ist es gut." „Vielen Dank für Ihr Verständnis. Hier sind alle Dokumente, die Sie benötigen und der Hausschlüssel. Ihre Kreditkarten sind wieder voll funktionsfähig. Die Einrichtung in ihrem Haus wurde nicht angerührt. Alles steht so, wie Sie es verlassen hatten. Falls Sie bei irgendeiner Angelegenheit meine Hilfe benötigen, stehe ich Ihnen voll und ganz zur Verfügung." „Ich danke Ihnen. Auf wiedersehen!" Von dort aus, wollte ich so schnell wie möglich in mein altes Zuhause. Mit zitternden Händen schob ich den Schlüssel in das Schloss. Die Vorstellung davon, dass mein Vater mir jetzt entgegen kommt und mich umarmt, war zu schön. Der Flur, das Wohnzimmer, die Küche sowie das Schlafzimmer meiner Eltern wirkten auf mich noch schöner und vertrauter als zuvor. Wahrscheinlich weil ich mega mäßige Sehnsucht nach meinem Zuhause empfand. In meinem Schlafzimmer stand alles beim alten. An meiner Wand schaute ich mir alte Fotos von den Erlebnissen mit meinen Freunden an. Meine Güte waren wir damals glücklich. Wie sehr wünschte ich mir, diese Momente noch einmal erleben zu können. Mir tat es weh diese Bilder anzusehen. Es war unglaublich, wie sich mein Leben von Tag zu Tag veränderte, und das in eine Richtung, die mir nicht am Herzen lag. „Shit, ich habe doch einen Termin mit dem Hochzeitsplaner!" Wieder einmal war ich spät dran. „Die Verspätung tut mir leid!", stürmte ich atemlos in das Wohnzimmer der Changs herein. Ji-Soo und der Hochzeitsplaner fingen schon mal ohne mich mit der Planung an. „Rose, ich bringe dich mal auf den Stand der Dinge! In der Kirche werden an den Bänken kleine Blumensträuße, Lilien, angesteckt. Die Tische in der Hochzeitshalle werden ebenfalls mit Lilien geschmückt. Diese werden auf den Tischläufern verteilt. Die Stühle bekommen eine Stuhlhusse mit einer roten Schleife hinten dran. Somit werden eure

Hochzeitsfarben rot-weiß sein. Rot die Farbe der Liebe und weiß für die Reinheit. Auf eurem Hochzeitstisch wird eine lange Tischdecke sein, die mit Lichterketten verbunden ist. Hinter euch wird eine Leinwand stehen, mit einem gemeinsamen Foto von Yong-Ho und dir. Das Buffet wird links vom Saal stehen, da die Bühne auf der rechten Seite ist. So bleibt noch genügend Platz zum tanzen. Für eine Hochzeitstorte haben wir uns auch schon entschieden. Sie wird dreistöckig, rot-weiß und mit einem Herz darauf, dass brennen wird." „Oh, wow! Eigentlich habt ihr schon alles durchgeplant." „Genau, im Grunde sind wir schon am Ende der Planung. Hast du noch irgendwelche Wünsche oder Vorschläge?" „Ähm, nein!" Yong-Ho und ich würden eine Hochzeit haben, die wir nicht selbst planten. Mir kam es so vor, als wäre es eher die Hochzeit von seinen Eltern und nicht von uns. Doch eigentlich müsste ich der Familie Chang sehr dankbar sein, für alles, was sie für mich taten. Dies war wahrscheinlich auch der Grund, weshalb ich mit Ji-Soos Wünschen einverstanden war. Da ich schon bei den Changs war, verschwendete ich keine Zeit und packte meinen Koffer zusammen. „Hä? Rose, wohin willst du? Warum packst du deine Kleidung? Habe ich etwas falsch gemacht?" „Nein, nein, Yong-Ho. Ich ziehe erst mal wieder zurück in mein Elternhaus. Heute habe ich vom Notar die Schlüssel abgeholt. Sobald wir verheiratet sind, komme ich wieder zurück." „Du musst nicht wieder zurück in dein Elternhaus! Kannst du nicht hier bleiben? Bald ist doch eh die

211

Hochzeit und dann wohnen wir sowieso hier."
„Yong-Ho, ich möchte aber erst einmal zurück in
mein Zuhause. Du weißt doch, dass mein Einzug
hier nur eine Ausnahme war. Mach dir keine
Sorgen, nachdem wir geheiratet haben, ziehe ich
wieder zu euch. Versteh bitte, dass mir mein
Zuhause fehlt und ich etwas für mich sein möchte."
„Gut, meine Meinung spielt hier keine große Rolle,
oder? Ich muss es wohl akzeptieren. Eigentlich
wollte ich dich fragen, ob du morgen mit mir ins
Studio mitkommen möchtest. Du bist bis jetzt noch
nie dort gewesen, vielleicht interessiert es dich ja,
wie ich meine Arbeitstage aussehen." „Sehr gerne,
aber heute kommt meine Mutter wieder. Wenn es
dir nichts ausmacht, würde ich gerne den morgigen
Tag mit ihr verbringen." Meine Absage erfreute ihn
nicht. „Wann machen wir denn irgendetwas
zusammen? Bis jetzt waren wir nur zwei mal
gemeinsam unterwegs. Willst du nicht mit mir
gesehen werden? Oder hast du Angst, dass uns
Jeong Chung Yeol zufällig begegnet?" „Was ist
plötzlich los mit dir? Wir haben aus einem einzigen
Grund nicht viel unternommen, und dieser bist du!
Wann warst du das letzte mal am helllichten Tag
Zuhause? Du gehst früh morgens zur Arbeit und
kommst irgendwann spät nachts nach Hause. Wann
hatten wir die Möglichkeit etwas zu unternehmen?
Für dich ist es eine Unternehmung, wenn ich
zusehe wie du arbeitest?" „Für mich ist es wichtig,
dich einfach in meiner Nähe zu haben! Was wir
dabei unternehmen, ist mir egal." „Yong-Ho denkst
du, für mich ist es interessant dir bei der Arbeit

zuzusehen? Mich interessiert es nicht! Ich verstehe davon eh nichts." „Dich interessiert meine Arbeit nicht? Schön, gut zu wissen!" So endete unser erster Streit. Yong-Ho haute Emotionsgeladen ab. Wütend zog ich mir an meinen Haaren. „Man, was bin ich für eine blöde Kuh? Konnte ich nicht einfühlsamer sein? Dieser Streit war vollkommen unnötig." Mit meinem Koffer ging ich in das Hauptgebäude rüber, um mich von Ji-Soo zu verabschieden. „Du hast schon deinen Koffer gepackt?" „Ja. Ich werde ab heute bei mir schlafen. Danke für die wundervolle Zeit hier, danke das Sie mich mit offenen Armen empfangen und bei sich aufgenommen haben!" „Das hört sich verdammt nach Abschied an." „Nein, aber bedanken muss ich mich. Wir sehen uns bald wieder." Als ich das Haus der Changs verließ, fühlte ich keinerlei Sehnsucht wieder zurück zu wollen, ganz im Gegenteil, ich fühlte ein überaus erleichterndes Gefühl. Bei meinem Elternhaus legte ich meinen Koffer ab und bestellte ein Taxi, um Mutter vom Flughafen abzuholen. Ihr Flug hatte Verspätung, somit musste ich eine Stunde länger auf sie warten. Der Flughafen von Incheon war ständig überfüllt von Menschen. Hier herrschte 24/7 totale Hektik. „Mutter!" „Rose!" Wir umarmten uns heftig. „Endlich wieder Zuhause!", flüsterte sie mir erleichtert ins Ohr. „Bei deiner Tante war es schön, aber in all der Zeit konnte ich mich nicht an den Lebensstil in Deutschland gewöhnen. Ich bin einfach zu sehr an Seoul gewöhnt, hier liegt mein Herz an dem richtigen Fleck." „Mir würde es

genauso gehen, wenn ich wieder zurück müsste."
Jeder in seinem Zimmer verkrochen, packten wir
die eigenen Koffer aus. Da klingelte es an der
Haustür. Ich flitzte herunter. „Oh mein Gott! Sumi!
Mama? Sumi ist da!", jubelte ich voller Freude.
Mutter rannte ebenfalls wie eine Wilde herunter.
Wir umgaben Sumi mit Umarmungen. „Wie ich
dich und deine Kochkünste vermisst habe, meine
Freundin!", weinte Mutter vor Glück. „Meine
lieben Mädels! Ihr habt mir so sehr gefehlt!" An
diesem Abend bestellten wir uns das Essen, da es
nichts Essbares in unserem Kühlschrank gab.
„Rose, öffne bitte die Tür! Das ist bestimmt der
Pizzabote." Ich öffnete die Tür. „Hallo, hier ist Ihre
Bestellung!", schaute der Junge auf den Boden.
Leicht bückte ich mich zu ihm herunter. „Choi
Nam-Joon? Bist du es?" „Ja!" „Weshalb versteckst
du dich vor mir?" „Ich wollte nicht erkannt
werden." „Das ist schlecht! Komm herein." „Nein,
meine Schicht ist noch nicht zu ende!" „Gib mir die
Nummer deines Chefs, ich kläre es!" Choi Nam-
Joons Chef war ausgesprochen freundlich am
Telefon, nachdem er meinen Namen hörte, und gab
Nam-Joon für den Rest des Abends frei." Wir
setzten uns zu viert an den Esstisch und verspeisten
die Pizza. Mutter und Sumi waren begeistert von
Nam-Joon und ganz besonders von der Art, wie er
von seinen Eltern erzogen wurde. Später verzogen
wir beide uns in mein Zimmer. „Wann hast du
Mika das letzte mal gesehen?", erkundigte er sich
schüchtern. „Vor einiger Zeit. Seit dem wir aus der
Schule raus sind, sehen wir uns nicht mehr so

häufig. Jeder ist mit seinem Leben beschäftigt."
„Hat sie dir erzählt, weswegen wir uns getrennt
haben?" „Ja, das hat sie. Für mich sich beide Seiten
verständlich. Sie war genervt von deiner Eifersucht,
aber deine Eifersucht kann ich im Moment gut
nachvollziehen. Mika ist ein hübsches Mädchen.
Ich kann mir gut vorstellen, dass viele Jungs an ihr
interessiert sind." „Das Problem war einfach, dass
ein Typ, mit dem sie öfters zusammen arbeitet, wie
ihr persönlicher Wächter an ihr klebt. Lange konnte
ich es nicht mit ansehen und habe ihr meine
Meinung dazu offen gesagt. Sie hat daraus direkt
ein Drama gemacht. Vielleicht ist sie mich einfach
satt!" „Nein, dass denke ich nicht! Als wir darüber
sprachen, sah sie traurig aus. Du fehlst ihr
bestimmt. Wegen einer Sache bin ich aber übelst
sauer auf sie! Ich habe ihr von Yeols und meiner
Situation erzählt und den Grund, weswegen ich
Yong-Ho heiraten werde. Kurz nachdem ich ihr das
erzählte, rannte sie zu Yeol und plapperte es dort
aus." „Den Grund, weshalb sie es tat, meine ich zu
kennen. Sie findet, dass Yeol und du für einander
geschaffen seid und ein Paar bleiben müsst. Wir
haben uns oft über euch beide unterhalten. Du
selbst musst ehrlich zu dir sein, ihr beide seid ein
Wahnsinns Paar gewesen." „Das streite ich nicht
ab, aber wahre Freunde dürfen so etwas nicht tun.
Egal wie die Situation auch sein mag, sie musste
ihre Klappe halten und nicht sofort zu ihm laufen.
Mich hat dieser Hinterhalt verletzt. Nun weiß ich
nicht, was ich ihr überhaupt anvertrauen darf und
was nicht. So sollte eine Freundschaft nicht

aussehen." „Das stimmt, da hast du natürlich Recht!" „Nam-Joon ich freue mich wirklich sehr, dich heute wieder getroffen zu haben. Ich hoffe, wir werden uns öfter sehen." „Wenn du es möchtest, ist es kein Problem." „Was treibst du eigentlich vor der Arbeit?" „Ich werde ab übermorgen Medizin studieren. Wie sieht es bei dir aus?" „Ich auch!" „Cool! Vielleicht haben wir sogar dieselben Lektionen. Wäre echt gut, jemanden zu haben, den man schon kennt." „Das kannst du laut sagen." So vertieft in unserem Gespräch vergaßen wir vollkommen die Zeit. Erst kurz vor Mitternacht ging er nach Hause. Wir hatten abgesprochen, jeden Morgen gemeinsam joggen zu gehen. So holte er mich früh morgens ab. Wir joggten eine gute Strecke. Zuhause erwartete mich schon eine Überraschung. Als ich am Wohnzimmer vorbei gehen wollte, verblüffte mich der Anblick. „Wow! Wer hat die denn alle mitgebracht?" „Die hat dir Yong-Ho mitgebracht. Aus Zeitmangel konnte er nicht auf dich warten. Die sind alle für dich! In einem der Sträuße befindet sich auch eine Karte." Yong-Ho brachte unzählige rote Rosen. Das komplette Wohnzimmer war voll gestellt. Die Karte fand ich auch.

Liebe Rose,
mit diesen Rosen möchte ich dir sagen,
wie sehr mir der Streit mit dir leid tut.
Es war unnötig und blöd sich wegen solch
einer Kleinigkeit zu streiten. Ich war zu
überempfindlich. Verzeihst du mir?

Ich liebe und vermisse dich.
Yong-Ho

Mir tat dieser Streit auch irgendwo leid. Als seine zukünftige Ehefrau müsste ich mehr Interesse an seiner Arbeit zeigen. Er wollte einfach nur Zeit mit mir verbringen und ich reagierte so schrecklich. Eine der Rosen nahm ich in die Hand. Sie waren wunderschön. So groß und so dick, sie dufteten herrlich. „Ji-Soo? Ist Yong-Ho zufällig Zuhause?", rief ich bei ihm an. „Nein, er ist im Studio. Soll ich ihm etwas ausrichten?" „Können Sie mir bitte die Adresse von dem Studio schicken?" „Ja, selbstverständlich." Ich musste ihn sehen und mich bei ihm persönlich entschuldigen. Die Frauen an der Empfangsstelle erkannten mich von der Zeitschrift. Sie ließen mich zu Yong-Ho durchgehen. Er übte mit seiner Gruppe im Trainingsraum. „Hallo Jungs! Yong-Ho hast du kurz Zeit?" „Ja! Jungs, macht solange ohne mich weiter!" „Erst einmal möchte ich mich für die wunderschönen Rosen bedanken. Weswegen ich eigentlich hier bin, ich möchte mich bei dir entschuldigen! Mein Desinteresse an deiner Arbeit, was auch dein Leben ist, war schrecklich. So etwas wird in Zukunft nicht mehr vorkommen." „Mir tut es auch leid. Vergessen wir es!" Zur Versöhnung wollte er mir einen Kuss auf die Wange geben, doch ich ging einen Schritt nach hinten. „Hm! Hast du Lust uns beim tanzen zuzusehen?" „Gerne! Etwas Zeit habe ich noch." Zusammen gingen wir wieder in den Trainingsraum. Die Gruppe studierte ihre neue Choreografie ein. Für mich sah es schwer aus, doch bei ihnen sah es so leicht aus. Jeder einzelne von ihnen brachte seinen Teil dazu bei. Obwohl es nicht so mein Ding war, war es interessant ihnen dabei zuzusehen. Nach einer Stunde verzog ich mich wieder. Da die Universität morgen beginnen würde, bereitete ich mich dafür vor. Meine Tasche musste gepackt werden, meine Kleidung raus gelegt, zudem wollte ich noch ein Bad nehmen. Um am ersten Tag nicht zu verschlafen, stellte ich mir meinen Weckerton lauter als gewöhnlich ein. Früher als sonst legte ich mich hin. Nam-Joon holte mich von Zuhause ab und wir gingen gemeinsam zur Universität. Wir waren beide nervös und aufgeregt. Nun mussten wir uns noch mehr Mühe geben, als in der Schule. Ich entschied mich für die Fachrichtung Plastische Chirurgie, aber auch des öfteren durfte ich bei der Allgemeinmedizin herein schnuppern . Zwei der wichtigsten Fächer waren Englische und Koreanische Sprache. Die meiste Zeit würden wir im Krankenhaus verbringen, um Erfahrungen zu sammeln, wie Beratungsgespräch zu führen, und erst mal nur bei den Operationen zuzugucken. Nam-Joon suchte sich die Fachrichtung allgemeine Medizin aus. Ebenso bekamen wir eine Studenten ID mit unserem Foto darauf. Mit dieser ID hatten wir Zutritt zur Bibliothek, sowie Zugang zu den Computern. Der erste Tag an der Uni war ganz entspannt, jedoch würde dies nicht immer so bleiben. Nam-Joon wurde vor mir fertig und wartete auf mich vor dem Eingang der Uni. „Gehen wir einen Kaffee trinken?" „Klar!" In der Nähe der Universität gab es einige gute Cafés sowie Restaurants. Er bestellte sich einen Karamell Espresso und ich einen heißen Milchkaffee. Wir berichteten einander von den ersten Eindrücken. Vor dem Café wollten wir uns gerade von einander verabschieden. „Sieh mal, wer da ist!" Ich drehte mich um. „Hallo Nam-Joon! Alles klar bei dir?" „Wie immer und bei dir?" „Auch! Man sieht sich dann!" Dieses schreckliche Gefühl, wenn Yeol mich ignorierte. Nam-Joon gefiel es nicht, wie er mich ignoriert hatte. „Hey Yeol! Wieso behandelst du Rose so? Hast du nicht mal zu mir gesagt, du wirst sie ein Leben lang beschützen und für sie da sein? Warum tust du gerade so, als würde sie nicht existieren?" „Vergiss was ich damals gesagt habe! Das waren bloß Worte, mehr nicht! Bye." „Wahnsinn!", schaute mich Nam-Joon entsetzt an. „Ich fühle mit dir, Rose! Das hat selbst mir weh getan, so möchte ich nicht wissen, wie es in deinem inneren aussieht." „Glaub mir, du willst es wirklich nicht wissen! Nam-Joon, es tut jeden Tag, jede Minute, jede Sekunde so unerträglich weh. Jedes mal, sobald ich ihn sehe, wird es immer schlimmer." „Oh Rose!" „Hast du Lust etwas anderes trinken zu gehen?" „Du sprichst von Alkohol?" „Du hast es erfasst junger Herr!" In einer Bar, in der Nam-Joon die Besitzer kannte, tranken wir Soju, sehr viel Soju. Einige Stunden später musste Nam-Joon kurz zu seinen Eltern in das Restaurant. Eigentlich sollte ich auf ihn warten, doch dies dauerte mir zu lange. Ich torkelte zu

einem Taxi, da liefen mir zwei Touristen entgegen.
„Hübsche junge Frau? Hast du Lust uns bei einem
Spaziergang Gesellschaft zu leisten?" „Haut ab, ihr
Idioten!", brüllte ich sie an. „Sei nicht so. Komm
mit! Wir werden eine menge Spaß zu dritt haben."
„Hey du Pisser! Lass deine dreckigen Finger von
ihr!" „Pisser nennst du mich? Komm her, ich zeige
dir, wer der Pisser ist!" Durch den hohen
Alkoholpegel sah ich alles nur noch
verschwommen. Ich dachte, ich würde Yeol sehen,
aber ob es Realität oder lediglich mein Wunsch
war, konnte ich nicht realisieren. Das, was ich noch
einigermaßen verstand, war, dass eine Schlägerei
entstand, dann verlor ich das Bewusstsein. „Rose!
Rose! Mach die Augen auf! Rose!" Jemand
klatschte mir sanft gegen meine Wange. Ich öffnete
meine Augen und sah Yeol vor mir. „Komm, steig
auf meinen Rücken! Ich bringe dich nach Hause."
Noch vollkommen alkoholisiert tat ich, was er
verlangte. „Yeol, warum muss ich dich so sehr
lieben? Wieso können meine Gefühle zu dir nicht
einfach verschwinden? Wieso lässt du mich so
leiden?" „Soll ich es so machen, dass du aufhörst
mich zu lieben?" „Nein! Ich will dich bis an mein
Lebensende lieben! Selbst wenn ich ein Leben lang
leiden muss, werde ich keinen anderen lieben!"
„Rose, du heiratest bald einen anderen Mann! Wie
kannst du so etwas zu mir sagen? Außerdem hast
du mich verlassen und nicht umgekehrt." „Ich habe
dich verlassen, weil Belle mir alles erzählt hat.
Versetz dich in meine Lage, dann wirst du
vielleicht annähernd verstehen, was ich fühle!"

„Ich werde dir dabei helfen mich zu vergessen!
Bald wirst du nicht mehr leiden." Sumi öffnete ihm
die Tür und er legte mich sanft in mein Bett. Zu
einer Hälfte schlief ich, zur anderen hörte ich seine
letzten Worte, während er mir mit seinen Fingern
übers Gesicht streichelte. „Meine Rose! Ich werde
dich immer lieben! Bis an mein Lebensende werde
ich dich beschützen, egal wo du dich herum treiben
wirst, ich werde immer in deiner Nähe sein! Ich
werde dich niemals vergessen, meine einzig wahre
Liebe." Plötzlich riss jemand die Gardinen in
meinem Zimmer auf und die Sonne schien mir
direkt ins Gesicht. „Rose, steh auf, du kommst zu
spät zur Uni!", schmiss Mutter mich aus dem
Bett. „Was stinkt hier so? Hast du Alkohol
getrunken?" „Mama! Geh raus, ich habe
Kopfschmerzen!" „Los steh verdammt nochmal
auf!" Mit minimaler Kraft erhob ich mich und ging
mich fertig machen. Mir gingen die Erinnerungen
von gestern durch den Kopf. „Hatte er das alles
wirklich zu mir gesagt, oder habe ich es nur
geträumt? Es muss ein Traum gewesen sein.
Schließlich hatte er gestern noch zu Nam-Joon
gesagt, dass alles, was er damals sagte, nur leere
Worte waren." Nam-Joon holte mich wieder ab.
„Wieso hast du gestern nicht auf mich gewartet?"
Ich wollte ihm nicht erzählen, was geschehen war,
weil ich mir sehr unsicher war, ob das, was in
meinem Kopf vorging auch der Realität entsprach.
„Entschuldige, ich war müde und fuhr mit einem
Taxi nach Hause."
Die erste Woche an der Uni verging äußerst

schnell. An diesem Wochenende nahm sich Yong-Ho Zeit für mich. Zuerst gingen wir mit seinen Eltern essen, danach besuchten Yong-Ho und ich den Seoul Forest. Das ist ein Park in Seongdong-gu. Bei einem Verleih liehen wir uns zwei Fahrräder aus und fuhren damit durch die Gegend. Später liefen wir zu Fuß weiter. Desto weiter wir gingen, desto weniger Blumen gab es zu sehen, dafür aber war der Wald sehr schön anzusehen. So einen gepflegten Wald hatte ich noch nicht gesehen. Yong-Ho fuhr mich kurz vor dem Abend nach Hause. Wir stiegen beide aus dem Auto heraus, um uns zu verabschieden. In der Nähe meines Hauses entdeckte ich das Auto von Yeol. Belle war an seinem Auto angelehnt und er stand vor ihr und umarmte sie an der Taille. Total unerwartet, küsste er sie dann leidenschaftlich auf den Mund. Ich fühlte mehrere Stiche in meiner Brust, trotzdem konnte ich nicht weg sehen. Meine Tränen musste ich mir mit aller Kraft verkneifen. Währenddessen beobachtete Yong-Ho meine Reaktion darauf. „Ist mit dir alles in Ordnung?", erkundigte er sich. Ohne ihm eine Antwort zu geben, drehte ich mich um und ging stumpf in Richtung Haustür. Was hatten die beiden hier verloren? Wieso mussten sie sich vor meinem Haus lieben? Mussten sie ihre Gefühle so zur Schau stellen? Deren Kuss brannte sich in mein Gedächtnis ein. Dieses mal war er derjenige, der sie küsste. Und das auf dieselbe Art und Weise wie er mich damals küsste. Wie stark musste deren Liebe gewesen sein? Ich musste einen Schlussstrich unter diese, nicht mehr existierende

Beziehung ziehen. Mit aller Kraft wollte ich dafür
Kämpfen, meine Gefühle zu Yeol abzuschalten.
Unüberlegt rief ich Ji-Soo an.„Hallo Ji-Soo, hier ist
Rose. Ich habe eine riesige Bitte an Sie! Können
wir den Hochzeitstermin vorverlegen?" „Warum
hast du es so eilig? Stimmt irgendetwas nicht?" „Es
ist alles bestens, jedoch möchte ich so schnell wie
möglich mit Yong-Ho verheiratet sein! Ich weiß,
dass es eine große Bitte ist, da der Termin überall
bekannt gegeben wurde, aber wäre es vielleicht
doch machbar?" „Hm. Gut, ich werde mich morgen
um alles kümmern! Hat sich schon die Schneiderei
bei dir gemeldet, wegen dem Kleid?" „Nein, noch
nicht. Morgen, nach der Uni werde ich dort mal
vorbei schauen und mich erkundigen." „Okay, ich
werde mich morgen bei dir melden!" So schnell
wie möglich wollte ich diese Hochzeit hinter mich
bringen. Zwar aus den falschen Gründen, aber das
war mir egal. „Guten Morgen Rose!" „Guten
Morgen Nam-Joon! Bereit für die Lektion?"
„Sicherlich." Vor mir stand eine Einstündige
Englisch Lektion auf dem Plan und danach
Koreanische Sprache. In der Zwischenpause erhielt
ich eine Nachricht von Ji-Soo.

Hallo Rose!
Die Hochzeit wird nächsten Samstag
stattfinden. Ich habe mich mit dem
Hochzeitsplaner, der Kirche, und dem
Besitzer der Hochzeitshalle in Verbindung
gesetzt. Von ihnen aus würde es passen.
Die Meldung ist auch an die Redaktion

und Yong-Hos Manager raus gegangen.
Einige der Gäste konnte ich auch
erreichen, sie wissen Bescheid. Die
restlichen werde ich heute im laufe des
Tages versuchen zu erreichen. Vergiss
nicht bei dem Brautmodegeschäft vorbei
zu gehen.
Ji-Soo

Wie konnte diese Frau das alles in nur wenigen
Stunden erledigen? Nach der Universität rief ich
meine Tante an. Sie sagte mir leider ab, da es für
sie zu kurzfristig war. Im Grunde war es mir egal,
wer alles dabei sein würde, von mir aus, konnte es
auch nur meine und seine Familie sein. Doch da er
ein Idol war, mussten selbstverständlich die Presse,
Leute aus seinem Business, und irgendwelche
andere Fremde dabei sein. Nach dem Seminar
machte ich mich auf den Weg zum
Brautmodegeschäft. „Guten Tag, ich wollte mich
erkundigen, ob mein Brautkleid schon fertig ist?"
„Guten Tag Frau Kim! Ja, es ist fertig. Ich würde
Ihnen empfehlen, es noch einmal anzuprobieren!"
Gemeinsam gingen wir zur Umkleidekabine. Die
Verkäuferin half mir es anzuziehen. Das Kleid saß
an mir wie angegossen. „Ich würde es gerne sofort
mitnehmen!" „Sehr gerne. Ich packe es Ihnen nur
noch ein. Möchten Sie Bar oder mit Karte
bezahlen?" „Ich bezahle mit Karte." Während ich
nach Hause spazierte, erhielt ich einen Anruf von
Yong-Ho. „Hey, ich wollte fragen, wieso die
Hochzeit vorverlegt wurde?" „Hast du damit

irgendein Problem?" „Nein, ich wollte nur den Grund wissen! Ist es wegen Jeong Chung Yeol und dem, was du gesehen hast?" „Nein, ganz und gar nicht! Ich kann es bloß kaum abwarten, endlich mit dir verheiratet zu sein." „Alles klar, ich verstehe! Also doch wegen ihm. Na gut, so soll es sein. Bist du dir denn mit deiner Entscheidung auch wirklich sicher? Nicht, dass du mich vor dem Altar im letzten Moment stehen lässt." „Mach dir keinen Kopf! Ich werde pünktlich auftauchen. Außerdem, ist es eigentlich nicht egal, aus welchem Grund ich die Hochzeit habe vorverlegen lassen?" „Doch, es ist egal. Ich bin einfach nur glücklich und habe in dem selben Moment Angst. Ich möchte, dass du meine Frau wirst, um jeden Preis!" „Ich möchte und werde deine Frau werden! Alles wird gut gehen." Nach unserem Telefonat schrieb ich seiner Mutter eine Nachricht, dass das Hochzeitskleid fertig ist und ich es direkt mitgenommen hatte. Die nächsten Tage verbrachte ich nicht in der Universität sondern im Krankenhaus. Meine Schicht begann um 7:00 Uhr. Der Arzt, der mich mit sich nahm, unterrichtete mich erst einmal über die Patienten, deren Krankengeschichten, Röntgenbildern und MRTs. Nach dem, besuchten wir jeden einzelnen seiner Patienten in ihren Zimmern. Sehr beliebt war hier die Blepharoplastitik. Das ist eine Operation, die dass Augenlid veränderte, besser gesagt, um eine zweite Lidfalte zu bekommen. Botox gehörte zur Tagesroutine. Die Genioplasik gehörte ebenfalls zu den beliebten O.P's. Dies ist eine Operation, die das

Erscheinungsbild des Kinns verbessern sollte. Außerdem waren Rhinoplastiks, Nasenkorrekturen, auch an der Tagesordnung. Natürlich gab es noch viel mehr, was sich die Menschen zu verändern wünschten, jedoch waren die von mir genannten wirklich so gut wie jeden Tag im Operationssaal. Die Anfangstage durfte ich lediglich zuschauen, zuhören, sowie mich mit den Patienten bekannt machen. Einige Kollegen kannte ich bereits.

Die Nacht vor der Hochzeit war brutal für mich. Ein Albtraum nach dem anderen. Irgendwann traute ich mich gar nicht mehr schlafen zu gehen. Ob es Yong-Ho in dieser Nacht genauso ging wie mir? Machte sich Yeol Gedanken um meine Hochzeit? Sicherlich hatte er mitbekommen, dass diese vorverlegt wurde, denn es wurde im Fernsehen bekannt gegeben. Da mir nichts anderes übrig blieb als wach zu bleiben, holte ich meine Medizinbücher heraus und lernte. Es schien mir lächerlich, in der Nacht, vor der Hochzeit zu lernen, anstatt sich zu erholen, um schön und frisch auszusehen. Mir war es nicht wichtig, wie mein Äußeres aussehen würde, ich wollte es einfach nur hinter mich bringen. Meinen Gedanken zufolge, hörte es sich sehr nach Rache an Yeol an. Wer zum Teufel tat so etwas? Heiraten tat man doch aus Liebe und nicht aus Rache. „Was für ein trauriger und erbärmlicher Mensch bin ich eigentlich?", stellte ich mir selbst diese Frage. „Rose? Schläfst du noch nicht?" „Nein Mama." Mutter trat in mein Zimmer herein. „Du bist sicherlich aufgeregt, oder?" „Nein, kein bisschen." „In der Nacht, vor der Hochzeit mit deinem Vater war ich extrem nervös. Einige Male habe ich mich sogar übergeben vor Aufregung. Ich hatte damals niemanden, der mich beruhigen konnte. Jetzt möchte ich für dich da sein. Wenn es etwas gibt, was dich beschäftigt, verrate es mir ruhig und wir werden gemeinsam eine Lösung dafür finden!" „Mama, es ist wirklich alles in Ordnung! Ich bin weder nervös noch Aufgeregt. Ich kann nur nicht einschlafen, weil ich von Albträumen verfolgt werde." „Was sind es denn für Albträume? Hast du Angst, dass deine Ehe nicht gut laufen wird? Yong-Ho ist ein wundervoller Mann. Er wird dir der beste Ehemann sein, von solchen können andere Frauen nur träumen." Es wäre eine schlechte Idee, meiner Mutter erzählen, dass meine Albträume mit Yeol zu tun hatten. „Albträume von Monstern! Ich habe zu viele Horrorfilme geschaut, dass ist alles." „Oh! Ich sehe zum ersten mal eine Braut, die weder Sorgen noch Nervosität empfindet. Aber gut, wenn es nur das ist. Leg dich wieder schlafen. Sonst stehst du morgen mit dicken Augenringen auf. Das wird nicht schön aussehen." Damit sie mich in Ruhe ließ, legte ich mich in mein Bett. Neben mir lagen meine Kopfhörer. Ich schmiss meine Lieblingsmusik an und drehte die Lautstärke voll auf. Zwei Stunden schlaf reichten mir vollkommen aus, sodass ich ganz ohne Wecker die Augen öffnete. In Zeitlupe stellte ich mich unter die Dusche. Das Wasser lief und mir fehlte es an Kraft meine Haare zu waschen. „Rose! Schön das du bereits unter der Dusche stehst, aber könntest du

dich etwas beeilen, die Friseurin kommt bald!",
schrie Mutter aus meinem Zimmer zu mir rüber.
Vor meinem Spiegel im Badezimmer blieb ich
stehen. Ich starrte mich an und fragte mich, wieso
ich damals nicht in Deutschland geblieben bin?
Wäre ich nicht her gekommen, wäre mein Leben
ganz anders verlaufen. Ich wäre Yeol niemals
begegnet und müsste jetzt einen Jungen, den ich
nicht liebte, nicht heiraten. In Deutschland wäre ich
mit meinem eigenen Sachen beschäftigt und müsste
mir nicht den Kopf über Hochzeiten und
verflossene Liebe zu zerbrechen. „Rose, komm
jetzt raus! Die Friseurin ist da!" „Was hetzt sie
mich so?", flüsterte ich leise zu mir selbst. „Ich
habe es gehört!" Die Friseurin und ich begrüßten
uns mit einer Verbeugung vor einander. Ich nahm
auf einem Stuhl vor dem Spiegel platz und sie
begann ihre Arbeit. „Machst du mir bitte eine
einfache Hochsteckfrisur, nichts aufwendiges!"
Wie die Braut es wünschte, so tat die Friseurin es
auch. „Sie wirken auf mich sehr glücklich." „Ja, ich
bin sehr glücklich, genauso sieht mein glückliches
Gesicht nämlich aus." Selbst ich konnte mir diese
Lüge, wie auch dieses falsche Grinsen nicht
abkaufen. Innerhalb von 15 Minuten war sie fertig
mit meiner Frisur und meinem Make-up. Es war
noch zu früh um das Hochzeitskleid anzuziehen,
also ging ich runter in die Küche. „Sumi, mach mir
bitte etwas schnelles zu essen, muss nichts
besonderes sein." Wenn ich Sumi um etwas zu
essen bat, legte sie wie der Wind los. „Es wundert
mich, dass du etwas herunter bekommst. Bist du

denn gar nicht nervös? Am Tag meiner Hochzeit war ich sehr nervös!" „Warum fragen mich das alle? Nein, ich bin nicht nervös! Warum sollte ich es auch? Es ist nur eine Hochzeit!" „Nur eine Hochzeit? Rose, bist du sicher? Es ist doch dein Tag, der Tag, an dem sich dein Leben neu formt. Verstehst du überhaupt, was heute passieren wird?" „Ja! Ich werde einen Jungen heiraten, mit dem ich den Rest meines Lebens verbringen werde. Ist doch nichts dabei!" Sumis Augen sprachen Bände. Dieses Mitleid, weil sie verstand, dass in meiner Ehe, von meiner Seite aus, keine Liebe existierte. Diese Traurigkeit, dass ich nie glücklich werden würde. Ihre Augen sagten viel. „Sumi, mach dir um mich keine Sorgen! Ich werde schon ein glückliches Leben haben." „Ich wünsche es dir vom Herzen! Du hast es verdient." Mutter marschierte mit meinem Hochzeitskleid in die Küche. „Hier steckst du! Hey, hör auf so viel in dich rein zu stopfen! Ansonsten passt du gleich nicht mehr in das Kleid. Los, komm, du musst es langsam anziehen!" Aus dem Fenster entdeckte ich ein schwarzes, schickes Auto, das mit Hochzeitsdeko verziert war. Dieses Auto sollte mich wohl zur Kirche fahren. Als Mutter und Sumi mich in dem Hochzeitskleid sahen, fingen beide an zu weinen. „Du siehst wunderschön aus, wie eine Prinzessin!", schluchzten sie. Mutter und Sumi zogen sich nach mir um. Sumi trug ein violettes schickes Abendkleid, das bodenlang und mit langen Ärmeln war. Mutter hatte ein türkisfarbenes, mit Perlenbesetztes, bis unter die Knie langes Kleid an.

Sie fuhren gemeinsam mit Mutters Auto zur Kirche. Zu meinem Glück, fuhr der Chauffeur des schwarzen Autos nur mich, so konnte ich noch etwas für mich sein. Vor der Kirche stand Yong-Hos Auto schon geparkt. So viele Menschen befanden sich vor der Kirche. Die Presse dokumentierte echt alles. Mein Herz fing plötzlich an heftig zu schlagen. Ich bekam schiss vor dem, was mich gleich erwarten würde. Mit dem aussteigen zögerte ich. Als die Presseleute mich aussteigen sahen, liefen sie direkt auf mich zu. Von allen Seiten blitze und Flackerte es. So-Rii holte mich da raus. „Bleib ganz ruhig. Ich weiß, es ist dir unangenehm von allen Seiten fotografiert zu werden. Gleich hast du es hinter dich gebracht." An seinem Arm eingehakt gingen wir in die Kirche herein. Die Gäste nahmen ihre Plätze ein. Ich musste noch auf meinen Auftritt warten. Die Hochzeitsmusik leitete diesen ein. Die Aufmerksamkeit war voll und ganz auf mich gerichtet. Yong-Hos Augen erstrahlten, als er mich sah. Wie konnte er bloß so glücklich sein, obwohl er genau wusste, dass ich ihn ohne Gefühle heiratete? Ich machte einen Schritt nach dem anderen. Auf dem Weg zum Altar gingen mir sämtliche Erinnerungen durch den Kopf. Die erste Begegnung mit Yeol, wie wir uns am Anfang nicht ausstehen konnten, dann der erste Kuss mit ihm, unser gemeinsamer Campingausflug, die Erlebnisse mit ihm in der Schule, jede einzelne noch so kleine Berührung von ihm, wie er mich beschützte, die Zeit in der ich bei ihm gewohnt hatte, sowie unsere verrückten Detektiv Spielchen. Jeder einzelne, gemeinsam verbrachte Moment zog an meinen Augen vorbei. Ich wünschte mir sehr, dass Yeol vielleicht doch hier auftauchen, die Hochzeit sprengen und mich mit sich nehmen würde. Doch dann erinnerte ich mich wieder daran, wie er Belle vor meinen Augen präsentativ und so voller Leidenschaft küsste. Plötzlich wurden meine Schritte schneller und ich wollte diese Hochzeit noch mehr hinter mich bringen als zuvor. „Du siehst unglaublich aus!", nahm Yong-Ho meine Hände in die seine. „Sehr verehrte Gäste, verehrtes Brautpaar, wir haben uns heute hier versammelt, weil Chang Yong-Ho und Kim Rose den Bund der Ehe eingehen wollen. Alles begann als Schulschwärmerei, aus dieser, wurde Verliebtheit und daraus entstand die wahre Liebe." Der Pfarrer sprach eine lange Rede. Irgendwann schaltete mein Kopf einfach ab. Ich war überhaupt nicht bei der Sache. Mit mir gingen die Emotionen durch. Sehr häufig musste ich mit meinen Tränen kämpfen. Niemand kannte den wahren Grund für meine Tränen. „So frage ich dich, Chang Yong-Ho, wirst du deine Frau ehren und lieben, in guten wie in schlechten Zeiten, so antworte mit ja!" Yong-Ho schaute mich überglücklich, mit einem fetten Lächeln im Gesicht, an und antwortete. „Ja!" „Nun frage ich dich, Kim Rose, wirst du deinen Mann ehren und lieben, in guten wie in schlechten Zeiten, so antworte mit ja!" Mit einem verunsicherten Blick schaute ich zur Kirchentür und wieder zurück zu Yong-Ho. „Ja, ich will!" „So erkläre ich euch

231

nun in Kraft meines Amtes zu Mann und Frau!"
Die Gäste standen von ihren Plätzen auf und
applaudierten uns. Bis auf die Presse fuhren alle
anderen Gäste zur Hochzeitshalle. Dieses mal
fuhren Yong-Ho und ich gemeinsam in seinem
Auto zur Halle. Genauso wie Ji-Soo und der
Hochzeitsplaner es haben wollten, so sah die Halle
auch aus. Die Gäste waren begeistert von der
Dekoration als auch von dem Buffet. „Meine liebe
kleine Rose! Mir kommt es so vor, als wäre es
gestern, dass ich dich als Baby in meinem Arm
hielt. Jetzt bist du schon so groß geworden und
feierst heute deinen Hochzeitstag. Ich bin so
glücklich darüber, dass du so einen wundervollen
Mann gefunden hast wie Yong-Ho. So wie ich ihn
kenne, weiß ich, dass ich mir keine Sorgen mehr
um dich machen muss. Yong-Ho wird sich
hervorragend um dich kümmern. Du siehst heute so
wunderhübsch aus, Rose. Würde dein Vater dich
bloß an diesem Tag sehen können. Mit voller
Sicherheit kann ich sagen, er wäre heute der
glücklichste Vater. Ich wünsche euch ein
sorgenloses Leben, eine Ehe voller Glück und
Zufriedenheit.", gratulierte uns meine Mutter als
erste. Sobald Mutter meinen Vater erwähnte, wurde
ich noch emotionaler. Denn wäre mein Vater noch
am Leben, würde es diese Hochzeit nie geben.
„Yong-Ho und Rose! Dieser Tag ist nicht nur für
euch etwas besonderes, sondern auch für uns. Denn
heute vereinen sich zwei Familien, die schon in der
Jugend so eng miteinander befreundet waren.
Heute können wir uns eine große Familie nennen.

Yong-Ho, du hast deine Seelenverwandte gefunden und das macht uns sehr glücklich. Rose ist nicht nur irgendein Mädchen, sie ist ein ganz besonderes Mädchen für uns. Sie hat nicht nur einen wundervollen Charakter, sie ist verantwortungsvoll und wird eine gute Ehefrau abgeben. Ihr seid wie für einander geschaffen. Die Schwäche des einen, ist die Stärke des anderen. So seid ihr keine zwei Hälften sondern ein ganzes. Rose, willkommen in der Familie Chang!" Ji-Soos Worte kamen vom Herzen, denn ihre Augen strahlten wahrhaftig vor Glück. Nach ihnen hielten Anna und Min-Ho, die Jungs von der Band F.S.S, als auch sein Manager eine Rede. Einige Drinks später füllte sich die Tanzfläche immer mehr. Yong-Ho und ich tanzten ebenfalls. „Rose, dein Handy klingelt schon die ganze Zeit!", machte mich Anna darauf aufmerksam. Ich nahm mein Handy in die Hand und ging aus der Halle heraus, da es dort sehr laut gewesen war. Meine Tante versuchte mich einige Male zu erreichen. Wahrscheinlich wollte sie mir gratulieren. Zurückrufen wollte ich sie erst nach der Feier. Mit gesenkten Kopf spazierte ich wieder in die Halle herein. Aus versehen schubste mich Min-Ho und mein Handy fiel zu Boden. Wir bückten uns gleichzeitig, um nach dem Telefon zu greifen. Aus seinem Hemd schaute eine Kette heraus, die er trug. „Min-Ho? Darf ich deine Kette mal sehen?" „Klar, hier!" Er holte sie heraus. Mein Blick erstarrte daran. „Woher hast du diese Kette?" „Eine witzige Geschichte. Als Yeol und ich klein waren, konnten wir nicht verschiedene Sachen haben.

Wenn der eine etwas besaß, musste der andere dasselbe besitzen. Eines Tages waren wir mit meiner Mutter, Belles Eltern und Belle unterwegs, Yeol sah diese Kette und wollte sie unbedingt haben. Belle und ich wollten sie im Nachhinein auch. Also kauften unsere Eltern sie uns allen dreien." Mein Körper begann zu zittern, eine eiserne Kälte durchzog mein inneres. „Können wir kurz unter vier Augen sprechen?" Min-Ho und ich gingen aus der Halle heraus, einige Meter weiter. Ich konnte es mir nämlich nicht leisten, an meinem Hochzeitstag von irgendjemandem erwischt zu werden, wie ich über Yeol und Belle ausfragte. „Ich werde dir direkte und auch intime Fragen stellen, und hoffe sehr auf deine Ehrlichkeit! Warst du mal mit Belle zusammen?" „Eine richtige Beziehung würde ich das nicht nennen. Sie war meine Hilfe. In der Grundschule war ein Mädchen in mich verliebt. Sie bombardierte mich mit Liebesbriefen, Süßigkeiten und anderem Zeugs. Irgendwann sagte ich ihr direkt, dass ich sie nicht liebe, jedoch war dies für sie kein Hindernis gewesen weiter zu machen. Also bat ich Belle um ihre Hilfe. Sie spielte ein Jahr lang meine feste Freundin. Wir zeigten uns überall zusammen. Irgendwann ließ mich das Mädchen in Ruhe. So ist es gewesen." „Min-Ho, entschuldige die persönliche Frage, aber hattet ihr Sex?" „Ja, einige Male! Wieso interessiert dich das?" „Du erinnerst dich sicherlich an die Zeit, wo ich bei euch gewohnt habe. An dem Tag, an dem Belle Yeol abholen gekommen war, war Yeol in sein Zimmer gegangen, um sich umzuziehen. Sie erzählte mir dann, dass sie und Yeol mal ein Paar waren. Das sie Sex miteinander hatten, und nachdem sie sich trennten, und Yeol andere Mädels hatte, ging er trotzdem immer wieder zu ihr zurück. Sie zeigte mir auch diese Kette, und meinte, Yeol hätte sie ihr in der gesagten Nacht geschenkt. Ich, dummer Idiot habe es ihr geglaubt. Die ganze Zeit dachte ich, er verschweigt es vor mir, weil er noch Gefühle für sie empfindet." „Nein, bist du verrückt?! Ja, sie war zwar nach mir in ihn verknallt, aber er schaute sie nicht mal mit dem Arsch an. Klar und deutlich gab er ihr damals einen Korb. Sie wusste, dass er sie nie als Frau sehen würde, sondern lediglich als Kindheitsfreundin. Er würde nie irgendetwas mit ihr haben, geschweige den Intim werden. So viel ich weiß, hatte er noch nie Geschlechtsverkehr. Yeol nimmt die Intimen Geschehnisse sehr ernst." „Er nimmt es sehr ernst, sagst du? Wieso hat er mit ihr über unsere Intimen Sachen gesprochen?" „Nein, Rose! Er würde niemals mit einem Mädchen über solche Dinge sprechen! Schlag dir das aus dem Kopf!" „Und woher wusste sie es dann?" „Keine Ahnung! Vielleicht hat sie ein Gespräch von Yeol mit seinen Freunden belauscht. Wie du weißt, bin ich kein Fan von Yeol, aber etwas, was dich erniedrigen würde, würde er nie tun!" Mein Kopf drehte sich vor Informationen. Wieso hatte ich nicht schon früher mit Min-Ho gesprochen? Wieso musste ich Belle blind glauben? „My turn. Kann ich dir nun eine Frage stellen?" „Ja, sicher!" „Aus welchem Grund habt ihr die Hochzeit vorverlegt? Weswegen habt

235

ihr es so eilig gehabt?" „Das ist auf meinen Mist gewachsen. Vor einer Woche brachte mich Yong-Ho nach Hause, vor meinem Haus stand das Auto von Yeol. Er war dort mit Belle. In dem Moment, wo ich aus dem Auto ausstieg, sah ich, wie Yeol sie küsste. Mich verletzte es so gewaltig, dass ich diese Hochzeit hinter mich bringen wollte, und das, am besten so schnell wie möglich." „Bist du dir sicher, dass Yeol sie geküsst hat? Vielleicht hast du da etwas verwechselt?" „Nein, es waren zu hundert Prozent Yeol und Belle." „Das kann ich mir schlecht vorstellen! Außer.. Es könnte sein, dass er dich eifersüchtig machen wollte! Als er erfahren hatte, dass du Yong-Ho heiraten wirst, war er außer sich vor Wut. In seinem Zimmer schmiss er alles, was ihm in die Finger kam gegen die Wand. Es gibt nur drei Möglichkeiten: entweder wollte er dich eifersüchtig machen, oder dich stumpf genauso sehr verletzten, wie du ihn, mit deiner plötzlichen Heirat. Oder er wollte damit erreichen, dass deine Gefühle ihm gegenüber verschwinden!" Da traf mich der Blitz. „Das muss es sein! An einem Abend traf Yeol auf mich, als ich betrunken war. Er trug mich auf seinem Rücken nach Hause. Und da beschwerte ich mich bei ihm, über meine Gefühle zu ihm. Er fragte mich damals, ob er etwas dagegen machen soll, wodurch meine Gefühle zu ihm für immer verschwinden?!" „Na siehst du! Da hast du deine Antwort. Sag mal, du liebst diesen Yong-Ho doch nicht wirklich oder? Yeol hat mir den Grund dieser Hochzeit verraten. Ist es wirklich so?" „Wenn er es dir verraten hat, wieso fragst du dann noch? Ja, es ist so! Wie Yeol jetzt sagen würde, ich habe mich an Yong-Hos Vater verkauft." Min-Ho lachte laut. „Was hat Yeol gesagt? Oh man, dieser Typ ist ein echter Idiot! Aber Rose, eine Kleinigkeit solltest du noch wissen! Yeol liebt dich wirklich! Ich habe ihn noch nie zuvor so am Ende gesehen. Heute nach Mitternacht geht sein Flieger. Um nicht in deiner Nähe zu sein, dich nicht mit deinem Ehemann ständig sehen zu müssen, hat er sich für ein Auslandsstudium entschieden. Für die nächsten zwei Jahre wird er in Amerika leben." „Bitte was? Wann geht sein Flieger genau? Schaffe ich es noch ihn zu erwischen?" „Sein Flieger geht um 01.50Uhr von Incheon aus. Wenn du ihn erwischen möchtest, solltest du los!" „Min-Ho kannst du mich bitte fahren?" „Ich hole eben meine Autoschlüssel und sage Anna Bescheid!" Der Schock saß tief in mir. Mir blieb nur noch wenig Zeit, um jedes Missverständnis zwischen uns zu beseitigen. Zwar würden wir trotzdem nie wieder ein Paar werden, aber wir mussten es geklärt haben. Ohne ein Wort verschwand die Braut von ihrer Hochzeit. Min-Ho fuhr so schnell es erlaubt war. Die Angst, zu spät am Flughafen anzukommen und ihn zu verpassen war Riesen groß. Zum Glück blieben die Straßen frei, ohne Stau. Wir konnten problemlos durchfahren. Am Flughafen wurde es dann schwerer Yeol unter dieser Menschenmenge zu finden. „Ich habe eine Idee!" Min-ho lief zur Anmeldung und ließ Yeol durch einen Mikrofon ausrufen. „Grandiose Idee! Du bist genial!" Nur wenige Minuten später standen Yeol und ich voreinander. Als er mich in meinem Hochzeitskleid sah, liefen ihm die Tränen herunter. „Du siehst wunderschön aus!" Ich versuchte erst gar nicht meine Tränen zu unterdrücken. „Yeol, mir tut alles so leid! Ich weiß, ich habe so viele Fehler gemacht, ich hätte dir glauben sollen und nicht ihr!" „Mir tut es auch leid! Alles, was ich zu dir an Min-Hos Hochzeit gesagt habe, dass ich dich ständig ignoriert habe und das mit dem Kuss vor deinem Haus. Ich war wütend und verletzt. Du hattest einen Ersatz für mich gefunden und das konnte ich nicht ertragen." „Für dich gibt es keinen Ersatz! Du wirst immer meine einzige Liebe bleiben, ich werde dich niemals vergessen. Die gemeinsam verbrachten Momente werden ein Leben lang vor meinen Augen stehen. Du wirst immer derjenige sein, mit dem mich unendliche Emotionen verbinden. Du bleibst für immer meine andere Häfte." „Rose, vergiss nie, mein Herz schlägt nur für dich! Einzig und alleine nur für dich ist dort Platz. Du bleibst auf ewig meine einzig wahre Liebe! Glaub mir, an meiner Seite wird es nie eine andere Frau geben. Wenn es sein muss, werde ich auf dich bis zu meinem Tod warten. Mir ist bewusst, dass es unrealistisch ist, weil du jetzt verheiratet bist und es für uns keine Zukunft als Paar mehr gibt, trotzdem stirbt meine Hoffnung zuletzt." Mir liefen die Tränen so extrem herunter, sodass ich heftig nach Luft schnappen musste. „Yeol, ich will nicht, dass du weg fliegst! Selbst wenn ich nun mit Yong-Ho verheiratet bin, heißt es doch noch lange nicht, dass wir keine Freunde bleiben können!" „Meine Liebe, ich kann nicht einfach nur mit dir befreundet sein! Ich werde immer auf blöde Gedanken kommen, dich ihm weg zu nehmen. Ich werde fliegen! Diesen Anblick, er an deiner Seite, das verkrafte ich nicht. Bitte verstehe mich!" „Ich kann auch nicht bloß mit dir befreundet sein, jedoch wäre es wenigstens eine Möglichkeit, einander nicht komplett zu verlieren!" „Für mich wäre es auch die Hölle, nichts mit dir zu tun zu haben. Wir können ab und zu telefonieren oder schreiben, wenn es für dich in Ordnung ist?" „Ja, klar, ich nehme jede Art von Kontakt zu dir an!" Dann hörten wir die Durchsage zu seinem Flug. Wir umarmten uns kräftig. Yeol legte seine Hände an meine Wangen und küsste meine Stirn. „Pass auf dich auf kleines! Ich liebe dich." „Ich liebe dich auch." Yeol ging und ich schaute ihm hinterher. „Lass uns los, Rose!" So fuhren Min-Ho und ich wieder zurück zur Hochzeit. Die Mehrheit der Gäste war schon weg. Yong-Ho saß umgeben von mehreren Flaschen Bier auf einer Bank. „Wohin bist du verschwunden?" „Ich musste kurz weg! Warum sitzt du hier draußen?" „Du warst mit ihm?" Ich verstummte und drehte mein Gesicht zur Seite. „Hm. Selbst an unserem Hochzeitstag rennst du zu ihm? Wie soll unsere Ehe bloß aussehen?" „Yong-Ho, du wusstest, aus welchem Grund ich dich geheiratet habe und du bist bei vollem Verstand darauf eingegangen! Jetzt willst du mir deshalb Probleme bereiten?" „Nein, mich hat es lediglich verletzt! Lass uns von den Gästen verabschieden und nach Hause gehen." Da Yong-Ho einiges getrunken hatte, konnte er sich nicht mehr hinter das Steuer setzten. Min-Ho und Anna fuhren uns zu Yong-Ho nach Hause. In dem Zimmer, in dem ich mal gewohnt hatte, standen meine Koffer bereits mit allem drum und dran. „Na Mutter war aber fleißig!", flüsterte ich. Yong-Ho verzog sich in die Küche, um nach noch mehr Alkohol zu suchen. Ich setzte mich auf meinen Koffer und konnte das alles kaum glauben. „Bleibt mir etwas anderes übrig, als die Koffer auszupacken?" „Soll ich dir dabei helfen?", erschreckte er mich von hinten. „Es reicht langsam mit dem Alkohol! Leg die Flasche weg!" „Gut, dann gehen wir zur Hochzeitsnacht über?" Das es eine Hochzeitsnacht gab, vergaß ich vollkommen. „Yong-Ho, ich würde lieber erst einmal die Koffer auspacken." „Das kannst du morgen auch noch erledigen." Er packte meine Handgelenke und zog mich in die Richtung meines Bettes. Von allen Seiten küsste er mich, obwohl ich ständig mein Gesicht von ihm weg drehte. Mit Gewalt versuchte er mir das Kleid auszuziehen, dabei zerriss er es an manchen Stellen. „Na ja, dass wirst du eh nicht mehr brauchen!", sagte er bloß dazu. „Yong-Ho! Ich will es nicht! Lass mich los, bitte! Du wirst nichts mit Gewalt erreichen." Anscheinend machte es in seinem Kopf klick und er ließ mich los. „Bitte verzeih mir! So sollte es nicht geschehen. Lass dir dafür die Zeit, die du brauchst. Ich kann warten." Mir fiel ein Stein vom Herzen. Er verließ mein Zimmer und ging in das seine. Nach wenigen Minuten hörte ich, wie er Gitarre spielte. Wahrscheinlich, um sich abzureagieren. Die Melodie klang traurig und sehr emotional. In mir tauchten Schuldgefühle ihm gegenüber auf. Im Grunde wollte er mir nichts böses. Ich schlüpfte in meinen Pyjama und klopfte an seine Zimmertür. „Tür ist offen!" „Können wir reden?" „Natürlich." „Lass uns friedlich mit einander umgehen. Wir sind nun ein Ehepaar und sollten nicht so auseinander gehen. Du möchtest doch bestimmt auch, dass in unserer Ehe Harmonie herrscht." „Natürlich möchte ich es! Aber du verstehst nicht, dass Jeong Chung Yeol immer noch versucht dich, mir weg zu nehmen!" „Von dem heutigen Tag an, kann mich dir keiner wegnehmen, weil ich diese Ehe ernst nehmen! Auch wenn, ich andere Gefühle für dich empfinde als zu Yeol. Wir haben uns heute das Ja-Wort gegeben und dabei wird es auch bleiben. Zudem solltest du wissen, dass Yeol nicht mehr in Korea lebt. Er ist heute weggeflogen. Ich habe mich nur von ihm verabschiedet, weil er ein wichtiger Teil meines Lebens war. Nun gibt es nur noch dich und mich! Auch sollst du verstehen, dass Gefühle Zeit brauchen, du kannst mich nicht unter Druck setzen und von mir verlangen, dich auf Anhieb zu lieben. Vor der Hochzeit wusstest du, dass ich ein Leben lang Yeol lieben werde, und dir war es doch egal." „Ja, du hast Recht! Jetzt, wo ich weiß, dass er nicht mehr in deiner Nähe ist, werde ich ruhiger sein können. Die Sache mit deinen Gefühlen, da hoffe ich, dass die sich doch eines Tages ändern werden. Eins aber noch, unser gemeinsames Zimmer ist fertig. Werden wir wenigstens wie ein normales

Ehepaar in einem Bett schlafen können? Oder werden wir getrennte Zimmer behalten?" „In Ordnung, wir werden in das gemeinsame Zimmer ziehen. Wir sind ein Paar, also werden wir einigermaßen versuchen uns auch so zu verhalten." Zusammen gingen wir uns das neue Zimmer anschauen. Aus dem Gästezimmer wurde ein großes Ehezimmer. Die Wände waren weiß, das Ehebett war ein schwarzes schönes, gemütliches Boxspingbett, riesige Fenster mit weißen Gardinen. Gegenüber des Bettes hing ein großer Flachbildfernseher. Der Kleiderschrank war Dreitürig, weiß mit einem schwarzen Streifen in der Mitte. Das Badezimmer bestand aus dem Standard, Badewanne kombiniert mit der Dusche, ein eckiges Waschbecken, darüber der Spiegel, und zuletzt die Toilette. „Sieht doch bequem aus, oder?" Er lächelte mir zu. „Finde ich auch! Wollen wir den Kleiderschrank befüllen?" „Ja, lass uns das tun." Wir holten unsere Kleidung und legten alles ordentlich in den Schrank herein. Außerdem nahmen wir unsere Lieblingssachen mit in das Zimmer, wie Bücher, Comics und einige Spiele. Yong-Ho schleppte aus seinem Zimmer einen Minikühlschrank mit. „Was ist das denn?", lachte ich herzlich. „Was denn? Den werden wir brauchen!", lachte er zurück. „Was lagerst du da?" „Getränke und etwas zum snacken, was halt in den Kühlschrank gehört. Schau mal in unsere Nachtschränke!" Ich öffnete die Schubladen der Nachtschränke. „Wow! Das schaffst du alles zu essen?" Dort wurden sämtliche Süßigkeiten, wie

Chips, Schokolade und Gummibärchen gelagert. „Wann zum Teufel hast du geschafft, dass alles hier rein zu bringen?" „Gerade eben! Stark oder? Abends, wenn wir Fernsehen gucken, können wir reinhauen!" „Oh man, mit dir an meiner Seite werde ich noch fett!" Beide mussten heftig lachen. Draußen wurde es schon hell, wir entschieden uns etwas schlaf zu gönnen. Wegen unserer gestrigen Hochzeit bekamen wir von der Arbeit und der Uni einen freien Tag. Erst spät gegen Nachmittag wachten wir auf. Das gemeinsame Zähneputzen fühlte sich komisch an. Wir beide waren dies nicht gewohnt. Die Haushälterin Eun-Mi stellte uns das Mittagessen in unserem Wohnzimmer ab. Es gab Deonjang Jjigae, dazu tranken wir schwarzen Kaffee. „Was wollen wir heute unternehmen?", fragte er neugierig. „Ich weiß nicht genau. Lust durch Myeongdong zu spazieren?" „Gut." Wir zogen uns um und fuhren los. „Rose? Ich wollte dich schon die ganze Zeit fragen, was hältst du davon, wenn wir uns ein eigenes Haus suchen? Ich mag mein Zuhause, aber ich hätte gerne etwas eigenes mit dir." „Ich würde es auch schön finden." „Damit ist auch eine andere Stadt gemeint!" „Oh! Hm. Darüber sollten wir uns erst Gedanken machen, wenn ich mit dem Studium fertig bin." In Myeongdong war viel los gewesen, wie jeden Tag. Wir schauten in einigen Geschäften herein, erledigten einige Kosmetische Einkäufe und machten uns über das Street Food her. Vom deftigem Essen, wie Yangnyeom Tongbak, zu jeglichem Süßkram, wie Baked Chees – Ice cream

Waffles, verspeisten wir alles. Am Ende starben wir fast vor Bauchschmerzen, weil wir zu viel in uns rein gestopft hatten. Vollkommen am ende lagen wir auf unserem Bett und keiner von uns beiden rührte sich vom Fleck. Irgendwann musste er sich bewegen, da sein Telefon klingelte. „Yong-Ho! Wir haben morgen früh einen wichtigen Termin mit dem Boss, vergiss den bloß nicht! Sei pünktlich!" „Ja, werde ich. Bis morgen." „Wer war das?" „Unser Manager. Er wollte mich daran erinnern, dass wir morgen früh einen Termin mit unserem Boss haben. Morgen wollen wir unser nächstes Album vorstellen. Mal schauen, wie sie es findet." „Ich wünsche euch viel Glück!" Am Morgen verschwand Yong-Ho vor mir. Auf dem Weg zur Universität traf ich Nam-Joon. „Hey!" „Hallo Rose! Na, wie war dein freier Tag?" „Super, oder auch nicht. Wir waren in Myeongdong spazieren und haben so viel gefressen, dass wir am ende platt auf dem Bett langen." „Hört sich nach Spaß an. Ich fand eure Hochzeit echt mega schön. Mika hielt aber ziemlichen Abstand von mir und wechselte nicht ein Wort mit mir." „Echt? Nicht mal begrüßt?" „So ganz flüchtig. Sie saß wie versteinert neben Juna. Sie sind auch früh abgehauen." „Und ich dachte, ihr würdet wenigstens ins Gespräch kommen. Sie ist hart drauf! Lass den Kopf nicht hängen, solange sie niemand neues hat, ist noch Hoffnung in Sicht. Also Fighting Nam-Joon!" „Würdest du mir helfen, sie wieder zurück zu erobern?" „Klar, wenn du eine Idee hast, raus damit!" „Sobald ich eine Idee habe, werde ich sie

dir vorstellen." Heute erwarteten mich einige
Seminare. Manchmal kam ich mit dem
Vorgetragenen echt nicht mit. Mit ganzer Kraft
versuchte ich mich zu konzentrieren. Während ich
mich anstrengte bei der Sache zu bleiben, wühlte
mich eine Nachricht von auf.

> *Hallo Rose,*
> *wie geht es dir? Ist bei dir alles*
> *gut? Ich bin jetzt in meinem Wohnheim, in*
> *der Universität angekommen. Habe schon*
> *ausgepackt und meine Zimmergenossen*
> *kennengelernt. Die Jungs hier sind echt*
> *gut drauf. Ich weiß nicht, ob ich das*
> *schreiben soll, aber ich vermisse dich!*
> *Yeol*

> *Hallo Yeol,*
> *mir geht es fantastisch! Sitze gerade in*
> *einem meiner Seminare und lerne fleißig.*
> *Mich freut es sehr, dass du und deine*
> *Zimmergenossen euch versteht. Ich*
> *vermisse dich auch.*
> *Rose*

Eigentlich sollte ich ihm so etwas wie: ich vermisse
dich; nicht schreiben, jedoch konnte ich nicht
widerstehen. Nach den Seminaren musste ich noch
ins Krankenhaus. Ein Patient bekam eine
Nasenoperation, und der Arzt wollte, dass ich es
mir genau ansehe. Für den Arzt war so eine
Operation eine Nebensache, die nicht lange

dauerte. Später besuchte ich noch einige Patienten. Erst am Abend trafen Yong-Ho und ich aufeinander. „Wie ist dein Termin gelaufen?" „Super! Das neue Album hat ihr sehr gefallen. In zwei Wochen wird es veröffentlicht. Wundere dich nicht, wenn ich früh gehe und spät nach Hause komme. Das Album wird eine menge Arbeit benötigen." Genauso wie er es vorhersagte, so kam es auch. Ich sah ihn in den zwei Wochen nur im Fernsehen. Die Fans drehten vollkommen durch, als deren neues Album veröffentlicht wurde. Jeden Tag hatte er irgendeinen anderen Termin, entweder eine Konferenz, eine Show, Fotoshootings, und für die Songs mussten noch einige Videos fertig gedreht werden. In Blitzgeschwindigkeit wanderte deren Hauptsong in den Charts auf den ersten Platz. Seine Plattenfirma plante nun eine Welttour. Wie Yong-Ho mir berichtete, würde es in Seoul mit der Tour losgehen, dann würde es von dort aus nach Japan, Thailand, Singapur, Los Angeles, Chicago, Russland, London, Paris, und nach Deutschland gehen. Dann von Deutschland wieder zurück nach Korea. Somit würden wir uns eine lange Zeit nicht sehen können. Bei mir in der Universität, sowie im Krankenhaus lief alles nach Plan. Schließlich gab ich mir die größte Mühe, mein Ziel zu erreichen. Nach der Arbeit im Krankenhaus, bereitete ich mich für das Konzert von F.S.S vor. Ich war aufgeregt, denn es wäre mein aller erster Konzertbesuch. Vor der Konzerthalle versammelten sich Unmengen an Fans, sowohl weiblich als auch männlich. Einige hatten die Tanzchoreografie von

F.S.S auswendig gelernt und präsentierten diese auf den Straßen. Der Manager holte mich von draußen ab und brachte mich zu den Jungs in den Raum. Sie saßen gechillt herum und schossen Selfies von sich. „Komm her Rose! Wir machen ein gemeinsames Foto. Nun gehörst du auch zu uns.", lud mich ein Bandmitglied ein. Schüchtern stellte ich mich hinter die Jungs, um nicht zu sehr aufzufallen. Dann war der Moment gekommen, wo sie auf die Bühne raus mussten. Die Fans jubelten, schrien und kreischten wie verrückt. Ich stand hinter der Bühne und beobachtete den Auftritt der Band F.S.S. Die Arbeit eines Idols stellte ich mir nie so schwierig vor. Ich dachte immer, es wäre total easy going, aber das war nicht so. Hinter dieser ganzen Arbeit steckte eine menge Schweiß, schlaflose Nächte, Überstunden, so gut wie keine Freizeit, und noch viel mehr dahinter. Dieser Beruf erhielt meinen vollsten Respekt. Die Jungengruppe leistete hervorragende Performances ab. Bei einem der Songs riss sich Yong-Ho das Shirt vom Körper, dabei entdeckte ich, dass er ein Tattoo am Rücken besaß, mit der Aufschrift: Never lose your Hope. Es war ein lächerliches Gefühl, seine Fans kannten ihn wahrscheinlich besser als seine eigene Ehefrau. Ich konnte jeden einzelnen Fan ziemlich gut verstehen, weshalb sie den Jungs so hinterher schmachteten. Wenn sie auf der Bühne standen, waren sie ganz andere Jungs, so sexy, solche badboys, und zur selben Zeit so unglaublich smart. Die Stimmen von den Jungs erweckten ein Kribbeln im Bauch. Selbst die Art, wie sie sich bewegten, konnte einen um den Verstand bringen. Ihr Konzert dauerte in etwa vier Stunden. Nach dem Konzert fuhr Yong-Ho mich nach Hause und er selber ging mit seinen Jungs feiern. Sein Koffer stand schon fast fertig gepackt im Zimmer. Früh am Morgen verabschiedete ich mich von ihm. „Pass gut auf dich auf! Vernachlässige deine Ernährung nicht. Wünsche euch einen guten Flug!" „Pass du auch gut auf dich auf! Du wirst mir sehr fehlen." Er gab mir einen Kuss auf die Wange und stieg in den Tourbus ein, der vor unserem Haus wartete. Ich packte meine Tasche für die Arbeit zusammen und verließ ebenso das Haus.

Seit dem Yong-Ho auf Tour ging, waren drei Monate vergangen. Ich stand vor meinen Halbjahres Prüfungen. Mein Kopf realisierte nichts Außerschulisches mehr, außer den Stoff, den ich drauf haben musste. Die meiste Zeit lernte ich mit Nam-Joon zusammen. Er wurde zu meinem engsten besten Freund. Leider fiel uns noch immer keine Idee ein, wie wir ihn und Mika wieder zusammen bringen konnten. Der Kontakt zwischen Yeol und mir lief am Anfang sehr gut, es gab keinen Tag, an dem wir nicht miteinander schrieben oder telefonierten. Doch mit der Zeit wurde es weniger und weniger, wahrscheinlich musste er auch so viel lernen, wie wir hier. „Wollen wir mal eine kleine Pause machen und etwas essen?" „Das ist eine gute Idee! Was wollen wir essen?", saß ich planlos vor Nam-Joon. „Ow, hm. Einfach und unkompliziert, Ramen?" Wir lachten und schlenderten zum Kiosk. Mit unserem Essen setzten wir uns draußen vor dem Kiosk hin. Obwohl der Ramen scharf gewesen war, verdrückten wir in innerhalb von fünf Minuten. „Boah, bin ich hungrig gewesen. So schnell hab ich noch nie einen Ramen verdrückt." „Kannst du laut sagen! Ich habe so schnell gegessen, sodass ich nicht mal den Geschmack davon verstanden habe.", lachte er. Sehnsüchtig starrte ich jede zweite Minute auf mein Telefon. „Hast du nichts neues von ihm gehört?" „Nein! Seine letzte Nachricht ist eine halbe Woche her. Ich schreibe ihm, jedoch kommt nichts zurück. Langsam mache ich mir Sorgen um Yeol." „Bestimmt stehen bei ihnen auch die Prüfungen vor der Tür. Lass ihm Zeit, er wird sich schon melden. Was ist mit Yong-Ho? Meldet er sich regelmäßig bei dir?" „Ja, er schon. Sie sind jetzt auf der Rückreise! Bald kommen sie wieder." „Wie ist es zwischen dir und Mika?" „Alles beim Alten! Ich schreibe ihr, sie meldet sich nicht zurück, ich rufe sie an, sie drückt mich weg. So langsam weiß ich nicht mehr, was ich noch tun soll!" „Nach den Prüfungen müssen wir uns an diese Angelegenheit ran setzen! Gemeinsam schaffen wir es." „Was ist, wenn sie mich nicht mehr liebt? Wenn sie jemanden neues hat?" „Das werden wir dann sehen! Jetzt solltest du dich voll und ganz auf die Prüfungen konzentrieren und danach werden wir schauen, wie es mit Mika und dir weiter gehen wird. Im schlimmsten Fall, wenn sie jemanden neues hat, dann musst du dich damit abfinden und sie los lassen!" Nachdenklich schaute er durch die Gegend. „Lass und wieder zurück zur

Bibliothek gehen, ja?"
In dieser Nacht kam Yong-Ho wieder zurück nach
Hause. Ein Sonnenstrahl schien mir direkt ins
Gesicht, ich öffnete meine Augen und Yong-Ho lag
neben mir und schlief tief und fest. Leise machte
ich mich aus dem Staub. Nach meiner Schicht im
Krankenhaus kaufte ich in der Bäckerei einige
kleine Desserts, wie Erdbeerküchlein, Muffins und
Schokoladenküchlein. Meine Idee war es, an
diesem Abend entspannt mit Yong-Ho eine Serie
anzuschauen und Süßes zu essen. Diese Idee ging
jedoch nicht auf, denn als ich Zuhause ankam, war
er schon weg. Verwundert rief ich ihn auf seinem
Handy an. „Wo steckst du?" „Ich bin im Studio,
wieso?" „Hast du heute nicht deinen freien Tag?"
„Doch schon, aber ich wollte diesen Tag nicht
sinnlos verschwenden." „Okay, dann viel Spaß!"
Alleine legte ich mich unter die Decke, machte mir
eine Serie an und aß meine unnötig gekauften
Desserts. Die Tage vergingen wie im Flug und
schon begannen die Prüfungstage. Die
Theoretischen wie auch die Praktischen Prüfungen
bestand ich mit den Höchstpunktzahlen. Nam-Joon
bestand seine ebenfalls mit den Bestnoten. Stolz
spazierte ich zu Yong-Ho. Selbstverständlich wollte
ich den Erfolg mit ihm und Nam-Joon gemeinsam
feiern. Doch schon wieder fand ich ihn Zuhause
nicht auf. Auf dem Tisch, im Wohnzimmer lag ein
Brief von ihm.

Rose,
ich bin im Studio. Mir ist ein Hammer

*Song eingefallen, diesen musste ich den
Jungs präsentieren. Sehen uns heute
Abend.*
Ich liebe dich.
Yong-Ho

So langsam nervte mich seine Abwesenheit. Kaum
wollte ich einen Schritt auf ihn zugehen, so fand
ich ihn nie dort, wo ich suchte. In diesem Moment
fehlte mir Yeol noch mehr als zuvor. In der
Vergangenheit war er immer für mich da. Mit
irgendjemandem wollte ich meine Freude teilen, so
versuchte ich nochmal Yeol zu schreiben.

*Hey Yeol!
Ich hoffe, bei dir ist alles gut! Du
antwortest mir in letzter Zeit so selten.
Heute haben wir die Prüfungsergebnisse
bekommen. Rate mal, wer erfolgreich
bestanden hat! Ich! Langsam komme ich
meinem Ziel näher. Du fehlst mir.
Rose*

Eine Stunde später... zwei Stunden später... und
nichts kam von ihm zurück. Erst nach vier Stunden
antwortete er mir.

*Hallo Rose!
Ich freue mich sehr für dich! Herzlichen
Glückwunsch! Wir haben auch Prüfungen
geschrieben. Genauso wie du, habe ich
diese mit Bestnote bestanden. Ich denke*

jeden Tag an dich! Du fehlst mir
wahnsinnig.
Yeol

Selbst wenn diese Nachricht so spät kam, freute ich mich wie ein Kind. Wenigstens mit einem Menschen auf dieser Welt konnte ich meine Freude teilen. Wir hatten zwar seltenen Kontakt, doch, wenn es wichtig wurde, waren wir für einander da. Später traf ich mich mit Nam-Joon, mit dem ich unseren gemeinsamen Erfolg feiern wollte. Wir verabredeten uns in einer kleinen Bar, wo getrunken und getanzt werden konnte. In dieser Bar hielten sich nur koreanische Studenten auf, von Touristen war hier keine Spur. Wir bestellten uns Soju und stießen auf die bestandenen Prüfungen an. Da wir in den letzten Tagen unsere Ernährung vernachlässigten, wurden wir schnell betrunken. Jegliche Themen, die uns auf dem Herzen lagen, kamen dann zur Sprache. „Ich verstehe diesen Typen nicht! Erst will er, dass wir einander näher kommen, aber wie soll das funktionieren, wenn er nie Zuhause ist? Oder vielleicht bin ich einfach nur zu blöd, um das alles zu verstehen." „Du bist nicht blöd, Rose! Nimm zum Beispiel mich, ich hatte viel Zeit für Mika, aber das hat sie gestört. Sie wollte ihr Ding machen, mit ihrem Kollegen. Ich war da fehl am Platz!" „Wieso muss Yeol so weit weg von mir sein? Wäre er jetzt in Seoul, wette ich darauf, dass er hier mit uns sitzen würde." „Apropos Yeol! Schau mal, was ich auf einer Seite gefunden habe. Er wurde auf einem Foto von einem Mädchen verlinkt." Nam-Joon holte sein Handy aus seiner Hosentasche heraus, öffnete die Seite und zeigte mir einige Fotos. Auf dem einen Foto saß er mit drei anderen Jungs und fünft Mädchen in einer Kneipe. Auf dem Tisch standen so einige Alkoholflaschen mit Chips. Yeol saß in einer Ecke, und neben ihm saß das Mädchen, die ihn auf dem Foto verlinkt hatte. Ich konnte nicht genau sagen, war Yeol angetrunken oder nüchtern, denn an ihm war es schwer dies zu entziffern. Auf dem nächsten Foto, welches nur einen Tag älter war, saßen dieselben Personen in einer Discothek, oder so etwas ähnliches. Yeol hielt eine Bierflasche in der Hand, dasselbe Mädchen stieg fast auf seinen Schoss. Auf dem letzten Foto waren sie am Strand gewesen. Die Mädchen trugen knappe Bikinis, eine von den Mädchen trug obenrum überhaupt nichts. Ihre Silikonbrüste stellte sie zufrieden zur Schau. Yeol und ein Junge standen neben den Mädchen, und wieder mit Alkoholflaschen in den Händen. Diese Fotos verletzten mich gewaltig, denn ich dachte nämlich, dass er viel mit dem lernen beschäftigt wäre, aber demnach sah es nicht aus. Und was waren das für Weiber, die sich so auf den Fotos präsentierten? Wie konnte er nur mit solchen Mädchen abhängen? „Das ist doch nicht sein ernst?" „Die Fotos haben mich auch ziemlich weg gehauen! Also nach lernen und fleißig sein, sieht es nicht aus. Er genießt sein Leben dort in vollen Zügen!" Nam-Joon hatte vollkommen Recht. Die einzige, die trauerte und ihm hinterher heulte bin ich gewesen. „Weißt du was? Ich werde aufhören, mich zuerst bei ihm zu melden! Mal schauen, wie lange er brauchen wird, um sich bei mir zu melden." „Rose, denkst du, dass ist so eine gute Idee?" „Warum denn nicht? Ich, Idiot schreibe ihm und versuche ihn anzurufen, und er ist zu beschäftigt, um an sein Handy zu gehen. Jetzt weiß ich wenigstens, mit was er so beschäftigt ist. Natürlich, wieso sollte er auch nicht, guck dir die Mädchen mal an! Die sehen wie Models aus. Welcher Typ könnte da widerstehen?" „Ich könnte es! Wenn ich ein Mädchen an meiner Seite hätte, würde ich mich niemals mit anderen Frauen abgeben. Und erst recht nicht solche Fotos ins Internet rein stellen. Ich weiß nicht, mit was er gedacht hat, aber definitiv nicht mit seinem Kopf. Rechnet er nicht damit , dass du diese Bilder finden könntest? Was versucht er damit zu erreichen? So wird er dich nur noch näher zu Yong-Ho schubsen!" In diesem Moment verstand ich, dass Nam-Joon wieder Recht gehabt hat. Desto öfter Yeol mich verletzte, desto mehr zog es mich zu Yong-Ho. Hätte Yeol damals Belle nicht vor meinen Augen geküsst, hätte ich die Hochzeit nicht vorverlegt, und wer weiß, was bis dahin alles geschehen wäre. Torkelnd liefen Nam-Joon und ich durch die Straßen. „Was sollen wir bloß tun, Nam-Joon? Warum haben wir beide einfach kein Glück in der Liebe?" „Da fragst du den Ahnungslosen! Ich weiß auch nicht weiter. Ehrlich gesagt, kotzt mich schon diese ganze Situation zwischen Mika und mir an! Würde sie mich lieben, wäre sie aus purer Sehnsucht nach mir schon längst zurück gekommen, oder hätte wenigstens den Kontakt zu mir gesucht. Aber da passiert rein gar nichts! Lass uns einander ein Versprechen abgeben!" „Welches denn?" „Lass uns Mika und Yeol in der Vergangenheit lassen! Die beiden Leben ihr Leben, sie kommen voran, sie denken nicht an uns. Was uns angeht, wir trauern ihnen hinterher, sitzen und warten auf eine noch so kleine Kontaktaufnahme, haben Sehnsucht nach ihnen, lieben sie wie die bescheuerten. Wir werden so nie voran kommen! Wir sind in der Vergangenheit stehen geblieben, verstehst du, was ich meine?" „Ich denke schon, rede weiter!" „Lass uns, wie sie, in der Gegenwart leben und die Vergangenheit ruhen lassen! Du versuchst eine normale Beziehung zu Yong-Ho aufzubauen. Sprichst mit ihm über das, was dir in eurer Ehe nicht gefällt und was ihr ändern solltet. Du wirst sowieso nie wieder mit Yeol zusammen kommen, von daher macht euer Kontakt keinen Sinn, denn Freunde könnt ihr auch nicht sein, wegen euren Gefühlen, oder besser gesagt deinen Gefühlen. Ich werde Mika los lassen und versuche ein anderes Mädchen zu daten." „Du, sag mal, warum bist du so weise, wenn du betrunken bist? Das einzige, was ich dir ständig zu sagen habe, ist, das du Recht hast! Lass es uns so machen, wie du vorgeschlagen hast. Sollen die beiden ihr Leben leben und wir machen genau dasselbe mit dem unserem. Wir konzentrieren uns von heute an auf unser jetziges Leben. Doch was tue ich denn, wenn sich die Sache mit Yong-Hos Abwesenheit nicht ändert?" „Gute Frage! Bis dahin bin ich noch nicht gedacht. Das werden wir uns dann überlegen, wenn es soweit ist." Zuhause, im Wohnzimmer wartete ich gespannt auf Yong-Hos Rückkehr. Nach und nach fielen mir die Augen zu. Mit einer warmen Decke zugedeckt wachte ich am nächsten Morgen, im Wohnzimmer auf. „Yong-Ho bist du da?" „Ja, bin im Badezimmer! Bin gleich fertig." „Kommst du dann bitte zu mir ins Wohnzimmer!" Nur mit einem Handtuch um die Hüften gebunden, stolzierte er zu mir ins Wohnzimmer. Bei diesem sexy Anblick lief mein Gesicht so rot an, sodass ich vergaß, worüber ich mit ihm sprechen wollte. „Was ist los? Gefällt dir dieser Anblick? Was frage ich überhaupt, deine Gesichtsfarbe verrät alles!", grinste er frech. „Zieh dir bitte etwas an und dann möchte ich mit dir sprechen!" „Ne, mir ist nach der heißen Dusche warm, ich möchte mich ein wenig abkühlen. Erzähl mir, worüber du mit mir sprechen wolltest." „Also.. ähm.. ich.. zieh dir etwas an verdammt!" Er lachte so laut, dass ich selbst mitlachen musste. „Hör bitte auf damit! Ich will mit dir über ein ernstes Thema sprechen und du bringst mich ganz durcheinander." Er stand von der Coach auf und kam mir Schritt für Schritt näher. Ich ging Schritt für Schritt zurück, bis er mich an meiner Taille packte und zu sich heran zog. Verdammt roch er gut. „Ich mache dich gerade sehr nervös, habe ich Recht?" Provokant biss er sich auf seine Unterlippe. Mein Blick blieb an seinen Lippen stehen. „Rose!", flüsterte er. Sein Gesicht rückte dem meinem näher. Wir spürten den warmen Atem des anderen. Unsere Lippen berührten sich fast. Einen Millimeter zog er zurück, und schaute mir in die Augen. Seine andere Hand legte er an meinen Hinterkopf. Wieder biss er sich auf die Unterlippe und dann küssten wir uns. Es war für mich nicht dasselbe Gefühl, wie bei dem Kuss mit Yeol, es war anders. Obwohl sich dieser Kuss irgendwo schön anfühlte, berührte es nicht mein Herz. Schnell bereute ich dieses Ereignis und schubste Yong-Ho von mir weg. „Hm.. eine andere Reaktion habe ich auch nicht erwartet!", drehte er sich um und wollte gehen. „Warte! Ich wollte doch mit dir sprechen." „Fasse dich kurz, ich muss zur Arbeit!" „Genau darum geht es auch! Mich nervt es, dass du ständig irgendwo anders und nicht Zuhause bist. Vom frühen Morgen haust du ab und kommst spät in der Nacht erst wieder. Wir haben nicht mal die Möglichkeit an unserer Ehe zu arbeiten. Wir verbringen keine Zeit miteinander, dass Interesse für einander ist irgendwie verschwunden. An meinem Prüfungstag hast du mich nicht mal gesehen. Du hast einen stumpfen Zettel hinterlassen. Ich möchte, dass wir an unserer Ehe arbeiten, dass wir mehr Zeit für einander finden und wenigstens irgendeine Kleinigkeit unternehmen, sei es selbst so eine kleine Sache, wie im Bett einen Film schauen, oder so." „Rose, du willst, dass wir an unserer Ehe arbeiten? Dann arbeite doch erst mal daran, mich, deinen Ehemann in deiner Nähe zu ertragen. Kaum komme ich dir näher, wie gerade eben, drehst du entweder dein Gesicht weg oder du schubst mich zurück, wie gerade eben! Was meine Arbeit betrifft, was

erwartest du von mir? Ich kann mir nicht
aussuchen, zu welchen Zeiten ich arbeiten muss.
Du wusstest doch, dass ich viel unterwegs bin!
Versuch dich damit abzufinden, denn daran kann
ich leider nichts ändern. Oder willst du, dass ich
meine Arbeit fallen lasse?" „Nein, natürlich nicht!"
„Also! Dann lerne damit umzugehen. So wie ich
damit lerne umzugehen, dass wir nie eine richtige
Ehe führen werden. Ich liebe dich Rose, aber es ist
schwer für mich, neben dir in einem Bett zu liegen
und dich nicht mal umarmen zu dürfen, von Sex
will ich gar nicht erst reden." „Ich verstehe dich!
Ich werde mir Mühe geben, diese Seite an mir zu
ändern." Das Gespräch verlief nicht in die
Richtung, die ich mir eigentlich vorstellte.
Nichtsdestotrotz stimmte es, er konnte sich seine
Arbeitszeiten nicht selber aussuchen.
Seit dem vergingen drei Jahre. Ich hatte mich an
das Leben mit Yong-Ho gewöhnt, an seine ständige
Abwesenheit, an die Tage, die ich alleine
verbringen musste. Am schlimmsten war es, die
wichtigsten für mich Tage, wie meinen Geburtstag,
Weihnachten, Valentinstag, Silvester und meinen
erfolgreichen Abschluss an der Universität, alleine
verbringen zu müssen. An eine Sache konnte ich
mich all die Jahre jedoch nicht gewöhnen, an ein
Leben ohne zu lieben. Die Gefühle zu Yeol
verstummten. So wie er es mir damals am
Flughafen versprach, dass er nach zwei Jahren
wieder zurück nach Seoul kommen würde, so war
er immer noch nicht da. Der Kontakt zu ihm verfiel
auch. Ich wusste absolut nichts über ihn. Nach dem

Abschluss an der Universität übernahm ich den Platzt meines Vaters. Mein damaliges Versprechen ihm gegenüber konnte ich halten, was mich sehr stolz machte. Meinen Look veränderte ich auch. Vor einem halben Jahr ließ ich mir die Haare Schulterlang abschneiden und ließ mir einige hellbraune Strähnchen färben. Meine Garderobe hatte sich auch verändert. Da ich nun denn Posten des Chefarztes besaß, musste ich mich seriös kleiden. Die meiste Zeit davon lief ich in Blusen und eleganten Businesshosen herum. Ab und zu trug ich auch Kleider, nicht allzu auffällige, sondern eher welche, in denen man mich ernst nehmen konnte. Nam-Joon absolvierte ebenso mit Erfolg die Universität. Da er so ein guter Arzt geworden war, übernahm ich ihn in dem Krankenhaus meines Vaters. Außerdem hatte er vor kurzem ein Mädchen kennengelernt, die Cheny hieß. Zwischen ihm und Mika war es endgültig vorbei, denn sie zeigte ihm nicht mal annähernd, dass sie ihn zurück haben wollte, selbst nach unzähligen versuchen sie zurück zu erobern. Auf dem Weg von der Arbeit, zurück nach Hause erhielt ich eine Nachricht von Juna.

Hallo, lange nicht gesehene Freundin!
Wie läuft dein Leben? Wäre es möglich,
wenn du dir für das kommende Wochenende
frei nimmst? Jae-Min kommt wieder zurück
nach Seoul und das möchten wir feiern.
Erinnerst du dich noch an Mikas
Ferienhaus in Busan? Dort möchten wir

*uns alle treffen. Ich hoffe sehr, dass du
kommst. Ohne dich wird es nicht dasselbe
sein. Jae-Min wartet sehnsüchtig darauf,
uns alle wieder zu sehen! Ich warte auf
deine Zusage!
Juna.*

Ich fragte mich, wer alles dort auftauchen würde.
„Hallo!", bekam ich einen Telefonanruf. „"Rose,
hast du auch eine Nachricht von Juna erhalten?"
„Hey Nam-Joon! Ja, das habe ich. Wirst du dahin
fahren?" „Ich denke schon. Ich habe Juna gefragt,
wer alles kommen wird, weil ich wissen wollte, ob
Mika auch kommt." „Und, wer kommt alles?"
„Unsere alte Gruppe, Mika, Min-Ho mit Anna, du
und ich. Ob Yeol auch kommt, weiß ich nicht. Es
wurden zwar alle eingeladen, aber von ihm kam
keine Reaktion auf die Einladung. Kommst du mit
Yong-Ho? Ich denke, ich werde Cheny mit
nehmen." „Yong-Ho wird nicht mitkommen, er
wird dieses Wochenende in Japan sein. Seine
Gruppe tritt in einer Japanischen Show auf. Wenn
du dahin fährst, dann komme ich auch.
Selbstverständlich musst du Cheny mit nehmen, sie
ist schließlich deine Freundin. Es wäre ein blödes
Gefühl für sie, wenn du sie deinen Freunden nicht
mal vorstellst." „So dachte ich auch. Gut, dann
sehen wir uns in der morgigen Schicht!"
Anscheinend hatte Yeol zu keinem von uns mehr
Kontakt gehalten. Na ja, seine aktuellen Freunde
schienen ihm wichtiger zu sein. Jedenfalls, ich
freute mich Jae-Min wieder zu sehen. Ob er sich

wohl sehr verändert hatte? Das Wochenende rückte näher und schon musste die Reisetasche gepackt werden. Nam-Joon wollte mich mit seinem Auto abholen kommen, es wäre nämlich Quatsch mit zwei Autos dort hinzufahren. Am morgen schaute ich noch kurz im Krankenhaus vorbei, ob alles im Rechten lief. Für dieses Wochenende würde mich ein Kollege vertreten. Gegen Mittag holte mich Nam-Joon mit Cheny ab. Er trug ein blaues T-Shirt, darüber hatte er einen schwarz-blau- gestreiften Cardigan, dazu eine Jeans. Cheny trug ein leichtes rot-orangenes Kleid mit Ärmeln. Ihre Schulterlangen Haare band sie zu einem Zopf zusammen. Ich hatte Lust auf einen lässigen Look, Pinkes T-Shirt, Jeansjacke und eine einfache Jeanshose mit gerissenen Knien. Meine Haare ließ ich offen, so war mir am bequemsten. Auf der Arbeit band ich meine Haare immer zusammen, irgendwann tut einem der Hinterkopf vom Zopfgummi weh. Die Fahrt dauerte etwa zwei Stunden und fünfzehn Minuten. Vor dem Ferienhaus entdeckten wir als erstes Juna vor der Tür herumstehen. „Echt ein seltsames Gefühl wieder hier zu sein!" „Ja, das finde ich auch. Bist du nervös, Rose?" „Ein wenig! Du nicht?" „Doch schon. Ich meine, wir haben die anderen eine Ewigkeit nicht mehr gesehen." Wir drei stiegen aus dem Auto heraus. Als Juna uns bemerkte, lief sie mit gestreckten Armen auf uns zu. „Oh mein Gott, Rose, Nam-Joon! Ihr seht fantastisch aus! Rose, der neue Look steht dir extrem. Oh, ein neues Gesicht." „Juna, das ist meine Freundin Cheny. Cheny, das ist

Juna, meine alte Schulkameradin." Die beiden begrüßten sich höflich mit einer Verbeugung. „Lasst uns rein gehen, Mika ist auch schon da. Es fehlen noch Min-Ho und Anna." Wir nahmen unsere Taschen und gingen ins Haus herein. Mika stand vor dem Herd und bereitete das Essen vor. Das letzte mal, als ich Mika sah, war bei meiner Hochzeitsfeier. „Hallo Mika." „Hallo Rose." Sie wirkte bedrückt. „Hey Mika.", begrüßte Nam-Joon sie. „Hallo." Schnell tat sie so, als wäre sie schwerst beschäftigt und hätte keine Zeit, sich weiter zu unterhalten. Sie erkundigte sich nicht einmal, wer das andere Mädchen neben ihm war. Entweder, es interessierte sie nicht, oder sie ahnte es und war verletzt. Wahrscheinlich konnte sie es nicht ertragen, die beiden nebeneinander zu sehen. „The King is back in Seoul!", sprang Jae-Min zur Tür herein. Vom Aussehen her hatte er sich kaum verändert. Er trug einen dünnen, gelben Pullover mit einer längeren Short, die bis unter die Knie gingen. Sein Körperbau und das Äußere war unverändert geblieben. „Aaaahh, Jae-Min!" Ich war die erste, die ihn voller Freude umarmte. Nam-Joon und er begrüßten sich auf die angeblich coole Weise, mit einem lässigen Handschlag. Juna fiel ihm um den Hals und küsste ihn auf den Mund. Würde man deren Geschichte nicht kennen, würde man nie vermuten, dass die beiden mal getrennt waren. Hinter ihm stand eine weitere Person, die ich nicht sofort bemerkte. Wie versteinert guckte er mich an. „Komm doch herein, Yeol! Lange nicht gesehen.", ging Nam-Joon auf ihn zu. Yeol hatte einen neuen Haarschnitt, an der Seite kurz rasiert und die oberen Haare blieben lang. Sein Körper sah noch durchtrainierter aus als ich es von ihm von früher kannte. Anscheinend trieb Yeol drüben viel Sport. Er trug eine weiße Jeansjacke, darunter ein schwarzes T-Shirt mit einer ¾ Jeanshose. „Hi, Rose." „Hallo Yeol." Wir standen uns gegenüber wie zwei Fremde. Keiner konnte, oder wollte ein weiteres Wort von sich geben. „Ich gehe mal Min-Ho anrufen, um zu fragen, wo die beiden stecken!", suchte ich nach einer Fluchtmöglichkeit. „Tu das! Sag denen, die sollen Gas geben, denn das Essen ist fast fertig.", schrie Mika mir zu. Draußen schien die Sonne wie an einem herrlichen Sommertag. Auf einer Bank nahm ich platz und holte mein Telefon hervor. „Kann es sein, dass du mir aus dem Weg gehst?" „Nein! Gerade wollte ich deinen Bruder anrufen." „Okay, dann störe ich dich nicht weiter." Ich wählte die Nummer von Min-Ho. „Wo steckt ihr? Bis auf euch sind alle schon angekommen." „Wir werden etwas später kommen! Wir haben noch etwas zu erledigen. Falls ihr hungrig seid, setzt euch schon hin, wartet nicht auf uns." „Okay, fahrt vorsichtig." „Leute? Min-Ho und Anna kommen später! Wir sollen uns schon mal essen setzten." Mika und Juna deckten den Tisch und stellten das Essen rauf. „Erzähl von deinem bisherigen Leben in Amerika! Wie war es dort? Was hast du getrieben?", war Nam-Joon wissbegierig. „Ähm, ich habe nicht viel erleben können. Die meiste Zeit verbrachte ich in der Uni oder an meinem Praktikumsplatz. Wie Yeol auch weiß, geht an der Universität ziemlich was ab. Einige Jungs und Mädchen waren sehr damit beschäftigt auf Partys zu gehen und zu feiern. Einiges davon habe ich auch mitgemacht. Jedoch reicht es irgendwann und man nimmt das Leben ernster, zumal wenn man besondere Absichten hat." „Oh, was für besondere Absichten hast du denn?", packte mich die Neugierde. „Das werdet ihr noch früh genug erfahren! Ansonsten, habe ich mir die Stadt angeguckt, einige neue Bekanntschaften gemacht, einiges über Firmen recherchiert, die mich interessieren. Sonst war nichts los. Was war hier alles los? Vom Aussehen her, habt ihr euch alle ziemlich verändert! Ganz besonders du Rose. Ich habe gehört, du bist jetzt mit einem von der Gruppe F.S.S verheiratet?" „Erst einmal, danke für das Kompliment! Ja, stimmt genau. Ich bin mit Chang Yong-Ho verheiratet, wenn dir der Name etwas sagt." „Oh wow, stark! Ich bin ein Fan seines neuen Albums. Sau gut geworden! Besorg' mir mal ein Autogramm. Wieso ist er eigentlich heute nicht hier?" „Seine Band und er sind dieses Wochenende nach Japan geflogen. Dort treten sie in einer Show auf." Während wir meinen Ehemann als Thema hatten, beobachtete ich heimlich Yeol, wie er darauf reagierte, jedoch saß er Reaktionslos da, als hätte ich ihn nie interessiert. „Wie ist es mit einem Idol verheiratet zu sein? Ist bestimmt nicht einfach, oder?" „Na ja, wie man es nimmt, Jae-Min. Einfach, ist denke ich mal, keine Ehe. An einiges muss man sich auch gewöhnen, öfter ist man alleine und man sieht sich selten. Aber im Großen und Ganzen ist es wie bei anderen verheirateten Paaren. Nur weil er ein Idol ist, heißt es nicht, dass die Ehe auch etwas besonderes ist. Es ist lediglich sein Job, mehr nicht." Vom Charakterlichen her hatte sich Jae-Min sehr verändert. Über die Gefühle anderer Menschen machte er sich keine Gedanken. Wenn er etwas wissen wollte, fragte er direkt, ohne auf seine Mitmenschen zu achten. „Was ist mit euch Mika und Nam-Joon? Wieso seid ihr auseinander?" „Ähm, ich..." Da unterbrach ihn Mika. „Es gab keinen bestimmten Grund. Jeder ist einfach seinen eigenen Weg gegangen." Sie dachte, damit würde Jae-Min sie in Ruhe lassen. „Wie das? Nur weil jeder seinen Weg hat, bedeutet es doch nicht, dass man sich deswegen trennen muss!" Juna stupste ihn am Arm an. „Viele Schulromanzen halten nicht lange, sieh dir doch Yeol und Rose an!", überspielte sie das Thema auf uns. Mir gefiel es ganz und gar nicht. Wo war eigentlich ihr Problem? Erst verriet sie mich bei Yeol und jetzt solche Sprüche abgeben? „Woher willst du wissen, dass es endgültig zwischen ihnen vorbei ist?" „Wäre es zwischen ihnen nicht vorbei, würden sie hier nicht so entspannt sitzen und über Rose tollen Mann sprechen!" Nachdem sie in so einem arroganten Ton Yong-Ho erwähnte, platzte es in mir. „Was ist seit einiger Zeit bloß los mit dir, Mika? Ich verstehe dich überhaupt nicht mehr! Wenn du über dein Privatleben nicht sprechen möchtest, dann sag es direkt und überspiel es nicht auf andere Menschen. Außerdem, kennst du Yong-Ho überhaupt? Nein! Also rede nicht in so einem

265

Ton über meinen Ehemann." Die Stimmung kippte schnell. Ich stand von meinem Stuhl auf, und da ging es erst richtig los. „Ach, jetzt auf einmal beschützt du ihn ja? Nennst ihn deinen Mann? Was ist mit Yeol? Hast du mal an seine Gefühle gedacht? Du tust die ganze Zeit auf unschuldige Arme Rose, aber in Wahrheit ist dir alles und jeder scheiß egal!" „Halt jetzt mal die Luft an, klar! Ich werde meinen Mann immer beschützen, genauso wie er mich beschützen würde! Wann waren mir die Gefühle von Yeol egal? Was reden wir eigentlich über mich und ihn? Reden wir doch mal lieber darüber, wie du Nam-Joon all die Jahre behandelt hast. Mir sind alle egal, ja? Wer hat ihn getröstet, nachdem du ihn ständig verletzt hast? Aus welchen Grund hast du ihn so verletzt? Wegen deinen komischen Kollegen? Ich bitte dich! Du willst mir etwas über meine Mitmenschen erzählen und über mich, schau doch erst einmal selbst in den Spiegel! Überlege dir gut, was du jemandem angetan hast, der dich über alles auf der Welt geliebt hat. Der sich vor dir, wie ein Idiot erniedrigt hat, der dir wie ein treuer Hund hinterher gelaufen ist! Außerdem, wenn wir schon dabei sind, wer zum Teufel hatte dir erlaubt, vor Annas Hochzeit Yeol über meine Absichten, bezüglich meiner Hochzeit zu erzählen? Was denkst du, wer du überhaupt bist? Einst dachte ich, du wärst meine Freundin, aber weißt du was? Freundinnen hintergehen einander nicht! Du dachtest, damit hättest du etwas gutes getan? Ich erzähle dir mal etwas darüber! Dank deiner großen Klappe, hast du

266

damals so einiges mehr ruiniert. Danke dafür, treue Freundin!" „Hey Leute, bleibt mal ruhig! Das geht alles in die falsche Richtung. Rose, lass uns mal etwas frische Luft schnappen!", packte Jae-Min mich am Arm und zog mich dort raus. Draußen gingen wir ein Stück vom Ferienhaus weg. „Boah, heftiger Zoff zwischen euch! Dich habe ich noch nie so erlebt.", lachte er amüsiert. „Was lachst du denn, Quatschkopf? Das war alles mein voller ernst! Sie mischt sich ständig in fremde Angelegenheiten ein, ohne ihr eigenes Leben in den Griff bekommen zu können." „Ich verstehe dich! So etwas mag ich auch nicht. Während der Schulzeit war sie ein ganz anderes Mädchen. Wenn ich sie jetzt höre, ist sie voller Wut und Unzufriedenheit. Woran liegt es?" „Ich glaube, dass liegt an Cheny! Mika ist eifersüchtig auf sie. Sie ist jetzt Nam-Joons neue Flamme und das stört sie. Schon aus dem Grund, weil sie keinen Typen nach ihm gehabt hat." „So ist es also! Ganz schön verwirrend hier bei euch. Sag mal, ich bleibe für die nächsten zwei Wochen hier in Seoul, jedoch kann ich nicht zu meinen Eltern nach Hause. Sie wissen nämlich nicht, dass ich wieder hier bin. Kann ich die Wochen bei dir und Chang Yong-Ho bleiben? Yeol möchte ich nicht so gerne fragen, weil er selber zurzeit Schwierigkeiten Zuhaue hat." „Kein Problem, Yong-Ho wird sich freuen dich kennenzulernen! Ich habe ihm viel von dir erzählt." „Danke Rose, du bist eine wahre Freundin! Aber sag mal, was ist jetzt zwischen Yeol und dir? Ist da noch etwas?" „Diese Frage kann ich dir nicht

beantworten. Vor drei Jahren, als ich mich von ihm am Flughafen verabschiedet habe, war alles voller Liebe. Wir haben einander verziehen, und er versprach mir damals, dass er nach zwei Jahren wieder zurück kommen würde. Unseren Kontakt wollten wir auf keinen Fall abbrechen. Doch mit der Zeit wurde dieser weniger und weniger. Nam-Joon fand zufällig einige Fotos, wo Yeol mit irgendwelchen Jungs und Mädchen am feiern ist. Da hatte ich den Grund verstanden, weshalb er keine Zeit hatte, sich bei mir zu melden. Also hörte ich auf ihn zu nerven und ließ den Kontakt sein. Er meldete sich nicht von selbst und ich auch nicht. Dann versprach ich mir, dass ich ihn los lasse und beginne mich auf mein Leben zu konzentrieren."
„Aha, und konntest du los lassen?" „Los lassen konnte ich nicht, aber desto länger ich ihn nicht sah, desto länger ich keinen Kontakt zu ihm hatte, desto mehr verblassten meine Gefühle zu ihm. Ich sage nicht, dass sie weg sind, dass ich ihn nicht mehr liebe, aber die Gefühle haben sich verändert."
„So so! Weißt du Rose, in Amerika ist es für einen Asiaten nicht gerade einfach Freunde zu finden, ganz besonders, wenn das eigene Englisch nicht so dolle ist. Da versucht man irgendwie mitzuziehen."
„Ich nehme es ihm nicht übel, es ist sein Leben. Doch das, was ich ihm übel nehme ist, dass er sein Versprechen zu mir nicht gehalten hat!" „Yeol ist verunsichert. Er weiß nicht, wie er handeln soll. Er liebt dich immer noch! Ich verrate dir etwas, aber erzähl es den anderen nicht. Bei diesen Feiern war ich die meiste Zeit dabei, jedoch wollte ich mich

nicht mit ihnen fotografieren lassen, damit Juna sich nicht ärgert. Yeol hat nicht wirklich gefeiert, er saß einfach daneben und trank. Die Mädels, die mit uns waren, ja, sie waren scharf auf ihn, aber er hatte nur ein Thema und das warst du!" „Jae-Min lass uns bitte dieses Thema sein lassen. Desto mehr du mir davon berichtest, desto mehr spielen meine Gefühle verrückt! Wollen wir wieder zurück gehen?" „Wenn deine Gefühle dabei verrückt spielen, ist da noch so einiges, du versteckst sie nur ziemlich gut! Du versuchst dich selber vor den Gefühlen zu schützen, aber glaub mir, früher oder später werden dich diese Gefühle einholen. Gut, ja, lass uns mal schauen , ob Mika sich beruhigen konnte." Vor der Tür standen bloß Yeol mit einer Zigarette in der Hand und Juna daneben. „An deiner Stelle würde ich da jetzt nicht rein gehen, Rose! Nam-Joon und Mika streiten, wenn du dazu kommst, könnte es sich verschlimmern.", ließ mich Juna wissen. „Wollen wir spazieren gehen Jae-Min?" „Komm mein Schatz!" Sie hackte sich in seinen Arm ein und die beiden verschwanden. Still und leise standen nun Yeol und ich voreinander. „Du rauchst?" „Nur in stressigen Situationen." „Hm." „Wenn alle schon dabei sind sich über die Vergangenheit zu unterhalten, wollen wir nicht mit machen?" „Was haben wir schon zu bereden?" „Schön, wenn du nichts zu sage hast, ich aber schon! Ich verstehe, wieso du sauer auf mich bist und wieso du nichts mit mir zu tun haben möchtest. Mein damaliges Versprechen habe ich nicht gehalten. Wir waren uns damals einig, in Kontakt zu bleiben und auch das brach von meiner Seite aus ab! Glaub mir, es war nicht mit Absicht, aber ich brauchte Zeit, um über mich und meine Gefühle zu dir klar zu werden." „Ja, du hast ganz wundervoll über alles nachgedacht, da bin ich mir ganz sicher!" Er grinste schief. „Unterbrich mich nicht, lass mich einfach mal ausreden! Mir ist in den Jahren klar geworden, dass du nun eine verheiratete Frau bist, dass du deine Entscheidung getroffen hast! Auch ist mir klar geworden, dass diese Entscheidung nicht du selbst getroffen hast. Deine Mutter hat dich um etwas gebeten und es war deine Pflicht, auf sie zu hören. Durch meinen dummen Fehler, wurde deine Entscheidung vorverlegt, dies geschah aus Schmerz und war vollkommen unüberlegt. Wir haben unser gemeinsames Leben ruiniert, mit Füßen darauf getreten! Nichtsdestotrotz müssen wir für unsere Fehler und Entscheidungen gerade stehen. Ich habe den Kontakt aus dem Grund abgebrochen, weil ich wollte, dass du dich in Chang Yong-Ho verliebst, dass deine Ehe, eine glückliche Wendung nimmt. Wäre ich nach diesen zwei Jahren nach Seoul zurückgekommen, hätte ich ihm dich weggenommen. Die Fotos, die du gesehen hattest, die waren mit Absicht rein gestellt. Ich rief damals Nam-Joon an und bat ihn, dir diese Fotos zu zeigen, damit du mich endlich loslässt! In deiner Ehe stand ich euch beiden die ganze Zeit im weg. Wie könntest du dich in ihn verlieben, wenn du mich liebtest." Plötzlich liefen Yeol die Tränen herunter. Zum ersten mal weinte er vor meinen Augen. „All die Jahre dachte ich, dass ich dich los

270

lassen könnte. Egal wie ich es anstellte, meine Gefühle zu dir wurden bloß stärker. Die Sehnsucht nach dir zerriss mich in kleine Einzelteile. Der Grund, weshalb ich wieder da bin, bist du! Ich weiß, dass du zu mir gehörst, dass ich niemals eine andere Frau lieben könnte! Ich werde um dich kämpfen, selbst mit dem Wissen, dass du eine verheiratete Frau bist. Für mich kommt es nicht in Frage, dich aufzugeben! Jetzt werde ich dir erst recht nicht von der Seite weichen. Mir ist es egal, ob es dir gefällt oder nicht. Früher oder später wirst du die meine sein! Ich habe verstanden, dass ich es niemals ertragen könnte, wenn du mit einem anderen Mann glücklich werden würdest. Ich werde dich ihm stehlen." „Das hast du dir ja schön zurecht gelegt! Erst dein Leben abfeiern, mich hier warten lassen und dann zurück kommen und von mir erwarten, mein jetziges Leben wegzuwerfen, weil dir einiges klar geworden ist? Weißt du, wie beschissen es mir ging, wie sehr ich auf ein Lebenszeichen von dir gewartet habe? Wie sehr ich dich vermisst habe, wie mich die Sehnsucht nach dir aufgefressen hat? Ich habe mir Sorgen um dich gemacht. Es gab kein Tag, an dem ich nicht an dich dachte! Gerade, wo ich mich an mein jetziges Leben gewöhnt habe, tauchst du auf und willst alle Gefühle in mir wieder hochholen? Kannst du dir überhaupt vorstellen, wie sehr ich unter all dem gelitten habe? Es freut mich, dass du eine Entscheidung für dich getroffen hast, die habe ich aber auch! Meine Entscheidung kannst du dir sicherlich denken, Yeol." Mir liefen ebenfalls die

Tränen herunter. Meine Seele schrie vor Schmerz. Auch seine Tränen fanden kein Ende. Er zündete sich eine Zigarette nach der anderen an. „Mir ist es egal, was du jetzt sagst und welche Entscheidung du getroffen hast, du wirst sehen, dass ich meinen Willen durchsetzten werde! Du wirst mir gehören, weil wir beide für einander bestimmt sind. Du gehörst nicht zu ihm, ihr beide seid unglücklich in eurer Ehe. Verstehst du denn gar nicht, weshalb er ständig im Studio herum hängt? Weil er es nicht ertragen kann, dich so leiden zu sehen!" „Was willst du über unsere Ehe schon wissen?" „Da braucht man nicht viel zu wissen, man benötigt bloß neutrale Augen! Früher oder später wird er ein Mädchen finden, die ihn so liebt wie du mich! Mit eurer falschen Entscheidung nimmt ihr einander die Möglichkeit euren wahren Partner zu finden, der für euch bestimmt ist. Du kennst deine wahre Liebe, aber denk doch mal an Chang Yong-Ho. Solange du ihm im Weg stehst, wird er nie seine wahre Liebe finden, und glaub ja nicht, das du seine wahre Liebe bist!" „Hör jetzt gefälligst auf damit! Ich will das alles nicht mehr hören! Lass mich einfach in Ruhe und lebe dein Leben, kümmere dich um dich und hör endlich auf so viel zu rauchen." Mit beiden Händen hielt ich mir die Ohren zu, damit ich bloß kein weiteres Wort mehr von ihm hörte. Das einzige, was ich nur noch wollte, war mich ins Bett zu legen und zu schlafen. Einfach nur die Augen zu schließen und dieses Gespräch vergessen, als hätte es nie stattgefunden. Leise öffnete ich die Tür von dem Ferienhaus und schloss diese wieder hastig. „Da können wir nicht rein! Nam-Joon und Mika versöhnen sich gerade." „Hä? Wie? Was treiben die?", lachte Yeol drauf los. Als ich sein Lachen hörte, wurde mir so warm ums Herz, denn wenn Yeol lachte, ging für mich die Sonne auf. Er öffnete die Tür einen kleinen Spalt. „Oh, wow! Da geht es aber zur Sache. Ne, die dürfen wir nicht stören!" „Gut, ich gehe etwas spazieren, um die Zeit tot zu kriegen.", flüchtete ich vor ihm. Am Strand machte ich es mir auf dem Sand bequem. Das Meer hatte so eine beruhigende Wirkung. Es war schon sehr dunkel draußen, sodass man den dunklen Himmel vom Meer nicht unterscheiden konnte. „Wieso ist Yeol bloß so wie er ist?" Frage um frage kreiste in meinen Gedanken herum. Nach circa einer Stunde versuchte ich noch einmal in mein Zimmer zu gelangen. Mika und Nam-Joon waren vom Wohnzimmer in ihr Zimmer verschwunden. Juna und Jae-Min schienen auch schon in ihrem Zimmer zu sein. Cheny fuhr direkt beim beginn des Streites nach Hause. Sie rief sich ein Taxi und fuhr weg, was ich gut nachvollziehen konnte. Sie verstand wohl, dass es mit ihr und Nam-Joon vorbei war. In meinem Zimmer zog ich mir meinen Pyjama an und wollte mich hinlegen. Schlagartig öffnete jemand die Tür. Yeol kam herein und schloss die Zimmertür hinter sich ab. „Was tust du hier?", fragte ich erschrocken. Ohne ein Wort zu sagen ging er mit schnellen Schritten auf mich zu. Yeol zog mich mit seiner Kraft fest an sich heran und küsste mich auf den Mund. In mir tauchten alte, versteckte Gefühle auf und ich widerstand dem Kuss nicht. So viel Leidenschaft, so viele in uns verborgene Gefühle kamen zum Vorschein. Wir fielen auf mein Bett. Dieses mal lief nichts langsam und mit Vorsicht. Dieses mal wollten wir einander mehr wie zuvor. Er riss meinen Pyjama von mir, ich zog ihm sein T-Shirt aus. Er küsste mich mit voller Hingabe am Hals, runter zu meinen Brüsten. Er öffnete meinen BH und leckte an meinen Nippeln. Mit einer Hand zog er mir das Höschen herunter. Dann stellte er sich vor mir hin und zog seine Hose und seine Boxershort aus. Ich rutschte weiter höher ans Bett. Es war das erste mal für uns beide. Yeol war so sanft, so zart und doch so vorsichtig. Ich liebte dieses Gefühl, welches er mir in diesem Moment bereitete. Wir schwitzten und waren aus der Puste, jedoch konnten wir nicht aufhören uns zu lieben. „Rose, ich liebe dich, nur dich!" „Ich liebe dich Yeol, für immer!" Wir flüsterten atemlos unsere wahren, ehrlichen Gefühle zu einander. Dieser Moment war einfach fabelhaft. Als wir den Höhepunkt erreichten, versuchte er vorsichtig zu sein, damit nichts schief lief, denn wir schliefen miteinander ohne Verhütungsmittel. Es wäre eine Schande wie auch eine Blamage für seine Familie, meine, für ihn und mich. So etwas konnten wir uns nicht leisten. Es war schon die Höhe, dass ich meinem Ehemann untreu war. Doch wir dachten in diesem Moment nicht großartig viel darüber nach. In dieser Nacht existierten nur Yeol und ich. Jede Faser meines Körpers machte Freudensprünge. Mit dem Mann, den ich über alles liebte, durfte ich meine erste Intime Erfahrung sammeln. Wir bekamen gar nicht genug von einander. Nach dem ersten mal machten wir es noch zwei male, bis wir im Endeffekt überhaupt keine Kraft mehr zur Verfügung hatten. Yeol zog sich an und holte uns eine Wasserflasche mit zwei Gläsern. „Darf ich dich etwas persönliches fragen?" „Schieß los!" „Wie konntest du dich so lange in eurer Ehe halten, ohne Geschlechtsverkehr mit ihm zu haben?" „Ganz einfach, Yong-Ho ist ein unglaublicher Mann, er würde mich nie zu etwas zwingen, was ich nicht möchte! Ich habe ihn um Zeit gebeten." „Okay, die Frage war blöd von mir. Es ist ein sau mieses Gefühl, wenn du so über ihn sprichst. Lass ihn uns nie wieder erwähnen!" Ich verstand ihn ziemlich gut. Es verletzte Yeol, wenn ich so begeistert über Yong-Ho sprach. „Yeol? Ich habe eine Bitte an dich! Kann dieses Ereignis bitte unter uns bleiben? Ich möchte nicht, dass die anderen davon erfahren. Es sind zwar unsere Freunde, aber auch in Freunden kann man sich täuschen." „Alles klar! Wahrscheinlich hast du recht." Noch einige Stunden blieben wir neben einander liegen, dann stand er auf und ging aus meinem Zimmer heraus. Ich schwebte auf Wolke sieben. Irgendwo fühlte ich mich genauso wie in der Schulzeit, so glücklich und ganz ohne Sorgen. An Yeols Seite fühlte ich nie so etwas wie Angst, denn ich wusste, er würde mich in jeder Situation beschützen. Bis kurz vor dem Mittag schliefen alle. Danach frühstückten wir und machten einen Spaziergang am Strand. Unerwartet kam Mika auf mich zu und suchte das

Gespräch zu mir. „Rose, ich möchte mich bei dir für alles entschuldigen! Ich habe verstanden, dass ich mich in vielen Situationen falsch verhalten habe. Eine Freundin muss zu ihrer besten Freundin stehen, egal was diese sich in den Kopf gesetzt hat. Ich hoffe, dass du mir verzeihen kannst und wir wieder normal miteinander umgehen können." „Mika, mir tun einige Sachen auch leid! Ich hätte vieles verschweigen sollen, und dich nicht vor allen bloßstellen. Lass uns die Sache vergessen!" Sie umarmte mich und zwischen uns wurde alles wieder wie früher. „Ich möchte dir auch für einiges danken! Hättest du mir nicht die Augen geöffnet, bezüglich Nam-Joon, hätte ich ihn für immer verloren! Danke für deine Aufrichtigen Worte und das du dich so gut um ihn gekümmert hast. Ist zwischen dir und Yeol auch wieder alles gut?" „Wir haben uns gestern auch ausgesprochen und haben einige Missverständnisse geklärt!" „Leute? Ich muss kurz weg! Werde mich versuchen zu beeilen!", schrie Jae-Min zu uns rüber. Eine kleine Vorahnung, was er im Schilde führte, hatte ich, jedoch behielt ich meine Gedanken für mich. In dieser Zeit fiel es Yeol und mir äußerst schwer die Finger von einander zu lassen. Das einzige, was wir tun konnten, war, uns verführerische Blicke zuzuschmeißen. Er hatte so eine, mich wahnsinnig machende Angewohnheit, sobald er lächelte, drehte er seinen Kopf zur Seite, damit keiner dieses Lächeln sah. In mir löste das ein heftiges Kribbeln im Bauch aus. Ich war verrückt nach diesem Mann. Zwei Stunden später entschieden wir uns zum

Ferienhaus zurück zu gehen und etwas zu essen. An dem Ferienhaus hingen Ballons. „Huch, was ist hier denn los?", grinste Mika, die anscheinend dieselbe Vorahnung hatte wie ich. Wir ließen Juna die Tür auf machen. Dort stand Jae-Min auf dem Boden gekniet in einem Anzug. In seiner Hand hielt er eine Schachtel, die geöffnet gewesen war. In dieser Schachtel schaute ein hübscher, goldener Ring heraus. „Meine wunderschöne, geliebte Juna! Ich liebe dich so sehr und möchte dich nie wieder vermissen müssen! Von tiefstem Herzen wünsche mir ein gemeinsames Leben mit dir! Möchtest du meine Frau werden?" Juna hielt sich die Hände vor dem Mund und ihre Augen waren so rot und voller Freudentränen. „Jae-Min, ja, natürlich! Ich liebe dich, mein Schatz." Sie kniete sich zu ihm und umarmte ihn fest. Er nahm ihre Hand und steckte ihr den Ring an ihren Finger. „Wie sehr wünschte ich mir, dir einen Ring an den Finger zu stecken!", flüsterte Yeol in mein Ohr. Wenn er bloß wüsste, wie sehr und wie oft ich es mir gewünscht habe. Jeder einzelne von uns gratulierte dem frisch verlobten Paar. Das Essen wurde an den Tisch serviert und die Jungs holten Soju zum anstoßen. „Wie habt ihr vor zu heiraten?" „Wo wollt ihr nach der Hochzeit leben, in Amerika oder hier in Seoul?" Alle zeigten große Neugier an deren Zukunfsplänen. „Wir werden Standesamtlich heiraten. Es macht wenig Sinn eine große Hochzeit zu organisieren, wenn unsere Eltern gegen uns als Paar sind. Nach der Hochzeit werde ich Juna mit mir nach Amerika nehmen. Bei einer sehr

angesehenen Firma habe ich ein Jobangebot bekommen, das ich annehmen möchte. Sie zahlen so gut, dass Juna nie arbeiten muss. Ich werde sie und unsere Kinder problemlos versorgen können."
„Oh Bruder, hört sich gut an. „Hey, ist eigentlich irgendjemandem aufgefallen, dass Min-Ho und Anna immer noch nicht da sind? Von wo aus fahren die beiden hier her? Kommen sie aus Deutschland zu Fuß her, oder warum dauert es solange?", bemerkte Mika. „Oh mein Gott! Stimmt! Wir alle haben die beiden vollkommen vergessen. Wartet, ich rufe sie mal an." Es war schon seltsam, dass Min-Ho und Anna hier nach einem Tag immer noch nicht angekommen waren und noch nicht mal angerufen haben. „Hallo Anna? Sag mal, wo steckt ihr beide? Wann habt ihr vor hier anzukommen, nächsten Monat?" „Rose, es ist etwas schlimmes passiert! Wir sind im Krankenhaus. Min-Hos Mutter wird gerade operiert!" Diese Nachricht haute mich um. „Seid ihr bei uns im Krankenhaus?" „Ja!" „Ich bin bald da!" Mit schockiertem Gesichtsausdruck rannte ich direkt in mein Zimmer hoch und packte meine Sachen. „Yeol? Pack deine Sachen, wir müssen fahren!" „Was ist denn los?", schaute er mich planlos an. „Pack deine Sachen, habe ich gesagt! Nam-Joon? Ist es in Ordnung, wenn wir dein Auto nehmen?" „Sicher doch!" Er gab Yeol die Autoschlüssel und wir fuhren direkt los. „Kannst du mir mal verraten, was passiert ist?" „Eure Mama, Bo-Ram liegt im Krankenhaus. Sie wird gerade operiert!" Nachdem ich ihm diese schlechte Neuigkeit überbrachte, gab

278

er Vollgas. Innerhalb von eineinhalb Stunden erreichten wir das Krankenhaus. Er rannte zu Anna, Min-Ho und seinem Vater, die alle auf den Arzt warteten. Ich lief in den Umkleideraum herein, zog mich um und desinfiziere meine Hände. „Wer operiert gerade Frau Jeong Bo-Ram?" „Das ist Dr. Lee." Ich ging an Anna und den anderen vorbei in den O.P Raum. Gerade beendete Dr. Lee die Operation, und wie es schien auch erfolgreich. „Dr. Lee, was ist passiert? Wie geht es Frau Jeong?" „Sie wurde von einem Auto angefahren und erlitt eine Gehirnerschütterung, zudem hatte sie innere Blutungen, die wir stoppen konnten. Jetzt ist alles gut, sie hat soweit alles gut überstanden." „Kann ich die Unterlagen sehen?" „Ja, gehen wir!" Vor dem Operationsraum warteten die anderen immer noch. Dr. Lee setzte auch sie in Kenntnis, dass Bo-Ram alles gut überstanden hat und in den Aufwachraum gebracht wurde. Mit ihm ging ich dann ins Büro. Dort schaute ich mir ihre Unterlagen an und bearbeitete noch einige leere Felder. „Dr. Lee, Sie sind Mitsicherheit sehr müde, Sie sollten sich etwas hin legen. Ich werde übernehmen." Voller Sorgen ging ich zu Min-Hos Mutter ins Zimmer. Sie stand noch unter Narkose und schlief. Min-Ho und Anna schickten den Vater nach Hause. „Leute, ihr solltet auch nach Hause gehen und euch ausruhen! Ich habe diese Schicht übernommen und werde ein Auge auf sie werfen. Macht euch keine Sorgen, mit ihr wird alles gut sein. Wenn ihr hier bleibt, hat es wenig Sinn, denn sie wird in den nächsten Stunden nicht aufwachen!

Sobald sie ihre Augen öffnet, rufe ich euch an."
„Danke Rose. Jetzt wissen wir, dass sie in guten
Händen ist. Ruf uns bitte an, wenn sie aufwacht!",
schaute mich Min-Ho mit verweinten Augen an.
Nachdem ich sie beruhigt hatte, fuhren sie nach
Hause. „Rose, ich möchte mit dir bleiben, geht das?
Das ist der letzte mögliche Moment, den wir
zusammen verbringen können." „Yeol, ich habe
Bereitschaft! Mir bleibt keine Zeit, um herum zu
sitzen. Ich muss mich um die Patienten kümmern.
Wir telefonieren, okay?" Er umarmte mich fest und
gab mir einen unauffälligen Kuss auf die Wange.
„Du wirst mir fehlen, Prinzessin!" Im Krankenhaus
wurde alles ruhig, die meisten Patienten schliefen,
und ich hatte Zeit für den Papierkram. Dann
dämmerte es mir, ich hatte ganz vergessen, dass
Jae-Min die nächsten Tage bei mir und Yong-Ho
wohnen würde. Eiligst schrieb ich Yong-Ho eine
Nachricht.

> *Yong-Ho!*
> *Ich habe einen guten alten Freund, der*
> *Jae-Min heißt, zu uns eingeladen! Ich*
> *hoffe, es ist in Ordnung für dich. Er hat*
> *keinen Schlafplatz, also wir er die nächsten*
> *zwei Wochen bei uns wohnen.*
> *Rose*

Von ihm kam keine Antwort zurück.
Wahrscheinlich hatte er viel zu tun, oder war schon
auf dem Rückflug. Auch Jae-Min rief ich an, um
ihm die Sicherheit zu geben, dass alles noch klar

stand. „Hey Jae-Min." „Hallo Rose. Seid ihr gut angekommen?" „Ja, danke! Ich wollte dir nur Bescheid sagen, dass es immer noch dabei bleibt, dass du bei uns wohnen kannst. Die Adresse schicke ich dir per Nachricht." „Alles klar, dann sehen wir uns dort!" Nach Mitternacht stattete ich Frau Jeong Bo-Ram noch einen letzten Besuch ab, bevor der Schichtwechsel stattfand. „Frau Jeong Bo-Ram, hören Sie mich? Ich bin es, Kim Rose." Sie öffnete die Augen und schloss diese wieder. Ich stellte sicher, dass alle Werte auf den Geräten anständig waren und verließ das Zimmer. Die Kollegen informierte ich, damit sie ein Auge auf Frau Jeong Bo-Ram warfen. „Hey Anna, entschuldige die späte Störung! Wollte euch nur Bescheid geben, dass es Min-Hos Mutter dementsprechend gut geht. Vorhin öffnete sie kurz ihre Augen. Sie war wohl noch müde und verplant von der Narkose. Morgen könnt ihr sie dann besuchen kommen." „Vielen Dank kleine Schwester für deine Mühe! Gute Nacht." Um etwas frische Luft zu schnappen, lief ich zu Fuß nach Hause. Neben dem Krankenhaus, auf einer Bank sitzend, entdeckte ich Yeol, der halb erfroren war. „Sag mal, was tust du hier?" „Ich habe auf dich gewartet! Hast du Schichtende?" „Meine Güte, du bist total erfroren! Du könntest dich erkälten. Komm mit, wir holen uns etwas warmes zu trinken." Einige Meter weiter hatte ein Kiosk rund um die Uhr geöffnet. Ich besorgte uns heißen Kakao. „Hier, trink das! Wieso musstest du unbedingt draußen auf mich warten? Wieso hast du überhaupt gewartet?" „Ich wollte noch ein bisschen Zeit mit dir verbringen. Wenn es sein müsste, würde ich von morgens bis spät abends vor dem Krankenhaus auf dich warten! Das einzige, was zählt ist, dass ich dich nochmal zu sehen bekomme!" Mich rührte diese Tat zutiefst. Ich lehnte mich zu ihm herüber und gab ihm einen Kuss auf den Mund. In diesem Augenblick dachte ich nicht daran, dass uns jemand bekanntes oder Kollegen erwischen könnten. Kaum war Yeol in meiner Nähe, dachte ich an überhaupt nichts und niemanden. Mein Kopf setzte in solchen Momenten aus, es arbeitete lediglich mein Herz, das vor Glück sprang. „Weißt du, wie wertvoll für mich die Zeit mit dir ist? Du hast keine Ahnung, wie sehr du mir in Amerika gefehlt hast!" „Und du hast keinerlei Vorstellung davon, wie glücklich ich jetzt gerade bin!" An seiner Schulter angelehnt, saßen wir beide zufrieden nebeneinander und tranken unseren Kakao. Bis kurz vor dem Haus der Changs begleitete er mich. Ich stellte fest, dass Yong-Hos Auto schon in der Einfahrt stand. „Yeol, du solltest jetzt gehen! Wir telefonieren dann." „Einen aller letzten Kuss, bitte! Ansonsten wird meine Nacht ohne deine Anwesenheit der reinste Horror sein." Er legte meine Arme um meinen Hals, drückte mich an sich und wir küssten uns. Ich wünschte, dieser Kuss würde nie ein Ende finden. „So, jetzt geh!" Mit Schmetterlingen im Bauch öffnete ich die Haustür und ging direkt hoch ins Schlafzimmer. Yong-Ho saß auf der Bettkante und drehte sein Smartphone hin und her. Nur das Licht vom

Nachttisch brannte. „Wie war dein Wochenendausflug?" Ohne mich anständig zu begrüßen, verhörte er mich. „Der Wochenendausflug war gut. Wir hatten viel Spaß! Wie lief die Show in Japan?" „Welcher Freund kommt zu uns wohnen?" „Hm? Jae-Min, der Freund von Juna. Ich hatte dir mal von ihm erzählt. Er bleibt nur zwei Wochen, bis er mit dem Papierkram hier alles geklärt hat." „Wieso habe ich den Eindruck, dass du zu oft mit irgendwelchen Typen abhängst?" „Das sind nicht irgendwelche Typen, sondern meine Freunde! Du bist auch ständig von irgendwelchen Frauen umgeben, die dir auch noch hinterer schmachten. Ich sage doch auch nicht dazu." „Freunde, ja? Diese Frauen sind meine Fans! Dank ihnen besitze ich einen Job! Wer war eigentlich alles bei dem Ausflug dabei?" „Niemand besonderen, Mika, Juna, Jae-Min, Nam-Joon und Cheny. Min-Ho und Anna wollten auch kommen, aber seine Mutter wurde von einem Auto angefahren und wurde operiert." „Sonst niemand dabei gewesen?" Ein seltsames Gefühl stieg in mir auf. Ich wusste nicht genau, was passieren würde, wenn ich ihm beichten würde, dass Yeol auch mit dabei war. „Nein, sonst niemand!" „Okay! Wieso bist du so spät gekommen? Deine Bereitschaft ist doch seit einer Stunde beendet." „Ja, ich habe noch kurz ein Auge auf Min-Hos Mutter geworfen. Hat etwas länger gedauert. Warum fragst du mich so aus? Stimmt etwas nicht?" „Sag du es mir? Was stimmt gerade nicht, Rose? Was läuft schief?" „Keine Ahnung wovon du sprichst!" „Wer soll es besser wissen als du? Rose, willst du mir irgendetwas erzählen, oder gar beichten?" „Was ist bloß los mit dir? Von meiner Seite aus, gibt es nichts zu erzählen." „Draußen ist es ganz schön kühl. Haben euch eure Getränke geschmeckt? Ihr saßt so nah bei einander, habt ihr gefroren?" Mein Körper begann zu zittern. Nicht weil ich erwischt wurde, sondern weil ich nicht wusste, welches Ende dieses Gespräch nehmen würde. „Spionierst du mir hinterher?" „Ach Quatsch! Ich bin mit dem Auto zufällig vorbei gefahren und entdeckte meine Frau mit ihrem Exfreund. Rührend gewesen, wie ihr nebeneinander gesessen habt! Sag mal Rose, bist du so blöd oder tust du nur so? Wie kannst du dich mit ihm in der Öffentlichkeit zeigen? Peilst du nicht, dass du von meinen Fans hättest gesehen werden können? Verstehst du überhaupt, was dann passieren würde? Das würde in allen Nachrichten, in allen Zeitschriften zu sehen sein! Du bist eine verheiratete Frau und benimmst dich wie eine Hure!" Seine Beleidigung verletzte mich nicht so sehr wie die Tonart, mit der er mit mir sprach. „Ja, ich gebe zu, einen Fehler gemacht zu haben. Ich hätte mich nicht in der Öffentlichkeit so verhalten sollen, entschuldige!" „Jetzt erzähl mir die komplette Wahrheit! Habt ihr eine Affäre? Seid wann hast du wieder Kontakt zu ihm?" „An diesem Wochenende haben wir uns das erste mal wieder nach Jahren getroffen. Was für eine Affäre? Nein!" „Sag mir jetzt auch noch, dass ihr bloß Freunde seid." Ihm fiel meine nervöse Stimme auf. Ich hatte Angst etwas falsches zu sagen, nicht, dass ich mich in meiner Lügerei verstricke. „Du willst mir also nichts erzählen?" „Ich kann dir nichts erzählen, wenn nichts gewesen ist!" „Nachdem dein Freund Jae-Min hier weg ist, wirst du zu allen deinen Freunden, scheiß egal, ob Mädchen oder Junge, den Kontakt abbrechen! Zu Jeong Chung Yeol wirst du morgen früh den Kontakt beenden! Wenn du dies nicht tust, werde ich zu deiner Mutter gehen und ihr von deiner heimlichen Affäre Bericht erstatten. Was denkst du, wie sie darauf reagieren wird?" „Ich werde den Kontakt zu Yeol beenden, aber nicht zu meinen Freuden!" „Du wirst zu allen den Kontakt beenden! Währenddessen werde ich für uns ein neues Haus in Busan kaufen. Wir ziehen hier weg! Und deinen Freunden gegenüber wirst du die Klappe halten! Ab heute werde ich bei jedem Treffen, das ihr vereinbaren werdet dabei sein. Du wirst nie wieder mit ihm sein! Hast du mich verstanden? Außerdem will ich sehen, wie du zu ihm den Kontakt beendest." Angsteinflößend baute er sich vor mir auf. „Ist gut! Ich werde machen, was du von mir verlangst!" „Wenn du mich noch ein mal verarschst, wird es nicht nur für dich Konsequenzen haben, sondern auch für ihn! Ich werde alles, was in meiner Macht steht tun, um euch beide von einander fern zu halten. Ab heute schlafen wir wieder in getrennte Zimmern." Ich hatte große Angst, aber nicht um mich, sondern vor dem, was er mit Yeol anstellen könnte. Mir war klar, dass man mit der Familie Chang keine Scherze machte.

Am nächsten Tag, gegen Mittag tauchte auch Jae-

Min bei uns auf. Yong-Ho ließ ihn mit gefälschter Freude eintreten. „Hallo Jae-Min, ich muss leider zur Arbeit, mach es dir bequem! Falls du etwas essen möchtest, schau im Kühlschrank nach, dort wirst du sicherlich etwas finden. Wenn nicht, lass dich von der Haushälterin bekochen." „Rose, ich werde dich zur Arbeit fahren!", nahm mich Yong-Ho fest am Handgelenk. Mir blieb keine Möglichkeit mit Yeol in Ruhe zu sprechen, um ihm alles zu erklären. Wie Yong-Ho es erwartet hatte, saß Yeol wieder auf der Bank und wartete darauf, dass ich zur Arbeit auftauchte. Als Yeol mich mit Yong-Ho sah, stand er von der Bank auf, jedoch ging er nicht weg. Das es mir nicht gut ging, verstand er auf Anhieb. „Rose, ist mit dir alles in Ordnung?", erkundigte Yeol sich und ignorierte dabei Yong-Ho. „Wir müssen reden! Bitte ruf mich nicht mehr an, bitte schreib mir nicht mehr, bitte lass mich komplett in Ruhe! Ich möchte keinen Kontakt mehr zu dir haben!" „Du Wixxer! Was hast du mit ihr gemacht?", ging Yeol plötzlich auf Yong-Ho los. „Der Wixxer bist du! Sie ist meine Ehefrau! Was tatschst du sie mit deinen Fingern an? Was erlaubst du dir eigentlich?" „Sie wird nicht mehr lange deine Frau bleiben, vertrau mir! Rose, nein, ich werde nicht zulassen, dass du unseren Kontakt beendest! Ich werde dich weiterhin anrufen und auf dich in jeder Ecke warten. Ich liebe dich! Um dich werde ich so lange kämpfen, bis du endgültig meins bist!" Ich konnte das alles nicht mehr mit ansehen. „Der Kontaktabbruch geht nicht von Yong-Ho aus, sondern es ist mein eigener Wille!

Dieses Wochenende war ein Fehler, dass gestern war auch ein Fehler. Wärst du bloß nie hier aufgetaucht!" Weinend lief ich davon. Mir tat es sehr weh, denn gerade hatten wir einander wieder gefunden und schon musste es vorbei sein. Yeol würde nicht aufgeben, das wusste ich genau, aber die Angst um ihn, ließ es mich durch ziehen. Wenn Yong-Ho sich an seinen Vater wendet, könnte er sonst was mit Yeol anstellen. Er könnte ihn aus Seoul verbannen oder noch schlimmer, ins Gefängnis bringen. Dieses mal musste ich Yeol beschützen. Von dem Fenster aus meinem Büro, konnte ich die beiden Jungs genau beobachten. Sie standen noch dort und stritten sich. Irgendwann gingen sie getrennte Wege. Meine erste Patientin sollte Min-Hos Mutter sein. Wie mir meine Kollegen berichteten, fühlte sie sich schon besser. „Schönen Guten Tag Frau Jeong Bo-Ram! Wie geht es Ihnen heute? Irgendwelche Beschwerden?" „Rose, es ist schön dich zu sehen! Mir geht es schon etwas besser, jedoch hätte ich gerne Schmerzmittel. Die, die mir deine Kollegin gebracht hat, helfen mir nicht." „Alles klar, ich werde sie Ihnen gleich bringen. Wenn noch etwas sein sollte, sagen Sie Bescheid! Außerdem, versuchen Sie mehr zu trinken und eine Kleinigkeit zu essen. Ich werde später noch mal bei Ihnen vorbei schauen." Gerade als ich ihr Zimmer verließ, kamen mir Min-Ho und Anna entgegen. Sie brachten ihr Obst vorbei. Nach meinem Rundgang wollte ich einen kurzen Abstecher in die Kantine machen. Doch noch bevor ich diese

betreten konnte, zog mich jemand von der Seite heraus an meinem Arm. „Was tust du hier?" „Sag mir die Wahrheit! Was ist los? Wieso brichst du so abrupt den Kontakt ab? Ich dachte, wir hätten uns versöhnt und zwischen uns wäre alles wieder gut." „Yeol, es war ein Fehler mit dir zu schlafen! Ich möchte keine Affäre mit dir haben. Lass es uns bitte vergessen und getrennte Wege gehen! Verstehst du nicht, ich bin verheiratet! Für eine Affäre meine Ehe aufs Spiel zu setzten, ist nicht meine Art." „Ich glaube dir kein Wort! Hast du den Text auswendig gelernt oder hat er dir eine kräftige Gehirnwäsche verpasst? Mittlerweile kenne ich dich so gut, dass ich mit voller Überzeugung sagen kann, dass du es nicht ernst meinst!" „Yeol, verdammt! Bist du so Blind oder tust du nur so? Ich will nichts mit dir zu tun haben! Es war schön mit dir, aber dabei sollten wir es bleiben lassen. Ich möchte meine Ehe retten und nicht in den Ruin treiben. Bitte akzeptiere es und lass mich in Ruhe!" Mit großer Überzeugungskraft glaubte er es mir am Ende doch und ließ mich gehen. Als er sich umdrehte, sah ich, wie er zu weinen begann. Seine Tränen waren mein Weltuntergang.
Von diesem Tag an, brachte mich Yong-Ho jeden Tag zur Arbeit, holte mich von dort rechtzeitig ab und begleitete mich überall hin. Eine Frage blieb mir offen, wie konnte er sich plötzlich, so viel freie Zeit für mich nehmen? Wieso konnte er es nicht, als wir versuchten an unserer Ehe zu arbeiten, oder an den für mich wichtigen Tagen? Wieso musste ich jeden Geburtstag alleine feiern, jedes

Weihnachten alleine Zuhause herum sitzen, Silvester alleine vor dem Fernseher verbringen, und ganz wichtig, wieso war er bei meinem Universitätsabschluss nicht dabei, wo alle anderen Paare sich für den anderen Zeit nahmen? War es jetzt die plötzliche Angst mich zu verlieren, oder der gekränkte Männerstolz? Am Abend saßen wir gemeinsam mit Jae-Min am Esstisch. Er erzählte uns von seinem erfolgreichen Tag. Jae-Min hatte, dank guter Kontakte, einen kurzfristigen Termin beim Standesamt ergattern können. Der Pass für Junas Ausreise nach Amerika wurde auch beantragt und sollte bald fertig sein. Bei den beiden ging es vorwärts. Jae-Min legte sich direkt nach dem Abendessen hin, da er früh am morgen noch einen Termin hatte. „Yong-Ho? Können wir uns nicht einfach scheiden lassen? Wäre es nicht einfacher, anstatt einander das Leben zu ruinieren?" „Für was willst du die Scheidung? Um danach seine Frau zu werden? Kannst du vergessen! Wenn du mich nicht glücklich machen kannst, werde ich alles dafür tun, damit du auch nicht glücklich wirst!" „Wie gehst du denn ab? Ich will lediglich die Scheidung, nicht mehr und nicht weniger. Noch eine Heirat tue ich mir nicht an, selbst nicht mit Yeol! Ich will einfach meine Freiheit wieder. Du siehst doch selbst, dass wir nicht für einander geschaffen sind. Von Anfang an haben wir uns gegenseitig nur unglücklich gemacht. So hättest du wenigstens die Möglichkeit, eine Frau zu finden, die dich so liebt wie du es verdient hast!" „Oh, meine Frau macht sich Sorgen um mein Liebesleben, herrlich! Keine Scheidung!

Wir ziehen bald hier weg und dann wird alles anders werden. Wir werden glücklich, selbst wenn durch Zwang." Sein Ton machte mir Angst. „Du kannst mich nicht dazu zwingen dich zu lieben! Das wird nie geschehen, solange ich lebe!" „Gut, dann sterben wir beide! Aber eins sei dir bewusst, du wirst niemals mit ihm sein, niemals!" Erst jetzt verstand ich, dass Yong-Ho tatsächlich psychische Probleme hatte. Solange er unter der Dusche stand, durchsuchte ich sein Laptop. Anscheinend hatte er schon ein Haus in Busan gekauft. Ein großes, auffälliges, dunkelrotes Haus mit einem großen Garten. Es besaß zwei Schlafzimmer, ein Gästezimmer, jedes davon besaß ein eigenes Badezimmer, ein großes Wohnzimmer, Flur, Küche und Abstellraum. Dieses Haus war in der Nähe von Mikas Ferienhaus. Also würde für mich die Möglichkeit bestehen, Mika und Juna zu treffen, wenn sie mal nach Busan kommen würden. „Wer hat dir erlaubt in meinen Laptop herum zu schnüffeln? Hast du schon mal was von Privatsphäre gehört?" „Hm. Witzig! In einer Ehe wie dieser, wird es nie wieder mehr Privatsphäre geben!" Er holte aus und schlug mir mit der flachen Hand ins Gesicht. „Fass nie wieder mehr mein Laptop an!" Seine Augen erschraken mich gewaltig. So einen aggressiven Gesichtsausdruck kannte ich von ihm nicht. Es war auch das erste mal, dass mich jemand schlug. Dies erlaubten sich nicht einmal meine Eltern. „Raus aus meinem Zimmer!", schob er mich vor die Tür. Auf meinem Bett sitzend, dachte ich gründlich nach. „Was gibt es in seinem Laptop zu finden, weswegen er so reagierte? Welche Geheimnisse waren dort verborgen?"

Zwei Tage später trafen Yong-Ho und ich uns mit meinen Freunden. Alle erschienen, bis auf Yeol. Es war kurz vor Jae-Mins und Junas Abreise. Bei deren standesamtlichen Hochzeit würden wir nicht dabei sein. Somit wollten wir uns schon im voraus verabschieden. In einem Restaurant feierten wir deren Abschied. Selbstverständlich kamen alte Schulerinnerungen hoch und einigen von uns kullerten kleine Tränen herunter. „Wir haben auch etwas zu verkünden! Heute wird nicht nur der Abschied von Jae-Min und Juna gefeiert, sonder auch der von Rose und mir! Wir ziehen in drei Tagen nach Incheon!", log er dreist meinen Freunden ins Gesicht. „Wie? Wann konntet ihr dies denn planen?" „Warum so schnell?" „Wo werdet ihr wohnen?" „Was ist mit dem Krankenhaus deines Vaters?" Eine Frage nach der anderen. Ich konnte und wollte meine Freunde nicht anlügen, also schwieg ich. „Wir haben es schon vor Jahren geplant. In Incheon fanden wir ein hübsches Haus, das wir im Endeffekt auch kauften. Sobald es eingerichtet ist, könnt ihr uns besuchen kommen! Für das Krankenhaus hat Rose einen sehr qualifizierten Nachfolger eingestellt. Ich hoffe, ihr freut euch mit uns." An seinem Gesicht konnte man Wahrheit und Lüge nicht von einander unterscheiden. Was für ein Mensch war er in Wahrheit? Man konnte nicht sagen, das diese Neuigkeit meine Freunde erfreute, eher im

Gegenteil, alle wirkten auf mich traurig. „Rose, kommst du mit mir zur Toilette? Ich muss ganz dringend mein Make-up auffrischen!" Beim aufstehen warf mir Yong-Ho einen Angsteinflößenden Blick zu. „Was ist passiert? Ich merke doch, das etwas nicht stimmt." „Juna kurz und knapp, die Sache sieht so aus! Wir ziehen nicht nach Incheon sondern nach Busan. Hier ist die Adresse.", schob ich ihr einen Zettel rüber. „Aber wieso alles so geheim?" „Er weiß von Yeol und mir! Er hat mir eine Szene gemacht und mich gezwungen den Kontakt zu ihm abzubrechen. Außerdem werde ich auch zu euch den Kontakt abbrechen müssen. Wahrscheinlich damit Yeol nicht die Chance hat mich zu finden. Bitte erzähl es nicht Jae-Min! Wenn er es erfährt, wird er es direkt Yeol verraten und das wird böse enden! Yong-Ho hat mich schon vorgewarnt." „Mist, was ist, wenn er dir etwas antut? Wer soll dich dann beschützen?" „Ich werde mich selber beschützen müssen! Aber in erster Linie ist es wichtig, dass Yeol nichts passiert. Versprich mir, dass du den Mund hältst!" „Ich verspreche es dir! Die Adresse werde ich aber vorsichtshalber behalten, für alle Fälle." Einem Menschen musste ich die Wahrheit anvertrauen und Juna war die einzige, der ich zu Hundert Prozent vertrauen konnte. An unserem Tisch verabschiedeten sich die anderen von Yong-Ho. „Hm? Wieso verabschiedet ihr euch?" „Rose, wir müssen gehen! Morgen wird ein anstrengender Tag für uns sein. Wir sollten früh ins Bett gehen." Er öffnete mir höflich die Beifahrertür. „Worüber habt

292

ihr gesprochen? Ich hoffe, du hast ihr nichts erzählt!" „Nein, wir haben nur ihr Make-up aufgefrischt." „Morgen bringe ich dich zur Arbeit, und danach fangen wir langsam an, unsere Koffer zu packen." „Warum so früh? Wir haben doch noch Zeit!" „Wir haben keine Zeit! Wir müssen uns von deiner Mutter verabschieden und von meinen Eltern. Wir werden die drei in ein schickes Restaurant einladen. Von da an wirst du bereits Arbeitslos sein und kannst mit mir ins Studio kommen. Abends geben meine Jungs und ich eine Pressekonferenz, dass ich die Band verlasse und eine Solokarriere starte. Du wirst bei allen Terminen dabei sein. Alleine hast du nirgends wo etwas zu suchen!" „Wie Solokarriere? Wie konntest du das alles so schnell klären?" „Du kennst mich noch nicht gut genug! Wenn ich etwas will, kann ich Berge versetzten!" Das alles wollte nicht in mein Kopf hinein. Könnte es möglich sein, dass er das alles schon geplant hatte und es jetzt der Zeitpunkt gekommen war, es durch zu ziehen? Welche Überraschungen würden mich in Busan erwarten? Würde ich nun ein Leben lang Arbeitslos bleiben?

Der nächste Tag verlief wie geplant. Yong-Ho brachte mich ein letztes mal zur Arbeit. Meine Kollegen verabschiedeten sich herzlich von mir mit einem Kuchen und einer Karte. Nach der Arbeit holte er mich wieder ab und wir fuhren Heim. Jeder verschwand in sein eigenes Zimmer und packte die Koffer. Meine Arme wurden so schwer wie Beton, ich konnte sie kaum heben. Wahrscheinlich weil ich mein geliebtes Seoul nicht verlassen wollte. „Hast du fertig gepackt?", klopfte er nicht mal mehr an meine Tür und platzte einfach herein. „Nein! Kannst du, bitte, wieder raus gehen?" Er packte mich an meinem Gesicht und drückte es fest. „Du sagst mir nicht, wann ich zu gehen habe!" „Fass mich nie wieder an! Denkst du, ich kann mich nicht währen?" „Los, versuch es doch! Dann wirst du hier nicht mehr lebend raus kommen!" In seinen Augen sah ich keine Liebe mehr zu mir, sondern puren Hass. Ich vermutete, dass er nur noch mit mir zusammen war, um mir das Leben zur Hölle zu machen, weil er sein Leben selber hasste. Die Verabschiedung von unseren Eltern wurde kurz und knapp gehalten. Meine Mutter war so begeistert von meinem Mann, das sie nicht mal bemerkte, dass ich todunglücklich war. Auf der Pressekonferenz verkündete die Gruppe F.S.S das ein Mitglied, Yong-Ho die Gruppe verlassen wird und seine Solokarriere starten würde. Die Presse sprühte vor Begeisterung, wie auch seine Fans. Sie alle waren gespannt auf sein erstes Soloalbum. Schon stand der Umzugstag vor der Tür. Draußen vor seinem Auto sollte ich auf ihn warten. In der Zwischenzeit holte er unsere Koffer. Vor unserem Haus, um die Ecke stand Yeol und schaute in meine Richtung. Das er weinte, erkannte ich von weitem. Auch mir liefen die Tränen herunter, doch ich wollte nicht, dass er es sieht, also drehte ich mich von ihm weg. Im inneren wollte ich nur, dass er weg geht, damit er mich nicht so sieht.

*Ich fühle, dass du gerade weinst! Du sagst
zwar, dass du keinen Kontakt zu mir haben
möchtest, aber merk dir, irgendwann werde
ich dich finden! So leicht lasse ich dich
nicht los. Selbst wenn es Jahre dauern wird,
ich werde dich suchen und finden
Irgendwann wird eine Welt, in der du und
ich ein Paar sind existieren. Das mit uns ist
noch lange nicht beendet! Nur du und ich,
wie damals.
Yeol*

Seine Nachricht brachte mich nur noch mehr zum
weinen und gerade dann musste Yong-Ho
auftauchen. Ihm fielen meine Tränen sofort auf. Er
drehte seinen Kopf zur Seite und entdeckte Yeol,
der an der Wand angelehnt stand. Demonstrativ riss
Yong-Ho mir mein Smartphone aus der Hand und
las sich die Nachricht durch. Mit voller Kraft
schmiss er es dann gegen den Boden und trat
mehrere Male drauf. Das Display zerbrach in
Einzelteile. Zum Schluss grinste er noch zufrieden
in Yeols Richtung und wir fuhren weg. Ein letztes
mal drehte ich mich in Yeols Richtung um.
„Goodbye Seoul, I will miss you!", flüsterte ich
ganz leise vor mich hin. „Trauer nicht, in Busan
kaufe ich dir ein neues Smartphone." „Ich trauer
nicht dem Handy hinterher! Außerdem, brauchst du
mir kein neues kaufen. Jetzt brauche ich kein
Handy mehr. Zu wem soll ich denn Kontakt
aufnehmen?!" „Das ist dazu da, damit wir einander
erreichen können! Zu anderen brauchst du auch

keinen Kontakt haben. Der Kontakt zu mir sollte dir genügen." Mir kam die Fahrt nach Busan endlos lang vor. Vor unserem neuen Haus erwartete uns schon ein älterer Mann, so Mitte 40, vor der Einfahrt. „Wer ist der Typ?" „Das ist dein neuer bester Freund! Solange ich nicht in deiner Nähe bin, wird er auf dich aufpassen und dich überall hin begleiten." „Ah, mein Leibwächter, ja? Du bist unglaublich! Reicht es dir nicht, dass wir umgezogen sind, dann musst du mir auch noch einen Babysitter beschaffen?" „Ja, mir reicht es nicht! Ich werde erst dann wieder runter kommen, wenn ich genau weiß, dass du wieder klar gekommen bist!" „Guten Tag Herr Chang Yong-Ho, ich bin Park Tae-Hyung!" „Hallo, das ist meine Frau Rose, um sie werden Sie sich kümmern." Wir verbeugten uns vor einander. Park Tae-Hyung half Yong-Ho mit unseren Koffern. Von innen besaß das Haus schon eine seltsame Aura, eine, die mir nicht gefiel, obwohl es hübsch drinnen aussah. Der Flur war breit und lang, zur linken Seite befand sich das Wohnzimmer. Dort stand eine lange und eine etwas kürzere graue Coach. In der Mitte stand ein Glastisch. Die Fenster waren unnormal groß und an ihnen hingen cremig farbige Gardinen. An der Wand hing ein Riesen Plasmafernseher. Die Küche war gegenüber vom Wohnzimmer. Diese war zwar schmal aber dafür lang. Dort befand sich alles, was man in einer Küche benötigte. Das Gästezimmer, sowie die anderen beiden Schlafzimmer befanden sich im ersten Geschoss. Alle Zimmer waren gleich eingerichtet. Die Möbel war stumpf in weiß. Ich ging davon aus, dass man sich aussuchen konnte, welches der Schlafzimmer das Gästezimmer werden sollte. Von Anfang an wusste ich, hier könnte ich mich niemals wohl fühlen. „Such dir dein Zimmer aus!" „Ich möchte das erste." „Gut, ich nehme das letzte." Zwischen unseren Zimmern lag noch ein Zimmer, das nun zum Gästezimmer wurde. „Rufen Sie mich, wenn Sie mich brauchen!", verabschiedete sich Park Tae-Hyung. Sobald er die Eingangstür schloss, begann für mich der Horror. „Dann lass uns mal unser neues Heim einweihen!" „Hä?", Yong-Hos Andeutung verstand ich nicht ganz. Er packte meine Arme fest und schubste mich in das Gästezimmer. Ich stolperte und fiel auf das Bett. „Yong-Ho mach keinen Blödsinn!" „Ich habe lange genug auf dich gewartet. Jetzt möchte ich, dass du vollkommen mir gehörst!" Er zog ein Kleidungsstück nach dem anderen von sich aus. „Ich werde nie dir gehören, weil ich ihm schon gehörte!", schrie ich verzweifelt. „Du Hure!", scheuerte er mir wieder eine und begann mir die Kleider vom Leib zu reißen. Mit Händen und Füßen versuchte ich mich zu wehren, doch er war stärker. Irgendwann lag ich kraftlos nackt vor ihm, während er sich die Boxershort auszog. Mir liefen die Tränen herunter, weil ich genau wusste, dass es keine Chance gab zu entkommen. Er legte sich über mich. „Keine Sorge, mit mir wird es besser!" „Du widerst mich an!" Gerade wollte er los legen, da klingelte es an der Tür. Rasch zog er sich wieder an und lief runter. Für mich ergab sich die Möglichkeit in mein

Schlafzimmer zu rennen und dort die Tür
abzuschließen. Mit meinen Klamotten in der Hand,
flitzte ich schnell rüber. Beim abschließen meiner
Tür zitterten meine Hände. Erst als die Tür
abgeschlossen war, lehnte ich mich gegen diese und
atmete erst einmal aus. „Yeol!", flüsterte ich seinen
Namen weinend. „Was soll ich bloß tun?" Durch
die Tür hörte ich eine Frauenstimme. Es hörte sich
sehr danach an, als würde er ihr irgendetwas zeigen
oder erklären. Nach etwa einer halben Stunde
verließ sie wieder das Haus. Ich hörte, wie er die
Treppen hoch stieg. Mein Herz pochte wie wild.
„Mach die Tür auf!", klopfte er hart gegen meine
Tür. „Ich habe gesagt, mach die verdammte Tür
auf!" „Nein!" „Ich werde dich schon nicht
anfassen." „Ich glaube dir kein Wort!" Drei mal trat
er mit dem Fuß heftig gegen die Tür.
Eingeschlossen verbrachte ich den kompletten Tag
in meinem Zimmer, ohne etwas zu essen oder zu
trinken. Er spielte an seiner Gitarre, den vollen
Abend lang. Gegen zehn Uhr Abends schlief ich
ein. Ein Albtraum nach dem anderen verfolgte mich
wieder. Ruckartig wachte ich wegen eines
Geräusches auf. Yong-Ho saß plötzlich neben mir
auf meinem Bett. Ich erschrak so doll, dass ich laut
los schrie. „Rose, du kannst dich vor mir nicht
verstecken!" „Bitte lass mich! Ich flehe dich an."
„Meine Rose, ich will dich! Du hast keine Ahnung,
wie sehr ich dich will!" Unerwartet sprang er über
mich. „Dieses mal wird uns keiner stören!" Sein
Blick löste in mir Panik aus. Yong-Ho riss die
Decke von mir herunter und zog kräftig an meiner

Pyjama Shorts. Er küsste mich am ganzen Körper. „Yong-Ho bitte hör auf! Ich fehle dich an." Mit meinen Fäusten versuchte ich ihn zu hauen, jedoch überkam ihn so eine Stärke, sodass ich absolut nichts tun konnte. Ihm war es scheiß egal, was ich sagte oder um was ich flehte. Er zog es eiskalt durch. Irgendwann lag ich einfach wie eine Leiche da. Nach dem er seinen Höhepunkt erreicht hatte, verließ er mein Zimmer. Ich heulte, ich schrie, ich hasste ihn von tiefstem Herzen. In dieser Nacht starb ein Teil einer jungen Frau in mir, sowie jegliche positiven Gefühle starben in dieser Nacht in mir. Ich fühlte mich wie ein Stück Dreck, das benutzt wurde, wann und wie es gerade passte. Dieses Gefühl von ihm Missbraucht worden zu sein machte mich fertig. Dieser Mann nahm mir alles, meine Freunde, Yeol, und am wichtigsten, mich selbst. Ich wollte nicht mehr Leben. Voller Ekel und Selbsthass goss ich Wasser in die Badewanne herein. In meiner Kosmetiktasche fand ich einen Rasierer. Mit der Rasierklinge legte ich mich in die Wanne und schnitt mir die Pulsadern auf. In diesem Moment dachte ich nicht viel drüber nach, der Wunsch zu sterben war zu groß. Das Blut goss aus mir heraus, wie aus einem Eimer. Schnell verlor ich das Bewusstsein. Das einzige, was ich nur noch hörte, war Yeols Stimme. Mir schien auch so, als hätte ich ihn vor der Badewanne stehen gesehen. „Kim Rose, hören Sie mich? Kim Rose?" Ich öffnete meine Augen. In diese schien ein helles Licht herein. „Wo bin ich?" „Sie sind im Krankenhaus. Ihr Ehemann hat sie hierher gebracht. Kim Rose, Sie haben sehr viel Blut verloren!" „Wo ist Yeol?" „Wer? Ihr Ehemann Chang Yong-Ho ist vor der Tür. Machen Sie sich keine Sorgen, er hat die ganze Zeit gewartet!" Vor meinen Augen tauchte das Geschehene wieder auf. Die Ärzte ließen mich zwei Tage lang im Krankenhaus unter Beobachtung liegen. In diesem Krankenhaus fühlte ich mich sicherer und wohler, als in meinem neuen Heim. „Frau Kim, Sie werden heute entlassen! Bitte unterschreiben Sie noch diese Papiere und dann dürfen Sie gehen." Auf die Entlassungsunterlagen setzte ich meine Unterschrift und wollte schnell abhauen, da ich Yong-Ho nicht in der Nähe fand. „Kim Rose? Hier bin ich.", kam mir Park Tae-Hyung entgegen. Seine Anwesenheit war mir lieber als die meines Mannes. „Weißt du, wo mein Mann sich gerade aufhält?" „Er ist bei einem Termin, in der neuen Plattenfirma. Er hat gesagt, dass er heute spät kommen wird. Haben Sie hunger?" „Ist es okay, wenn wir einander beim Vornamen nennen? Diese Formalität ist meiner Meinung nach, nicht nötig, da wir von nun an sehr viel Zeit mit einander verbringen werden. Und nein, ich bin nicht hungrig. Lass uns irgendwohin fahren, aber bloß nicht nach Hause!" „In Ordnung, wie Sie... du wünschst." Wir fuhren stumpf durch die Gegend und hörten Musik. „Tae-Hyung? Darf ich vielleicht dein Handy benutzen?" „Wen möchtest du anrufen?" „Meine Freundin aus Seoul." „Tut mir leid, dein Mann hat mich darauf hingewiesen, dass ich darauf achten soll, dass du zu niemandem aus Seoul Kontakt aufnimmst." „So so.

300

Das Krankenhaus in dem ich lag, weißt du, ob die Angestellte suchen? Ich möchte wieder arbeiten gehen." „Ja, die suchen ständig. Wie ich gehört habe, suchen sie Chirurgen, Allgemeinmediziner, und einen Stellvertreter für den Chefarztposten." „Oh, das hört sich gut an. Ich sollte mich dort vorstellen. Können wir wieder zurück fahren?" Bei dem Krankenhaus ließ ich mir einen Termin zu einem Vorstellungsgespräch geben, der morgen früh stattfinden würde. Wieder zurück in meinem neuen Zuhause schloss ich mich wieder ein, aber dieses mal lehnte ich noch zusätzlich einen Stuhl gegen die Tür. Wieder einzuschlafen und ihn plötzlich vor mir zu sehen, löste in mir Angst aus. Solange es mein Körper durchhielt, hielt ich mich wach. Gegen 23Uhr kam Yong-Ho wieder. Sein erster Weg ging zu mir. „Machst du mir die Tür auf oder soll ich es selber tun?" „Was willst du ?" „Ich möchte mit dir reden, was sonst?" „Bei dir scheint man nicht genau zu wissen, ob du die Wahrheit sagst oder nicht!" Mit zitterndem Körper öffnete ich die Tür nur einen kleinen Spalt. „Was willst du?" „Lass mich bitte herein!" Schließlich ließ ich ihn in mein Zimmer, da mir eh nichts anderes übrig blieb. „Wegen gestern, tut mir leid! Ich konnte nicht ahnen, das du danach versuchst Suizid zu begehen. Ich werde dich nicht mehr anfassen, außer du willst es. Du weißt, ich möchte dich nicht verlieren, ich liebe dich wirklich!" „Wirklich? Ist das so? Dann ist es eine krankhafte Liebe! Wie konntest du bloß so weit gehen? Yong-Ho, ich erkenne dich nicht wieder." „Bei mir sind die

301

Sicherungen durchgebrannt! Das Geschehene kann ich nicht wieder rückgängig machen, also lass es uns einfach vergessen und weiter leben, wie zuvor." „Du verstehst rein gar nichts! Es wird nie wieder mehr so sein wie früher. Früher fand ich dich sympathisch und attraktiv, doch jetzt widert mich deine Anwesenheit nur noch an! Ich will die Scheidung! Oder ich werde zu deinen Eltern fahren und ihnen erzählen, was ihr, ach so toller Sohn, angerichtet hat." Stumpf stand er auf, nahm mein Zimmerschlüssel aus dem Schloss heraus und verließ das Zimmer. Von außen schloss er mich ein. „Du bist bescheuert? Du kannst mich hier nicht ewig einsperren!" „Du wirst meinen Eltern nichts verraten, ist das klar!" „Ist gut, aber mach die Tür auf!" „Nein, bleib eine Zeit lang dort. So ist es gerade besser." Durch die Tür konnte ich nur hören, wie er anscheinend das Haus verließ. „Das ist doch alles zum kotzen!" Ohne Handy und ohne Laptop konnte ich zu niemanden Kontakt aufnehmen. Schlafen gehen konnte ich auch nicht, also schaltete ich den Fernseher ein. Kurze Zeit später schlief ich doch ein. Früh wachte ich auf, denn vor mir stand ein wichtiges Vorstellungsgespräch an. „Yong-Ho? Mach die Tür auf! Lass mich raus! Ich habe ein Vorstellungsgespräch, bitte lass mich raus.", brüllte ich ihm zu. „Wo ist das Vorstellungsgespräch?" „In dem Krankenhaus, in dem ich lag." „Gut, Park Tae-Hyung wird dich hin fahren." Durch meine hervorragenden Referenzen und meiner Erfahrungen stellte der Chefarzt mich direkt als stellvertretende Chefärztin ein. Noch am selben Tag sollte ich meinen neuen Job antreten. Mein Leben fand wieder einen geregelten Tagesablauf, und so musste ich mich nicht so oft Zuhause aufhalten. Kaum fielen Überstunden an, stellte ich mich direkt zur Verfügung. An einem gewissen Moment traf mich ein Blitzgedanke. In meiner Pause setzte ich mich vor den Computer und meldete mich bei meinem Instagram Account an.

Juna,
wie geht es dir? Wie ist das Leben in Amerika? Hast du dich schon an den neuen Lebensstil gewöhnt? Ihr fehlt mir so sehr! Ich habe angefangen als stellvertretende Chefärztin zu arbeiten. Das Leben mit Yong-Ho läuft nicht gerade rosig. Versuche mich so lange wie möglich auf der Arbeit auf zu halten, um nicht nach Hause zu müssen. Hast du etwas von Yeol gehört? Weißt du, wie es ihm geht? Was treibt er so? Ich würde mich über eine Antwort freuen.
Rose

Ich wusste nicht genau, ob sie ihren Account nutzte oder nicht. In diesen Versuch setzte ich all meine Hoffnungen. Die Stunden vergingen und keine Antwort von Juna. Kurz vor Feierabend warf ich noch einen letzten Blick rein, jedoch Fehlanzeige. Zuhause fand ich Yong-Ho betrunken im Wohnzimmer sitzen. „Oh Dr. Kim ist wieder Daheim! Schön dich auch mal wieder zu sehen."

„Und du, gibst dir die volle Kante, oder wie?" „Ich war mit Freunden feiern. Komm, setze dich zu mir!" „Nein, danke! Ich möchte unter die Dusche." „Da komme ich doch glatt mit!" Wieder ging die Scheiße von vorne los. „Yong-Ho, lass es sein! Morgen früh wirst du es wieder bereuen. Ich möchte nicht mit dir Intim werden!" „Habe ich dich gerade nach deiner Meinung gefragt?" Schritt für Schritt torkelte er auf mich zu. „Wenn du mir noch einmal zu nahe kommst, werde ich die Polizei rufen! Ich könnte auch genauso zu einem Paparazzi gehen und ihm von deinen Aktionen berichten! Was denkst du, wie werden deine Fans auf so einen Yong-Ho reagieren?" Er holte aus und wollte mich hauen doch verfehlte. Er selbst fiel zu Boden und ich machte mich aus dem Staub in mein Zimmer. „Mach die Zimmertür auf!", schlug er dagegen. „Yong-Ho ich werde die Tür auf machen, aber wehe du fasst mich mit nur einem Finger an." Mit Herz flattern öffnete ich ihm die Tür. „Was schließt du dich ständig ein? Bin ich so ein Monster?" „Überleg', was du mir angetan hast und dann stell mir noch einmal diese Frage!" „Rose, ich bin ein Mann, Männer haben Bedürfnisse! Du bist meine Ehefrau, du hast die Pflicht, meine Bedürfnisse zu stillen. Für was bist du sonst da?" „Yong-Ho? Bin ich als deine Ehefrau nur dafür da? Sehe ich aus, wie ein Sextoy?" „Da du nicht in der Lage bist, mich mit deiner Liebe zu umgeben, ja, dann bist du nur dafür gut." „Okay, bring es hinter dir!" Mir reichte es so ziemlich in ständiger Angst zu Leben. Diese Panik nachts wieder überrascht werden zu können, wieder wie eine Hure behandelt zu werden, so zog ich meine Kleidung selber vor ihm aus. Stumpf wie eine Puppe legte ich mich auf mein Bett und wartete bis er los legte. Im inneren hatte ich die Hoffnung, ihn würde es ab turnen oder sein Kopf käme wieder klar, aber Fehlanzeige. Ihm war es gleichgültig, wie es passieren würde. Jedes mal, wenn er mit mir schlief, starb irgendetwas in mir. Irgendwann besaß ich weder so etwas wie Würde, Stolz oder Selbstachtung. Mein eigenes Spiegelbild konnte ich nicht einmal mehr ertragen. Wann immer er mit mir schlief und dann mein Zimmer verließ, setzte ich mich angelehnt gegen die Badewanne und verletzte mich selbst, mit einer Rasierklinge, an Stellen, die anderen nicht ins Auge fielen. Dies tat ich nicht, weil ich mit ihm Geschlechtsverkehr haben musste, sondern aus purem Hass mir gegenüber. Ich hasste mich dafür, dass ich ihn geheiratet hatte, dass ich nicht in der Lage war, mich selbst zu beschützen, weil ich schwach war. Seitdem mein Vater verstorben war, lief mein Leben Bergab. Alles widerte mich abgrundtief an.

Kurz vor Arbeitsbeginn , schmiss ich erneut ein Auge in mein Instagram Account.

> *Hallo Rose!*
> *Jae-Min und mir geht es fantastisch.*
> *Vorgestern haben wir erfahren, dass*
> *ich wieder schwanger bin. Er hat sich*
> *tierisch gefreut. Leider haben wir beide*
> *den Kontakt zu unseren Eltern nun*

vollkommen verloren. Von deren Seite aus,
kam der endgültige Kontaktabbruch. Das
ist aber halb so schlimm, die Hauptsache
ist, dass wir beide endlich glücklich
miteinander sein können. Von Yeol hören
wir öfters. Ihm geht es nicht gut, seit dem
du Seoul verlassen hast. Er ist auf der
Suche nach dir! Ich glaube, er ahnt, dass
ich Bescheid weiß. Nichtsdestotrotz werde
ich kein Wort verraten, wie versprochen!
Was ist bei euch los? Besitzt du immer noch
kein Handy? Yeol hatte uns erzählt, dass
Yong-Ho deines bei eurer Abreise kaputt
gemacht hat. Ich kann mir bei bestem
Willen nicht vorstellen, wie deine Ehe
aussehen mag. Ich hoffe, öfters von dir
zuhören.
Juna

Meine Sorge um Yeol wurde größer. „Yeol,
hoffentlich kommst du nie auf die Idee, mich in
Busan zu suchen." „Dr. Kim Rose, haben Sie kurz
Zeit?" „Sicher doch!" „Wir müssen eine weitere
Stelle besetzten. Mike zieht in einem Monat aus
Busan weg. Können Sie sich darum bitte
kümmern? Ich fliege in zwei Wochen nach
Amerika, wie Sie sicherlich wissen. Deshalb bitte
ich Sie, einen qualifizierten Chirurgen zu finden
und einzustellen!" „In Ordnung, ich werde mich
schnellstmöglich darum kümmern." Im Internet
sowie in den Zeitungen erstellte ich eine Anzeige.
Nach dieser Aufgabe besuchte ich meine Patienten

und erledigte meinen Job. Dieses mal holte mich nicht Tae-Hyung, sondern Yong-Ho höchstpersönlich ab. „Lass uns heute außerhalb essen gehen!" Er brachte mich in ein kleines unauffälliges Japanisches Restaurant. Wir bestellten beide Takoyaki und zu trinken gab es Coca Cola. „Warum sind wir hier?" Mein Kopf überfüllte sich mit Hintergedanken. „Rose, unsere Ehe darf nicht mehr so weiter gehen!" „Was schlägst du vor? Scheidung?" „Hm. Vergiss die Scheidung! Ich möchte an unserer Ehe arbeiten. Gestern, nach dem wir, na du weißt schon... habe ich dich im Badezimmer weinen gehört. Du weinst so gut wie jede Nacht, seit dem wir hier sind." „Hast du dir mal überlegt, weswegen ich weine? Seit dem wir hier sind, hast du dich von null auf hundert verändert! Du schlägst mich, du .. und dann bist du auch noch darüber schockiert, dass ich weine? Welche Frau würde dabei lachen? Jedes mal, wenn du es tatst, hasste ich mich immer mehr, in mir starb ein wichtiger Teil von mir. Ich habe weder Würde noch Selbstachtung." „Ich weiß doch auch nicht, was mit mir los ist. Ich kann nichts gegen diese Gefühle tun. Als Zeichen meiner ernstgemeinten Entschuldigung, kann ich dir ein Auto kaufen oder ein Krankenhaus erbauen lassen, in dem Namen deines Vaters! Was hältst du davon?" „Denkst du, mit deinem Geld könntest du irgendetwas von dem Geschehenen wieder gut machen? Entlass Tae-Hyung und lasse mir meinen Freiraum!" „Nein, wenn ich das tue, wirst du wieder mit ihm Kontakt aufnehmen." „Yong-Ho,

307

wenn es mein Schicksal ist, mit ihm zusammen zu sein, dann kannst du mich selbst in Ketten legen, ich werde trotzdem einen Weg finden, mit ihm zusammen zu sein. Wenn es nicht mein Schicksal ist, dann selbst, wenn ich den Kontakt zu ihm habe, würde es nicht funktionieren! Vor unserem Schicksal können wir nicht wegrennen." „Nenn mir eine andere Sache, die du haben möchtest! Mir egal was, ich tue alles." „Okay, geh zum Psychiater! Lass dich von ihm untersuchen. So kann und soll es nicht weiter gehen. Unsere Ehe ist keine Ehe, sondern ein Zirkus." „Gut, ich werde zum Psychiater gehen. Ich werde versuchen mich zu ändern, aber bitte gib uns beiden noch eine letzte Chance! Ich möchte unsere Ehe wirklich retten. Wir sollen beide glücklich sein." „Von meiner Seite aus, lass uns daran arbeiten! Aber was wird sein, wenn wir scheitern?" „Sollten wir scheitern, kriegst du die Scheidung! Jedoch müssen wir uns zu Hundert Prozent Mühe geben und an uns arbeiten, ohne Hintergedanken, ohne Hinterhältige Pläne! Wir müssen beide ehrlich sein." „Alles klar, darauf gehe ich ein!" Als ich darauf einging, wusste ich genau, dass spätestens nach zwei bis drei Wochen, er eh alles ruinieren würde.

Die Tage vergingen und wir führten einen Haufen an Vorstellungsgesprächen durch. Keiner von ihnen war so qualifiziert wie unser Mike. „Guten Tag Frau Choi, wie geht es Ihnen?", traf ich eine ehemalige Patientin von mir. „Hallo Dr. Kim, mir geht es gut. Ich bin hier wegen meiner Tochter. Sie möchte sich die Nase korrigieren lassen, deshalb haben wir gleich einen Termin." „Oh, okay! Ist Ihre Tochter so unglücklich mit ihrer jetzigen?" „Ja, sie weint ständig. Sobald sie von der Schule nach Hause kommt, sagt sie, sie wird von ihren Mitschülern gehänselt." „Wie schrecklich! Wo ist Ihre Tochter jetzt?" Sie zeigte mit dem Finger auf das WC. „Darf ich mit ihr darüber sprechen?" „Sehr gerne!" Das Mädchen, 15 Jahre jung, stand vor dem Spiegel und betrachtete sich darin. „So schlimm?" „Wie bitte?" „Deine Nase? So schlimm? Entschuldige die blöde Frage! Ich bin Dr. Kim Rose. Ich kenne deine Mutter, sie war meine ehemalige Patientin." „Ah. Ja, ich möchte mir um jeden Preis die Nase korrigieren lassen. Einige Mitschüler hänseln mich ständig deswegen. Sie nennen mich Pinocchio. Einmal haben sie es so übertrieben, dass ich auf das Schuldach hoch bin, und von dort aus springen wollte. Ein Junge aus meiner Klasse folgte mir und überredete mich, es nicht zu tun. Er ist der einzige, aus meiner Klasse, der sich nie über mich lustig macht. Ganz im Gegenteil, irgendwie habe ich den Anschein, er würde mich beschützen. In letzter Zeit wurden die Hänseleien zwar weniger, aber ich möchte es trotzdem." Ihre Geschichte, von dem Jungen, der sie beschützte, erinnerte mich stark an Yeol, als er mich ständig vor allem beschützte. „Weißt du, als ich noch jung war, hatte ich in der Schule auch so meine Probleme mit meinen Mitschülern. Da ich aus Deutschland komme, wurde viel über mich gelästert. Für mich war es auch keine leichte Zeit, aber auch in meinem Fall, gab es diesen einen

Jungen, der mich andauernd vor allem und jedem beschützte. Obwohl er auch nicht gerade nett und freundlich zu mir war, ließ er es nicht zu, dass mich die anderen schlecht behandelten. Im Endeffekt entstand zwischen uns eine Liebe, die sich manche nicht mal im Traum vorstellen können. Vielleicht ist nicht deine Nase das Problem, sondern der Neid der anderen? Dieser Junge, der dich beschützt, weiß vielleicht mehr, als du dir vorstellen magst. Denk nochmal gut über alles nach! Eine Nasenkorrektur ist schnell gemacht, aber die Frage ist, hören die anderen dann auf dich zu hänseln? Die Operation würde sowieso ich durchführen. Tue mir und dir den Gefallen und überlege es dir noch einige Male. Wenn du dann immer noch davon überzeugt bist eine O.P. machen zu müssen, dann werden wir sie dir Problemlos machen. Deal?" Die Freude in ihrem Gesicht konnte man nicht übersehen. „Okay, vielen dank Dr. Kim! Ich werde es mir noch mal überlegen." Mich freute es, sie fürs erste davon abgebracht zu haben, denn dieses Mädchen sah aus, wie eine wunderschöne Porzellan Puppe. Kein wunder, dass sie gehänselt wurde, die anderen platzten wahrscheinlich vor Neid, wenn sie so ein bezauberndes Mädchen sahen. Abends trafen Yong-Ho und ich auf einander. Er saß im Wohnzimmer vor dem Fernseher. „Morgen habe ich einen Termin beim Psychologen." „Das freut mich. Mein Tag verlief wie immer, absolut nichts besonderes, bis auf ein Mädchen, das mir begegnete." Ich erzählte ihm von ihr. „Wenn du sagst, dass sie so hübsch ist,

bestimmt sind die anderen bloß neidisch auf sie und versuchen sie deshalb runter zu machen." Es war ein angenehmes Gefühl, mit ihm vor dem Fernseher zu sitzen und einfach nur über den Tagesablauf zu sprechen. Wir schauten uns eine Liveshow, von seiner ehemaligen Band an. Wie er mir berichtete, waren einige der Fans abgesprungen. Yong-Hos Stimme fehlte der Band gewaltig. Die Hohen Töne, die er sang, versuchte einer seiner Mitglieder zu ersetzten, jedoch wurde es nicht so, wie bei Yong-Ho. „Mir fehlt meine Band!" „Wir können immer noch zurück." „Es gibt in dieser Branche keinen zurück. Einmal gegangen, braucht man nicht mehr zurück kommen." „Was ist mit deinem Soloalbum? Wie weit bist du damit?" „Die Plattenfirma hat mich eingestellt, aber mir fällt im Moment nichts ein, worüber ich singen könnte. Absolut keine Inspiration!" „Hm. Was ist mit einseitiger Liebe? Oder darüber, was du gerade fühlst! Das kommt immer gut an." Plötzlich packte ihn die Inspiration und er schnappte sich ein Blatt Papier und schrieb drauf los. Während ich ihm so zu sah, schlief ich auf der Coach ein. Spät nach Mitternacht weckte mich der Klang seiner Gitarre auf. „Rose, du bist ein Genie!", umarmte er mich fröhlich. „Was würde ich ohne dich tun, meine Muse!"
Drei Wochen später wurde Yong-Hos erste Single in den Liveshows präsentiert und dieser Song kam gut bei den Fans an. Nicht nur in Asien, sondern auch in Amerika und Europa wurde der Song rauf und runter gespielt. Mein Chef verzog sich nach

Amerika und ich übernahm seinen Posten, fürs erste. Zwischen Yong-Ho und mir wurde die Stimmung immer besser. Wir versuchten die Gefühle des anderen zu verstehen und zu akzeptieren. Auch halfen wir einander die Fehler und Macken in den Griff zu bekommen. Park Tae-Hyung blieb stets an meiner Seite, ihn wollte Yong-Ho immer noch nicht entlassen. Das Mädchen, das die Nasenkorrektur haben wollte, erschien wieder im Krankenhaus, doch bloß um sich bei mir zu bedanken. Mikes Stelle musste immer noch besetzt werden, dafür stand noch ein Kandidat zum Vorstellungsgespräch an. Vor diesem Gespräch wollte ich mir im Kiosk noch etwas zu essen und zu trinken kaufen. Aus dem Regal holte ich mir Ramennudeln mit Rindfleisch und Seetang, dazu einen kalten Kaffee. An der Kasse stand ein Mann vor mir, der eine ganze Menge gekauft hatte. Hinter mir bildete sich schon eine Schlange an ungeduldigen Menschen, die es, wie ich sehr eilig zu haben schienen. Einem Mann hinter mir fiel der Ramenbecher herunter. Aus reiner Höflichkeit wollte ich ihm helfen diese aufzuheben. Ohne mich umzudrehen hob ich den Ramenbecher auf und übergab es dem Mann. „Danke!" Seine Stimme löste Gefühle in mir aus, von denen ich nicht dachte, sie je wieder fühlen zu würden. Ich hatte Schwierigkeiten mich umzudrehen, weil ich Angst hatte, den Mann hinter mir stehen zu sehen, an den ich gerade dachte. „Dr. Kim, heute soll es mal etwas schnelles zu essen sein?", musste der Verkäufer mich ausgerechnet jetzt anquatschen. An meiner Schulter spürte ich eine Hand, die mich zu sich umdrehte. „Rose!" Meinen Einkauf ließ ich beim Verkäufer stehen und rannte aus dem Kiosk heraus. Ich dachte, wenn ich um die Ecke rennen würde, würde er mich übersehen und weiter gehen. Fehlanzeige! Völlig aus der Puste lehnte er seine Hand an der Wand, neben meinem Kopf an. „Endlich! Endlich habe ich dich gefunden!" „Verschwinde! Ich habe dir doch gesagt, du sollst mich in Ruhe lassen. Wieso kannst du das, was ich fordere, nicht einfach erfüllen?" „Und ich habe dir gesagt, ich werde dich suchen, und egal wo du dich aufhältst, ich werde dich finden." „Ja, wie es aussieht, kreuzen sich unsere Wege andauernd! Tut mir leid, ich muss los. Bitte, lass mich in Ruhe! Ich bin glücklich mit Yong-Ho. Das wir hierher gezogen sind, ist das Beste, was mir je passiert ist!" Mit voller Absicht tat ich Yeol weh. Würde Yong-Ho herausfinden, dass Yeol in Busan aufgetaucht ist, würde die Hölle losgehen. Mir tat es weh, ihm diesem Schmerz zuzufügen, doch sah ich keinen anderen Ausweg. Ich musste Yeol vor Yong-Ho beschützen. In meinem Büro saß ich mit meinem Kollegen aus der Chirurgie, der einen Assistenten brauchte, und wartete auf den Menschen, der das Vorstellungsgespräch haben sollte. Es klopfte an der Tür. „Herein!" „Guten Tag, ich bin Jeong Chung Yeol und habe bei Ihnen ein Vorstellungsgespräch!", erblickte er zuerst nur meinen Kollegen. Dann entdeckte er auch mich. Ich erstaunte, dass gerade er diesen Termin hatte, denn ich wusste nicht im Ansatz, dass er einen

Abschluss in der Medizin gemacht hatte. „Guten Tag Herr Jeong Chung Yeol! Ich bin Dr. Jung Mike und das ist die stellvertretende Chefärztin Dr. Kim Rose. Erzählen Sie uns bitte von sich, wo haben Sie studiert, welche Berufserfahrungen können Sie vorweisen?" Yeol war gründlich vorbereitet. Er haute uns mit seinen Berufserfahrungen von den Socken. Bis jetzt war er einer der qualifiziertesten Kandidaten, die überhaupt in Frage kamen. „Ich bin begeistert von Ihnen Herr Jeong Chung Yeol! Genau Sie möchte ich an meiner Stelle, in diesem Krankenhaus sehen! Wie sehen Sie es, Dr. Kim Rose?" „Ja, was soll ich sagen? Tatsache ist, dass er einer der besten Kandidaten bis jetzt ist." „Für mich kommt kein anderer in Frage! Ich will ihn hier sehen.", unterbrach mich Mike. „Dann soll es so sein! Wann können Sie beginnen?", mit aller Kraft erhoffte ich mir, dass er nicht jetzt sagt. „Von mir aus jetzt! Ich würde mir sehr gerne das Krankenhaus ansehen." „Gut, ich werde Ihren Arbeitsvertrag fertig stellen und in dieser Zeit wird Dr. Jung Mike Ihnen das Krankenhaus zeigen." Ich wollte es nicht wahr haben, er und ich würden von nun an zusammen arbeiten müssen. Jeden Tag einander sehen, jeden Tag mit einander zu tun haben. Wie sollten wir da einander vergessen und noch schlimmer, wie sollte ich es anstellen, dass Yong-Ho nicht dahinter kam. Damit er sich schnell aus dem Staub machte, druckte ich eiligst den Arbeitsvertrag aus und lief ihnen entgegen. „Hier ist Ihr Arbeitsvertrag Herr Jeong Chung Yeol, bitte geben Sie ihn mir unterschrieben wieder zurück."

„Ich möchte den Arbeitsvertrag gerne mit Ihnen besprechen Dr. Kim! Vielleicht wird es Punkte geben, die geändert werden müssen." „Gut Herr Jeong, dann kommen Sie mit in mein Büro." Wieso musste er bloß so hartnäckig sein? „Rose, das, was du mir vorhin gesagt hast, ist es wahr? Meintest du es ernst?" „Herr Jeong, schauen Sie sich bitte den Arbeitsvertrag an und fragen Sie mich, falls Ihnen irgendetwas unverständlich ist!" „Bitte, lass uns doch darüber sprechen! Hast du es ernst gemeint? Bist du glücklich mit ihm?" „Ja Yeol, ich bin glücklich mit meinem Mann! In Seoul konnten wir es nicht sein, weil du dort warst. Du standest meinem Glück im Weg! Also unterschreibst du nun den Vertrag oder nicht?" „Wieso hat mir Jae-Min etwas anderes erzählt? Du hattest doch Juna geschrieben, bei Instagram, das deine Ehe die Hölle ist." „Ich habe keine Ahnung, was Jae-Min falsch verstanden hat, aber ich bin sehr glücklich. Yong-Ho tut alles für mein Glück, genauso wie ich für das seine. Zwar haben wir einander erst spät verstanden, aber jetzt läuft es." „Schläfst du mit ihm im selben Bett?" „Was denkst du denn? Wir sind ein verheiratetes Paar! Unsere Ehe ist die selbe, wie bei anderen Menschen auch." In seinen Augen entdeckte ich einen Funken Hass und grausame Wut. Ob diese Gefühle auf mich oder Yong-Ho bezogen waren, wusste ich nicht. Mitten in unserem Gespräch klingelte das Telefon in meinem Büro. „Dr. Kim Rose hier. Oh, hallo Schatz. Ja, ich werde versuchen heute früher zu gehen. Okay, ich freue mich auf dich.", beendete ich das Gespräch mit Yong-Ho, der anrief. „Oh, Schatz nennst du ihn? Wow, ihr müsst wirklich glücklich sein! Dann werde ich Ihre kostbare Zeit nicht länger verschwenden, Dr. Kim." Sauer und verletzt zog er davon. Ein schreckliches Gefühl, den Menschen, den man über alles liebte, so verletzten zu müssen. Da die Schichtpläne für die komplette Belegschaft von mir erstellt wurden, versuchte ich Yeols und meine Schicht so oft wie nur möglich zu unterschiedlichen Zeiten zu planen, damit wir miteinander so wenig wie möglich zu tun hatten. Wenn ich Frühdienst hatte, plante ich für Yeol den Spätdienst ein. Diese Schichtpläne verschickte ich dann an alle Kollegen per E-Mail. Tae-Hyung holte mich von der Arbeit ab und brachte mich nach Hause. „Sag mal Rose, wäre es für euch in Ordnung, wenn ich mir einige Tage frei nehmen würde? Meine Mutter ist krank geworden und sie hat niemanden der sich um sie kümmert." „Natürlich kannst du dir frei nehmen! Ich werde Yong-Ho darüber in Kenntnis setzten. Pass gut auf deine Mama auf. Falls ihr irgendwelche Medikamente braucht oder anderweitig unsere Hilfe benötigt, ruf Yong-Ho an und wir werden alles, was in unserer Macht steht, tun." „Vielen Dank Rose!" Yong-Ho verkroch sich in seinem Zimmer und arbeitete an weiteren Songs. „Yong-Ho? Darf ich dich kurz stören?" „Sicher, komm herein!" „Zwei Dinge! Erstens, ich habe Tae-Hyung freigegeben, weil seine Mutter krank geworden ist, damit er sich um sie kümmern kann. Zweitens, wie war der Termin beim Psychologen?"

„Gut, dann werde ich dich von der Arbeit abholen!"
„Nein, nein, nicht nötig, ich finde den Weg selbst
nach Hause." „Ich werde dich abholen, keine
Widerworte! Der Termin beim Psychologen war
unnötige Zeitverschwendung. Ich werde dort nicht
mehr hin gehen. Aus eigener Kraft und natürlich
mit deiner Unterstützung, werde ich mit meinen
Problemen fertig." Wie ich es erwartet hatte, hielt
es nicht mal zwei Wochen beim Psychologen
durch. „Ich hoffe, dass du es ohne psychologische
Hilfe hinkriegst, dich zusammen zu reißen.
Ansonsten, du weißt Bescheid, Scheidung!" „Ich
weiß. Wie war dein Arbeitstag? Hast du einen
Ersatz für Mike gefunden?" „Ja, so einen Typen,
der kommt auch aus Seoul." „Kennst du ihn?
Vielleicht hast du mit ihm gemeinsam Medizin
studiert?" „Nein, er hat im Ausland studiert. Ich
kenne ihn nicht.", log ich ihn an. Mir war bewusst,
dass früher oder später die Wahrheit ans Licht
kommen würde, doch solange, würde ich lügen und
Yeol decken. „Sag mal, heute am Telefon, als ich
im Krankenhaus anrief, wie kommt es, dass du
mich Schatz genannt hast? Ich war irritiert, wusste
gar nicht, ob du es nun wirklich bist oder nicht."
„Ja, der Neue saß vor mir, und da wollte ich normal
erscheinen. Fremde brauchen nicht zu wissen, wie
unsere Ehe läuft." „Stimmt, hast du gut gemacht!"
Nach unserem Gespräch legte ich mich in die
Wanne, zur Entspannung. Sobald ich meine Augen
schloss sah ich Yeols Gesicht vor mir, wie wütend
er gewesen ist. Meine Frühschicht begann um 7
Uhr morgens. Mein Kalender war voll von

Terminen. Als erstes musste bei einigen Patienten
Blut abgenommen werden, damit alles rechtzeitig
im Labor ankam. Dann stand eine Beratung zu
einer Augenlid Operation bevor. In der Pause
verkroch ich mich in meinem Büro und trank in
Ruhe meinen Kaffee. „Dr. Kim?", klopfte Yeol an
meine Bürotür. „Herein!" „Ich wollte Ihnen den
unterschriebenen Vertrag bringen." Das er mich so
förmlich ansprach tat weh. „Gut, legen Sie in da
hin. Haben Sie die E-Mail mit dem Schichtplan
erhalten?" „Ja, das habe ich. Werde pünktlich da
sein!" Einige Sekunden lang schauten wir einander
in die Augen, als von niemandem ein Wort heraus
kam, drehte er sich um und ging aus dem Büro
heraus. Wie gerne hätte ich ihm die Wahrheit über
meine Ehe erzählt. Wie gerne hätte ich ihm gesagt,
wie sehr ich ihn doch liebe und vermisse. Wie
gerne hätte ich ihm gesagt, dass es mich eigentlich
freut, mit ihm zusammen zu arbeiten. Doch das
hielt ich in mir verborgen. Zu beginn seiner
Schicht, beendete ich gerade meine. Im Flur
begegneten wir uns und gingen Wortlos an
einander vorbei. Ich rannte schnell herunter, weil
ich wusste, dass Yong-Ho das Krankenhaus
betreten könnte. Vom Seitenblick aus, sah ich, dass
Yeol vor dem Fenster stehen blieb. Yong-Ho stand
schon vor dem Krankenhaus und erwartete mich.
Ich ging auf ihn zu und fiel ihm um den Hals.
Yong-Ho erfreute es und er umarmte mich
ebenfalls. „So eine Wahnsinns Begrüßung habe ich
nicht erwartet! Vielleicht sollte ich dich öfters von
der Arbeit abholen kommen." Mir war bewusst,

318

dass Yeol uns vom Fenster aus beobachtete. Yong-Ho wollte mich dann auf die Wange küssen, jedoch wich ich dem leicht aus. „Okay, ich verstehe, das war schon zu viel des Guten!", lachte er. Ich wollte, das Yeol sieht, dass ich tatsächlich glücklich mit Yong-Ho war, damit er mich los ließ. Das dies so schnell gehen würde, damit hatte ich nicht gerechnet. Drei Tage später fiel mir auf, dass Yeol und eine Arzthelferin in einem engen Kontakt standen. Öfters hörte ich, wie sie miteinander flirteten, und wie sie begeistert von ihm schwärmte. In der Kantine erzählte sie ihrer Freundin, dass sie und Yeol demnächst vor hatten, auf ein Date zu gehen. Er lud sie ein. Meine Eifersucht wurde von Tag zu Tag immer größer. Vor Wut auf mich selbst, hätte ich platzten können. Doch war ich selbst daran schuld. Ich alleine brachte ihn dazu, dass seine Gefühle zu mir verschwanden. Zwar nur, weil ich ihn beschützen wollte, aber das wusste er ja nicht. So sehr es mir auch weh tat es zu denken, hatte er wenigstens jetzt die Möglichkeit glücklich zu werden, auch wenn er es mit einer anderen Frau wäre. An einem Tag wurde der Arzthelferin sogar ein schöner Strauß roter Rosen von einem Kurier zur Arbeit geliefert. In diesem Strauß steckte eine kleine Karte. „Du bist so hübsch wie diese Rosen. In liebe Yeol.", lass sie laut vor. Mir hatte er noch nie Rosen geschenkt gehabt und das ließ meine Eifersucht noch mehr wachsen. In der Kantine saß ich einen Tisch hinter ihnen und sie berichtete voller Freude, wie fantastisch deren Date ablief. Sie waren zuerst was essen und danach im Kino. Dort

sollte er sie spontan geküsst haben. Ihre
Freundinnen kicherten und freuten sich mit ihr.
Meine Ohren wollten das alles nicht mitanhören,
somit nahm ich mein Tablett und ging aus der
Kantine heraus. Den kompletten Arbeitstag musste
ich mit den Gefühlen, nicht loszuweinen kämpfen.
Erst Zuhause, in meinem Zimmer konnte ich
meinen Gefühlen freien lauf lassen. Alles, was ich
den ganzen Tag über in mir unterdrückte, platze aus
mir heraus wie aus einem Vulkan. „Rose, was ist
passiert? Wieso weinst du so doll? Habe ich wieder
irgendetwas falsch gemacht? Habe ich dich auf
irgendeine Weise verletzt?", platzte Yong-Ho in
mein Zimmer herein. „Nein, es ist alles gut. Es sind
nur die Emotionen, Hormone die ab und zu durch
drehen." „Ist etwas auf der Arbeit passiert?" „Nein,
wirklich Yong-Ho, es ist alles in Ordnung. Lass
mich bitte alleine!" Schließlich folgte er meiner
Bitte und verließ besorgt mein Zimmer.
Der nächste Morgen fühlte sich nicht besser an.
Yong-Ho und ich frühstückten gemeinsam. „Rose,
ich muss für ein paar Tage nach Seoul, wegen der
Arbeit. Kommst du hier alleine zurecht?" „Ja,
selbstverständlich. Hast du einen Auftritt dort?"
„Nein, eine Show hat mich zu sich eingeladen."
„Ah. Wann fährst du?" „Heute Nachmittag. Es ist
alles sehr spontan dazu gekommen. Ich wollte es
dir gestern Abend erzählen, aber da hast du dich
nicht gut gefühlt." „Okay, ich wünsche dir viel
Erfolg. Pass auf dich auf! Ich muss jetzt los." Ich
packte schnell noch meine Tasche und machte
mich, dieses mal alleine, auf den Weg zur Arbeit.

Wie es schien, wurde Yong-Ho nach und nach lockerer. Anscheinend hatte er begriffen, dass es keinen Sinn machte, mich in Ketten zu legen. Auf meinem Plan standen keine besonderen Ereignisse drauf. Ich erledigte den ganzen Papierkram, stattete den Patienten einen Besuch ab, schaute mir die Blutwerte einiger Patienten an und führte Gespräche. Schlapp wie ich mich fühlte, wollte ich auf keinen Fall zu Fuß in die Kantine laufen, so wartete ich auf den Fahrstuhl. „Guten Morgen Dr. Kim." „Guten Morgen Dr. Jeong.", stellte er sich zu mir. Keiner schaute den anderen an. Außer dieser Begrüßung kam nichts von uns. Es fühlte sich komisch an, sich mit ihm nicht normal unterhalten zu können. Wir wurden uns noch fremder, als beim ersten Zusammenprall in der Vergangenheit. Der Fahrstuhl kam und wir stellten uns rein. Wir beide wollten in den Erdgeschoss. „Und, wie geht es Chang Yong-Ho?" „Super, danke der Nachfrage! Wie geht es deiner neuen? Dieser Arzthelferin?" „Sehr gut. Du hast von uns erfahren?" „Wie könnte man es nicht erfahren? So wie sie durch das komplette Krankenhaus laut Hals von dir herum schwärmt und jedem, die von dir geschenkten Rosen, zeigt." „Höre ich da Eifersucht heraus?" „Auf keinen Fall! Mir ist es egal, was zwischen euch ist. Mach doch was du willst!" Bevor die Fahrstuhltür aufgehen konnte, drückte er den Knopf zum Keller. Der Fahrstuhl fuhr uns herunter. „Was soll das? Ich will wieder hoch fahren." „Ich möchte dir gerne von ihr erzählen!" „Ihr interessiert mich nicht." „Weißt du, wir waren vor kurzem auf unserem ersten Date. Du kannst dir nicht vorstellen, wie schön es war. Wir waren im Restaurant, sie hat mich gefüttert und ich sie. Im Anschluss sind wir ins Kino. Sie hat einen romantischen Liebesfilm ausgesucht. Während der Film lief, konnte ich meine Augen nicht von ihr lassen. Ich erwischte so einen guten Moment und küsste sie. Weißt du wie.." „Hör auf!", drückte ich meine Hände gegen meine Ohren, um nichts mehr zuhören. Er drückte mich fest gegen Die Wand. „Was ist los? Kannst du es dir etwa nicht anhören?" Er zog meine Arme nach unten und hielt sie fest, damit ich mir nicht wieder die Ohren zu halten konnte. „Ich glaube, es ist Schicksal, dass ich hierher, in dieses Krankenhaus gekommen bin und diese wundervolle Frau getroffen habe. Es fühlt sich so fantastisch mit ihr an." Mir fiel jegliche Kraft, meine Emotionen weiter zurück zu halten. „Man, dann heirate sie doch, wenn sie so wundervoll ist. Lass mich aber in Ruhe! Ich will euren Scheiß nicht hören, nicht wissen und erst recht nicht sehen!" „Wieso? Weil es so verdammt weh tut und du vor Eifersucht platzten könntest?" „Nein!" „Natürlich ist es so, sag doch die Wahrheit!", schrie er. „Ja man, es ist so! Es tut weh, es tut verdammt höllisch weh es zuhören, zu wissen und zu sehen! Zufrieden?", weinte ich drauf los. „Ja, jetzt bin ich zufrieden!" Yeol legte seine Hand auf meine Wange und küsste mich sanft. „Warum küsst du mich, wenn dir dein Mädchen so sehr gefällt?" „Sie gefällt mir nicht! Ich wollte lediglich deine Reaktion darauf sehen." „Du lügst! Ich habe gehört, was sie alles erzählt hat, es ist alles wahr." Leicht schubste ich ihn von mir weg, doch er drückte mich wieder gegen die Wand. „Ist dir nicht aufgefallen, dass sie erst dann anfängt von mir zu schwärmen, sobald du in der Nähe bist? Am meinem ersten Arbeitstag habe ich sie kennengelernt. Wir haben uns ziemlich gut unterhalten und ich habe ihr von uns erzählt. Sie war von unserer Geschichte so gerührt, dass sie sich dazu entschied, mir zu helfen. Sie als Frau, wusste genau, wie man eine andere Frau eifersüchtig machen konnte. Die Rosen habe ich ihr nicht geschickt, sie hat sie sich selber geschickt, genauso wie die Karte, sie hat diese selbst geschrieben. Ich wusste nicht genau, ob du mir damals die Wahrheit gesagt hast oder nicht, dass du glücklich mit Chang Yong-Ho bist. Und als ich dich mit ihm draußen sah, dachte ich, ich hätte dich für immer verloren. Dann kam sie mit ihrer Idee und ich sprang darauf ein. Jetzt weiß ich, zu mehr als Hundert Prozent, dass du mich immer noch genauso sehr liebst wie früher, wenn nicht noch doller." „Du Blödmann, hast mich veräppelt?" „Ja, meine Rose. Es tut mir leid, aber mir blieb keine andere Wahl. Du bleibst für immer meine Rose! Weißt du eigentlich, wie viele Krankenhäuser ich in anderen Städten abgeklappert habe, nur um dich zu finden? Denkst du ernsthaft, ich könnte dich so schnell ersetzten? Niemals! Niemand wird dich je ersetzten können." Ich war überaus glücklich diese Sätze von ihm zu hören. Vorsichtig versuchte er mich wieder zu küssen, dieses mal zog ich ihn an mich heran und küsste ihn. Wie zwei Teenies versteckten wir uns im Keller des Krankenhauses und knutschten. „Was machst du nach Feierabend?", erkundigte sich Yeol. „Nichts, ich bin die nächsten Tage alleine Zuhause. Yong-Ho ist nach Seoul gefahren." „Stark, hast du Lust nach der Arbeit zu mir zu kommen?" „Ja, gerne." „Rose, beim nächsten mal, wenn du den Dienstplan erstellst, möchte ich, dass wir gemeinsame Schichten haben!" „Ich werde es mir merken." Die komplette Pause verbrachten wir küssend im Keller, nur wenige Worte wurden gewechselt. Da Yeol länger arbeiten musste als ich, musste ich noch einige Stunden in meinem Büro verbringen. Langsam erledigte ich einiges an Papieren für den nächsten Tag. „Hey, Prinzessin, ich bin jetzt fertig! Wollen wir los?" „Ja, ich komme." Keiner von unseren Kollegen durfte sehen, welche Art von Beziehung wir führten. Sein Auto parkte er einige Meter weiter von Krankenhaus. Yeol öffnete mir die Beifahrertür und ich setzte mich hinein. In diesem Moment hatte ich das Gefühl mit Yeol verheiratete zu sein. So viele Glücksgefühle spürte ich das letzte mal in Mikas Ferienhaus. Es war die Nacht in der wir miteinander das erste mal Geschlechtsverkehr hatten. Bevor wir zu ihm fuhren, besorgten wir noch etwas zu essen und einige Knabbereien. Yeols Wohnung war nicht besonders groß, aber sehr gemütlich und ordentlich. Vom ersten Schritt, den ich in diese Wohnung setzte, fühlte ich mich so wohl, wie in dem Haus meiner Eltern. „Hübsch hast du es hier." „Ist ganz

okay, mir reicht es. Setzt dich, mach es dir bequem.
Ich hole was zu trinken." Er brachte eine Flasche
Wein mit zwei Gläsern mit. „Erzähl mir, wie du bis
jetzt gelebt hast? Ich sehe, dass du sehr
abgenommen hast! Hast du deine Ernährung
vernachlässigt?" „Wie soll mein Leben hier laufen,
Yeol? Weder Freunde noch Familie hier! Yong-Ho
hat für mich einen Babysitter eingestellt, der jetzt
gerade im Urlaub ist. Heute ist der erste Tag, an
dem ich alleine zur Arbeit kommen durfte. Wie sah
dein Leben in dieser Zeit aus? Was hast du
getrieben?" „Ich habe dich gesucht, über all! Von
einem Krankenhaus zum anderen. Dann kam mir
die Idee, Jae-Min anzurufen, da ich mir schon so
etwas dachte, dass du vielleicht Juna verraten hast,
in welcher Stadt du dich aufhältst. Und, ich traf
voll ins Schwarze! Ich bin so froh, dich gefunden
zu haben. Einige Male stand ich kurz vor der
Verzweiflung, ich hatte so eine Angst, dich nicht
wieder zu finden. Einmal war ich auch kurz davor
mir ein Flugticket nach Deutschland zu buchen,
weil ich dachte, vielleicht seid ihr dort hin
ausgewandert. Doch dann dachte ich wiederum,
was sollte Yong-Ho beruflich in Deutschland
machen? Seine Erfolgsrate ist in Asien und
Amerika höher als dort." „Du wärst wegen mir
nach Deutschland geflogen?", grinste ich voller
Zufriedenheit. „Für dich wäre ich bis ans Ende der
Welt geflogen! Wenn ich dir etwas verspreche,
werde ich es auch halten, darauf kannst du dich
blind verlassen." Meine Gefühle konnte ich nicht in
Worte fassen. Ich lehnte mich an seinem

Oberkörper an und genoss den Moment. „Sag mal, wenn dein Leibwächter ständig neben dir ist, wie wollen wir uns weiter sehen?", brachte er mich zum grübeln. „Gute Frage...das einzige, was ich als Ausrede benutzen könnte, wären Überstunden, aber das können wir auch nicht lange durchziehen." Beide versunken in Gedanken, suchten wir nach einer Lösung. Desto länger ich nach dachte, desto mehr wurde mir bewusst, dass ich Yeol darüber in Kenntnis setzten musste, was Yong-Ho mir einst drohte. „Yeol? Ich muss dir etwas beichten!" In seinen Augen wuchs die Angst. „Der Grund, weshalb ich damals den Kontakt zu dir abgebrochen habe ist, dass Yong-Ho mir damals drohte. Wenn er dich neben mir erwischen sollte, wird er alles dafür tun, um dich für immer von mir zu entfernen und ihm ist die Art, wie es geschehen wird, völlig egal. Sein Vater könnte sich in diese Angelegenheit einmischen. Du weißt genau, wie einflussreich dieser Mann ist. Er könnte sonst was mit dir anstellen! Ich habe große Angst um dich, Yeol." „Hm. Dein Mann ist heftig drauf! Er gibt sich viel Mühe, dich bei sich zu halten. Mach dir keine Sorgen, er wird uns nicht erwischen. Mir ist deine Sicherheit wichtig. Ich kann mir vorstellen, was er mit dir gemacht hat, nach dem ihr in Busan angekommen seid!" Meine Augen öffneten sich bei dieser Erinnerung. „Nein, ich denke nicht, dass du es dir vorstellen kannst." „Wieso, was hat er mit mir gemacht?" „Streit! Wir haben uns doll gestritten, mehr nicht!" Auch dieses mal musste ich ihn anlügen. Wenn er die Wahrheit erfahren würde, wäre es Yong-Hos tot. „Komm, lass uns ins Schlafzimmer gehen und uns etwas ausruhen." Wir beide wusste, das es beim ausruhen nicht bleiben würde. Schon auf dem Weg zu seinem Schlafzimmer, was nur wenige Schritte entfernt lag, ging es los mit der Küsserei. In seinem Schlafzimmer waren wir beide schon Oberkörper frei. Ich schubste in auf sein Bett und legte mich über ihn. Zum ersten mal traute ich mir diesen Schritt zu. Vom Hals zum Oberkörper bis hin zu seinem Bauchnabel küsste ich ihn. Langsam öffnete ich den Knopf von seiner Hose. Blitzschnell drehte er mich auf sein Bett und kam über mich. Yeol zog meine Hose herunter, seine ebenfalls. Dieses unfassbare Gefühl, als es los ging, machte mich verrückt nach ihm. Kein anderer Mann könnte Yeols Platz in meinem Herzen einnehmen. Dieser Mann brachte mich um den Verstand. Er legte große Sorgfalt darauf, dass es mir gefiel und ich keine Schmerzen hatte. Jede einzelne Berührung von ihm lies mich, wie die Butter in der Pfanne, dahinschmelzen. „Ich lasse dich nie wieder mehr los! Es kann auf uns zu kommen, was wolle, aber ich bleibe an deiner Seite!", flüsterte ich ihm zu. Meine Entscheidung stand fest. Er war der Grund, der Sinn meines Lebens. Nach dem ich ihm meine Entscheidung mitteilte, küsste er mich doller. Gegen vier Uhr Morgens schliefen wir erst ein. Mir blieben nur zwei Stunden schlaf übrig. Leise versuchte ich aufzustehen, um ihn nicht aufzuwecken. „Hey! Wohin mit dir?" „Ich habe Bereitschaft." „Warte, ich mache uns schnell

Frühstück!" Yeol sprang vom Bett auf und flitzte in die Küche. „Oh, lecker! Reis mit Spiegelei und frisch gekochten Kaffee. Du wärst eine phänomenale Ehefrau." „Dann lass dich mal schnell scheiden, und ich werde deine Frau!", witzelten wir. Das erste, was ich auf der Arbeit erledigte, waren die neuen Dienstpläne. Von nun an würden Yeol und ich jeden Tag dieselbe Schicht haben. Solange Yong-Ho sich in Seoul aufhielt, verbrachte ich meine Zeit mit Yeol. Wir unternahmen viele verschiedene Dinge, wie Museen besuchen, ins Kino gehen, in der Spielhalle herumhängen. Außerdem hingen wir oft in Einkaufszentren herum. Die gemeinsam verbrachten Momente ließen uns nur noch mehr an einander kleben. Als ich erfuhr, dass Yong-Ho wieder auf dem Weg nach Hause war, veränderte sich meine Laune gewaltig. Unter Stress und hohem Druck überlegte ich mir, wie ich Tae-Hyung los werden könnte. Mir tat es zwar leid, ihn so zu behandeln, denn er schien ein guter Mensch zu sein, aber mein eigenes Glück wollte ich in den Vordergrund stellen. Keiner wusste, wie lange dieses Glück anhalten würde, somit musste jede Chance genutzt werden. Mit selbst zubereitetem Abendessen begrüßte ich Yong-Ho. Es gab Spagetti Bolognese. „Warum hast du nicht die Haushälterin kochen lassen? Du musst dir doch nicht so viel Mühe machen. Dafür ist sie doch da." „Ich wollte mal für dich kochen! Außerdem möchte ich mich mit dir ernsthaft unterhalten." So gut wie kein anderer, kannte ich Yong-Hos größte Schwäche.

Wir setzten uns an den Esstisch und er schank uns ein Glas Rotwein ein. „Erzähl mir, worüber du dich mit mir so ernsthaft unterhalten möchtest!" „Es geht um Tae-Hyung! Ich habe die Vermutung, dass er heimlich in mich verliebt ist." „Das ist doch Blödsinn! Hast du dafür Beweise?" „Ja, die habe ich! Einige Male, als er mich von der Arbeit abgeholt hat, wollte er mich zum essen einladen, anstatt mich direkt nach Hause zu fahren. Dann sehe ich immer. mit welchem Blick er mich ansieht. Dieser Blick ist kein normaler, sondern eher ein verliebter, verstehst du, was ich meine?" „Hm. Hört sich schon merkwürdig an. Ich werde mich darum kümmern!" „Bitte sprich ihn nicht darauf an, ansonsten entsteht eine merkwürdige Atmosphäre zwischen ihm und mir. Dann werde ich nicht wissen, wie ich mich ihm gegenüber verhalten soll." „Ja, du hast Recht! Es wird mir schon etwas anderen einfallen. Hat er dir mal versucht näher zu kommen?" „Einmal, da berührte er meine Hand. Ich kann dir nicht sagen, ob es aus versehen oder mit Absicht gewesen ist, aber es war schon merkwürdig." Sein Gesichtsausdruck veränderte sich rasend schnell. „Okay!" Vor dem Zubettgehen putzte ich ihm Badezimmer meine Zähne. Die Badezimmertür stand halb offen. „Mir passt die ganze Situation mit Tae-Hyung nicht! Solche Momente, wo ich nicht weiß, was auf mich zu kommt, mag ich überhaupt nicht. Was hältst du davon, wenn ich Tae-Hyung entlasse und einen anderen einstelle?" „Hm. Überleg mal, wenn du ihn entlässt und einen anderen einstellst, wer soll dir die Garantie geben, dass sich diese Situation nicht wiederholt? Was ist, wenn ein anderer noch dreister ist? Ich mache dir einen Vorschlag! Wie wäre es, wenn wir das mit dem Leibwächter für kurze Zeit bleiben lassen? Du kannst dir in dieser Zeit ansehen, wie ich mich verhalte, ob ich pünktlich nach Hause komme oder nicht, ob ich mich dir gegenüber verändere oder ähnliches. Lass es uns doch bloß einmal probieren? Ich habe hier doch eh niemanden, mit dem ich abhängen könnte. Die einzigen Menschen mit denen ich zu tun habe, sind meine Arbeitskollegen und meine Patienten." Er überlegte gründlich. „Okay. Solltest du nicht pünktlich von der Arbeit nach Hause kommen oder Kontakt zu irgendwelchen Typen aufbauen, wird alles wieder beim alten laufen!" „Danke Yong-Ho! Dein Vertrauen zu mir bedeutet mir eine menge. Ich werde mein bestes geben." Wie ein kleines Kind strahlte ich. Nun musste ich mir nur überlegen, wie ich die Zeit mit Yeol einplane. Schließlich durfte ich mir keinen Fehler erlauben. „Ach, Rose! Ich habe völlig vergessen zu erwähnen, dass ich nächstes Wochenende wieder nach Seoul fahre." „Wie bitte? Schon wieder? Was gibt es dort ? Wieso fährst du so oft dort hin?", wurde ich misstrauisch. „Ich treffe mich mit einigen Leuten, die mit mir zusammen arbeiten möchten." „Aha, na gut." So ganz kaufte ich ihm die Geschichte nicht ab, aber mich interessierte es recht wenig, ob er mich anlog oder nicht. In meinen Gedanken freute ich mich über ein erneutes gemeinsames Wochenende mit Yeol. Leider hatten wir bloß den

Samstag frei, Sonntag hatten wir beide
Bereitschaft. Das war jedoch halb so schlimm,
denn uns blieb noch der Rest vom Sonntag. Noch
nie stand ich voller Glücksgefühle zur Arbeit auf.
Noch bevor mein Wecker klingelte, stand ich schon
fertig geduscht vor dem Spiegel. Hinter der Klinik
wartete Yeol bereits auf mich. „Guten Morgen
meine Schöne! Du strahlst heute so. Gibt es dafür
einen besonderen Grund?" „Ja, es gibt einen
besonderen Grund dafür, dieser wird dich auch
erstrahlen lassen! Dieses Wochenende haben wir
wieder für uns. Yong-Ho fährt wieder nach Seoul."
„Wow, dass ist der Hammer! Aber findest du nicht,
dass es ihn in ziemlich oft dort hinzieht? Hat er
zufälliger Weise eine heimliche Freundin dort?"
Yeol sprach das aus, was ich mir auch schon
dachte. „Keine Ahnung, aber wenn es so wäre,
wäre es besser für mich. Dann könnte ich von ihm
die Scheidung verlangen und er könnte sie mir
nicht verweigern. Obwohl, so eifersüchtig und so
groß wie seine Liebe zu mir ist, kann ich mir es
kaum vorstellen, dass er mich betrügen würde."
„Stimmt auch wieder. Nichts bleibt für immer
geheim, irgendwann kommt alles ans Licht!"
„Pscht! Sag doch so etwas nicht! Dieser Spruch
betrifft uns genauso.", grinste ich ihm zu. Auf der
Arbeit machte jeder sein Ding.
In den nächsten Tagen blieb nicht viel Zeit für uns.
Es kam ein Notfall nach dem anderen ins
Krankenhaus rein. Nichtsdestotrotz versuchten wir
die Pause gemeinsam zu verbringen. Da wir uns in
der Öffentlichkeit nicht zusammen blicken lassen

konnten, versteckten wir uns im Keller, wo kaum jemand auftauchte.

Am Freitag, nach Feierabend überlegten wir uns etwas spezielles für unseren freien Samstag. „Ich wollte schon immer mal mit dir zum Namsan Seoul Tower und dort unser Liebesschloss aufhängen!" „Ernsthaft? Yeol, ich auch! Davon habe ich schon so lange geträumt. Man sagt doch, wenn man dort ein Liebesschloss aufhängt, bleibt man ein Leben lang zusammen." „Erinnerst du dich an den Tag, an dem wir uns dort zufällig trafen?" „Ja, als es so schrecklich doll geregnet hatte." „Genau. Ich hatte ein Schloss mit unseren Namen gekauft gehabt und wollte es dort aufhängen. Zufälliger Weise stolperte ich über einen Zeitungsstand und entdeckte die Zeitschrift, wo du und Yong-Ho auf dem Cover drauf zu sehen wart. Dieser Moment ruinierte alles in mir. Ich war so sauer und zugleich verletzt, dass ich zum Namsan Tower hin bin. Dort begegnete ich dir und ich konnte dich nicht mal ansehen, weil ich Angst hatte, du würdest meine Tränen sehen. Nachdem du weg warst, schmiss ich das Schloss weg." Als Yeol mir seine Gefühle von diesem Tag offenbarte, fiel mir auf, dass ich nicht die einzige gewesen bin, die all die Zeit über litt. Er durchlitt dieselbe Hölle wie ich. „Dieses mal wird alles anders! Dieses mal wird uns keiner auseinander bringen, das verspreche ich dir!", war ich so selbstsicher wie noch nie zuvor. Wir entschieden uns es zu tun. Früh am Morgen frühstückten wir und fuhren in Richtung Seoul los. „Yeol, darf ich von deinem Handy aus Nam-Joon anrufen? Ich würde mich gerne mit Mika und ihm treffen. Wir haben die beiden schon so lange nicht gesehen." „Natürlich, ruf an! Mach aber einen Treffpunkt aus, an dem nicht so eine große Menschenmenge herum hängt. Wir können es uns nicht leisten erwischt zu werden. Sag ihnen, wir treffen uns im Restaurant im Namsan Tower." Es klingelte und klingelte, doch Nam-Joon nahm nicht ab. Nach ihm versuchte ich Mika zu erreichen. Bei ihr genau dasselbe. „Ruf Min-Ho doch auch an! Dann hast du die Möglichkeit Anna wieder zu sehen.", schlug Yeol mir vor. „Ob es so eine gute Idee ist? Was ist, wenn sie sich bei meiner Mutter verplappert? Das riskiere ich nicht!" Dann rief Nam-Joon auf Yeols Handy zurück. „Hey Yeol. Lange nichts von dir gehört!" „Ne, hier ist Rose, falls du dich noch an mich erinnerst!" „Rose? Wow, was für eine Ehre! Wieso rufst du von seinem Handy an?" „Ich bin gerade mit Yeol auf dem Weg nach Seoul. Hättest du mit Mika Lust auf ein Treffen?" „Selbstverständlich, was für eine Frage! Wann und wo?" „Im Restaurant beim Namsan Tower. So gegen 14 Uhr? Das Treffen muss aber geheim bleiben! Also zu keinem ein Wort okay?" „Alles klar, wir werden um 14 Uhr dort sein." Wir beendeten das Telefongespräch und in mir tauchten seltsame Gefühle auf. „Yeol? Wieso bin ich so nervös? Als müsste ich gleich meine Prüfungen in der Schule schreiben?" Er lachte herzlich. „Wahrscheinlich, weil du sie so lange nicht gesehen hast und nicht weißt, was auf dich zukommt. Bei den Prüfungen ist es genauso, du weißt zwar welche Themen dran kommen, aber

welche Aufgaben auftauchen, weißt du nicht."
Zwei Stunden später erreichten wir Seoul. Mein
Herz pochte so doll. „Seoul, i missed you!", schrie
ich aus dem Autofenster. Als erstes erstatteten wir
unserer alten Schule einen Besuch ab. Es kamen so
viele wundervolle Erinnerungen hoch. An den Ort,
wo Yeol und ich das erste mal aufeinander trafen,
konnten wir nicht hin, da es möglich war, dort von
jemand bekanntem erwischt zu werden. Wir
kauften uns ein rotes Schloss mit unseren Namen
darauf. Unter unseren Namen stand noch dazu -
forever- drauf. Yeol hielt das Schloss mit einer
Hand und ich legte meine auf die seine.
Gemeinsam hingen wir das Schloss auf und den
Schlüssel schmissen wir weg. „So, jetzt sind wir für
immer aneinander gebunden!", drückte er mich an
sich. „Yeol, versprich mir, egal was passiert, du
wirst mich niemals alleine lassen." „Ich verspreche
es dir! Versprich du mir, dass du nie wieder mehr
irgendwelche Geheimnisse vor mir haben wirst,
dass du über alles mit mir sprechen wirst! Verlass
mich bitte nie wieder. Egal, welche Situationen auf
uns zu kommen mag, gemeinsam werden wir für
alles eine Lösung finden!" „Ich verspreche es dir,
nie wieder Geheimnisse! Ich werde offen und
ehrlich mit dir über alles sprechen und verlassen
werde ich dich erst recht nie wieder." „Hey ihr
Turteltauben. Flirtet mal nicht so viel!" „Nam-
Joon, Mika!" Mika und ich liefen uns in die Arme.
Nam-Joon und ich begrüßten uns mit einem High
Five. Er hatte sich vollkommen verändert, vom
Aussehen wie auch vom Kleidungsstil her. Seine

Haare schnitt er sich kurz ab und sein Gesicht kam dadurch sehr zur Geltung. Er trug einen grauen Anzug mit einer schwarzen Krawatte. Nam-Joon sah einem Business Man so richtig ähnlich. Mika färbte sich ihre Haare Blond. Anscheinend experimentierte sie öfters mit ihren Haaren. Sie trug einen pinken Faltenrock mit einem schwarzen dünnen Pullover. Mika wirkte auf mich offener als früher und auch nicht mehr so schüchtern. Ihre neue Persönlichkeit gefiel mir. Alle zusammen machten wir uns auf den Weg zum Restaurant. Nam-Joon hatte extra für uns ein Tisch reserviert. Der Kellner wollte uns gerade zu unserem Tisch führen, da packte mich Yeol am Handgelenk und wir verschwanden unauffällig aus dem Restaurant. „Was ist los?" „Geh einfach weiter, dreh dich auf keine Fall um!" Mika und Nam-Joon folgten uns. „Leute, was ist los?, irritierte auch Mika die Aktion. Wieder unten am Namsan Tower erklärte uns Yeol, weswegen wir wieder gegangen sind. „Chang Yong-Ho saß dort!" Mich schockierte diese Aussage. „Wie? Mit wem?" „Er saß dort mit einer Frau.", beobachtete Yeol darauf, sehr genau meine Reaktion. „Denkst du, er hat uns gesehen?" „Nein, denke nicht. Er war sehr in das Gespräch mit ihr vertieft." Irgendwo traf mich das schon, dass Yong-Ho mich anlog. Von ihm hatte ich es eigentlich nicht erwartet. Mika brachte uns dann in ein anderes Restaurant, wo uns definitiv kein bekanntes Gesicht über den Weg laufen konnte. „Wie fühlst du dich Rose? Das hat dich bestimmt verletzt.", hackte Mika nach. „Ganz normal fühle ich mich. Klar, ist es scheiße, dass er mich angelogen hat, aber ich bin kein Stückchen besser! Jedoch habe ich es von ihm nicht erwartet. Wisst ihr, die Ehe, die wir führen, ist keine Ehe mehr. Ich kämpfe darum, die Scheidung zu bekommen und er dafür, mich bei dich zu halten. Ich verstehe es gerade nicht, warum kämpft er um mich, wenn er sich heimlich mit einer anderen Frau trifft. Alle seine Taten widersprechen sich gerade." Yeol gefiel dieses Thema überhaupt nicht. Seine Laune veränderte sich, er wurde ruhiger und hielt sich sehr zurück. Das Treffen mit Nam-Joon und Mika holte mich ein bisschen wieder zurück in meine Vergangenheit. Bis zu diesem Tag war mir nicht bewusst, wie sehr mir Seoul doch fehlte. Auf der Fahrt zurück nach Busan verlor Yeol kein Wort. „Wieso bist du so? Habe ich etwas falsch gemacht?", erkundigte ich mich. „Rose, hast du irgendwelche Gefühle für Chang Yong-Ho? Irgendwelche? Egal welche." „Selbstverständlich! Ich lebe seit einigen Jahren mit ihm zusammen. Wir haben genauso unsere Vergangenheit. Die Gefühle, die ich für ihn habe, haben nichts mit Liebe oder so zu tun. Nach den Jahren habe ich mich an ihn gewöhnt, an das Leben mit ihm. Es gab negative, aber auch positive Erinnerungen, die uns verbinden." „Alles klar!" Seine Laune ließ sich an seiner Fahrweise bemerkbar machen. „Bist du etwa eifersüchtig?" „Ich weiß nicht, wie ich damit umgehen soll! Er ist ein Teil von dir und du von ihm. Und ich ruiniere alles zwischen euch. Ja, ich fühle gerade Eifersucht, weil ich nicht an seiner

Stelle bin, aber habe ich auch Schuldgefühle. Was ist, wenn du irgendwann verstehst, dass du ihn doch liebst und nicht mich? Ich habe große, verdammt große Angst dich zu verlieren. Das werde ich nicht noch einmal ertragen können!" „Yeol, rede keinen Schwachsinn! Ich liebe dich. Ich bin intelligent genug, um zwischen Liebe und anderen Gefühlen zu unterscheiden! Du hast keine Ahnung, wie sehr ich dich Liebe und wie sehr ich mir ein Leben mit dir wünsche. Würde ich Yong-Ho lieben, würde ich um die Scheidung nicht so kämpfen. Vertrau mir, du wirst mich nie verlieren! Dieses mal, werde ich dich nicht gehen lassen, selbst wenn du es selber möchtest. Yeol, ich wünsche mir wirklich alles mit dir, ein gemeinsames Leben, eine Hochzeit mit dir, gemeinsame Kinder, einfach alles, was dazu gehört!" „Du wünschst dir gemeinsame Kinder mit mir?" „Ja, du nicht mit mir?" „Doch, natürlich, und wie! Würde es nach mir gehen, würde ich dich ihm jetzt sofort weg nehmen. Ich würde ihn dazu zwingen, dir die Scheidung zu geben, aber ich weiß, dass es deinem Ansehen und das deiner Familie schaden würde." „Jeden Tag wünsche ich mir, dass er nach Hause kommt und mir von sich aus die Scheidungspapiere in die Hand drückt! Glaub mir, wenn du wüsstest, was dieser Mann mir angetan hat, würdest du dir sicher sein, dass ich ihn nicht liebe! Es ist wirklich alles andere als Liebe." Er nahm meine Hand in seine und küsste sie. „Eines Tages wirst du meine sein!" Von dieser Nacht an schliefen wir ohne Verhütungsmittel mit einander. Wir wussten genau, das es möglich wäre schwanger zu werden. Obwohl wir vorsichtig sein würden, wollten wir diese Entscheidung dem Schicksal überlassen. Was auch immer passieren würde, spielte nun für uns keine Rolle mehr, wir würden zusammen bleiben. Unsere Beziehung hatte den einen Punkt erreicht, in dem wir nur noch einander sahen. Wir wurden unvorsichtiger bei unseren Treffen im Krankenhaus. Einige unserer Kollegen erwischten uns beim knutschen. Selbstverständlich wurde unter den Kollegen über uns getratscht und gelästert. Jedoch blendeten wir automatisch alle negativen Dinge aus. Nur bei einander konnten wir uns fallen lassen, in dem wissen, dass der andere den einen auffangen würde. Das blinde Vertrauen zu einander wuchs von Tag zu Tag. Es gab weder Eifersucht noch irgendwelche anderen negativen Gedanken. Sobald Yeol meine Hand in die seine nahm, habe ich mich gefühlt, als könnte ich wahrhaftig fliegen. Wir waren so glücklich wie noch nie zuvor. Yong-Ho verschwand bei jeder Gelegenheit nach Seoul. Womöglich zu dieser einen Frau. Oft fragte ich ihn über seine Ausflüge nach Seoul aus, doch er schwor mir, dass er lediglich wegen seiner Arbeit dahin fuhr.

Eines Nachmittags kam ich früher von der Arbeit nach Hause. Im Wohnzimmer befand sich Yong-Ho. „Ich bin wieder Zuhause." Er sprang von der Coach auf. „Rose, komm bitte kurz ins Wohnzimmer!" Neben ihm saß eine Frau. Dunkles Schulterlanges Haar, grüne Kontaktlinsen, groß und schlank. Sie trug ein herbstliches, langes, gelbes

Kleid. „Oh, wir haben Besuch? Wer ist die junge Frau?" Auf den ersten Blick fiel mir etwas ganz besonderes an ihr, gar nicht auf. „Rose, das ist Ye-Rin. Ye-Rin das ist meine Frau Rose." Wir Verbeugten uns voreinander und während ich sie so betrachtete, fragte ich mich, was sie hier zu suchen hatte. „Setzen wir uns! Rose, ich muss dir etwas gestehen." „Sie ist deine Neue?", unterbrach ich ihn. „Das wollte ich nicht sagen. Ye-Rin ist meine Managerin. Sie hat mir sehr bei meiner Solokarriere geholfen, und das erfolgreich." „Komm Yong-Ho, rede nicht drum herum, erzähl, was du zu beichten hast!" „Ich bin dir, mit ihr fremdgegangen!" Yong-Ho, sowie Ye-Rin hatten wahrscheinlich mit einer heftigen Reaktion meinerseits gerechnet, allerdings blieb ich ruhig und gelassen. „Und nun? Möchtet ihr miteinander zusammen bleiben, oder weswegen erzählt ihr mir das?" Ye-Rin mischte sich in das Gespräch ein. „Ich bin schwanger von Ihrem Mann.", senkte sie schämend ihren Kopf. Stumpf lachte ich drauf los. „Nicht euer ernst? Seit wann läuft etwas zwischen euch?" „Seit dem ersten Ausflug nach Seoul. Damals geschah es aus versehen, durch den zu hohen Alkoholpegel. Das zweite mal, geschah es bei vollem Bewusstsein. Rose, du musst mich verstehen, du willst mir das, was ich will und brauche, nicht geben. Also habe ich es mir von einer anderen geholt. Nur haben wir beide nicht damit gerechnet, dass sie schwanger wird. Wir waren vorsichtig, außerdem haben wir verhütet, doch nichtsdestotrotz ist es geschehen. Rose, Ye-

Rin und ich lieben einander nicht. Es war bloß Sex! Trotzdem ist es meine Verantwortung, mich um sie und das Kind zu kümmern! Ich möchte nicht, dass sie eine Abtreibung macht. Könntest du dir vorstellen, mir zu verzeihen und ein Auge zu zudrücken?" „Ein Auge zudrücken? Verzeihen? Wovon sprichst du da? Könntest du mir so etwas verzeihen? Könntest du mit einem Kind, das von einem anderen Mann ist leben?" Er verstand genau wovon ich sprach. „Ich möchte die Scheidung! Außerdem werden deine Eltern sicherlich wollen, dass du Ye-Rin heiratest. Sie ist schließlich die Frau, die ihnen ein Enkel oder eine Enkelin schenkt. Lass es uns kurz und schmerzlos zu Ende bringen. Ihr habt es dann einfacher und das Kind ebenso. Es soll doch in einer Vollwertigen Familie aufwachsen." Er und sie saßen stillschweigend dar und schämten sich, mir in die Augen zu gucken. Würden die beiden wissen, das ich ihm Grunde nicht besser war, als sie, wären sie nicht vor Scharm fast gestorben. „Du hast Recht. Deine Gefühle kann ich sehr gut nachvollziehen und deswegen wirst du die Scheidung bekommen! Eins sollst du wissen, ich werde dich immer lieben! Du warst, nein, du ist meine erste große Liebe und ich werde dich nie vergessen." „Yong-Ho, das ist der falsche Moment für Liebesgeständnisse! Lass uns die Scheidung schnell hinter uns bringen. Am besten wäre es, wenn du dafür deinen Vater um Hilfe bittest. Er wird es sicherlich schnell über die Bühne bringen können." Mit allem, was ich vorschlug, waren die beiden einverstanden. Jetzt war Yeols und meine Zeit gekommen. Wir mussten uns nie wieder mehr verstecken, denn in allen Zeitschriften, Nachrichten und im Internet wurde bekannt gegeben, dass Yong-Ho und ich uns scheiden lassen. Ganz besonders im Krankenhaus machten die Neuigkeiten eine schnelle Runde. „Yeol, ich werde die Tage bei Yong-Ho ausziehen. Kann ich einige Tage bei dir übernachten, bis ich etwas eigenes gefunden habe?" Er verpasste mir einen leichten Faustschlag gegen meinen Arm und grinste dabei. „Ich lasse dich nirgendwo mehr hin! Du bleibst bei mir." „Du kannst mich zur glücklichsten Frau ernennen! So einen wundervollen Mann wie dich, hat Mitsicherheit keine andere Frau." Hand in Hand spazierten wir aus dem Krankenhaus heraus. Wir beendeten unsere Schicht rechtzeitig und fuhren erst mal beim Supermarkt vorbei, da Yeols Kühlschrank vollkommen leer war. „Ich schob den Einkaufswagen und Yeol lief vor mir her und legte alles nötige in den Wagen. Im Endeffekt standen wir mit vollem Einkaufwagen an der Kasse. „Wozu kaufen wir so viel? Das meiste ist völlig unnötig. Hast du vor, mich fett zu machen?", machte ich ihn darauf aufmerksam. „Warum denn nur dich? Lass uns gemeinsam fett werden, aber nein, dass brauchen wir heute alles. Hast du vergessen, heute beginnt die neue Serie, die wir unbedingt sehen wollten. Dafür müssen wir bereit sein! Die Chips und Brezel sind für die lustigen Momente der Serie und die Schokolade für die traurigen und emotionalen stellen." Mit jeder seiner Denkweise beeindruckte er mich mehr und mehr. „Du bist fantastisch! Daran hätte ich niemals gedacht." Nach dem Einkauf fuhren wir kurz zu Yong-Ho nach Hause, um meine Koffer zu packen. Ich wollte so schnell wie nur möglich raus aus diesem Haus. Yeol sah das Haus zum ersten mal. „Gar nicht mal so schlecht euer Haus." „Von außen sieht es vielleicht hübsch aus, doch von ihnen ist es anders." Auch Yeol bemerkte die negativen Schwingungen. „Hier kann man sich nicht wohl fühlen." „Meine Worte!" Eigentlich dachte ich, dass Yong-Ho entweder bei Ye-Rin wäre, oder auf der Arbeit. „Was tut er hier?", latschte er aus der Küche heraus. „Wir wollen nur meine Sachen abholen!" „Rose, seit wann habt ihr Kontakt zu einander? Seit wann ist er in Busan?"

„Schon etwas länger! Erinnerst du dich, als ich einen Nachfolger für Mike suchte? Yeol ist sein Nachfolger geworden." „Er ist der Typ, der im Ausland studiert hatte, der euch so umgehauen hatte?", machte er große Augen. „Genau, das ist Yeol gewesen." „So ist das also! Ich vermute mal, du warst all die Zeit, wo ich in Seoul gewesen bin, mit ihm? Also warst du mir auch nicht treu? Du hast unser Versprechen gebrochen." „Ich habe nie gesagt, dass ich dir fremdgegangen bin! Er und ich waren bloß Kollegen. Bis jetzt." Yong-Ho kam Yeol immer näher, bis sie Gesicht an Gesicht vor einander standen. „Diese Chance hast du schnell ergriffen!", schaute Yong-Ho ihn böse an. „Dein eigener Fehler, so eine Frau wie Rose zu betrügen! Hättest du sie mal anders behandelt, vielleicht hätte ich dann diese Chance nicht gehabt. Du hast es versaut, Yong-Ho! Jetzt ist sie meine!" Yeol grinste ihn bloß an. Das ließ Yong-Ho noch wütender werden. „Rose, ich habe es mir anders überlegt! Wir lassen uns nicht scheiden." „Tja, Yong-Ho, dieses mal hast du Pech gehabt! Du hast mir deinen Fremdgang schon gestanden. Du hast keine andere Wahl, als mir die Scheidung zu geben. Ye-Rin wäre nicht begeistert davon, alleine dein Kind groß zu ziehen. Yeol hat es dir doch gerade ins Gesicht gesagt, du hast es versaut!" Yeol klopfte Yong-Ho auf die Schulter und wir gingen hoch in mein ehemaliges Zimmer. In Blitzgeschwindigkeit schmissen wir alle meine Klamotten und einige andere Sachen in die Koffer und verschwanden von dort, ein für alle mal. „Ich kann mir gut vorstellen, wie er jetzt durch dreht, in dem Wissen, dass wir beide jetzt ein Paar sind.", lachte Yeol schadenfroh. „Das ist nun egal! Die Hauptsache ist, dass wir jetzt endlich die Chance haben, miteinander glücklich bis in alle Ewigkeit zu werden." Mit den Tüten und den Koffern marschierten wir in unser gemeinsames Heim ein. Er stellte meine Koffer in sein Schlafzimmer und ich packte währenddessen die Einkaufstüten aus. Ich machte den Herd an und wollte schon mal den Ramen kochen. Yeol schaltete den Fernseher an, damit wir den Anfang der Serie unter keinen Umständen verpassten. Leise schlich er sich von hinten an mich heran und legte seine Arme um meine Hüften. „Wie sehr habe ich mir diesen Anblick gewünscht, du und ich, unsere eigene Wohnung! Wir können tun und lassen, was uns in den Sinn kommt, und keiner könnte uns dabei stören." „Mein hübscher Freund, rede nicht so viel, hilf mit!" „Wow, wow, Frau hat gesprochen!" Er wusch sich die Hände und begann das Fleisch zu braten. Während er damit beschäftigt war, deckte ich den Tisch im Wohnzimmer und brachte alles, was schon fertig war, dorthin. „Beeil dich Yeol! Die Serie fängt in zwei Minuten an." „Ich komme schon!" Das Essen roch herrlich lecker. Bequem setzten wir uns auf den Boden, aßen und schauten unsere Serie. „Yeol? Was hältst du davon, wenn wir wieder zurück nach Seoul ziehen?" „Daran habe ich auch schon gedacht. Aber was machen wir mit unseren Jobs?" „Hm. Das Krankenhaus meines Vaters gehört immer noch mir! Morgen werde ich mich mal mit dem Typen in Verbindung setzten, der mich ersetzt." „Rose, aber ich möchte weder in meinem noch in deinem Elternhaus leben. Ich möchte etwas eigenes mit dir haben, wo wir ungestört und für uns sind!" „Das sehe ich genauso! Alles andere würde nur unnötige Probleme bereiten." „Gut, dann kümmerst du dich um unsere Jobs und ich werde mich nach einer Wohnung umsehen." Es war herrlich, wie einfach es mit Yeol war. Wir dachten die selben Dinge, wir wollten dasselbe und es gab weder Probleme noch Unstimmigkeiten. Neben einander konnten wir, wir selbst sein. Keiner musste sich verstellen. So musste es sich wohl anfühlen, den richtigen Partner fürs Leben gefunden zu haben. Auf dem Weg zur Arbeit rief ich im Krankenhaus meines Vaters an. „Hi, hier ist Kim Rose." „Hallo Chef. Was gibt es?"

„Ich möchte mit Ihnen über meine Rückreise nach Seoul sprechen! Gerne möchte ich den Posten meines Vaters wieder übernehmen." „Okay, alles klar. Darf ich denn Ihr Stellvertreter bleiben?" „Ja, Sie bleiben mein Stellvertreter." „Vielen Dank Kim Rose! Ich freue mich, dass Sie wieder zurück kommen", beendeten wir so das Gespräch. „Siehst du, so einfach ist die Frage mit der Arbeit geklärt!", stupste ich Yeol an. „Du wirst dann die Stelle des Chefchirurgen übernehmen." „Was sagt denn der jetzige Chefchirurg dazu?" „Das ist mein Problem und nicht deines!" Mir flogen schon so einige Veränderungen durch den Kopf, die das Krankenhaus anbetrafen. „Ach, ich habe ganz vergessen dir etwas zu geben!" Er holte aus seiner Tasche eine rechteckige Schachtel heraus. „Was ist das?" „Mach es auf, dann siehst du es!" Ich öffnete die Schachtel und dort lag ein nagelneues Smartphone, mit einer SIM-Karte drinnen. „Damit du nun auch wieder am Socialleben teil hast." Es fühlte sich sehr schön an, mit einem Menschen zusammen zu sein, der einem nichts verbat und einem einen gewissen Freiraum ließ. „Danke!", freute ich mich tierisch. „Ich habe mir mal die Erlaubnis gegeben, die Nummern unserer Freunde und die meine zu speichern." „Was soll ich dazu sagen, außer, du bist der beste feste Freund auf der ganzen Welt!" „Rose, ich möchte nicht denselben Fehler begehen wie Yong-Ho! Ich werde dir den Freiraum lassen, den du brauchst, die Privatsphäre geben, die für dich nötig ist. Du sollst dich wohl und frei mit mir fühlen und nicht wie ein Tier im

Käfig eingesperrt sein." „Yeol, ich bin dir wirklich sehr dankbar dafür! Ich werde mir die größte Mühe geben, dich zum glücklichsten Mann zu machen." „Das bin ich bereits! Bleib einfach für immer mit mir, mehr will ich nicht!" In der Pause schauten wir uns im Internet einige freie Wohnungen an. Leider fanden wir nichts passendes für uns. Entweder waren sie zu klein, zu verwahrlost, zu weit oder zu nah an unseren Elternhäusern. Yeol rief dann Min-Ho an, damit er uns bei der Suche nach einer Wohnung half. Er war schließlich an Ort und Stelle und konnte sich einiges genauer ansehen und es uns dann berichten. Womit wir beide nicht gerechnet hatten war, dass Min-Ho und Anna es unseren Müttern petzten. Diese nahmen alles in ihre Hände und suchten wie verrückt nach einer gemütlichen, schönen Wohnung für uns. Yeol und ich hatte nie erwartet, das unsere Mütter so sehr hinter unserer Beziehung stehen würden. Innerhalb von nur drei Tagen, fanden sie eine Wohnung in der nähe des Krankenhauses. Min-Ho berichtete es uns per Telefon, jedoch verriet er uns nicht, dass es der verdienst unserer Mütter war. Meinen Chef bat ich vielmals um Verzeihung, weil ich so schnell meine Arbeitsstelle kündigte. Er verstand mich und hatte sich schon so etwas ähnliches gedacht, als er von den Gerüchten um Yeol und mir hörte. Für uns beide hatte er schon einen Ersatz im Auge. „Mich macht es traurig, zwei solch talentierte Ärzte gehen lassen zu müssen, aber ich wünsche euch auf eurem Weg alles gute!" So verabschiedeten wir uns von all unseren Kollegen und Patienten. Die Fahrt

zurück nach Seoul beglückte uns beide. Sowohl
Yeol als auch ich waren nervös und aufgeregt.
„Endlich wieder Daheim zu sein, in unserer Stadt!
Mein Herz spring gleich heraus vor Freude, glaubst
du mir das?" „Und wie! Ich kann dir gar nicht
beschreiben, wie ich mich gerade fühle. Mit meiner
zukünftigen Frau fahre ich gerade nach Seoul,
unserer geliebten Stadt, zurück! Was könnte noch
besser sein?" So viele Glücksgefühle steckten in
uns, sodass wir die Musik laut aufdrehten und dazu
lauthals mit sagen. Noch besser wurde es, als wir
bei meiner Mutter Zuhause aufkreuzten und sie für
uns eine Überraschungsparty, mit all unseren
Freunde und Bekannten, schmiss. Selbst Juna und
Jae-Min kamen extra nur wegen uns nach Seoul.
Juna hatte schon einen großen, runden Bauch. Es
waren echt alle da, Mika und Nam-Joon, Min-Ho
und Anna, wie auch Yeols Mutter und Vater. Sie
alle freuten sich sehr über unsere Rückkehr. Wir
setzten uns an den, mit Essen gedeckten Tisch und
feierten. Yeols Mutter Bo-Ram setzte sich neben
mir hin. „Ich bin so froh, dass ihr wieder
zusammen seid! Nachdem du weg warst, wusste
ich gar nichts mit Yeol anzufangen. Er war so
besessen davon, dich zu finden, dass keiner an ihn
heran kommen konnte. Jetzt kann ich Nachts
wieder ruhig schlafen, in dem wissen, dass du bei
ihm bist." „Ich danke Ihnen für die ehrlichen
Worte! Ich werde mein bestes geben, um ihn
glücklich zu machen. Außerdem tut es mir leid, wie
ich damals euer Haus verlassen habe! Bitte nehmen
Sie es mir nicht übel." „Alles gut, ich verstand

deine Situation gut. Weißt du, eigentlich bin ich nicht die richtige Mutter von Yeol. Sein Vater hatte mich damals mit der Mutter von Yeol betrogen. Als er ihn mit nach Hause brachte, wusste ich nicht, wie ich mit meinen Emotionen umgehen sollte. Am Anfang war ich nicht ganz fair zu Yeol und habe ihn schlecht behandelt. Erst als ich reifer und erwachsener wurde, verstand ich, dass meine Handlungen falsch waren und das dieses Kind im Grunde nichts dafür konnte. Danach habe ich ihn genauso sehr geliebt wie Min-Ho." „Ihre Gefühle kann ich gut nachvollziehen. Als ich damals Belle neben Yeol gesehen habe, brannten bei mir alle Sicherungen durch. Ich fand nicht diese Kraft es auszuhalten. Der Schmerz war zu groß. Erst jetzt bin ich schlauer und weiß mit hundert Prozentiger Sicherheit, dass Yeol nur mich liebt." Bo-Ram und ich unterhielten uns noch eine Weile, bis Yeol mich von ihr weg holte. „Worüber habt ihr gesprochen?" „Nichts für männliche Ohren!" Juna und Mika unterhielten sich die ganze Zeit über Schwangerschaften und Geburten. Ich hatte eine leichte Vorahnung, dass es auch bei Mika und Nam-Joon in dieselbe Richtung ging. Nach einiger Zeit bemerkte ich, dass sich die Jungs alle nach Draußen verzogen hatten. Wahrscheinlich führten sie Männergespräche. „Rose, können wir uns kurz unterhalten?" „Natürlich Mama!" Sie schleppte mich in die Küche, wo sich keiner außer uns aufhielt. „Meine Kleine, ich habe solche Schuldgefühle dir gegenüber! Ich hätte dich nie dazu drängen sollen, Yong-Ho zu heiraten, bloß weil ich unser Haus und alles andere nicht aufgeben wollte. Ich bin Chang Soo-Ri sehr dankbar, für alles, was er für uns getan hat, aber ich hätte nie so weit gehen dürfen. Es war mein Fehler! Wegen mir musstest du und Yeol so sehr leiden und so viel durch machen. Wäre nicht mein Egoismus gewesen, dann wäre das alles nicht so weit gekommen! Bitte verzeih mir! Von jetzt an, werde ich alles für euer Glück tun." „Mama, es ist alles gut! So wie es geschehen musste, so ist es passiert. Vor unserem Schicksal können wir nicht weg laufen. Vielleicht war es damals nicht die Zeit für Yeol und mich. Einige Jahre sind vergangen und wir hatten die Möglichkeit zu lernen, Erfahrungen zu sammeln und reifer zu werden. Jetzt wird uns keiner mehr auseinander bringen! Unser Zusammenhalt ist größer den je geworden. Wir wissen nun genau, was wir wollen und wie unsere Zukunft aussehen soll. Lass die Schuldgefühle beiseite und vergiss, was geschehen ist!" Meine Worte rührten Mutter zu Tränen. Würde sie wissen, was alles in meiner Ehe vorgefallen war, würde sie es sich niemals im Leben verzeihen können. „Werdet ihr euch noch lange in der Küche verstecken?", unterbrach uns Bo-Ram. „Nein, nein, wir kommen schon!", wischte Mutter sich die Tränen weg. Bis kurz vor Mitternacht feierten wir. Da wir den Schlüssel für die neue Wohnung noch nicht besaßen, musste er zu seinem Elternhaus und ich übernachtete bei Mutter. „Du wirst mir fehlen! Morgen früh müssen wir uns unbedingt den Schlüssel für unsere Wohnung abholen. Ich möchte

keine weitere Nacht mehr von dir getrennt sein!"
„Das wird morgen auf jeden Fall das erste sein, was
wir erledigen werden! Meine Gedanken sind ganz
bei dir. Yeol, ich liebe dich!" „Ich liebe dich!"
Für diesen Abend umarmten wir uns ein letztes mal
und er fuhr weg. In meinem Zimmer ließ ich mich
auf mein Bett plumpsen. Ich konnte es gar nicht
glauben, wieder in Seoul zu sein. Die Jahre kamen
mir wie ein furchtbarer Albtraum vor, den ich heile
überlebt hatte. Dieses fantastische Gefühl wieder
Daheim zu sein und im eigenen Bett zu liegen,
ohne Angst zu haben, dass irgendjemand neben dir
sitzt, während du schläfst. Noch nie zuvor hatte ich
die Freiheit und die Sicherheit durch meine
Freunde und Familie so sehr geschätzt. „Guten
Morgen Rose.", begrüßte mich Sumi mit einem
Frühstück ans Bett. „Oh, guten Morgen Sumi. Wie
mir deine Kochkunst gefehlt hat! Weißt du, das du
Goldwert bist?" Sie wurde ganz verlegen und leicht
rot im Gesicht. „Du hast uns hier gefehlt! Ohne
dich ist es hier nicht dasselbe." Sumi brachte mir
Orangensaft, ein Buttercroissant und
Himbeermarmelade. Schon klopfte es an meiner
Zimmertür. „Ist offen!" „Hi Prinzessin! Du
entspannst dich immer noch im Bett? Steh auf und
lass uns los!" „Du hast es aber eilig. Hast du Angst,
dass der Wohnungsschlüssel wegrennt?" „Oha, stell
mal vor! Was machen wir dann? Leben wir unter
der Brücke oder auf dem Spielplatz?" „Ich
bevorzuge den Spielplatz anstelle der Brücke!
Brücken sind kalt und nicht lustig. Auf dem
Spielplatz können wir wenigstens Spaß haben,

während wir frieren." Wir teilen uns das Croissant und gingen zum Wohnungsvermieter. Dieser ließ uns den Vertrag unterschreiben und übergab uns die Wohnungsschlüssel. Voller Neugierde gingen wir in schnellen Schritten zur Wohnung. Das Gebäude schien von außen neu zu sein. Es war ein sechs Parteienhaus, jeweils zwei Wohnungen pro Etage. Unsere Wohnung lag in der dritten, also letzten Etage. Die Eingangstür zu unsere Wohnung war hellbraun gestrichen. Ungeduldig schoben wir den Schlüssel in das Schloss und öffneten die Tür. Das helle Tageslicht strahlte sehr schön in die Zimmer herein. Die Fenster waren relativ groß, die Küche eher kleiner und rechteckig geformt. Das Wohnzimmer war weder groß noch klein. Das Schlafzimmer gefiel mir sehr gut, den es stand genau auf der Sonnenseite. Wenn die Sonne morgens früh aufgehen würde, würde sie direkt in unser Schlafzimmer herein scheinen. Von der Größe her, waren die Zimmer auch okay. Das Badezimmer war gefliest. Dort war eine Dusche, Waschbecken, ein mittelgroßer Spiegel und die Toilette. Die Wände in der kompletten Wohnung waren weiß gestrichen. „Und, wie ist der erst Eindruck für dich?", starrte mich Yeol mit neugierigen Augen an. „Also, ich fühle mich hier wohl! Wenn die Möbel erst einmal rein kommt, wird es bombastisch. Wie stehst du zu der Wohnung?" „Mir gefällt sie! Sie hat die ideale Größe für uns zwei. Wenn wir hier und dort einiges verändern, werden wir uns mit Sicherheit noch wohler fühlen." Später fuhren wir nach Ikea, um uns einige Möbel anzusehen und wenn nötig, zu bestellen. Eine Sache sprang direkt in unser Auge. Ein Boxspringbett, schwarz-dunkelgrau, mit einer hohen Lehne, und einem Staukasten. Dieses kauften wir sofort und ließen es zu uns nach Hause liefern. Außerdem fanden wir einen weißen Schiebetürenschrank für unser Schlafzimmer, eine große, schwarze Ledercoach und einen Coachtisch, den wir fürs erste als Esstisch benutzen wollten. Am selben Tag wurde uns alles nach Hause geliefert und wir verbrachten mehr als die halbe Nacht damit, alles zusammen zu bauen. Mit dem Schlafzimmer begannen wir. Das Bett bauten wir fertig und machten uns an den Schrank ran. Solange Yeol versuchte aus der Bauanleitung schlau zu werden, rannte ich rüber zum Restaurant und ließ uns etwas zu essen einpacken. Ich brachte uns Dakgangjeong, noch dazu nahm ich Reis mit und zwei Kaffee, um noch einiger maßen länger wach bleiben zu können. Das leckere Essen brachte uns wieder Energie. Yeol und ich hatten den selben Geschmack, was Essen anging, deswegen fiel es mir nicht schwer, etwas für ihn auszusuchen. „Bist du aus der Anleitung schlauer geworden?" „Natürlich! Ich bin doch ein Mann, Männer erledigen das mit links.", prallte er vor sich hin. Im Endeffekt saßen wir eine weitere halbe Stunde vor der Anleitung, bis wir drauf klar kamen. Erschöpft schmissen wir uns auf unser neues, schickes Bett und schliefen ein. In aller Ruhe standen wir Mittags auf und frühstückten. Das dieser Tag ein ganz besonderer für mich sein würde, wusste ich noch

nicht. „Wie sehen die Pläne für heute aus?" „Ich werde mich mit meinem Stellvertreter im Krankenhaus treffen und über unseren Arbeitsbeginn mit ihm sprechen." „Okay, ich habe auch noch eine Sache zu erledigen. Treffen wir uns dann später in einem Café?", nahm Yeol meine Hand in die seine und lächelte dabei. „Was grinst du so? Was hast du in deinem hübschen Kopf geplant?" „Nichts, Rose, ehrlich! Ich bin einfach nur glücklich mit dir hier zu sitzen." Nach unserem Frühstück ging jeder seine Aufgaben erledigen. „Dr. Hwang Ho-Seok, schön Sie wiederzusehen." „Hallo Dr. Kim Rose. Setzen Sie sich doch! Also, wann möchten Sie wieder hier Anfangen?" „An nächste Woche Montag, dachte ich. Gerade haben mein Freund und ich einiges in unserer neuen Wohnung zu tun und wir hoffen, dass wir bis nächste Woche fertig sind. Eine Sache habe ich noch auf dem Herzen. Haben Sie zufällig noch weitere Chirurgen eingestellt?" „Wir hatten einen Neuen, der ist jedoch wieder in sein Heimatdorf zurückgekehrt, wegen seiner Hochzeit. Dort ist er auch geblieben. Seit dem ist kein weiterer, der in unser Krankenhaus passen könnte, eingestellt worden." „Sehr gut! Ich habe nämlich jemanden, dessen Hände aus Gold sind." „Lassen Sie mich raten, die Rede ist von Ihrem Partner?" „Stimmt genau! Wir haben in Busan zusammen gearbeitet, daher kenne ich sein Talent. Ich möchte ihn als zweiten Chefchirurg einstellen." „In Ordnung, ich werde den anderen Chirurgen darüber in Kenntnis setzten. Dann, bis nächsten Montag." Nach meinem

Gespräch mit Dr. Hwang Ho-Seok überkam mich das Bedürfnis, meine Mutter zu besuchen. „Mama? Bist du da?" „Hallo Rose. Nein, Sarah ist noch auf der Arbeit. Komm, und setz dich! Ich habe heute etwas herum experimentiert und eine Köstlichkeit ist entstanden. Probier mal dieses Küchlein!" Ich schnappte mir gierig eins und verschlang es mit einem Happen. „Oh mein Gott, ist das lecker! Aber sag mal, für was backst du die?" „Aus Lust und Laune! Wollte sie dir nachher vorbei bringen. Ach, ich habe ganz vergessen, hier, ein Brief von Chang Yong-Ho. Sarah hat mich gebeten, ihn dir zu übergeben, falls sie dich nicht sieht." Ich öffnete den Briefumschlag und dort befanden sich die Scheidungspapiere und ein kleiner Zettel.

> *Hallo Kim Rose.*
> *Das sind die Scheidungspapiere, bitte unterschreibe diese eiligst und sende sie mir so schnell du kannst wieder zurück. Soweit es ging, habe ich alles geklärt, es fehlt lediglich deine Unterschrift. Alles gute für die Zukunft.*
> *Chang Soo-Ri*

Yong-Hos Vater hatte gute und vor allem schnelle Arbeit geleistet. Ich unterschrieb die Papiere, verpackte sie in einem neuen Briefumschlag und gab sie bei der Post ab. Meine Hoffnung war, dass dieser Brief zügig bei ihnen ankommt. Von dieser Nachricht musste ich Yeol erzählen. „Hey, wo steckst du?" „Ich bin gerade fertig geworden. Wo

steckst du?" „Ich war bei der Post. Treffen wir uns jetzt in unserem Café?" „Ja, ich bin schon in der Nähe. Werde drin auf dich warten." In dem Café war heute viel los. Die Menschen gingen nur so rein und raus. Yeol saß wie immer am hintersten Tisch, neben dem Fenster. Ich gab ihm einen Kuss auf die Wange und setzte mich gegenüber von ihm. „Hast du schon bestellt?", erkundigte ich mich, während ich meine Jeansjacke auszog. „Ja, ich habe für dich mitbestellt. Sie bringen uns gleich einen heißen Milchkakao und deinen Lieblings Erdbeerkuchen mit Sahne. Erzähl mir von deinem Gespräch mit Dr. Hwang Ho-Seok und was du bei der Post getrieben hast." „Das Gespräch mit Dr. Hwang Ho-Seok verlief gut. Nächsten Montag treten wir zur Arbeit an. Er wird den anderen Chefchirurgen darüber informieren, dass er nun einen neuen Kollegen bekommt. Mit den Arbeitszeiten werden wir dann schauen, wie es passt. Wahrscheinlich wird es nicht klappen, jeden Tag dieselbe Schicht zu bekommen." „So etwas habe ich mir schon gedacht. Aber das spielt jetzt nicht so eine große Rolle, denn jetzt sind wir zusammen. Wir werden uns trotzdem jeden Tag sehen. Nun müssen wir uns vor niemandem verstecken oder sonstiges. Vor uns steht ein freies und offenes Leben." „Genau! Ich wollte Mutter vorhin besuchen, jedoch war sie noch bei ihrer Arbeit. Sumi hat mir dann eine Überraschung mitgegeben! Ein Brief von Chang Yong-Ho." „Was will er jetzt? Wieder mit dir zusammen sein?" „Falsch! Die Scheidungspapiere. Sein Vater hat schon alles soweit klar gemacht und es fehle nur noch meine Unterschrift. Hab alles unterschrieben und schnell zur Post gebracht, damit es heute noch weg geschickt werden kann." Yeols Augen funkelten vor Freude über meine Scheidung. Mit breitem Grinsen küsste er meinen Handrücken. „Ich bin endlos glücklich! Bald bist du nicht mehr die Ehefrau von Chang Yong-Ho, sondern offiziell meine!" „Ich bin schon immer die deine gewesen!" „Ne, dass habe ich nicht so gefühlt. Solange du verheiratet bist, gehörst du noch ihm. Deswegen freue ich mich ganz besonders doll, das der Brief schon unterwegs ist. Erst wenn du offiziell geschieden bist, kann ich dich auch offiziell als die meine sehen." „Ich verstehe dich! Mir ist es auch wichtig, dass alles endlich hinter mich zu bringen." Flirtend verspeisten wir den Erdbeerkuchen. Er fütterte mich und ich ihn. Später fuhren wir noch in andere Möbelgeschäfte. Dort kauften wir zwei kleine, hellgraue Nachttische, cremefarbene Gardinen für unser Schlafzimmer und dazu noch einen cremefarbenen Teppich. Für das Wohnzimmer kauften wir eine flauschige Decke für kalte Tage, die wir auf der Coach platzierten, eine Wohnwand für unseren ganzen Krimskrams, eine kleine schmale Kommode, die wir in der Ecke, neben der Coach hinstellen planierten und einige Bilderrahmen für unsere gemeinsamen Fotos. Für den Flur fanden wir eine hübsche Wandgarderobe, in die sowohl Jacken als auch Schuhe rein gestellt werden konnten. Die Schränke für die Küche mussten wir erst bestellen. Diese waren beige farbig. Selbstverständlich mussten uns die großen Sachen nach Hause geliefert werden. Auch das geschah äußerst flink. Am Abend machten wir uns noch mal auf den Weg in einen Elektronikgeschäft. Wir brauchten unbedingt einen Fernseher, um unsere Serien gucken zu können. Nebenbei schleppte Yeol eine Spielekonsole an, die er unbedingt mit kaufen musste. „Wenn du mal auf der Arbeit bist, muss ich mich doch irgendwie beschäftigen!", sagte er nur und lachte dabei. Das komplette Wochenende verbrachten wir Zuhause und bauten die Möbel zusammen. Zur Hilfe kamen Min-Ho und Nam-Joon. Zu dritt schafften sie es im Handumdrehen. Man musste schon zugeben, sie waren ein gutes Team. Am meisten freute es mich, über die zum positiv veränderten Beziehung zwischen Min-Ho und Yeol. Die beiden verstanden sich wie richtige Blutsbrüder. Solange die Jungs arbeiteten, bereitete ich das Essen vor. Es sollte Reis mit Kimchi und dazu geröstetes Seegras mit Spiegeleiern geben. Es schmeckte fantastisch.

„ Rose, du kochst einfach wahnsinnig gut! Das solltest du mal deiner Schwester beibringen. Sie hat letztens versucht für mich zu kochen. Dieses, sage ich mal Essen dazu, konnte man nicht genießen."

„Ja, ich weiß, Anna war auch in Deutschland nicht gerade ein guter Koch. Entweder unsere Tante oder ich haben uns drum gekümmert. Anna ist gut in anderen Dingen, aber an den Herd sollte man sie besser nicht lassen." „Oh ja, das stimmt. Ich habe schon zu ihr gesagt, sobald unser Haus fertig gebaut ist und wir dort einziehen können, werden wir als erstes eine Köchin einstellen. Sie hat sich zwar darüber geärgert, doch im Endeffekt gab sie mir Recht." „Mika ist auch eine grausame Köchin! Ihr kann man es nicht verübeln, sie musste noch nie selber kochen. Bei uns stehe ich ständig hinter dem Herd. Das ist das beste für ihre und meine Gesundheit." „Meine Rose ist in allem ein Könner!", prallte Yeol stolz herum. „Ich habe auch meine Macken, damit du Bescheid weißt. Anna und Mika sind zwar schlechte Köche, aber sie sind in anderen Dingen super, worin ich meine Schwächen habe." Die beiden Mädels taten mir leid, also verteidigte ich sie mit voller Kraft. „Wo lässt ihr eigentlich euer Haus bauen?" „In einer eher abgelegenen Straße Seouls. Anna gefällt es nicht mitten drin zu wohnen, also entschieden wir uns weiter weg von dem ganzen Menschengetümmel zu ziehen. Für sie ist es schwer eine gute Arbeit zu finden, da ihre Zeugnisse nicht gerade der Hit sind. Ich möchte nicht mehr, dass sie sich so ins Zeug legt und krampfhaft versucht einen Job zu finden. Für uns ist es besser, wenn ich der Alleinverdiener sein werde, und deshalb ist es für mich kein Problem, nicht direkt in der Innenstadt zu leben. Sowieso bin ich die meiste Zeit mit dem Auto unterwegs und Anna geht ohne mich so gut wie gar nicht weg." „Das stimmt, für sie ist es schwer! Die meisten bevorzugen eh koreanische Arbeiter. Wenn dann eine Europäerin kommt, mit so einem Abschlusszeugnis, wird sie garantiert nicht in die engere Wahl kommen." Ich verstand deren Situation nur zu gut. Damals hatte schon in der

Schule solche Probleme, obwohl ich halb Koreanerin bin. Die Art, wie meine Klassenkameraden über mich sprachen und wie sie mich behandelten, und es war lediglich die eine kurze Schulzeit für mich, eine Arbeitsstelle zu finden muss noch schwerer sein. Wir beendeten unseren Plausch und die Jungs machten sich wieder an die Arbeit.

Am Montag morgen standen wir früh auf, tranken einen Kaffee und gingen zum Krankenhaus rüber. Dr. Hwang Ho-Seok informierte alle Kollegen darüber, dass wir heute kommen würden. Die Angestellten, die mich schon kannten, empfingen mich mit offenen Armen und voller Freude. „Meine Lieben Kollegen, das ist Jeong Chung Yeol, er wird ab heute in der Chirurgie tätig sein, als zweiter Chefchirurg! Für euch ändert sich nicht viel. Die neuen Schichtpläne werde ich euch heute noch per Mail zu senden. Außerdem möchte ich euch schon mal darauf vorbereiten, dass sich mit der Zeit einiges ändern wird! Keine Panik, niemand wird entlassen oder sonstiges, ganz im Gegenteil, ich werde noch weitere Leute einstellen müssen. Es ist nämlich so, unser Krankenhaus bietet schon so einiges, jedoch müssen wir wachsen! Ich plane einen weiteren Flügel bauen zu lassen. Unsere chirurgische Abteilung soll vergrößert werden, da die Nachfragen sehr hoch sind. Aber nicht nur das, sondern auch die alten asiatischen Heilmethoden werden wir anbieten. Ebenso müssen wir an die Patienten denken, denn deren Wohl ist die Priorität! Damit meine ich, dass die Betreuung, sowie die

Pflege unserer Patienten mehr Zeit in Anspruch braucht. Ihnen darf es an nichts fehlen! Wenn sie unser Krankenhaus verlassen, müssen sie zufriedener sein den je. Sie sollen nicht eingequetscht zu viert in einem Zimmer liegen müssen. Denn erst, wenn der Körper sich erholter fühlt, wächst auch die Chance schneller zu genesen. Ganz besonders liegt mir die Plastik am Herzen. Ich denke, wir alle möchten das Ziel erreichen, Weltweit bekannt zu werden. Es sollen mehr Menschen aus dem Ausland zu uns kommen. Darum wird uns Jeong Chung Yeol eine große Hilfe sein, denn er hat wahrlich, wie damals auch mein Vater Kim Jong-Hun, Hände aus Gold. Seit mein Vater verstorben ist, haben die Nachfragen aus dem Ausland nachgelassen und dem müssen wir wieder hinterher kommen. Selbstverständlich habe ich ebenso an uns alle gedacht. Mir gefällt es nicht, dass so viele Doppelschichten geschoben werden müssen. Dies soll sich in Zukunft ändern. Kein Arzt, Chirurg oder Schwester sind gut in ihrem Job, wenn sie übermüdet sind. Wir wollen 200 Prozent geben, also muss auch unsere Gesundheit stimmen! Fehler dürfen wir uns sowieso nicht erlauben und jetzt, wenn wir hoch hinaus wollen, dürfen überhaupt keine Fehler passieren, niemandem! Ich verlasse mich auf euch und eure Unterstützung. Vielen Danke für eure Aufmerksamkeit. Auf gute Zusammenarbeit!"
Nach meiner Ansprache suchte ich erst mal mein Büro auf, um die neuen Schichtpläne zu erstellen. Selbstverständlich wurde alles gerecht geplant. Nur

an zwei Tagen in der darauffolgenden Woche fielen die Schichten von Yeol und mir aufeinander. Nach diesem, machte ich mich mit den ganzen Patientengeschichten bekannt, dann machte ich meine Runde und lernte einige der Patienten persönlich kennen. Viele junge ausländische Mädchen, wie auch Jungs lernte ich kennen. Diese ließen sich verschiedene plastische Operationen durchführen. Mir tat es im Herzen weh, das so junge Menschen sich freiwillig unters Messer legten, doch auf der anderen Seite konnte ich es verstehen. Wenn man starke Komplexe mit dem eigenen äußeren durchkämpfte, war einem im Endeffekt eine plastische Operation lieber, als ein Leben lang sich selbst nicht im Spiegel ansehen zu können. Jeder einzelne Patient durchlitt nach so einem Eingriff starke schmerzen. Sie konnten nur flüssige Nahrung zu sich nehmen, und dazu viel Wasser trinken. Kurz vor Feierabend führte ich noch ein Beratungsgespräch mit einer Patientin über Brustvergrößerung. Sie litt nach der Schwangerschaft, wegen dem Stillen, an Hängebrüsten. Ihr Selbstbewusstsein war seit dem sehr gesunken und sie wollte dies ändern. Ich vereinbarte für sie ein Termin bei Yeol. Er würde ihre Brüste vergrößern und so würde sie die Festigkeit und Form, die sie mal in jungen Jahren hatte, wieder zurückbekommen. An diesem Abend machten Yeol und ich gemeinsam Feierabend. Wir waren erschöpft von diesem Tag. Das einzige, wozu wir in der Lage waren, war duschen zu gehen, eilig zu essen und uns schlafen zu legen.

361

Den nächsten Arbeitstag musste Yeol ohne mich beginnen, da ich zur Spätschicht musste. In der Zwischenzeit hatte ich die Möglichkeit mich mit einigen Baufirmen und Architekten in Verbindung zu setzten, wegen dem neuen Bau. Natürlich kontaktierte ich die Leute, mit denen mein Vater in der Vergangenheit zu tun hatte. Die, mit denen mein Vater sehr dicke war, freuten sich, mich, Kim Jong-Huns Tochter , persönlich kennenzulernen. Wir vereinbarten direkt einen Termin miteinander. Eine Stunde vor meinem Schichtbeginn bereitete ich Yeol noch etwas zu essen vor, damit er es sich nach der Arbeit bequem machen konnte. Genauso wie ich es tat, tat er es auch für mich. Als ich spät nachts nach Hause kam, stand ein Teller mit Spaghetti auf dem Tisch und wartete darauf, von mir verspeist zu werden. Yeol schlief bereits tief und fest. Mir gefiel es, wie wir uns um einander kümmerten.

Irgendwann wurde jeder einzelne Tag zu demselben. Ein Monat verging nach dem anderen. Der Bau unseres neuen Flügels hatte bereits begonnen. Uns stand die Arbeit bis zum Hals. Es wurde schwer für mich neue Leute einzustellen, da ich nur nach dem Besten suchte. Yeol und ich sahen uns ziemlich selten. Der eine kam von der Arbeit und der andere musste dorthin, doch diese Situation konnten wir zu dem Zeitpunkt nicht ändern. Freie Tage hatten wir selten. Yeols Terminkalender überfüllte sich. Jeder kämpfte darum, einen Termin bei ihm zu bekommen. Er machte sich definitiv einen guten Namen in Seoul. Bei mir mangelte es auch nicht an Terminen mit den Patienten. Juna wurde bereits Mutter eines kleinen süßen Mädchens. Jae-Min hielt sich auch kaum Zuhause auf, wegen der menge an Arbeit. Ständig musste er auf irgendwelche Geschäftsreisen. Nichtsdestotrotz waren sie glücklich mit ihrem Leben. Mika und Nam-Joon blieben dieselben. In deren Kopf drehte es sich lediglich um ihre Arbeit und den Erfolg darin. Von Familienplanung waren sie weit entfernt. Anna und Min-Ho zogen endlich in ihr neu erbautes Heim ein. Anna beschäftigte sich mit der, ständig veränderten Wohnungseinrichtung und Min-Ho verdiente dafür das Geld. Yeol und ich halfen ihnen in jeder freien Minute, jedoch gab es davon nicht gerade viele. Jeder konzentrierte sich auf sein Leben.

An einem besonderen Morgen musste ich zur Frühschicht antreten. Es war so viel zu tun, dass mir keine Zeit bliebt zu essen. Ein Termin hier, andere Untersuchungen dort, dann noch Bestellungen an Geräten und Arbeitsmaterial für den Neubau. Es klopfte an meiner Bürotür. „Herein!" „Hallo Rose.", überraschte mich Anna. „Oh, was für eine Freude dich zu sehen, Schwesterchen! Wie geht es dir? Was treibt dich hierher?" „Ich stattete Mutter einen Besuch in ihrer Firma ab und dachte auch gleich an dich. Wir haben uns lange nicht gesehen. Hier, ich habe dir etwas zu Essen mitgebracht." „Du bist ein Engel! Mir blieb noch keine Zeit, um zu essen. So viel Zutun, dass ist der Wahnsinn." Anna setzte sich auf einen der Stühle, gegenüber von mir. „Eigentlich wollte ich dich fragen, ob du Lust hast, mit mir nach Deutschland zu fliegen? Ich wollte unsere Tante und die Mädels mal wieder besuchen." „Oh, ne, Anna. Yeol und mir bleibt kaum Zeit füreinander, und dann möchtest du, das ich nach Deutschland mitkomme. Ne, ne, keine Chance." Nach dem Essen, das Anna mir vorbei brachte, wurde mir plötzlich übel. In Blitzgeschwindigkeit rannte ich zur Toilette. Dort übergab ich mich. Wieder in meinem Büro, starrte Anna mich mit riesigen Augen an. „Hast du dich übergeben?" „Ja." „Bist du krank? Hast du dir etwas eingefangen?" „Nein, eigentlich nicht. Im Großen und Ganzen fühle ich mich fit!" „Oh, oh. Dann würde ich mal einen Spaziergang runter in die Gynäkologie machen!" „Große Schwester, worauf willst du hinaus?" „Na, wenn du dir nichts eingefangen hast, dann bist du womöglich schwanger! Hast du schon daran gedacht?" Mir blieb der Atem stehen. „Nein, das kann nicht sein! Bestimmt, weil ich den ganzen Tag nichts aß und dann so schnell, wie ein Tier reingehauen habe." Sie grinste mich bloß an. „Na, wenn du meinst. Jedenfalls, fliege ich am Mittwoch Nachmittag, falls du es dir anders überlegst, lass es mich wissen!" „Alles klar. Viel Spaß in Deutschland und liebe Grüße an alle." Selbst mehrere Tage später, hielt die Übelkeit an. Kaum roch ich essen oder aß es, rannte ich direkt zur Toilette. Annas Worte ließen mir auch keine Ruhe, so vereinbarte ich einen Termin beim Gynäkologen. Sie untersuchte mich ohne lange Wartezeit und bestätigte Annas Worte. „Herzlichen Glückwunsch

Rose, du bist schwanger! Um genau zu sagen, in der achten Woche!" In diesem Moment wusste ich gar nicht, ob ich mich freuen sollte oder nicht. Wir hatten beide so viel um die Ohren und dies würde sich in der Zukunft auch nicht legen. Zuhause setzte ich mich in unserem Schlafzimmer ans Bett und überlegte, wie ich es Yeol sagen sollte. Die Angst, dass er sagt, es passt gerade nicht, oder das er gerade dazu nicht bereit wäre, machte mich verrückt. Und eine Abtreibung kam für mich nicht in Frage. Doch was wäre, wenn er mich darum bitten würde? Eine Stunde vor Mitternacht kam er völlig fertig nach Hause. „Wieso schläfst du noch nicht?" „Ich habe auf dich gewartet. Ich muss dir etwas sagen, Yeol." „Lass uns morgen reden, okay? Ich habe heute so viel gesprochen, sodass die Stille mir gerade ziemlich angenehm ist!" Selbstverständlich respektierte und verstand ich es. Er sprang unter die Dusche und setzte sich in die Küche hin essen. Schweigend saß ich neben ihm und vertiefte mich in meinen Gedanken. „Morgen ist die Neueröffnung des Neubaus! Bist du aufgeregt?", erkundigte er sich. „Nein, ich bin nicht aufgeregt. Morgen werde ich früher zur Arbeit gehen und ein Auge darauf werfen, ob alles in Ordnung ist, bevor die Presse und der Rest auftaucht. Es wird ein anstrengender Tag." „Oh ja, das stimmt! Wann soll ich morgen da sein?" „So eine Stunde vor der Presse reicht aus. Und danach sollten wir unbedingt reden!" „Okay, lass uns jetzt schlafen gehen! Meine Prinzessin darf morgen nicht mit Augenringen im Fernsehen zu sehen sein." Er küsste mich zart auf den Mund und nahm mich fest in seinen Arm. Schnell schlief er ein, ich blieb noch lange wach. So viele Gedanken, die mein Hirn durchschossen, und die Arbeit und das Kind, der morgige Tag, Yeols Reaktion, alles versammelte sich. Ohne nur einen Augenblick schlaf zu bekommen, stand ich um vier Uhr morgens auf, bereitete das Frühstück und einige Dokumente vor, die ich für den Tag benötigte. Um einen frischeren Look zu bekommen, legte ich mir eine Gesichtsmaske rauf. Meine Sorgen standen mir in meinem Gesicht geschrieben. „Bleib ruhig Rose! Alles wird gut gehen. Einfach easy going den Tag hinter dich bringen! Bleib cool und professionell!", motivierte ich mich selbst. Im Krankenhaus standen alle unter Stress. Die Vorbereitungen liefen und dazu musste auch noch das Krankenhaus ganz normal weiter laufen. Die Patienten mussten behandelt, untersucht und neue aufgenommen werden. Im Neubau schaute ich mich genau um. Alles lief wie am Schnürchen. Ich bemerkte die Zeit gar nicht, die an mir vorbei lief. So langsam mussten auch die Leute von der Presse und die vom Fernsehen auftauchen, von Yeol war noch keine Spur. Die Nervosität stieg in mir. „Hey, hat einer von euch Jeong Chung Yeol gesehen? Weiß jemand, wo er steckt?", erkundigte ich mich bei den Kollegen, die mit mir zur Eröffnung mussten. „Nein, keiner hat ihn gesehen! Er müsste doch schon längst hier sein." „Hat jemand versucht ihn zu erreichen? Sobald einer von euch etwas von ihm hört, gebt mir direkt Bescheid!" Auch ich versuchte ihn telefonisch zu erreichen, doch sein Handy war aus. Ohne, das ihn jemand erreichte, machten wir uns auf den Weg zum Neubau. Es erschienen sehr viele Menschen. Das letzte mal, wo ich so stark in der Öffentlichkeit stand, war bei der Hochzeit von Yong-Ho und mir. Vor dem Neubau hing eine Schleife, die Yeol und ich nachher durchschneiden mussten. „Meine sehr verehrten Damen und Herren, wir freuen uns sehr, dass Sie diesen besonderen Tag mit uns feiern und..!", da unterbrach mich eine Kollegin. „Dr. Kim Rose, psst, Kim Rose!" „Bitte entschuldigen Sie mich!" Sie kam zu mir und flüsterte mir ins Ohr. „Yeol hatte einen Autounfall! Er wird gleich mit dem Krankenwagen hier her gebracht. Sein Zustand ist kritisch, sagen die Kollegen." Mein Gesicht wurde kreidebleich, mein Herz pochte so stark wie noch nie, die Angst stieg mir bis zum Hals hoch, meine Hände und Beine begannen zu zittern. Plötzlich wurde mir leicht schwarz vor den Augen. Ich wusste nicht wohin mit mir. Diese Nachricht schockierte mich bis ins tiefste. Vor der Eröffnung konnte ich nicht fliehen, denn dann wäre es das Ende vom Krankenhaus, doch Yeol jetzt alleine lassen, konnte ich auch nicht. Ich musste unbedingt wissen, wie sein wahrer Zustand war. „Ähm!", schaute ich die ganze Masse an. „Der Chefchirurg, von diesem wundervollem Neubau kann leider nicht anwesend sein, da er einen Notfall rein bekommen hat. Unsere Patienten haben oberste Priorität. Diese kann man schließlich nicht einfach beiseite schieben, nur wegen einer Neueröffnung.

Ich persönlich, kann über Jeong Chung Yeol nur positives sagen! Er ist professionell, hat eine menge an Erfahrungen und das wichtigste, dieser Mann hat Hände aus Gold. Das wird auch jeder einzelne Patient von ihm bestätigen! Deswegen wird er in dem Neubau der Chefchirurg." Ich versuchte so gut es ging meine Tränen zurück zu halten und nicht zu zerbrechen. Professionell zog ich es durch, doch versuchte ich mich mit meiner Rede kurz und knapp zu halten. Die Presse machte viele Fotos vom Gebäude und von uns Angestellten. Außerdem stellten sie noch einige Fragen, die meine Kollegen beantworteten, um sich auch etwas mit einzubringen. Nachdem alles vorbei ging, rannte ich unter fließenden Tränen zu Yeol. „Wo ist er? Wo ist Yeol?", schrie ich herum. „Dr. Kim Rose. Versuchen Sie sich zu beruhigen! Er ist in der Notaufnahme und wird gerade operiert!", hielt mich einer meiner männlichen Kollegen fest. „Ich will zu ihm! Lasst mich zu ihm gehen. Ich will ihn sehen!", fiel ich weinend auf die Knie. „Kim Rose, ich kann Sie in diesem Zustand nicht zu ihm lassen. Sie sind gerade emotional nicht stabil! Warten Sie und vertrauen Sie auf den Chirurgen!" Er half mir, mich auf einen Stuhl zu setzen und brachte mir ein Glas Wasser. „Hier, das hier hatte er in seiner Jacke!" Er gab mir eine dunkelblaue Schachtel. Ich öffnete sie und dort waren zwei Ringe drin. Als ich die sah, verlor ich das Bewusstsein. Aufgewacht bin ich auf einem Krankenbett. „Was ist passiert?" „Sie sind Ohnmächtig geworden!" „Was ist mit Yeol? Ist er schon im Zimmer?" „Nein, die

Operation läuft noch." „Dr. Kim Rose, Sie sollten sich etwas ausruhen! Seien Sie nicht so egoistisch und denken Sie etwas an Ihr Kind!", platzte meine Gynäkologin ins Zimmer. Ihre Worte hatten etwas an sich. So würde ich weder Yeol noch mir damit helfen, wenn ich so reagierte. Sich zusammen zu reißen und versuchen ruhig abzuwarten, fiel mir schwer. In meinem Inneren drehte sich alles. Ich fand keine ruhige Sekunde. Voller Sogen lief ich den Gang auf und ab. Irgendwann kam der Chirurg aus dem Operationsraum heraus. „Was ist mit ihm? Wie geht es ihm? Wie verlief die Operation? Ich will alle Informationen!" „Rose, setze dich bitte! Ich werde es dir direkt sagen, er liegt jetzt im Koma. Er hat ein Schädel-Hirn-Trauma. Die Operation ist gut verlaufen, deshalb denke ich, dass er bald aufwachen wird. Im laufe der Tage werden wir sehen, ob sich sein Zustand verschlechtert oder verbessert. Es bringt ihm nichts, wenn du so verstört neben ihm herum sitzt. Tue Yeol und dir damit einen Gefallen und fahr nach Hause und ruhe dich aus! Dr. Hwang Ho-Seok wird dich für den Rest des Tages vertreten." „Wahrscheinlich hast du Recht!", biss ich mir auf die Lippen und ging nach Hause. Dort fand ich ebenfalls keine Ruhe und wollte Yeols Eltern über diese Katastrophe in Kenntnis setzten. Deren Haushälterin öffnete mir die Haustür. „Guten Tag Kim Rose, was kann ich für Sie tun?" „Hallo, ist Jeong Bo-Ram vielleicht Zuhause? Ich möchte mit ihr sprechen!" „Kommen Sie herein! Sie sitzt im Wohnzimmer und arbeitet." Bo-Ram saß schwer beschäftigt an ihrer Arbeit.

„Hallo Rose, was gibt es?" „Frau Jeong Bo-Ram...
Yeol...", und schon wieder flossen die Tränen.
„Was, was ist mit Yeol? Rose, sprich mit mir!" „Er
hatte einen Autounfall und liegt mit einem Schädel-
Hirn-Trauma im Krankenhaus." Ohne mich weiter
anzuhören, griff sie sich ihre Jacke mit dem
Autoschlüssel und fuhr davon. Für sie musste es
genauso ein Schockmoment gewesen sein wie für
mich. „Entschuldigen Sie mich Frau Kim Rose, ich
habe Ihr Gespräch zufällig mitbekommen, wie ist
sein Zustand?", fragte mich deren Haushälterin.
„Kann ich Ihnen noch nicht sagen, er wurde
erfolgreich operiert und in den nächsten Tagen
werden wir erst genaueres erfahren." Innerlich am
Ende meiner Kräfte schlenderte ich verloren durch
die Straßen. Ich wusste überhaupt nicht, wohin mit
mir. „Hey, wohin mit dir Rose?", blieb das Auto
meiner Mutter neben mir stehen. „Komm, spring
rein! Ich habe gerade Feierabend, können
gemeinsam etwas essen." Ich setzte mich in das
Auto meiner Mutter und wir fuhren zu ihr. „Warum
siehst du so Kreidebleich aus? Ist irgendetwas
vorgefallen? Hast du dich mit Yeol gestritten?"
„Mutter, Yeol liegt im Krankenhaus!" Schluchzend
erzählte ich ihr, was geschehen war und sie saß
bloß wortlos dar und wusste auch nicht weiter.
Über meine Schwangerschaft schwieg ich erst
einmal. Bei Mutter Zuhause deckte Sumi den
Esstisch und Mutter holte eine Flasche Soju heraus
und goss uns beiden etwas ein. „Für mich kein
Alkohol, Mama! Ein Glas Saft oder Wasser tut es
auch." „Echt? In so einer Situation ist es nicht

schlimm zu trinken. Wenn es mal im Leben schwer wird, kann man sich es gönnen! Oder bist du schwanger und trinkst deshalb kein Alkohol?" Mir war schon klar, dass ich vor meiner Mutter nichts lange geheim halten konnte. „Ja Mama, ich bin schwanger! Behalte es bitte vorerst für dich, denn keiner weiß davon etwas." „Wow, das sind doch fantastische Neuigkeiten! In welcher Woche bist du?" „In der achten Woche. Eigentlich wollte ich es Yeol gestern erzählen, doch dazu kamen wir nicht. Dann dachte ich mir, ich könnte mit ihm heute, nach der Neueröffnung des Neubaus sprechen, und dann kam das." „Es ist okay. Mach dir da keinen Druck. Sobald es ihm besser geht, wirst du noch genug Möglichkeiten haben, mit ihm darüber zu sprechen." Dank Mutters unterstützenden Worten fühlte ich mich in diesem Punkt etwas erleichterter. Die Sorge um Yeol blieb trotzdem. Die Angst, ihn für immer verlieren zu können, durch den Tod, lies mich selbst fast sterben. Ganz früh am Morgen lief ich direkt zum Krankenhaus rüber, in der Hoffnung, positive Neuigkeiten zu hören. „Dr. Hwang Ho-Seok? Wie war die Nacht für Yeol? Gibt es irgendwelche Veränderungen? Ist er schon wach gewesen?" „Seine Werte sind unverändert! Ich vermute, dass er heute im laufe des Tages aufwachen wird. Du kannst zu ihm gehen und selber schauen. Ich werde jetzt Feierabend machen." Sofort lief ich zu Yeol ins Zimmer. Als ich ihn so verletzt auf dem Bett liegen sah, brach ich emotional zusammen. Neben seinem Bett fiel ich auf die Knie und nahm seine Hand in die meine. „Wach bitte auf! Du darfst mich nicht verlassen, wenn du stirbst, werde ich es nicht überleben! Ein Leben ohne dich, hat für mich keinen Sinn. Bitte, Yeol, verlass mich nicht! Nein, bitte verlass uns nicht! Mein liebster, weißt du, jetzt sind wir nicht mehr zu zweit, sondern zu dritt. Ich erwarte ein Baby von dir. Du kannst uns jetzt nicht alleine lassen! Wie soll unter Baby ohne Vater aufwachsen?", schluchzte ich weinend vor mich hin. Plötzlich spürte ich, wie seine Hand meine leicht drückte. „Yeol, Yeol! Hörst du mich? Kannst du mich hören? Wenn du mich hören kannst, drück nochmal meine Hand!" Da öffnete er langsam seine Augen. Verwirrt schaute er sich mit den Augen um, seinen Kopf bewegte er nicht. Sofort meldete sich der Arzt in mir. Ich schaute mir seine Werte an und führte kleine Behandlungen durch. „Yeol, verfolg mit deinen Augen das Licht!" Er tat genau das, was ich von ihm forderte. „Wo..wo..bin..ich? Wa.. was..ist passiert?" Die ersten Worte fielen ihm schwer. „Du bist im Krankenhaus. Du hattest einen Autounfall, als du auf dem Weg hierher warst. Hast du irgendwelche Schmerzen? Irgendwelche Beschwerden?" „Wer sind Sie?" Mich haute seine Frage um. „Was? Erinnerst du dich nicht an mich? Ich bin es Rose, deine Freundin!" „Meine Freundin? Tut mir leid, aber ich kann mich nicht an Sie erinnern!" Mir wurde direkt klar, dass er an Amnesie litt. „Okay, bitte warte einen Augenblick! Ich bin gleich wieder bei dir." Die Tür zu seinem Zimmer schloss ich und rief seine Mutter an. „Jeong Bo-Ram, können Sie bitte her kommen,

Yeol ist gerade aufgewacht!" „In fünf Minuten bin ich da!" Wir beendeten das Gespräch und ich ging wieder zu ihm. „Yeol, kannst du dich wirklich nicht an mich erinnern?" „Nein. So viel ich weiß, habe ich keine Freundin!" „Okay, lass dir damit Zeit, vielleicht kommt deine Erinnerung bald wieder zurück.", hoffte ich selber tief im inneren. „Yeol, mein Sohn!", platzte Bo-Ram ins Zimmer herein. „Wie fühlst du dich?" Er schien nicht gerade davon begeistert zu sein, sie zu sehen. „Mir geht es soweit gut!", antwortete er ihr kalt, jedoch wusste er, wer sie war. „Jeong Bo-Ram können wir uns draußen unterhalten?" „Anscheinend leidet Yeol an Amnesie. Er kann sich nicht mehr an mich erinnern." „Wie kann das sein? Ist das normal? Wird es für immer so bleiben? An mich kann er sich wohl erinnern." „Es ist zwar normal, das so etwas geschehen kann, aber jetzt müssen wir herausfinden, wie weit seine Erinnerungen verschwunden sind! Dann werde ich mir überlegen, wie ich weiter handeln muss." Wir gingen wieder zurück in sein Zimmer und Bo-Ram gab sich die größte Mühe, mit ihm über gemeinsame vergangene Erinnerungen zu sprechen. Er erinnerte sich an alles, bis auf die Zeit, als wir uns begegneten. Mein inneres wurde traurig, obwohl Yeol nichts dafür konnte. „Ich werde euch mal alleine lassen. Habe noch andere Patienten. Falls irgendetwas sein sollte, drück den Knopf an deinem Bett, okay Yeol?" „Danke, das werde ich tun!" Ich schloss die Tür hinter mir und lehnte mich dagegen. Die Tränen kullerten nur so heraus, obwohl ich es

nicht wollte. Dieser Tag verging sehr langsam.
Einige Male schaute ich nach ihm und es gab
keinerlei Veränderungen. Er lag bloß auf seinem
Bett und starrte in die Luft.
Am nächsten Nachmittag besorgte ich ihm seine
Lieblingszeitschriften und etwas Obst. In seinem
Zimmer traf ich auf Belle. Die beiden amüsierten
sich. Sie brachte ihn ständig zum lachen. „Hallo
Belle. Yeol, wie ist dein Zustand heute?
Irgendwelche Erinnerungen zurückgekehrt?“
„Hallo Doktor. Nein, keine weiteren Erinnerungen
zurückgekehrt. Im Grunde fühle ich mich gut. Ab
und zu habe ich Kopfschmerzen und leichten
Druck im Kopf, aber die Schwestern haben mir
Medikamente dagegen gegeben.“ Mir brach es das
Herz, dass er sich an Belle erinnerte und an mich
nicht. Dann nannte er mich auch noch 'Doktor', als
wären wir die fremdesten Fremden auf der ganzen
Welt. Eiligst untersuchte ich ihn nochmal und
verschwand, bevor ich wieder in Tränen ausbrach.
„Wie konnte es sein, dass er ausgerechnet mich
vergessen hat?“, flüsterte ich mir zu. Es ging nicht
in mein Kopf herein. Yeol blieb eine weitere Woche
im Krankenhaus und dann wurde er auf eigenen
Wunsch entlassen und von seinen Eltern mit nach
Hause genommen. Seine Erinnerung an mich und
unser gemeinsames Leben kam vorerst nicht wieder
zurück. Meine Hoffnung behielt ich trotz allem und
wartete jeden einzelnen Tag geduldig in unserer
Wohnung auf ihn. Ständig dachte ich mir, was
wäre, wenn er genau in diesem Moment her kommt
und mich hier nicht auffindet.

So vergingen Tage, nach Tagen die Wochen. Er tauchte nicht in unserer Wohnung auf und meldete sich auch nicht bei mir. Seine Mutter rief mich einmal an und berichtete mir, dass er sein altes Leben, wie gewohnt weiter lebte. Sie sagte auch, das ich Geduld zeigen sollte. Selbstverständlich war es nicht meine Absicht, ihn unter Druck zu setzten, es musste alles von ihm aus kommen.

An einem Vormittag bekam er bei mir einen Termin zur Nachuntersuchung. „Bitte setze dich, Yeol!" „Könnten Sie mich bitte nicht Duzen, wir stehen uns nicht so nahe, dass wir einander so ansprechen sollten." Seine Art erinnerte mich sehr an unsere erste Begegnung. Damals war er auch so unhöflich zu mir. „Bitte Entschuldigen Sie mich, Herr Jeong Chung Yeol! Haben Sie, seit Ihrer Entlassung, irgendwelche Beschwerden, wie dolle Kopfschmerzen, Übelkeit oder so etwas ähnliches?" „Lediglich abends habe ich leichte Kopfschmerzen, ansonsten geht es mir gut." „Okay, dann machen wir eine Computertomografie, um sich alles genau anzuschauen. Bitte folgen Sie der Schwester! Mi-Ja? Bitte bereite das CT für Herrn Jeong Chung Yeol vor!" Die komplette Situation verletzte mich sehr. Des öfteren musste ich mich zusammenreißen, um ihm nicht zu zeigen, wie sehr es mir weh tat. „Dr. Kim Rose, die CT Bilder sind auf Ihrem Computer." Yeol setzte sich wieder gegenüber von mir hin und ich betrachtete die Bilder. „Herr Jeong Chung Yeol, soweit sieht alles gut aus! Wenn Sie keine weiteren Beschwerden haben, sehen wir uns nächste Woche wieder." „Gut, auf wiedersehen Dr. Kim." Gerade wollte er zur Tür heraus, da musste ich ihn noch einmal aufhalten. „Yeol? Erinnerst du dich vielleicht an das hier?" Aus meiner Tasche holte ich die Schachtel mit den Ringen heraus. Dies war meine allerletzte Chance, seine Erinnerungen zu wecken. Er schaute sich die Schachtel eine Zeitlang an, öffnete sie auch und schloss sie wieder. „Nein, diese Ringe sagen mir nichts!" „Yeol, diese Ringe hattest du am Tag deines Unfalls bei dir. Ich kann nicht verstehen, warum du ausgerechnet mich vergessen hast. Wir haben uns so sehr geliebt, wir haben so lange darum gekämpft, endlich zusammen sein zu können, und dann passierte dieser Unfall. Fühlst du denn nichts in meiner Gegenwart?" „Dr. Kim, wieso fragen Sie mich dies ständig? Wenn Sie die Wahrheit sagen, und wir angeblich mal ein Paar waren, dann muss die Liebe von meiner Seite aus nicht gerade groß gewesen sein, wenn ich sie vergessen habe. Ich denke, egal was auch immer geschieht, einen Seelenverwandten, einen geliebten Menschen vergisst man unter keinen Umständen!" „Yeol, wir haben uns geliebt, und du mich auch! Es war keine einseitige Liebe. Du wolltest mir doch am Tag deines Unfalls einen Antrag machen!" Aus irgendeinem Grund, wollte er sich das alles nicht weiter anhören. Diese Kälte, die von ihm ausstrahlte, fühlte ich gewaltig. „Merke dir einfach nur eine Sache! Ich werde jeden Tag darauf warten und hoffen, dass deine Erinnerung, sowie deine Gefühle zu mir wiederkehren. Wenn dies geschieht, wirst du auch wissen, wo du mich findest." Wortlos spazierte er aus dem Raum heraus. In seinen Augen sah ich die Bedeutungslosigkeit. Alles, was ich ihm sagte, kümmerte ihn nicht. Er war ganz der Yeol geworden, den ich bei unserem ersten Treffen kennengelernt hatte. Dieser Schmerz fühlte sich schrecklich an. Gerade hatte uns das Schicksal zusammen geführt und nun sollte alles so schnell wieder vorbei sein? Alles lief doch perfekt, sei es im beruflichen oder im privaten Leben und jetzt sollen wir schon wieder getrennte Wege gehen? Hatte das Schicksal uns an der Nase herum geführt? „Rose? Was ist zwischen euch geschehen?", unterbrach Mi-ja meinen Gedankengang. „Nichts, wieso?" „Nach dem er aus deinem Zimmer heraus kam, bat er mich, den nächsten Untersuchungstermin bei einem anderen Arzt zu vereinbaren." Dies gab mir den letzten Rest. „In Ordnung." Mir blieb keine andere Wahl, als seine Entscheidung zu akzeptieren und es so hinzunehmen, obwohl es mir den Boden unter den Füßen weg riss. Anscheinend wollte er den Kontakt zu mir meiden. Nichtsdestotrotz würde ich weiter darauf hoffen, dass eines Tages, seine Gefühle zu mir erwachen. Nach Feierabend ging ich zu unserer Wohnung. Doch dort konnte ich mich nicht weiter aufhalten. Diese Erinnerungen brachten mich innerlich um. Ich packte einige meiner Kleidungen und ging zu Mutter. „Mama, kann ich einige Zeit bei dir bleiben?" Wieder flossen die Tränen aus mir heraus. „Kleines, selbstverständlich! Mein Zuhause ist dein Zuhause und das wird es immer bleiben. Hier findest du immer Zuflucht!" An Mutters

Schulter konnte ich mich ausweinen. Sie fand schon immer die passenden Worte. „Kleines, dein Telefon klingelt!" In meiner Tasche kramte ich danach. „Hallo?" „Hier Jeong Bo-Ram. Rose, kann ich dich um einen Gefallen bitten?" „Natürlich. Worum geht es?" „Bitte lass Yeol in Ruhe! Sobald er dich sieht, geht es ihm nicht gut. Er ist wütend und aufgebracht. Lass ihm seine Zeit, vielleicht wird es wieder, und wenn nicht, dann müssen wir es akzeptieren. Weder du noch ich können etwas an dieser Situation ändern. Das einzige, was wir tun können, ist ihm die Zeit zu lassen! Verstehst du mich?" „Ja, ich verstehe Sie! Machen Sie sich keine Sorgen, ich werde ihn in Zukunft in Ruhe lassen." Meine Mutter hörte unser Gespräch mit und war erschüttert. „Anstatt dir ihre Hilfe anzubieten, bittet sie dich um so etwas? Was ist das für eine Mutter? Darf ich dir einen Rat geben?" „Sprich dich aus." „Solange Yeol sich nicht an dich erinnert, verrate ihnen nichts von deiner Schwangerschaft! Halte es so lange geheim, wie du nur kannst. Ich hoffe doch, dass du Anna nichts erzählt hast?" „Nein, aber sie hatte mal mitbekommen, dass ich mich übergeben musste." „Sich übergeben, bedeutet nicht gleich schwanger zu sein, vielleicht hast du etwas falsches gegessen. Verrate einfach nichts, dies ist zu deinem besten," Ich hörte auf Mutter und verriet niemandem etwas. Wie es nur möglich war, versuchte ich mit aller Kraft, mein Leben weiter zu leben. Es gab keinen Tag, an dem ich nicht weinte. Es tat jeden einzelnen Tag mehr und mehr weh. Irgendwann vereinbarte ich mit mir selbst, stärker zu werden und meine Gefühle, so gut es ging, beiseite zu legen und professionell weiter zu arbeiten. Das Krankenhaus sollte keinen Schaden davon tragen, nur weil ich emotional am Arsch war. Auf der Arbeit stand viel auf dem Plan, seit dem das Neubaugebäude eröffnet war. Ich stellte viele neue Leute ein, Schwestern, einen neuen Chirurgen, der Yeols Platz einnehmen musste, und einige Ärzte, aus verschiedenen Bereichen, die spezialisiert auf asiatischer Medizin waren. Der neue Chirurg kam aus Japan, Yamamoto Hiroki, 40 Jahre alt. Er war etwas größer als ich, hatte schwarzes kurzgeschnittenes Haar, war schlank und äußerst attraktiv. Die weiblichen Kolleginnen flogen volle Kanne auf ihn. Sein Talent konnte man ebenfalls nicht übersehen, mit Yeol jedoch konnte keiner mithalten. Die meiste Zeit verbrachte ich im Krankenhaus. Öfters schob ich Doppelstunden, um mich abzulenken. Einige Male schlief ich sogar auf der Arbeit ein. Die Kollegen machten sich große Sorgen um mich, wahrscheinlich weil sie meinen Schmerz verstanden.

An einem sonnigen Morgen erhielt ich einen Anruf von Jae-Min, der überaus besorgt klang. „Gestern Abend habe ich mit Yeol telefoniert oder sollte ich eher sagen, ich habe es versucht. Rose, sag mir bitte, was mit ihm los ist! Fragte er mich tatsächlich, aus welchem Grund ich ihn angerufen habe, wir seien ja während der Schulzeit nicht so dicke gewesen. Hab ihn dann gefragt, was er da redet, und ob er mich verarschen würde, dachte es wäre irgendeine Art von Gag, aber er war vollkommen ernst am Telefon. Was ist mit ihm geschehen? Hat er mich so behandelt, weil er nichts mehr mit mir zutun haben möchte? Ich verstehe nichts mehr." „Was für ein Quatsch! So darfst du auf keinen Fall denken. Den Yeol, den wir kennen, den gibt es nicht mehr und ich weiß ehrlich gesagt auch nicht, ob es ihn jemals wieder geben wird! Er hatte vor einiger Zeit einen Autounfall und leidet seit dem an Amnesie. Er erinnert sich an so gut wie alles, bevor ich zu euch in die Schule kam. Von da an, besitzt er keinerlei Erinnerungen. Er weiß nicht, dass ihr, Nam-Joon , du und er beste Freunde seid. Er kann sich auch nicht mehr an mich erinnern. Wir gehen seit seinem Unfall getrennte Wege. Yeol wohnt wieder in seinem Elternhaus und ich in meinem. Auch hat er vergessen, dass er einer der besten Chirurgen ist. Nimm ihm es nicht übel, im Grunde kann er nichts für sein Verhalten." „Scheiße, Rose, wieso hast du nicht früher schon etwas gesagt? Brauchst du bei irgendetwas Hilfe? Shit, und genau jetzt müssen wir so weit weg von einander wohnen! Juna und ich wären jetzt zu gerne in deiner Nähe, um dir die nötige Stärke und Unterstützung zu geben. Wenn du Lust hast, komm zu uns, schaust du dir an, wie wir leben." „Jae-Min, mach dir keine Sorgen um mich! Mir geht es soweit gut. Als Arzt wusste ich, dass so etwas geschehen kann. Im Grunde wollte ich es die ganze Zeit nicht wahr haben, dass es ausgerechnet mit mir und Yeol passierte. Es besteht jeden Tag die Chance, dass seine Erinnerungen zurück kommen können.

Deswegen kann ich euch im Moment nicht besuchen kommen, und ebenso ist auf der Arbeit viel los. Außerdem habt ihr selber auch mit eurem Baby viel um die Ohren. Es ist wirklich alles gut, wenn etwas sein sollte, werde ich mich bei dir melden! Vielen dank euch beiden, ihr seid wahre Freunde." Nach dem Telefonat mit ihm fühlte ich eine große Leere und tiefsitzenden Schmerz in mir, doch ich verlor keine Tränen mehr. Wahrscheinlich hatte ich alle meine Tränen bereits ausgeweint. In meiner Pause besuchte ich meine Kollegin von der Gynäkologie, die mich wieder einmal untersuchen musste. Der Fötus wuchs hervorragend heran.

Dieses Baby war der einzige Grund für mich weiter zu machen. Mich machte es glücklich, denn es war ein Teil von Yeol und mir.

Die Schwangerschaftsmonate vergingen wir im Flug. Meine Mutter kaufte schon sämtliche Spielzeuge und Babykleidungen ein. Das Zimmer für den Kleinen stand auch schon bereit. Wie meine Gynäkologin mir sagte, sollte es ein Junge werden. Bis zu dem Entbindungstermin blieb ich meiner Arbeit treu. Schließlich befand ich mich am Geburtsort und musste nur eine Etage tiefer.

Die Geburt verlief reibungslos. In die Geburtsurkunde schrieb ich den Namen des Vaters nicht herein, dieser Platz blieb leer. Für die ersten sechs Monate nahm ich mir von der Arbeit frei und ließ Dr. Hwang Ho-Seok mich vertreten. Mutter, Sumi und ich schwebten im siebten Himmel dank unserem kleinen Se-Hun. Sein Lächeln hatte er definitiv von Yeol, so verführerisch und zum dahinschmelzen. Mika und Nam-Joon kamen uns nun öfter besuchen und klebten nur so an Se-Hun. Den beiden erzählte ich natürlich, wer der Vater des kleinen war. Sie verstanden und akzeptierten es, dass ich es Yeol nicht verraten wollte, denn seine Erinnerung an mich kam immer noch nicht zurück. Mit Sicherheit konnte ich sagen, dass diese nie wieder zurückkehren würden.

Es verging Monat für Monat, Jahr für Jahr. Mein kleiner Se-Hun war schon vier Jahre alt und ging schon in den Kindergarten. Er war einer der beliebtesten Jungs dort. Ich konzentrierte mich voll und ganz auf meine Arbeit. Das Krankenhaus erhielt mehrere Zertifikate und Preise für sämtliche Abteilungen. An jeder Bushaltestelle, an jedem Bahnhof, im Fernsehen, an fast jeder Ecke hing ein Plakat von meinem Krankenhaus. Die Leute kamen aus jedem Land, sei es aus Amerika, Europa, Asien, Russland oder Australien. Wir konnten wirklich stolz auf uns sein, denn wir hatten unser Ziel erreicht. Noch nie bestand so eine große Nachfrage an der Plastik. Im Endeffekt musste ich noch doppelt so viele Angestellte einstellen, als ich auch so schon hatte, ansonsten wären wir untergegangen. Von Yeol hörte ich kaum etwas, nur wenn Anna und Min-Ho uns besuchen kamen, erzählten sie ab und zu von ihm. Er arbeitete in der Firma seines Vaters. Als Chirurg wollte er nicht mehr tätig sein, denn dann müsste er nochmal ganz von vorne anfangen. Eine feste Freundin hatte er seit dem nicht gehabt. Min-Ho erzählte auch, dass Yeol oft von einer Frau, dessen Gesicht er nicht erkennen konnte, träumte.

Er träumte von Ereignissen, die wir mal in der Vergangenheit erlebten. Oft versuchte Min-Ho ihm beizubringen, dass ich die Frau war, von der er ständig träumte und das es Erlebnisse waren, die es tatsächlich mal gab, doch er wollte nicht auf ihn hören. Deren Beziehung blieb so schlecht, wie damals in der Schulzeit. Min-Ho wusste, dass Se-Hun Yeols Sohn war. Er unterstützte meine Geheimnistuerei nicht, aber er plauderte es weder seinen Eltern noch Yeol aus.

Einen Tag vor Weihnachten suchten Se-Hun und ich ein Geschenk für meine Mutter. Wir schlenderten durch komplett Myeongdong. Meine Mutter liebte Kosmetik und alles, was damit in Verbindung stand. Se-Huns Laune wurde schlechter, da er hungrig geworden war. Ich kaufte ihm einen Tteokbokki, den mochte Se-Hun sehr gerne. „Mama, dein Handy klingelt!", machte er mich darauf aufmerksam. Während ich mein Telefon in meiner Tasche suchte, lief ein Typ plötzlich in mich herein. „Entschuldigen Sie mich." Mein Telefon fiel zu Boden und er hob es für mich auf. Als ich in das Gesicht des Mannes schaute, blieb mir der Atem stehen. „Oh, hallo Herr Jeong Chung Yeol." Mit meinem Handy in der Hand, schaute er mir in die Augen. Auf einmal hielt sich Yeol schmerzhaft an seinem Kopf fest. Ich erschrak total. „Yeol, Yeol, was ist mit dir? Hast du schmerzen? Was ist los?" „Mein Kopf!", brachte er nur heraus. „Scheiße!" Ich nahm ihn unter die Arme und schleppte ihn auf eine Bank. Se-Hun wich mir nicht von der Seite. „Was ist mit ihm,

Mama? Hat er ein Aua?" „Warte bitte Se-Hun!"
„Yeol, schau mir bitte in die Augen!", forderte ich
ihn dazu auf. Er schaute mir wieder tief in die
Augen. Während ich ihn untersuchte, bemerkte ich
die Art seines Blickes. Damals schaute er mich oft
mit diesem verliebten Blick an. „Welche Art von
Schmerzen hast du gerade und wo genau?
Beschreib mir bitte alles so detailliert, wie du nur
kannst. " „Mein Gott, Rose, du bist noch schöner
geworden!" Meine Hände wurden kalt und
zitterten. „Was hast du gerade gesagt?"
Anscheinend kam seine Erinnerung an mich durch
denselben Zusammenstoß von damals wieder
zurück. Deswegen verspürte er einen Schmerz in
seinem Kopf, da dieser kurz überfordert mit all den
Informationen gewesen war. „Mama, woher kennt
dieser Mann dich? Ist das dein Patient?" „Mama?
Du bist Mutter geworden?" „Ähm.., Du solltest
jetzt am besten zu deinem behandelnden Arzt
gehen und dich durchchecken lassen! Ich kann dich
gerne dahin bringen, wenn es dir keine Umstände
bereitet." „Nein, alles wieder gut, mir fehlt nichts.
Du hast meine Frage nicht beantwortet! Du bist
Mutter geworden?" „Ja, das bin ich. Wenn es dir
jetzt wieder besser geht, werden wir mal weiter
gehen. Pass gut auf dich auf!" Diese Situation
überforderte mich ein wenig, deswegen ergriff ich
die Flucht. „Warte! Können wir uns mal treffen?
Wenn dein Mann nichts dagegen hat. Ich würde
gerne mit dir über alles sprechen!" „Tut mir leid,
zurzeit habe ich nicht viel Freizeit! Auf der Arbeit
ist zu viel los." So flüchtete ich vor ihm. Am

Weihnachtsmorgen musste ich zur Frühschicht. „Dr. Kim Rose, hier ist ein Notfallpatient! Er sagt, er hat starke schmerzen und möchte nur von Ihnen untersucht werden." „Danke Mi-Ja, schick den Patienten herein!" Es öffnete sich die Tür. Meine Aufmerksamkeit lag ganz auf meinem Papierkram, den ich unbedingt noch vor Feierabend erledigen musste. „Bitte setzten Sie sich! Was für Beschwerden haben Sie?", blieb mein Blick verharrt auf meinen Papieren. „Ich habe das Herz meiner Traumfrau gebrochen und kann damit nicht leben!" Seine Stimme riss meine Augen von den Papieren los. „Was machst du hier? Yeol, ich habe keine Zeit für den Blödsinn." „Gestern hast du selber zu mir gesagt, dass du keine Zeit für ein Treffen hast und auf der Arbeit sehr beschäftigt bist. Deswegen dachte ich mir, dass du dir vielleicht so Zeit für mich nehmen kannst. Ich verstehe selbst nicht, wie ich dich vergessen konnte. Diese Begegnung gestern, sie war... Rose, ich weiß ganz genau, wieso ausgerechnet gestern, bei unserer Begegnung, mein Gedächtnis zurückgekommen ist. Dieser Tag damals, wo wir das erste mal ineinander gelaufen sind, dies war der Moment, in dem ich mich in dich verliebte. Gestern wiederholte sich dieses Ereignis und als ich dein Gesicht sah, kam alles in mir wieder hoch, was bloß tief versteckt in mir lag. Mir tut es unendlich leid, dass ich das wichtigste, was in meinem Leben existiert, vergessen habe! Ich kann nicht fassen, dass ich so lange gebraucht habe, um mich wieder an dich zu erinnern. Kannst du mir verzeihen?" „Es gibt nichts, was ich dir verzeihen sollte! Du kannst nichts dafür. Zwischen uns ist alles gut, du brauchst dich nicht entschuldigen." Ich wusste nicht, wohin mit meinen Gefühlen. Am liebsten wäre ich ihm um den Hals gesprungen und hätte ihn gerne geküsst, jedoch hielt mich meine Angst, wieder abgewiesen werden zu können zurück. „Keine Ahnung, wie ich das alles wieder gut machen kann. Die Jahre, die wir verloren haben wieder zurückzuholen. Ich bin planlos!" „Mach dir keinen Stress! Mein Leben ist gut so, wie es jetzt ist." „Ich kann es mir vorstellen. Du hast einen entzückenden Sohn! Viele seiner Gesichtszüge sind von dir! Wie heißt er? Wie alt ist er?" „Ja, er ist mein kleines Wunder! Sein Name ist Se-Hun. Er ist vier Jahre alt." Yeols Gesichtsausdruck veränderte sich, nachdem ich ihm das Alter von Se-Hun nannte. „Wie? Dann..er.." „Genau, dein Gedankengang ist vollkommen richtig!" „Wieso hast du mir nichts von ihm erzählt?" „Ich wollte es, doch du hast so negativ auf mich reagiert, dass ich es sein gelassen habe." Den Schmerz, den er in dieser Sekunde spürte, konnte man an seinem Gesicht genau ablesen. Mir tat es auch weh. Yeol war in Se-Huns wichtigsten Jahren nicht dabei gewesen. Er hatte seine Kindheit so gut wie verpasst. „Ich hoffe doch, dein Mann behandelt ihn gut!" „Wir wissen doch beide, dass es nach dir keinen anderen Mann in meinem Leben geben könnte." Ihm war dies sehr wohl bewusst, aber er wollte wohl einfach nur sichergehen. Ein leichtes Grinsen tauchte in seinem Gesicht auf. „Wie werden wir weiter vorgehen?

Gibst du mir eine Chance alles wieder gut zu machen? Was ist eigentlich mit unserer Wohnung? Ich nehme an, du hast sie gekündigt?" „Die Wohnung ist schon lange gekündigt. Dort wohnt jetzt ein anderes Paar. Yeol, ich weiß nicht, ob wir einen Neuanfang starten sollten. All die Jahre haben wir versucht zusammen zu bleiben und im Endeffekt sind wir trotzdem getrennte Wege gegangen. Vielleicht ist es nicht unser Schicksal ein Paar zu sein." „Okay, deine Zweifel verstehe ich, aber gib mir wenigstens die Chance, eine Bindung zu meinem Sohn aufzubauen! Ich möchte wirklich ein Teil eurer Familie werden und dieses mal, werde ich mir den Arsch aufreißen, sodass das Schicksal keine Möglichkeit hat, uns wieder von einander zu trennen! Wenn es sein muss, werde ich nie wieder mehr ein Fuß in ein Auto setzten, ich werde wie besessen auf alles mögliche achten." „Rede doch keinen Quatsch! Yeol, lass mir Zeit. Ich bin gerade emotional leicht überfordert. Mir fällt es gerade schwer eine vernünftige Antwort zu finden." Er stand von seinem Stuhl auf und ging Schritt für Schritt auf mich zu. Yeol lehnte sich mit seinen Armen an meine Stuhllehnen an und bewegte sich näher an mein Gesicht heran. Sein Blick war an meinen Lippen festgefahren. „Yeol.." „Lass es zu Rose!" Dieser Kuss, diese Lippen, die ich so viele Jahre vermisst hatte, sowie diese Schmetterlinge im Bauch. In meinem Hals bildete sich ein Knoten. Als er mich dann so leidenschaftlich küsste, liefen ihm, wie auch mir die Tränen herunter. Irgendwann konnte ich mich und meine Emotionen nicht mehr kontrollieren und ließ mich einfach fallen. „Wie ich dich vermisst habe!", flüsterte er mir zu. „Wie sehr du mir gefehlt hast!", flüsterte ich ihm zurück. Wieder küssten wir uns und konnten gar nicht damit aufhören, bis Mi-Ja uns dabei störte. „Oh je, tut mir leid, dass ich so herein geplatzt bin, aber der nächste Patient wartet schon!" „Wann hast du Feierabend? Ich hole dich ab!" „Ähm, komm gegen 16 Uhr vorbei." Fürs erste verabschiedeten wir uns von einander und Mi-Ja rief den nächsten Patienten zu mir herein. So richtig konnte ich mich nicht auf die Tätigkeit konzentrieren, denn meine Gedanken kreisten nur noch um Yeol und mich. Wie würde bloß Se-Hun auf Yeol reagieren, wenn er erfahren würde, dass es sein Vater war? Yeol tauchte pünktlich im Krankenhaus auf. Die Kollegen, die ihn kannten, bombardierten ihn mit Fragen, ob er wieder bei uns im Krankenhaus arbeiten wird, wie es ihm jetzt geht, ob wir wieder ein Paar sind und vieles mehr. Ich packte meine Tasche und ging ihm entgegen. „Wir können!" Kurz machten wir einen Sprung zu unserem Stammcafé, auf einen heißen Kakao. Draußen war es kalt, geschneit hatte es leider nicht. „Wo wirst du Weihnachten verbringen? Mit deiner Familie?" „Die Stimmung bei uns liegt am Boden. Mutter und Vater hatten einen mega mäßigen Krach und ich hätte absolut keine Lust mit ihnen den Abend zu verbringen." „Etwas ernstes, weswegen sie Krach haben?" „Du kennst doch meinen Vater, der untreuste Mensch auf Erden. Mich würde es nicht wundern, wenn er demnächst ein weiteres

Kind nach Hause mitbringt, wie mich damals. Habt ihr etwas geplant?" „Wir haben keine besonderen Pläne. Essen gemeinsam und Se-Hun packt dann seine Geschenke aus. Sumi wird auch dabei sein, da ihre Tochter sich gerade im Ausland aufhält und sie sonst niemanden hier hat. Möchtest du den Abend mit uns verbringen? An Weihnachten sollte niemand alleine sein." „Wie möchtest du es Se-Hun und deiner Mutter erklären? Ich denke nicht, dass deine Mutter immer noch ein Fan von mir ist, nach allem was geschehen ist." „Meine Mutter würde sich sehr freuen, und Se-Hun bestimmt ebenso. Doch bevor du bei uns auftauchst, möchte ich mit Se-Hun sprechen und ihm versuchen alles zu erklären. Es sollen keine Missverständnisse auftauchen. Das Essen beginnt um 19 Uhr. So jetzt muss ich aber los!" Yeol blieb noch im Café sitzen. Anscheinend stieg ihm die Nervosität bis in die Knie hoch. „Hallo Sonnenschein Se-Hun. Mama ist wieder Zuhause!" „Mama, wann darf ich meine Geschenke auspacken? Oma sagt, wenn ich nicht lieb bin, dann gar nicht!" Ich musste kräftig lachen. „Hast du Oma wieder verärgert?" „Ein wenig." „Du musst brav sein, sonst wird dir der Weihnachtsmann nächstes Jahr keine Geschenke bringen. Se-Hun, Mama möchte mit dir über eine wichtige Angelegenheit sprechen. Lass uns im Wohnzimmer Platz nehmen!" Er setzte sich gegenüber von mir hin und starrte mich mit ahnungslosen Augen an. „Was würdest du davon halten, wenn du heute die Möglichkeit bekommen würdest, deinen Vater kennenzulernen?" „Hm, ähm... ich würde mich freuen! Mich interessiert es sehr, wer er ist und wie er aussieht." „Bist du dir damit auch sicher? Unter keinen Umständen möchte ich dich damit überrumpeln oder dich unter Druck setzten." „Ich bin doch schon groß und weiß, was ich will!" Seine Aussage brachte mich zum lachen, doch dieses verbarg ich. „Genau, du bist ein großer Junge, mein großer Junge!" Er umarmte mich liebevoll und wandte sich seinem Spielzeug zu. Mutter und Sumi deckten so langsam den Tisch, da klingelte es schon an der Haustür. Yeol stand da mit einer großen Tüte voller Geschenke. „Komm herein!" Er zog sich seine Jacke aus und begrüßte alle mit einer Verbeugung. Ebenso entschuldigte er sich bei meiner Mutter für alles, was sie mit ansehen und ertragen musste, dass er mich in den Jahren alleine gelassen hatte und Se-Huns Kindheit verpasste. Mutter nahm ihm selbstverständlich nichts davon übel, denn er war der letzte Mensch, der etwas für die ganze Situation konnte. Alle setzten sich an den Tisch, Mutter sprach ein Gebet und wir begannen zu essen. „Mama, wo ist denn nun mein Vater? Ist das dieser Mann, dein Patient?" Se-Hun war für seine direkte Art und Weise sehr bekannt und beliebt. „Ähm Se-Hun, am Tisch hättest du dir diese Frage sparen können. Aber ja, das ist Jeong Chung Yeol, dein Vater. Er konnte aus Krankheitsgründen die letzten Jahre nicht mit uns verbringen, wie du ja weißt. Heute ist er da, und freut sich sehr, die Zeit mit dir verbringen zu dürfen." „Papa, bleibst du nun für immer mit uns?" „Se-Hun, wenn du mich schon so direkt fragst...

Rose?" Yeol stand von seinem Stuhl auf und kniete sich vor mir nieder. „Ich habe vieles in unserem Leben falsch gemacht und wie gerne hätte ich die Chance, es zu ändern. Den Rest meines Lebens, unseres Lebens möchte ich mit euch beiden verbringen. Ihr seid mein Glück, mein Stolz, mein Lebenssinn! Gib mir bitte die Chance euch beide glücklich machen zu dürfen. Darf ich der Mann an deiner Seite sein?" Da öffnete er die Schachtel in seiner Hand. Dort lag ein neuer Verlobungsring drin. „Mama, komm schon, sag ja! Lass den armen Papa nicht so lange warten." „Ich kann mir nichts schöneres vorstellen, als deine Frau zu werden!" Yeol gab mir einen Kuss auf die Stirn, da es bei uns nicht angebracht war, sich vor den Eltern auf den Mund zu küssen. „Das muss man doch feiern!", erhob Sumi ihr Glas Wein. Se-Hun kam auf Yeol und mich zu und umarmte uns. „Jetzt muss ich nicht mehr auf Mama aufpassen, jetzt ist es deine Aufgabe Papa! Du musst dein bestes geben, um meine Mama glücklich zu machen. Ich mache sie auch so jeden Tag mit meiner Anwesenheit glücklich." Zwischen Se-Hun und Yeol stimmte die Chemie von Anhieb. „Mein Se-Hun, ich werde mir die größte Mühe geben euch beiden ein wundervolles Leben zu schenken! Ich bin unglaublich dankbar dafür, euch in meinem Leben zu haben." Yeol zog mir den Ring an meinen Finger an. Der Ring funkelte wunderschön, er war Silber und besaß einen Diamanten. Wir aßen noch zu Ende und Se-Hun durfte seine Geschenke auspacken. Von Mutter und mir bekam er ein neues

Sportfahrrad, das er sich wünschte. Yeol schenkte ihm ein teures ferngesteuertes Auto. Ich schenkte Mutter und Sumi ein Beautygeschenkset, einmal von der Marke O Hui und von Sulwhasoo. Selbstverständlich besorgte ich, durch Sumi, auch ein kleines Geschenk für Yeol. In meinem Auftrag ließ Sumi im Fotostudio alle wichtigen Kinderfotos von Se-Hun ausdrucken und zu einer Collage anfertigen. So konnte er sich wenigstens ein Bild von Se-Huns Kindheit machen. Als ich ihm es übergab, freute er sich so sehr, dass ihm die Tränen herunter kullerten. Später legten Yeol und ich gemeinsam Se-Hun schlafen. Der Kleine war so aufgeregt und aufgedreht, dass es eine Zeitlang dauerte, bis er einschlief. Wir erwachsenen tranken noch ein bisschen Soju. „Wenn du möchtest, kannst du heute Nacht hier bleiben.", schlug Mutter vor. „Nein, ich möchte euch keine Umstände bereiten." Er wurde ganz verlegen, so kannte man ihn gar nicht. Mutter und Sumi lachten. „Bald bist du doch mein Schwiegersohn! Du würdest uns niemals Umstände bereiten. Übrigens Sumi, hast du nicht Lust mit mir an die frische Luft zu gehen? Hier ist es plötzlich so stickig geworden." Mir entfiel Mutters Augenzwinkern in Sumis Richtung nicht. Sie wollten uns wohl alleine lassen. Die beiden zogen sich ihre Jacken an und verschwanden. „Sind sie jetzt wegen uns abgehauen?", schien er völlig verplant zu sein. „Ja, sind sie. Wollen wir hoch in mein Zimmer?" „Dein Zimmer hat sich kein bisschen verändert! Immer noch dieses Girly Zimmer." Schüchtern setzten wir uns an mein Bett, jeder jeweils an eine Bettkante. „Rose, bevor wir heiraten, möchte ich dir meine Leibliche Mutter gerne vorstellen!" Damit hatte ich nun gar nicht gerechnet, da er nie von ihr sprach. „Habt ihr einen guten Kontakt zu einander?" „Bevor sie ihren neuen Typen geheiratet hat, war unser Kontakt eigentlich ganz gut. Jetzt hat sie sich ziemlich verändert und ist genauso wie ihr Mann geworden. Trotzdem ist sie meine Mutter und ihr solltet einander kennenlernen." „Ich würde mich freuen sie kennenzulernen. Ich bin sehr neugierig, wie sie so ist. Was ist eigentlich mit deiner Arbeit? Hast du den Wunsch wieder zurück in die Chirurgie zu kommen? Jetzt, wo du dich wieder an alles erinnern kannst, wäre es durchaus möglich." „So genau weiß ich es nicht. Der Posten des Chefchirurgen würde mich zu sehr verängstigen, da ich auf keinen Fall einen Fehler machen möchte. Es ist viel zu viel Verantwortung. Das Ansehen deines Krankenhauses ist so hoch gestiegen, dies möchte ich dir nicht versauen!" Yeols Selbstbewusstsein schien nicht mehr so aufrecht zu stehen wie damals. „Du musst doch nicht direkt als Chefchirurg einsteigen, du kannst es langsam angehen und kleine Aufgaben übernehmen. Mit der Zeit wird deine Sicherheit steigen und du kannst dort weiter machen, wo du aufgehört hast. Es wäre eine Verschwendung, wenn du dein Talent begraben würdest." Zur nächsten Schicht nahm ich Yeol mit zur Arbeit und beauftragte Hiroki, ihn unter die Arme zu nehmen. Die Chemie zwischen ihnen stimmte auch. Solange erledigte ich meine

Aufgaben und Termine. Der Tag begann relaxed und endete stressig und hektisch. Es kamen viele Notfälle herein und viele mussten Überstunden schieben. Yeol benötigte bloß wenige Arbeitstage, um wieder durchstarten zu können. Als die presse davon Wind bekam, dass er wieder da war, stürmten sie das Krankenhaus. In ihrem Artikel nannten sie Yeol 'das Wunder Koreas'. Sie schossen Fotos von ihm und hängten Plakate von ihm und dem Krankenhaus auf den Straßen auf. Unsere Erfolgsrate stieg immer mehr. Von Tag zu Tag bekamen wir immer mehr zu tun. Auch die Hochzeitsvorbereitungen starteten. Yeol und ich bevorzugten eine kleine Hochzeit, nur mit den engsten Familienangehörigen und Freunden. Es kam auch der Tag, an dem ich Yeols leibliche Mutter kennenlernen durfte. Wir drei trafen uns in einem kleinen bescheidenen Restaurant, wo es herrlich leckeres Essen gab. Seine Mutter war von der Größe her kleiner als ich und sehr, sehr schlank. Sie trug ein langes, elegantes, gelbes Winterkleid, mit schwarzen Stiefeln. Ihr Gesichtsausdruck wirkte auf mich nicht gerade freundlich, eher eingebildet und hochnäsig. „Wieso treffen wir uns ausgerechnet in so einem Loch und nicht in einem luxuriösen Restaurant? Das sieht hier eher danach aus, als könnte man sich von dem Essen Krankheiten einfangen." So begrüßte sie uns. „Setz dich doch erst mal, Mutter. Urteile nicht, bevor du es nicht probiert hast!" Obwohl sie Yeol mit ihrer Aussage verärgerte, blieb er freundlich und höflich. „Das ist meine zukünftige Frau Kim Rose, Rose das ist meine Mutter Lee Sang-Mi." „Es freut mich sehr Sie kennenzulernen!", verbeugte ich mich. Sie würdigte mich keines Blickes, da war mir Bo-Ram echt lieber. Das von uns bestellte Essen, wurde uns von dem Kellner an den Tisch gebracht. „Erzähl mir von dir Rose. Wer ist dein Vater und deine Mutter? Welchen Status besitzen sie? Was arbeitest du und was verdienst du?" Ihrer Meinung nach, war ich es nicht Wert, die Braut von ihrem Sohn zu werden. „Meinem Vater hat das Krankenhaus gehört, in dem ich jetzt Chefarzt bin. Vielleicht sagt Ihnen der Name Kim Jong-Hun etwas? Er ist vor Jahren leider verstorben, nun habe ich nur noch meine Mutter, Kim Sarah." „Ja, der Name deines Vater und deiner Mutter sagt mir so einiges. Also kommst du aus gutem Hause und verdienst anscheinend auch gut." Mein Gehalt interessierte sie mehr als meine Persönlichkeit. „Vielleicht sollten Sie auch wissen, dass Yeol einen vierjährigen Sohn hat, er heißt Se-Hun." Sie schaute mich entsetzt an. „Ihr habt ein nicht eheliches Kind? Habt ihr keine Manieren? Was bist du für eine Frau, die sich vor der Ehe schwängern lässt?" Ich ahnte nicht, dass sie es so aufnehmen würde und extrem beleidigend auf mich los gehen könnte. Erst wollte ich sie fragen, was sie bloß für eine Frau war, die sich von einem verheirateten Mann hat schwängern lassen, doch ich hielt meinen Mund und blickte bloß still zu Boden. „Es tut mir sehr leid, dass Sie es so auffassen, jedoch liebe ich ihren Sohn schon von der Schulzeit an und..." „Und dann dachtest du dir, dich am besten von ihm schwängern lassen, um ihn zu halten?" „Mutter, ich denke, es reicht jetzt!", mischte sich Yeol ein. Ich ertrug ihre Vorwürfe nicht länger und verließ, somit respektlos, das Restaurant. Draußen holte ich tief nach Luft. Yeol folgte mir nicht. Mir wollte es nicht in mein Hirn rein gehen, weswegen sie mich so angriff. An ihrer Stelle, hätte ich mich gefreut, wenn mein Sohn eine gute Frau finden würde und ein glückliches Leben führen würde. Um wieder klar zu kommen, machte ich einen Spaziergang durch die Straßen. „Rose?", rief eine bekannte männliche Stimme nach mir. Ich drehte mich um und da stand plötzlich Nam-Joon vor mir. „Hey, was tust du hier in der Gegend?" „Ich hatte einen Geschäftlichen Termin, was tust du hier?" „Ich hatte ein treffen mit der leiblichen Mutter von Yeol." „Oh, dein Gesichtsausdruck kommt mir bekannt vor! Wahrscheinlich sah ich genauso aus, als ich Mikas Eltern kennenlernte." „Lief es bei dir auch so schlecht?" „Wenn du bloß wüsstest, es war die Hölle! Sie stellten mir Fragen, auf die wäre ich niemals gekommen. Dann gehörte ich nicht mal zur reichen Gesellschaft. Stell dir mal vor, was da los war." „Ich kann es mir ziemlich gut vorstellen." Da wir in dieselbe Richtung mussten, plauderten wir noch ein bisschen. Bei ihm konnte ich mich über Yeols leibliche Mutter auskotzen, und dies tat mir gerade richtig gut. Er verstand mich wie kein anderer, denn auch ihn kotzten diese reichen Damen total an. Am Abend stattete mir mein zukünftiger Mann einen Besuch ab. Vor der Eingangstür entschuldigte er sich für das

396

Benehmen seiner Mutter. Yeol rechnete auch nicht mit so einer Reaktion von ihrerseits aus. „Wenn du nicht möchtest, müssen wir sie nicht zur Hochzeit einladen. Im Grunde habe ich auch keine Lust, ihren neuen Mann, meinen Stiefvater zu sehen." „Gut, wir laden nur die ein, mit denen wir uns wohlfühlen! Schließlich ist es unsere Hochzeit und ich denke nicht, dass dein Vater eine andere Meinung davon haben wird." Yeol kam noch kurz herein, um mit Se-Hun zu spielen. Eine Stunde später legte er ihn schlafen und ging auch nach Hause. Wir beschlossen, solange Se-Hun noch klein war, hier, bei meiner Mutter im Haus zu leben. Sie und Sumi wären für uns eine große Hilfe, denn die Arbeitszeiten von Yeol und mir, konnten sich je nach Notfällen direkt verändern. Eigentlich hätten wir auch bei Yeol leben können, jedoch hätte es wenig Sinn, denn seine Mutter hielt sich kaum Zuhause auf und sein Vater war nie dort zu sehen. Dann, wenn Se-Hun sich um sich selber kümmern könnte, würden wir uns etwas eigenes suchen. Nach der Arbeit kümmerten Mutter und ich uns um die Hochzeitseinladungen, später kam Bo-Ram auch dazu. Während wir uns mit den Einladungen beschäftigten, erzählte ich Bo-Ram, dass ich Lee Sang-Mi kennengelernt hatte. Sie fand es nicht so toll. „Werdet ihr sie auch zur Hochzeit einladen?" Bo-Ram wirkte auf mich besorgt. „Yeol und ich haben uns darüber unterhalten und beschlossen, sie nicht einzuladen, da es Ihnen unangenehm sein wird und Yeol seinen Stiefvater nicht sehen möchte. Es ist unhöflich und respektlos, ich weiß, aber Yeol und ich möchten diesen Tag lediglich mit unseren Liebsten feiern. Was haltet ihr beide davon?" Mutter und Bo-Ram schauten sich gegenseitig an. „Obwohl sie Yeol nicht großgezogen hat, sich nie um ihn gekümmert und sich auch nie nach seinem Wohl erkundigt hat, ist sie trotzdem seine Mutter! Das Yeol seinen Stiefvater nicht sehen möchte, ist verständlich, aber ihr solltet die beiden trotz allem einladen. Wer weiß, vielleicht werden sie auch gar nicht auftauchen. Aber einladen solltet ihr sie schon!", verkündete mir Bo-Ram ihre Meinung. Mutter stand ganz auf ihrer Seite. „Kleines, du musst verstehen, das ist nicht Deutschland, wo wir tun und lassen können, was wir wollen. Das ist Korea, hier ist der Respekt gegenüber den Eltern, dein Ansehen! Du heiratest in seine Familie und er in die deine. Beginnt die Ehe nicht auf diese respektlose Art! Ihr beide wisst nicht, was die Zukunft für Überraschungen für euch bereit hält. Behandelt alle mit Respekt und es wird sich auszahlen." „Mutter, Jeong Bo-Ram, ihr wisst nicht, wie sie auf Se-Hun reagiert hat! Es war ein schreckliches Gefühl für mich, als sie mich als Hure dargestellt hat." „Rose, ich verstehe deine, wie auch ihre Seite. Als Yeol damals zu uns ins Haus gebracht wurde, wusste ich nicht, wohin mit meinen Emotionen. Ich habe diese Frau aus tiefster Seele gehasst. Erst als ich älter und reifer wurde, verstand ich, dass es weder dem kleinen Yeol noch meiner Familie etwas bringt, wenn ich mich derart verhalte. Behalte deine Emotionen für dich, denn wenn sie erfährt, dass du diese Gefühle zu sehr an dich heran lässt, dann fühlt sie sich als Siegerin. Sei ein kluges Mädchen und stehe da drüber!" Bo-Rams Worte gaben mir zu denken. Im Endeffekt lud ich Sang-Mi und ihren Mann zur Hochzeit ein. Selbstverständlich setzte ich Yeol darüber in Kenntnis. Er zeigte es mir nicht, aber irgendwo freute er sich drüber. Wahrscheinlich wollte er Sang-Mi wegen mir nicht einladen, weil sie so ungeheuer gemein zu mir war und Yeol für mich bereit war, Berge zu versetzten, mit allen Konsequenzen, die auf ihn zu kommen könnten. Die Einladungen wurden verschickt und ich machte mich in meiner Arbeitspause auf die Suche nach einem Brautkleid. Mit dem Bus fuhr ich einige Straßen weiter, da ich in meiner Nähe schon alle Läden abgeklappert hatte. Ein kleiner Laden fiel mir ins Auge. „Guten Tag. Ich bin auf der Suche nach einem Brautkleid für meine Hochzeit. Können Sie mir da behilflich sein?", sprach ich die Verkäuferin an. „Selbstverständlich! Wir haben viele verschiedene. An welche Farben haben Sie gedacht? Schneeweiß, Creme, Elfenbein, Champagner, oder vielleicht etwas romantisches in Zartrosa? Wir haben auch außergewöhnliche Brautkleider, in anderen Farben, wenn Sie mögen?" „Ehrlich gesagt, habe ich absolut keine Ahnung. Was würde mir, Ihrer Meinung nach, gut stehen?" Sie fummelte durch die Kleider und brachte einige mit zur Umkleidekabine. Das erste, was mir die Verkäuferin zeigte, war ein schneeweißes, langes A-Linien Kleid, mit Strickereien und langen

Ärmeln. Schon beim anprobieren fühle sich der Stoff nicht angenehm auf der Haut an. Sofort zog ich es aus. Als nächstes gab sie mir ein Champagnerfarbenes Kleid. Es hatte die Form einer Meerjungfrau, was angeblich sehr im Trend lag. Der Stoff an sich, fühle sich schon besser an, jedoch fehlte mir irgendetwas an dem Kleid. Das dritte Kleid war Cremefarbig und der Stoff aus Seide mit etwas Spitze. Vom Schnitt her, gefiel es mir sehr, denn es war ein typisches Prinzessinnen Brautkleid, mit sehr schlichtem Stil. Es besaß ein Herzausschnitt und war Schulterfrei. Als ich mich in diesem Kleid im Spiegel betrachtete, wusste ich genau, dieses sollte es sein. Genau in diesem Brautkleid wollte ich Yeols Frau werden. „Es ist wie für Sie gemacht! Sie sehen einfach fantastisch aus. Es muss noch nicht einmal zugeschnitten werden. Warten Sie, ich bringe Ihnen noch die passenden Schuhe dazu." Mein Spiegelbild gefiel mir ungeheuer. Vor positiver Aufregung auf diesen einen besonderen Tag, schlug mein Herz immer doller und doller. Die Verkäuferin brachte mir beige Pumps. Die Oberfläche bestand aus Spitze, die ein zartes Blumenmuster zeigten. Die Haut schimmerte leicht durch. Der Absatz war nicht zu hoch aber auch nicht zu niedrig. Mit ihnen könnte ich die komplette Nacht lang durchfeiern, ohne müde Füße zu bekommen. Ich kaufte an diesem Tag das Brautkleid mit den Pumps und rannte zurück zur Arbeit los. Da ich ziemlich spät dran war, beeilte ich mich ganz besonders. Ausgerechnet Yeol kam mir entgegen. „Wo kommst du her? Was ist in der

Tüte drin?", schmiss er neugierig seine Augen hinein. Die Tüte fest an meinem Körper gedrückt, ging ich mit kleinen Schritten an ihm vorbei. „Das geht dich nichts an, mein Freund!" „Willst du sterben? Wir sind noch nicht mal verheiratet und hast schon Geheimnisse vor mir?!", schrie er mir grinsend hinterher. Leicht überfordert durch die viele Arbeit im Krankenhaus sowie mit den Hochzeitsvorbereitungen, bat ich Mutter darum, für Se-Hun einen passenden Anzug für die Hochzeit zu finden. Dies machte sie sehr gerne und mit voller Freude. Yeol befand sich auch auf der Suche nach einem schicken Hochzeitsanzug. Für die Hochzeitsfeier reservierte der Hochzeitsplaner ein überaus luxuriöses, aber kleines Restaurant, das ideal zu uns passte. Es befand sich 15 Minuten Autofahrt von der Kirche, in der wir getraut werden sollten, entfernt. Von Außen wollten wir es mit pinken Chrysanthemen und vielen weißen Luftballons schmücken. Die Chrysanthemen würden auch in meinem Brautstrauß miteingebracht werden. Es war geplant, die Gästetische im Restaurant mit weißen Tischdecken zu decken, darauf sollten kleine Kerzen in einem Glas stehen. Auf dem Braut und Bräutigam Tisch sollten ebenfalls Kerzen mit den Chrysanthemen stehen und einige Lichterketten um den Tisch drumherum. Mit dieser schlichten Dekoration wollten wir eine warme Wohlfühlatmosphäre verleihen. Die Wände dekorierten wir ebenfalls mit Lichterketten und Ballons. Außerdem hatten wir einen DJ arrangiert, der die Stimmung halten sollte.

Für den großen Tag übermorgen, stand alles schon bereit. Sang-Mi und ihr Ehemann empfanden es nicht für nötig zu unserer Hochzeit zu erscheinen. Sie schickte uns direkt, nach Erhalt der Einladung eine Absage mit der Begründung, sie könne nicht verstehen, wie Yeol so eine offene Frau, wie mich bloß heiraten könne, es gäbe so viele andere Frauen, die Manieren und Anstand besaßen, sie könne ihm sogar eine davon vorstellen, wenn er es wolle. Yeol wurde sehr wütend, nachdem er ihre Absage las. Jae-Min und Juna, Mika und Nam-Joon, Min-Ho und Anna als auch meine Tante aus Deutschland, sie alle sagten zu. Yeols Großeltern, Cousinen und Cousins, Tanten und Onkels würden auch kommen. Auf der Arbeit nahmen wir uns für die Flitterwochen, die wir direkt nach der Hochzeitsfeier antreten würden, frei. Die Flitterwochen wollten wir beide in Thailand verbringen.

Am Morgen, einen Tag vor unserer Hochzeit, kamen Jae-Min mit Juna und ihrem Baby am Airport von Incheon an. Sie wurden von Yeol abgeholt und er brachte Juna mit ihrem Baby zu mir. Jae-Min und Yeol fuhren weiter, denn sie wollten noch Nam-Joon abholen. Abends wollten wir unseren Junggesellenabschied feiern. Wir Mädels, Juna, Mika, Anna und ich blieben bei mir Zuhause und bereiteten uns einen ruhigen, kuscheligen Mädelsabend vor. Es gab viel Fastfood, Snacks und Süßigkeiten. Wir quatschten über alles, was uns in den Sinn kam. Die Jungs ließen es in einer Bar krachen. Alkohol konnten wir

Mädchen uns am Vorabend nicht erlauben, denn jede einzelne wollte am nächsten Morgen wunderhübsch aussehen und nicht wie ein unausgeschlafener, nach Alkohol riechender Panda. „Fühlt es sich für dich, so kurz vor der Hochzeit, anders an, als bei der Hochzeit mit Yong-Ho?", quetschte mich Mika aus. Da musste nicht lange überlegt werden. „Es fühlt sich für mich komplett anders an! Die Hochzeit mit Yong-Ho fühlte sich geschäftlich an, ohne jegliche Gefühle meinerseits. Jetzt gerade, bin ich sehr aufgeregt, so viele positive Gefühle versammeln sich in mir drin. Morgen werde ich den Mann heiraten, den ich seit so vielen Jahren liebe! Um ehrlich zu sein, kann ich den morgigen Tag kaum abwarten." Sie lachten alle über mich, weil jede von ihnen meine Gefühle gut nachvollziehen konnte. Eine lange Zeit blieben wir wach. Irgendwann tauchten auch die Jungs von ihrer Feier auf. Stock betrunken platzten sie in das Wohnzimmer herein, wo wir saßen. In diesem Moment sprudelte ich vor Glück. Alle meine Freunde und vor allem, der Mann meines Lebens, sie alle saßen um mich herum. Ich konnte mich gar nicht glücklicher schätzen. Wir schliefen alle im Wohnzimmer ein. Die einen auf dem Boden, die anderen auf der Couch. Sumi weckte uns pünktlich mit einem lauten Teller Geklopfe auf. „Steht auf! Aufstehen!" Erschrocken sprangen wir alle auf und wussten gar nicht, wohin mit uns. Die Jungs liefen verpeilt zu Yeols Auto und fuhren davon. Wir liefen zu mir ins Zimmer hoch. Eine nach der anderen gönnte sich eine erfrischende Dusche und jeder begann mit den Vorbereitungen. Die Stylistin, die Mutter mir bestellte, kümmerte sich in erster Linie um mich. Sie glättete meine Haare und verpasste mir dann Korkenzieherlocken, geschmückt mit hübschen, weißen Blümchen Spangen. Mein Make-Up hielt sie äußerst schlicht, denn sie bestand darauf, meine natürliche Schönheit zu behalten. Nach mir kümmerte sie sich um die Mädels. Anna half mir dann in mein Hochzeitskleid hinein. Alle drei mussten weinen, als sie mich in meinem Kleid sahen. „Schwesterchen, du siehst unglaublich aus! Yeol werden die Augen aus dem Kopf fallen." „Mädels, der Cheffeuer steht schon vor der Tür!", brüllte Mutter von unten zu uns hoch. „So, habt ihr alles? Rose, dein Brautstrauß und Handy nicht vergessen!" Bloß Mika behielt einen klaren Kopf und erinnerte uns an alles. Juna und Anna konnten ihre Augen nicht von mir lassen. Se-Hun, Mutter, Tante und Sumi fuhren mit Mutters Auto, die Mädels fuhren mit mir mit. Sobald wir im Auto drin saßen, fingen meine Hände gewaltig an zu schwitzen. „Oha, Mädels fühlt mal meine Hände. Mein Herz pocht so unfassbar doll, dass ich das Gefühl habe, es springt gleich heraus!" „Solange du nicht Bewusstlos wirst, ist alles in bester Ordnung!", lachte Juna. „Genau, im Gegensatz zu dir Dr. Kim, können wir dich nicht behandeln!" „Juna, Mika! Hört mal auf, auf meine Kosten Witze zu reißen." Die Gäste befanden sich schon alle in der Kirche und warteten auf mich. Die Kirchenmusik begann und ich ging auf Yeol, der vor dem Altar auf mich wartete, zu. Seine Augen füllten sich mit Tränen, während er mich anschaute. Sein Lächeln, die Art wie er mich in dieser Sekunde ansah, ließ mich alles um mich herum vergessen. In meinen Augen gab es nur ihn und mich. Er nahm meine Hand in die seine und der Pfarrer legte los. Yeol und ich konnten die Blicke nicht voneinander abwenden. Dieser elegante, schwarze Anzug mit dem weißen Hemd standen ihm unglaublich gut. Was auch immer Yeol anzog, er sah immer fantastisch aus. Doch an diesem Tag fand ich ihn umso schöner. Wahrscheinlich war es die Aura, die ihn umgab, die Schwingungen zwischen uns, die Liebe um uns herum, die alles in unseren Augen noch unglaublicher erscheinen ließen. Wir gaben uns das Ja-Wort und alle applaudierten uns wie verrückt. Se-Hun sprang sogar von seinem Platz auf und applaudierte. „Ich liebe dich.", flüsterte Yeol mir ins Ohr. „Jetzt sind wir eins!", flüsterte ich ihm zurück. Yeol und ich verließen als erste die Kirche, der Pfarrer folgte uns und nach ihm, die Gäste. Vor der Kirche schossen wir einige Fotos mit all den Gästen und einige mit unseren Freunden und Familien. In dem Restaurant ließen wir es dann richtig krachen. Da wir in einem Restaurant feierten, gab es kein Buffet, sondern vorbestellte traditionelle Speisen, wie Bulgogi, Mandu und Gimbap. Die Hochzeitstorte backte Sumi für uns. Sie war zweistöckig, pink-weiß, mit einem Herzen auf der Spitze. Verziert war sie mit kleinen essbaren Blumen und Perlen. An Desserts gab es auch eine menge an Auswahl, wie Pralinen, Obst in Schokolade umhüllt, Cake-Pops, Mini

Muffins und weiteres. Am Abend, nachdem alle einen guten Alkohol Intus besaßen, wurde getanzt, Spiele gespielt und Witze gerissen. Alle hatten eine hammermäßig gute Laune und machten bei jedem Quatsch mit, selbst die Großeltern von Yeol. Kurz bevor Yeol und ich uns zurück ziehen wollten, gab es noch ein wunderschönes Feuerwerk, das Yeol selbst organisierte. „Gefällt es dir?" Seine Augen funkelten wie die Sterne am Himmel. „Es ist wunderschön. Du bist fantastisch, Yeol!" Diese Nacht verbrachten wir beide in einem Hotel, da wir ungestört sein wollten. Weder bei mir noch bei ihm Zuhause wäre es möglich, diese Nacht in Zweisamkeit zu verbringen. Das Hotelmanagement wusste von unserer Hochzeit und fertigte ein extra romantisches Zimmer, mit Rosenblättern am Bett verteilt, gekühltem Champagner und Obst, wie Erdbeeren und Weintrauben an. Selbstverständlich freuten wir uns über diese nette Geste, da das alles auf Kosten des Hotels ging. Ich zog die Gardinen auseinander und betrachtete die Schönheit Seouls aus dem Hotelfenster. Am helllichten Tag fand ich Seoul schon traumhaft, doch in der Nacht hatte die Stadt eine außergewöhnliche, magische Ausstrahlung. Alles leuchtete, die Gebäude, die Geschäfte, der Himmel war klar und voll mit Sternen bedeckt, einfach eine fantastische Nacht. Yeol stellte sich hinter mich und legte seine Arme um meine Taille. „Bei Nacht finde ich Seoul auch wunderschön, doch noch schöner ist es, dich in meinen Armen zu halten und die Schönheit der Stadt zu betrachten!" „Weißt du, als mein Vater mich hierher bestellt hatte und mich dazu überredete, in Seoul zu bleiben, fand ich diese Idee richtig mies. Nicht mal im Traum hätte ich gedacht, dass mir Seoul mal so am Herzen liegen würde. Als ich nach Busan umgezogen bin, tat mir der Abschied so sehr weh. Der Gedanke alleine, nicht mehr in Seoul zu leben war der Horror. Die Fahrt mit dir zurück hierher, erfüllte mich mit so viel Glück, dass ich in diesem Moment hätte los heulen können. Hört sich jetzt bescheuert an, aber so viel Freude war in mir, dass ich den Boden Seouls hätte küssen können!" „Ich verstehe genau, was du meinst. Wenn man nie in Seoul gewesen ist, kann man sich nicht vorstellen, das diese Stadt einen so fesseln kann." „Ich finde Deutschland auch extrem toll, aber es ist nicht dasselbe wie hier. Dort habe ich auch unglaublich tolle Mädels, meine Tante und meine Erinnerungen an meine Jugend. Mein Leben in Deutschland sah ganz anders aus, als das hier. Jedoch in all dieser Zeit, seit dem ich hier lebe, habe ich nicht einmal daran gedacht, wieder zurück nach Deutschland umzuziehen. Jetzt, in diesem Moment, könnte ich es mir niemals vorstellen in eine andere Stadt zu ziehen, geschweige denn in ein anderes Land." „Ich würde dich auch niemals wo anders hinziehen lassen!" Yeols Gesicht berührte das meine, langsam drehte ich mich zu ihm und küsste ihn. Er hob mich hoch und trug mich zum Bett rüber. Vor mir, an der Bettkante blieb er stehen und betrachtete mich, dabei biss er sich auf seine Lippe. „Wie lange ich mir diesen Moment gewünscht habe, weiß nur Gott und ich!"

Sanft zog er mir mein Brautkleid aus und ich ihm
sein Hemd. Sein Körper wirkte auf mich noch
sexyer, als in meiner Erinnerung. Dabei fiel mir
auf, dass wir schon seit einer längeren Zeit nicht
mehr mit einander intim gewesen waren. Mit voller
Hingabe küsste er meinen ganzen Körper, dann zog
er mir die Unterwäsche aus. In dieser Nacht
explodierten unsere Gefühle zueinander. Wir
entfachten ein Feuer der Liebe. Total kaputt und
nach Luft ringend, lagen wir Arm in Arm
nebeneinander auf dem Bett. „Ja, so hätten wir in
unserem Elternhaus nicht abgehen können!", lachte
er versaut. „Ich hoffe, dass uns die Menschen im
Nebenzimmer nicht gehört haben. Wäre total
peinlich!" Erst, als die Sonne aufging und in die
Fenster unseres Hotelzimmers herein schien,
bemerkten wir die Müdigkeit in unseren Augen. Ich
verschloss die Gardinen und wir schliefen ein.
Doch für langen Schlaf blieb keine Zeit, denn die
Koffer für die Flitterwochen mussten noch gepackt
werden. Am Abend sollte unser Flug nach Thailand
schon gehen, und wir mussten uns zwei Stunden
vor Flugbeginn registrieren. „Wie war die
Hochzeitsnacht? Ist das Bett wenigstens heile
geblieben, oder habt ihr dort alles auseinander
genommen?" Neugierig stand meine Mutter mit
meiner Tante in der Türschwelle meines Zimmers.
„Mutter, ich bitte dich, als ob ich dir irgendetwas
davon erzählen würde!" „Schau mal an, wie
Feuerrot sie geworden ist." Tante besaß schon
immer das Talent, mich noch roter werden zu
lassen, als ich auch so schon geworden war. „Ihr

seid zwei gemeine Frauen. Geht raus, ich muss zu ende packen!" Vollkommen verlegen schmiss ich ein kleines Kissen nach den beiden. Sie mussten nur noch mehr über mich lachen. „Mama, was meinen die beiden? Wieso bist du so rot?" Keiner von uns hatte es erwartet, dass Se-Hun uns belauschen würde. „Nichts mein Kleiner. Die beiden machen nur Scherze über meine Art, den Koffer zu packen, nicht mehr." „Ja, deine Mama scheint gut zu wissen, wie man den Koffer richtig packt!", lachte Tante lauthals über ihre eigene Andeutung. Sie nahmen Se-Hun mit nach unten ins Wohnzimmer und ich beschäftigte mich weiter mit meiner Kleidung. Auf einer Seite, fand ich es schon toll, das Mutter und Tante so locker drauf waren, auf der anderen Seite ergab sich zu oft die Situation, das ich rot anlaufen musste. Yeol holte mich mit seinem Auto ab. Kurz kam er herein, um sich von Mutter und Se-Hun zu verabschieden. Sumi übergab uns für den Weg eine Lunchbox mit, falls wir während der Fahrt nach Incheon verhungern sollten. Am Airport von Incheon war wie immer die Hölle los. Ich fragte mich oft, wohin diese Menge an Menschen ständig hinflogen. Unsere Reise ging nach Thailand Pattaya. Der Flug war sehr anstrengend, da wir einen Zwischenstopp machten. Erst einmal ging es zum Flughafen nach Taiwan, von dort aus nach Bangkok und von da aus nach Pattaya. Spät, am nächsten Abend, erreichten wir erst unser Hotel. Das Wetter war herrlich. Gerade so erwischten wir den Sonnenuntergang, der faszinierend aussah. Eine warme Luft wehte durch meine offenen Haare. Von unserem Balkon aus konnten wir den Strand und das Meer betrachten. Die Aussicht war der Wahnsinn. In der Nähe unseres Hotels gab es viele Einkaufszentren, Bars und Restaurants. Unser Hotelzimmer war Standardmäßig ausgestattet, ein Doppelbett, ein Minikühlschrank, der mit verschiedenen Getränken befüllt war, ein kleines Badezimmer mit einer Dusche. An der Wand, gegenüber des Bettes hing ein kleiner Flachbildfernseher, darunter befand sich eine Kommode aus grauem Holz und einem langen, breiten Spiegel. Von dem langen, kraftraubenden Flug wollten wir uns erst einmal erholen. Aufs Zimmer bestellten wir uns eine Kleinigkeit zu Essen und legten uns direkt schlafen. Den nächsten Tag hatten wir vollkommen durchgeplant. Direkt nach dem Frühstück wollten wir ein Massagesalon ausprobieren. Nach so einem Flug war dies genau das Richtige für den ersten Tag. Uns fiel auf, dass es ziemlich viele Salons gab. In eines davon gingen wir herein und wurden freundlich empfangen. Yeol und ich entschieden uns für eine 60 minütige Thai Massage. Ich ahnte da noch nicht, dass diese Massage es ziemlich in sich hatte. Die Thai Massage war auf viel Kraft, Druck-und Dehnbewegungen aufgebaut. Mir kamen die 60 Minuten wie 60 Stunden vor. Die Erleichterung, sowie Entspannung bemerkte ich erst später, viel später. Doch eine Erfahrung war es wert. Yeol stand voll auf diese Massage, ihm tat es auch nicht weh, im Gegensatz zu mir. Abends besuchten wir die bekannte Walking Street. Die Walking Street war eher eine Partymeile mit vielen Bars, Stripclubs und es war auch die Straße, wo man leicht ein Angebot für Spaßige Nächte mit Prostituierten bekommen konnte. Doch nicht nur das, es gab dort auch viele coole Bars mit Livemusik und viele interessante Restaurants. Irgendwie beeindruckte uns die Walking Street, denn es gab dort viel zu sehen. Mit einem Cocktail genossen wir in einer Bar die Musik einer Liveband, die Jazzmusik spielten. Den nächsten Tag verbrachten wir im Ramayana Water Park. Dort konnten wir uns auf verschiedenen Wasserrutschen, als auch auf verschiedenen Attraktionen amüsieren. Um den gesamten Park abzuarbeiten, nahmen wir uns den kompletten Tag zur Verfügung. Menschen, die leicht an Höhenangst litten, wie ich, für die wäre eine Überwindung nötig, um so richtig Spaß daran zu finden. Des öfteren musste ich eine Pause von dem ganzen machen, um wieder zu mir zu finden. Yeol war besessen von diesem Kick. Nach so einem aufregenden Erlebnis, brauchte ich erst einmal einen ruhigen Tag, den wir gelassen am Strand verbrachten. Die Strände waren echt Kilometer lang und an Touristen mangelte es auch nicht. Die zwei Wochen in Pattaya verflogen wie am Stück. Viel schafften wir es nicht anzuschauen und zu besuchen. Das einzige, was wir von unserem Plan abhacken konnten, waren die Markt- und Einkaufszentren, einige Sehenswürdigkeiten, wie das Sanctuary of Truth (das Heiligtum der Wahrheit), den Tempel des Big Buddhas und den Underwater World Pattaya (ein begehbares

Aquarium). Ansonsten verbrachten wir die restliche freie Zeit entweder am Stand und genossen das Meer, oder im Hotelzimmer und verbrachten romantische als auch erotische Momente. Sobald wir wieder zurück in Seoul ankommen würden, würde der Alltag los gehen. So viel Zeit würde für die Zweisamkeit nicht bleiben. Die Flitterwochen waren der Hammer. Am Flughafen von Bangkok freuten wir uns wieder nach Hause zu kommen. Zwei Wochen Trennung von Seoul waren für uns eindeutig zu lange. Die Sehnsucht nach Se-Hun machte uns verrückt. Jeden einzelnen Tag fragten wir uns, was er wohl gerade trieb.

Selbstverständlich kauften wir für unsere Liebsten einige Souvenirs. Für Se-Hun fanden wir ein ferngesteuertes Flugzeug, für Bo-Ram, Mutter und Sumi einen hübschen Schlüsselanhänger mit einem Bild vom Strand von Pattaya. Für Yeols Vater nahmen wir eine Flasche guten Mekhong Wiskey, dies war einer der beliebtesten Wiskeysorten Thailands. Wieder machte uns der Flug zurück nach Seoul völlig fertig. Am Flughafen von Incheon wartete ich mit unseren Koffern auf Yeol, der sein Auto von der Langzeitparkstation holen musste. Eine mir bekannte männliche Stimme rief plötzlich meinen Namen. „Rose?" Ich drehte mich um und erkannte Yong-Ho. Anfangs wusste ich nicht, wie ich reagieren oder handeln sollte. Er kam stumpf auf mich zu, als wäre nie irgendetwas zwischen und geschehen. „Was tust du hier? Fliegst du weg?" „Nein, wir sind gerade erst angekommen. Yeol und ich waren in Thailand." „Ah! Ich habe schon von euer Hochzeit gehört. Dann nehme ich an, ihr wart in den Flitterwochen?" „Stimmt genau! Wohin geht deine Reise?" „Ich muss nach Los Angeles. Dort gebe ich ein Konzert. Wie läuft dein Leben so?" Meiner Meinung nach, wirkte Yong-Ho nicht gerade überaus glücklich, eher kaputt und müde. Seine Augenringe, wie auch die erröteten Augen konnte man nicht übersehen. Neben ihm standen drei Securitys, die ihn bewachten. „Mein Leben ist gut so wie es ist! Ich bin überaus glücklich und zufrieden. Wie ist es bei dir? Wie geht es deinem Kind und deiner Frau?" „Den beiden geht es gut, jedoch sind wir geschiedene Leute. Die Ehe hielt nicht lange an. Rose, jeden einzelnen Tag bereue ich es, dich gehen gelassen zu haben, dich so behandelt zu haben, dir nicht das gegeben zu haben, was du gebraucht hast! Ich vermisse unsere gemeinsamen Momente, ich vermisse es, dich an meiner Seite zu haben. Es tut mir alles so unendlich leid!" „Yong-Ho, für Entschuldigungen ist es, denke ich mal, zu spät! Doch mir tut es auch leid, dich für meine Zwecke benutzt zu haben." „Rose, verrate mir bloß eine Sachen! Wären wir nicht nach Busan gezogen, hätte ich dich nicht von deinen engsten und liebsten weggerissen, wäre unsere Ehe anders verlaufen?" „Ich weiß es nicht, womöglich wäre es anders verlaufen, womöglich auch nicht! Meine Liebe zu Yeol würde jedoch niemals verschwinden, wenn du das hören möchtest!" In dieser Sekunde tauchte Yeol auf und entdeckte Yong-Ho neben mir. Sehr männlich und voller Höflichkeit begrüßte er Yong-

Ho. „Ich würde mich sehr freuen, wenn wir unser Gespräch demnächst, vielleicht bei einem Kaffee beenden könnten." „Ich denke nicht, das wir dies tun sollten! Im Grunde ist schon alles gesagt. Ich wünsche dir alles gute, Yong-Ho, und pass gut auf dich auf!" Er senkte seinen Kopf und ich nahm Yeols Hand und zog ihn in Richtung Auto. Er schnappte sich unsere Koffer und folgte mir. „Welches Gespräch möchte er beenden? Worüber habt ihr euch unterhalten?" „Yeol, es ist nicht der Rede wert! Lass uns einfach nach Hause fahren." Seine Laune verschlechterte sich. Während der kompletten Fahrt fuhr er nachdenklich die Straße entlang, wir sprachen kein Wort mit einander. „Hör jetzt mal bitte auf, dich so zu benehmen! Wir haben uns über nichts interessantes unterhalten. Er hat lediglich gesagt, dass er von unserer Hochzeit gehört hat und erzählt, dass er wieder geschieden ist, mehr auch nicht." „Achso. Aus welchem Grund erzählt er dir, das er wieder geschieden ist? Sollte es eine Andeutung darauf sein, das er dich wieder zurück haben will?" „Rede doch keinen Blödsinn! Selbst wenn er solche Absichten haben würde, würde es nichts an der Situation ändern, das ich dich und nur dich liebe! Wir haben gerade erst geheiratet, denkst du, ich würde zu ihm zurückkehren? Zweifelst du so sehr an mir und meinen Gefühlen zu dir?" Yeol gab meine Aussage gewaltig zu denken. Er küsste meinen Handrücken und grinste wieder. „Nein, natürlich zweifle ich nicht an deinen Gefühlen und erst recht nicht an dir! Ich weiß genau, wie sehr du mich liebst.

414

Wahrscheinlich war ich einfach nur erschrocken dich neben ihm zu sehen. Dies hat alte Erinnerungen und Gefühle in mir hochgeholt." Bei Mutter Zuhause wurden wir schon erwartet. Yeols Eltern waren auch schon dort. Sie überraschten uns mit einem gemeinsamen Essen, dass so gut wie nie geschah. Entweder Yeols Eltern fanden nicht die Zeit dafür, oder einer von meiner Seite. Zu erzählen gab es selbstverständlich viel. Wir berichteten ihnen, was wir in Thailand alles erlebt hatten und sie erzählten uns von ihrem Tagesablauf. Über unsere mitgebrachten Geschenke freuten sich alle. Yeol und ich verspürten eine Sehnsucht nach unseren Freunden. Auf unserer Hochzeit teilte Nam-Joon Yeol mit, dass er mit Mika, aus Beruflichen Gründen nach Japan umziehen wollten. Wann dies genau geschehen sollte, wussten wir nicht. Ein aller letztes mal wollten wir die komplette Gruppe versammeln und ein gemeinsames Wochenende mit einander verbringen. Wer weiß, wann wir uns wieder sehen würden. Mika schlug dann vor, zu ihrem Ferienhaus nach Busan zu fahren. Juna und Jae-Min konnten leider nicht dabei sein, da Jae-Min mit Arbeit zugespamt wurde. Er war schon heilfroh, wenn er mal keine Überstunden schieben musste. Es kamen bloß Min-Ho mit Anna, Mika mit Nam-Joon und Yeol und ich. Wir besorgten Holzkohle um im freien grillen zu können, kauften reichlich Obst und Gemüse ein und natürlich durfte das Fleisch nicht fehlen. Jedes Pärchen fuhr mit dem eigenen Auto nach Busan. „Weißt du, ob ich die

Kamera eingepackt habe?" „Die habe ich in deine Tasche gelegt! Du bist heute sehr vergesslich. Ist alles in Ordnung mit dir, Rose?" „Keine Ahnung, ob alles in Ordnung ist. In mir ist so ein seltsames Gefühl. Es fühlt sich nicht positiv an, eher negativ. Eigentlich freue ich mich sehr auf dieses Wochenende, verstehe jedoch nicht ganz, warum dieses Gefühl in mir aufgetaucht ist." „Meine Kleine, das kommt daher, weil sich die Wege unserer Freunde und die unsere demnächst trennen werden. Jeder führt sein Leben und muss seinen eigenen Weg gehen. Das weiß ich daher, weil ich dasselbe Gefühl hatte, als Jae-Min nach Amerika ausgewandert ist. Er war ein wahrer Freund, den ich ungern wollte gehen lassen. Jetzt fühlst du dich genauso. Aber ist es wegen Mika oder Nam-Joon? Wen wirst du so sehr vermissen?" Yeol kannte meine Antwort wahrscheinlich besser als ich und grinste mich leicht an. „Mika ist eine gute Freundin, aber in schwierigen Zeiten war sie nicht neben mir, sondern Nam-Joon. Irgendwie war er ständig neben mir, sei es in der Universität gewesen oder danach. Komisch, aber ich glaube, dieses Gefühl ist wegen Nam-Joon. Als Juna gegangen ist, war es für mich echt heftig. Sie war und ist immer noch meine beste, aller beste Freundin. Eine wie sie werde ich nie wieder mehr finden. Nach ihr kommt Nam-Joon. Wieso müssen alle auswandern? Wieso können sie nicht hier bleiben?" „Vielleicht ist es nur für eine kurze Zeit, wir wissen doch noch überhaupt nichts. Rose, es ist schwer, aber nimm es so hin! Jeder hat seinen Weg, sein Schicksal. Mika hat einen Beruf, wo sie ständig irgendwohin ziehen wird. Nam-Joon kann mit seiner Professionalität ebenso überall Fuß fassen. Warte ab, was die beiden uns heute Abend beim Essen erzählen werden." Trotz Yeols Worte machte es mich traurig, dass jetzt auch noch Mika und Nam-Joon aus Seoul wegzogen. Es war so toll, als wir alle noch gemeinsam irgendwelche Sachen unternehmen konnten. Wahrscheinlich hielt ich zu sehr an den alten Erinnerung von unserer Schulzeit fest. Denn genau da hatte alles begonnen. „Yeol? Wen von den beiden wirst du eigentlich mehr vermissen?" „Mika!" Seine Antwort kam so plötzlich und so stumpf heraus geschossen. „Warum ausgerechnet sie?" „Mika ist ein richtiger Kumpel für mich geworden! Sie stand immer zu mir und hat mir in manchen Angelegenheiten, was dich anging sehr geholfen. Nam-Joon stand eher immer hinter dir und hinter dem, was du dir in den Kopf gesetzt hast. Oft hatte ich das Gefühl, dass er nach wie vor in dich verliebt wäre, doch nun weiß ich, das es nicht so ist. Er wollte lediglich, dass du glücklich wirst, ebenso wie Mika in meinem Fall." „Verstehe!" Draußen zündete Min-Ho den Grill an und bereitete das Fleisch zum grillen vor. Nam-Joon und Yeol öffneten jedem von uns ein Bier. Wir Mädchen deckten den Tisch und schnibbelten den Salat. „Ich muss euch unbedingt etwas verraten, aber das muss erst mal unter uns bleiben!", kicherte Anna vor sich hin. Mikas und meine Neugier stieg an. „Ich bin schwanger...mit Zwillingen wie es aussieht!" „Waaas? Und weshalb hältst du es

geheim? Das ist doch eine fantastische Neuigkeit!",
freuten wir uns für sie. „Ich werde bald Tante!"
„Wir wollten es erst dann erzählen, wenn der
Richtige Zeitpunkt dafür gekommen ist. Min-Hos
Eltern haben seit einer längeren Zeit Probleme in
der Ehe und da wäre unsere Neuigkeit vielleicht
fehl am Platz. Wir dachten uns, dass wir es erst
dann verkünden, wenn wieder Harmonie im Haus
herrscht." Wir gratulierten ihr von ganzem Herzen.
Das Wetter an diesem Abend war wie für uns
bestellt. Es wehte ein leichter kühler Wind, es
fühlte sich angenehm an. Der Vollmond schien
genau über dem Ferienhaus. Die Stimmung war
leicht angespannt. Keiner wusste genau, was er
oder sie sagen sollte. Yeol durchbrach die Stille.
„Für wie lange wollt ihr nun nach Japan?" Die
Frage der Fragen wurde gestellt. Mika brachte kein
Wort heraus und schwieg wie ein Stein. „Was die
Reise nach Japan angeht... Leute, Mika wird alleine
nach Japan ziehen! Durch ihre Arbeit wird sie die
Möglichkeit haben, viele Länder zu besuchen. Ich
werde hier in Seoul bleiben." Nam-Joon teilte dies
so locker mit, sodass wir sie verwirrt anstarrten.
„Hä? Wie?" „Wie wird es zwischen euch weiter
gehen?" „Eine Fernbeziehung?" Es wurde eine
Frage nach der anderen in den Raum geworfen.
„Wir werden uns trennen! Um ehrlich zu sein, sind
wir bereits getrennt. Dieses Wochenende ist das
letzte, was wir gemeinsam verbringen wollten. Es
hat wenig Sinn, weiterhin zusammen zu bleiben.
Was wäre es für eine Beziehung, wenn ich in Seoul
bin und sie durch die Welt reist? Die Möglichkeit

auf eine Familienplanung würde komplett wegfallen, und das ist etwas, womit ich mich nicht arrangieren kann. Außerdem kann ich mir nicht vorstellen, irgendwo anders zu leben als in Seoul. Ich bin hier geboren und möchte auch mein Leben hier verbringen.", gestand Nam-Joon. Der Schock saß tief in uns. Alle, bis auf Anna, verstanden Nam-Joons Entscheidung. Natürlich konnte sie es nicht verstehen, denn sie hielt hier bloß Min-Ho. Wäre er damit einverstanden, mit ihr nach Deutschland umzuziehen, wäre sie schon samt Koffern am Flughafen. Mit Seoul hatte sie keine richtige Verbundenheit. „Wir sind doch hierher gekommen um das letzte mal so richtig die Sau raus zu lassen, also, was sitzt ihr hier mit solchen depressiven Gesichtern? Lasst uns feiern und die Zeit zusammen genießen!" Anna öffnete uns die Augen. „Genau! Wir befinden uns hier nicht auf einer Beerdigung, feiern wir!", erhob Nam-Joon sein Bierglas. Min-Ho drehte sie Musik laut auf und wir genossen den Moment. Es wurden Trinkspiele gespielt, getanzt und viel gelacht. Alles hielten wir auf Fotos fest. Am Samstag fuhren wir in die Innenstadt von Busan und machten eine kleine Wandertour hoch zu den Bergen. Zu wandern bereitete uns großen Spaß, denn es gab dabei so viel zu entdecken und die Aussieht war phänomenal. Abends schauten wir uns in den Einkaufszentren um. Yeol und ich kauften uns silberne Pärchen Armbänder mit unseren Namen eingraviert. In der Nacht ging es in Busan gut her. Wir fanden eine Bar, wo Koreaner, als auch

419

Ausländer zu finden waren. Wir bestellten uns verschiedene Longdrink, um alle mal durch testen zu können. Nach und nach füllte sich die Tanzfläche und wir stiegen ebenso mit ein. Das Wochenende verging viel zu schnell und fühlte sich viel zu kurz an. Am Sonntag, nach dem Frühstück wollten wir zurück nach Seoul fahren. Yeol und mich rührte es zu Tränen, sich von Mika für eine längere Zeit, vielleicht auch für immer, verabschieden zu müssen. Nam-Joon schien sich schon damit abgefunden zu haben und nahm es wirklich zu locker. Später, in einem Telefongespräch verriet er mir, dass zwischen ihnen schon länger die Luft raus war. Ihre Gefühle verschwanden nach einer Weile und sie lebten wie Freunde nebeneinander her. Irgendwann nahmen sie ihren Mut zusammen und gestanden es einander. Deren Schicksalsschlag gab auch Yeol und mir gewaltig zu denken. Wir arbeiteten so viel, sodass wir uns manchmal gar nicht sahen. Wir beschlossen dies zu ändern und sich mehr Zeit für uns und für Se-Hun zu nehmen. Die Arbeit sollte nicht zu unserem Lebenssinn werden. Diese Entscheidung veränderte einfach alles in unserem Leben zum positiven. Unsere Liebe wurde von Tag zu Tag nur noch stärker. Se-Hun fand es toll, mehr Zeit mit seinen Eltern verbringen zu können. Anna gebar Zwillinge, zwei süße Mädchen. Bo-Ram beschäftigte sich täglich mit den kleinen. Jae-Min und Juna bekamen wir zwar nicht oft zu Gesicht, aber dafür hörten wir von ihnen ziemlich oft. Wie ich im Fernsehen und in den Nachrichten mitbekam, beendete Yong-Ho seine Karriere als Idol. Bei einem großen Konzert in Seoul gab er dies bekannt. Sein Manager sagte, dass er aus Gesundheitlichen Gründen aufhören wollte. So wie ich mich erinnerte, sah er schon damals, bei unserem letzten zufälligen Treffen am Flughafen in Incheon, schon unglücklich und nicht zufrieden mit seinem Leben aus. Auch hörte ich, dass er wieder zurück nach Seoul zu seinen Eltern zog. Mit Nam-Joon trafen wir uns so gut wie jedes Wochenende. Im Endeffekt blieben von unserer Gruppe nur noch wir drei übrig, Yeol, Nam-Joon und ich, die, die an der Freundschaft festhielten und die nie ein Ende nahm.